襄★阳
三 线 记 忆

襄阳市政协文化文史和学习委员会
中共襄阳市委军民融合发展委员会办公室 编

中国文史出版社

图书在版编目（CIP）数据

襄阳三线记忆 / 襄阳市政协文化文史和学习委员会，
中共襄阳市委军民融合发展委员会办公室编. —北京：
中国文史出版社，2022.8
ISBN 978-7-5205-3951-7

Ⅰ.①襄… Ⅱ.①襄… ②中… Ⅲ.①襄阳—地方史
Ⅳ.①K296.33

中国版本图书馆 CIP 数据核字（2022）第 212680 号

责任编辑：梁　洁　　　　　　装帧设计：杨飞羊　王　琳

出版发行：中国文史出版社

社　　址：北京市海淀区西八里庄路 69 号　　邮编：100142
电　　话：010 - 81136606　81136602　81136603（发行部）
传　　真：010 - 81136655
印　　装：廊坊市海涛印刷有限公司
经　　销：全国新华书店
开　　本：787mm×1092mm　1/16
印　　张：32.25
字　　数：475 千字
版　　次：2024 年 1 月北京第 1 版
印　　次：2024 年 1 月第 1 次印刷
定　　价：89.00 元

序

　　"三线建设"，是我国国防建设和经济建设中一个特殊历史阶段的特殊产物，是一场以战备为指导思想的大规模国防、科技、工业和交通基本设施建设。20 世纪 60 年代中期，党中央和毛主席鉴于当时险恶的国际环境和日益好转的国内形势，为应对重大国防安全突发事变，作出了加强战备、建设三线、巩固后方的战略决策。

　　襄阳是地处鄂西北的重要交通枢纽，既有适合"三线建设"选址布点的地理区位优势，又有较为便利的交通条件，因此成为湖北乃至全国"三线建设"的重要区域之一。在毛主席"备战备荒为人民""好人好马上三线"的号召下，数十万工人、干部、工程技术人员建设大军离开大城市，奔赴襄阳，钻进山沟，开始了轰轰烈烈的"三线建设"，先后建设起 40 多家三线企业，成为襄阳乃至鄂西北地区现代工业发展的重要基础，在国防工业建设和地方经济发展史上留下了浓墨重彩的一笔。

　　为了客观记录、展示我市国防军工产业诞生、发展、壮大过程及取得的辉煌成就，通过大历史、小细节，再现一代又一代襄阳三线人的家国情怀、时代潮流、民族命运、大国梦想的沿革，为襄阳经济建设和社会发展"存史、资政、团结、育人"，在庆祝中国共产党成立百年之际，襄阳市政协文史委会同市委军民融合办、市国防科技工业协会，在全市驻襄军工企事业单位中广泛开展了征集襄阳"三线建设"和军工文化传承"三亲"史料的活动。在历时近半年的征集活动中，得到了驻市各军工单位领导的高度重视和众多干部职工、"三线建设"前辈、三线子弟的鼎力支持，他们纷纷拿起手中的笔，穿越时空，找回那些尘封在岁月中的三线历史记忆。征集活动收到各类作品130余篇，经编委会多次商议和筛选，最终优选了入选作品105篇，集结成《襄阳三线记忆》。

《襄阳三线记忆》分航天、航空、兵器、军企、地方军工、军事后勤六个部分，通过人物亲历、亲见、亲闻"三线建设"的历程和"三线建设精神"军工文化历史印记，主要展现襄阳"三线建设"中的重大历史事件、各领域重大工程建设，揭秘重大决策背后的故事，讲述典型人物事迹，记录襄阳"三线建设"的奋斗史、创业史、军民整合发展史和研制装备跨代发展史。

从《襄阳第一家军工企业的创立、发展与变迁》等"三亲"记叙中，我们能找到在20世纪60年代困难时期，襄阳三线建设者一方面顶着国外技术封锁，另一方面克服极度的物质贫乏，通过自力更生，求生存、求发展的艰苦创业历程；从《魂牵梦绕的郭峪山沟》等作品中，我们发现在他们的身上铭刻着相同的记忆：芦席棚、干打垒、泥巴路，干部职工无私奉献，不怨天、不怨地，同劳动、共患难……从《我参与"一号专案"任务研制的回忆——记我国第一颗氢弹用降落伞的诞生》等"三线建设"亲身经历者的奋斗中，让我们切身感受到了一种为国家重点项目建设和科技创新发展甘愿"活着装进脑子里，死了带进棺材里"的那种团结协作、勇于创新和不计得失、不怕牺牲、无私奉献的实景画面。

《红梅花儿开》故事的主人公——"70后"大国工匠孙红梅，她不为繁华易匠心，不为高薪动摇，不为职务诱惑，20余年如一日，一心扑在钻研焊工技艺上，心无旁骛手握焊枪，练技术、搞攻关、克难题正是三线精神在青年一代得以传承、光大的鲜活典型与代表。

《襄阳三线记忆》通过"三亲"作者一个个鲜活的人物和故事，串联成一本厚厚的襄阳三线军工创业、发展史。虽然，作者所在的单位入驻襄阳的时间有早有晚，个人创业的历程有短有长，但阅读之后，掩卷入目的是作者在记忆深处充满的"艰苦创业、无私奉献、团结协作、勇于创新"三线建设之魂和为"三线建设"取得巨大成就的集体荣誉感、时代使命感。襄阳"三线建设"火红的日子,已经远逝在历史尘烟中,但那种深深根植于三线人身上的"艰苦创业、无私奉献、团结协作、勇于创新"三线精神,必将成为激励我们接续奋斗的精神力量与内在动力。

取景于襄阳三线建设旧址的2021年春节档火遍全国的电影《你好,李焕英》引起了全社会的强烈反响,就是因为她唤醒了那个时代来自全国各地的三线建设者们的青春芳华,点燃了全国亿万观众的青春记忆。《襄阳三线记忆》则是通过鲜活的文字表达,蕴含其中的情感和精神共鸣是相通的,同样是一部引起人们心灵震撼的时代诗画。《襄阳三线记忆》必将以它的真实、质朴、传统、感人,为后人留存生动鲜活的红色历史记忆,为我市经济建设和产业发展提供有益启示和借鉴。

谨以此书向中华人民共和国成立七十五周年献礼!向襄阳"三线建设"六十周年献礼!向为襄阳"三线建设"作出卓越贡献的广大干部职工和科技工作者致以崇高的敬意!

目 录

航 天 篇

航 空 篇

兵 器 篇

军 企 篇

地方军工篇

军事后勤篇

山沟十八年的印记

刘国良

20世纪60年代末70年代初，由呼和浩特和大连迁至谷城郭峪山沟参加42所创业的同志，当时的平均年龄不到30岁，少数年龄大一点的同志也不到40岁，现在已经全都退、离休了。有少数同志已经离开我们驾鹤西去，永远见不到面了。郭峪山沟的18年，正是那一代人风华正茂、壮志满怀、抱负远大、大展宏图的年华。那18年是这群人生命旅途中的一个阶段、一段经历，一种历练和锻造，是永远不会抹掉的印记。"艰苦创业，无私奉献，团结协作，勇于探索"是那个时期人们基本品格的外在表现，也是在实践中用思想和行动铸成的郭峪精神。这，已经成为42所的优良传统，42所的精神力量，42所的前进动力！

创业的艰难

1970年10月，在军代表和领队的带领下，我与同志们马不停蹄地经过北京、武汉转车抵达襄樊①。襄樊火车站前有一座不大的三层楼，叫"东风饭店"。大家在"东风饭店"各自买点饭菜，吃了午饭，然后乘汽车继续向鄂西北行进。本以为出了襄阳城很快就会到达目的地，可是，1个小时过去了，没有到；2个小时过去了，还没到。当汽车行驶近3个小时来到一个山脚下时，领队仿佛宣布好消息似的告诉大家：不用1个小时就可到家了……

---

① 2010年12月9日，襄樊市正式更名为襄阳市。

1

就这样，汽车在山道上拐来拐去，又经过40多分钟，终于看见一座3层的红砖楼房——到家了。

弯曲的山沟，零星的房屋，涓细的溪流，早晨八九点钟才出山的太阳，晚上四五点钟就下山的夕阳，湖北谷城郭峪——就是我们往后余生工作和生活的地方。

当时，山沟里的厂房已经全部建成。我们到的时候正在进行工艺设备的安装，研究室和车间的同志都参加了这项工作。我被安排在二连（202室前身），初建的二连有装药生产线、新工艺研究、发动机试验、高低温试验、原材料处理等工作内容。厂部里，整个三区都属于二连，地盘大、工房多。同时二连的仪器设备也多，工作量更大。当时，很多仪器设备都是同志们用车推，用肩扛，运进工房里的。有些非标准件需要我们自己设计，自己拿着图纸去联系加工。二连有车床、铣床、钻床和电气焊，为了抢时间，有部分非标件就自己动手加工。

那时，民用住房不够，有的人住在"干打垒"里，外面下大雨屋里下小雨，夜里老鼠大闹"漏"室，难以睡个安稳觉。有部分同志，两家共住1套"两室一厨一卫"的房子。还有部分同志家住一区，工作在二区或三区，从一区到三区上下班单程就有六七公里的路程，当时没有水泥路面，没有通行班车，全靠步行。我的一位同事，家住在山下的一区，工作在三区的山上，每天从一区步行到山上，有近8公里的爬坡路程。他中午在车间简单地吃点自带的午饭，晚上再步行回一区家里。赶上雨雪天气，他便穿着雨靴行走在泥泞的山路上，却从不叫苦叫累，从不耽误工作。他性格开朗，身体健壮，说话嗓门大，整天笑呵呵的，似乎不知道忧、不知道愁。说实在的，那个时候真没有什么事令我们忧愁和烦恼，工作中大家齐心协力，生活上互相关心，同志间友善和谐，在艰苦条件下愉快地工作和生活，既很现实又很踏实，充满了乐观主义和助人为乐的精神。

我在试车台工作，试车台有20多人，其中部分人来自清华大学、中国科大、哈军工、北理工、西安交大、四川大学、南航等著名院校。所学专业有固体燃料、火炸药、火箭发动机、工程物理、数学力学、电子技术、电

42 所郭峪山沟 202 室实验楼

子计算机、无线电通信、机械设计等。这些人在学校是骄子，在工作中是干将，理论功底深，做事功夫硬，客观求实，性格开朗，为人真诚。还有几位工人师傅，他们有技能、有专长，各有高招，动手能力很强。这个集体专业齐全，高手林立，学术气氛很浓，讨论问题很深，既有理论又有实践。试车台的工作是有水平、有成绩、有贡献的，为配方研制工作提供了客观的数据，为 42 所发动机测试工作开辟了道路，打下了基础。

按照当时的分工，42 所从事高能固体燃料的研制。205 室和 206 室分别进行两个不同途径的配方探索研究。初期进展比较快，其中 1 个配方（××-1）很快就装了发动机，运到试车台进行点火试验。第一批发动机试车时，发动机工作极不正常，有的一点火就爆炸，有的点火后出现"喘燃"，低压下断续燃烧，得不到任何有用的数据。继而第二、第三批装的发动机点火试验都出现了类似现象。大家对于这样的试验结果有着不同的看法，配方室的同志认为是发动机点火的问题或是喷管设计的问题，试车台的同志则认为是配

旋转试车台

方本身的问题——燃料不能正常燃烧。但双方的论据都不充分，需要各自开展找问题的工作。我们在点火方面做了点火药量、点火药品种和点火方式的研究，做了大量模拟试验，并采取适当的方法对喷管喉径的计算进行修正。配方室的同志也做了很多配方调整工作。当大家都认为工作做得比较成熟之后，又装了一批发动机进行点火试验，结果和前几批一样，要么爆炸，要么不正常燃烧。

试车台的同志在一起开会，做了认真分析研究，一致认为操作没有问题，喷管设计和发动机点火都是可靠的。有一位同事提出：燃料的压强指数偏高，可能是造成燃烧不正常的根本原因，并进行了分析论述，这一看法得到了同事们的赞同。随后，在配方室和试车台两个单位的研讨会上，我的这位同事谈了他的看法，得到了配方室的同志和所里有关同志的认可。

不久，所里决定：配方室开展降压强指数的研究工作。同时成立燃烧研究课题组，开展固体燃料燃烧性能研究，我被调到这个组参加"高频声震不稳定燃烧"的研究。利用半年多的时间查阅了大量国内外资料，确定了研究方法和实验方案。所里把三区的"721"工房划给我们使用。于是，我们开始了紧张的实验室建设。在建实验室的过程中，仪器设备的选型和安装调试、水电气管线的连接、工房防盗门窗的制作和安装等都是我们自己动手完成的，包括试验用的固体燃料都是借用"装药线"的场地自己动手做。有一次，我们领了3瓶氮气，但库房没有车送，我就和另外一位同事用板车从一区拉回三区，经过两个大坡，累得满身大汗，却解决了我们工作的急需。

经过近 3 年的时间,"高频声震不稳定燃烧测试方法"通过了评审,所里决定转为"常规测试"项目。我又被调到热力计算课题组,从事热力计算和性能预测工作。当时,所里没有计算机,要到北京进行计算。1981 年航天部分配给 42 所 1 台从美国进口的"微机",是我拿着部里发的文件到上海亲自采购回来的,这是 42 所的第一台电子计算机。从此,我们自己编程进行能量计算和预测工作,无需再去北京计算。后来我还参加了"导热系数测试方法""水下声发射燃速测试方法"的建立工作以及安全性能测试和民品开发工作。在 10 多年的工作过程中,多次变换工作岗位,这是那个年代我们这些人不可躲避的事,是创业阶段的必然需要。

精神的力量

在某些情况下,人的精神会起到不可估量的作用。山沟的那些年,工作和生活上的困难相当多,有一些困难是后来人难以想象的,但都被那些创业者一个一个战胜,一个一个踩在脚下走过来了。

20 世纪 70 年代,国家的经济是比较困难的,粮食定量、食用油定量、猪肉定量。在谷城的山沟里,除了每人每月半斤油,每人每月 1 斤半猪肉,其他副食很难买到。每个出差的人回来时必然会买些食物,不可缺少的是买肥肉回来炼油。有一个星期天,我的同事到家里来,正碰上我在家炼猪油,他说:新炼的猪油可以喝。我便倒了半碗给他,等了几分钟,他真的一口气喝下去了。我有些惊愕,从来没有见过这样的事,由此看来他该是有多缺油水啊。所里每个月安排一辆卡车到市里拉些糕点、糖果,回来后卖给职工,每当这个时候,小商店里就排起了长队。我记忆最深的是每斤可以称十几个圆蛋糕,因为数量有限,每个排队的人只可以买 10 个,买回家大人总是舍不得吃,都要留给孩子吃。所里安排每天一辆卡车到庙滩拉蔬菜,拉回的菜分配给一、二区的两个菜店卖给职工,大部分同志中午下了班先到菜店排队买菜,下班晚的同志就买不到新鲜菜或买不到菜。家里没有冰箱,也没有多少东西需要用冰箱存放。

有一年临近春节，连续几天下大雪，路上积雪有几十厘米厚，汽车和人都无法出山。中国人的传统节日总要吃一顿饺子，炒几个好菜吧，可是，没有鸡、没有鱼、没有肉，巧妇难为"三无"之炊呀，怎么过年，令人着急。直到阴历二十九，实在没有办法，所行政处要求食堂把他们自己养的几头猪杀掉，每家可以买3斤肉，大部分家庭就是靠这3斤猪肉过的年。

还记得有一年的夏季的一天，早晨刚上班便下起大雨，连续下了3个多小时，周围的山上像"瀑布"似的水流聚集到路上，道路被冲毁，出山的路被"滑坡"隔断，我们拿着工具到现场清路。"滑坡"土方量大，几天出不了山，没有蔬菜吃，不少同志家里还有西瓜，吃了西瓜后，把西瓜皮的外层绿色硬皮削掉，剩下的部分切成片炒了吃。炒西瓜皮远没有炒南瓜、炒西葫芦那么好吃。后来就流传着42所在山沟里"吃西瓜皮的故事"。

最初家家户户都烧木柴，下班到家，首先要点燃木柴烧饭。我家住在三楼，烟囱的吸力小，所以每次点火都弄得满屋子的烟，我被呛得两眼流泪，还必须拿着大蒲扇用力扇一两分钟才能正常烧起来，所以，没几天锅被熏黑了，房子也被熏黑了。因为烧木柴，每家每户都有两样工具——木锯和斧头，而且大多数都是到山外买回锯条和斧头，自己找木料做成的。

那时，条件虽然艰苦，一个月吃不到几次荤菜，住房简陋，洗澡和上厕所都有困难，交通不便，文化生活贫乏，绝大多数家庭没有老人帮助料理，小孩儿脖子上挂着家门的钥匙，自己去托儿所，去上学，没人接送。每个职工都是"里里外外一把手"，上班忙工作，下班忙家务，既紧张又辛苦。工资不高，家里没有像样的家具，家庭财产微不足道，他们不发牢骚、不抱怨。他们对吃喝穿戴没有太高的要求，生活容易满足。对他们来说，看书学习、钻研技术充满了乐趣，是一种享受。出差在火车上，吃着自己带的烙饼和榨菜丝，喝着行军壶里的凉开水，很有味道。碰到任务紧急时，买张站票上车就走，火车上没有空座位，垫上自己带的挎包坐在地上，夜晚钻到座位底下睡觉，也没觉得自己亏了什么。穿着朴素，挎着背篓到庙滩、襄樊采购，走在街上，在众人面前，并没有感到"丑陋"和"丢人"。人们的日常是乐观的，生活是愉快的，工作是有热情的，同志间互相帮助，从不计较个人得失。他们以一颗颗高尚而纯洁的心灵，坚定地信守着自己的人生观和价值观。

在多年艰苦的条件下，42所一直承担着国家的重点项目任务，进行高能固体燃料的研究及各单项性能的研究。1976年，开始了中能燃料的研制工作。1986年，进行高能燃料的论证并开始了探索工作。从1981年起，广泛开展了民用产品的开发。压敏胶、磁带胶、导电橡胶、减振胶圈、灌封胶、点焊胶、脱模剂、立式混合机、涂布机等，都是20世纪80年代开发出来的产品。18年的努力和奋斗，获得了多项科研成果及各种荣誉。42所能较早地搬出山沟，其中一个重要原因是42所人在艰苦的环境下具有良好的精神面貌，奋发向上，开拓进取，作出了重要贡献，得到了国家的重视和信任。

追根溯源，刨底求真，这一代人所处的环境、经历以及受到的教育决定了他们的人生高度。在他们思想深处和心中装着"两个大道理"，一是国家利益、人民利益高于个人利益，服从党的需要、服从工作的需要是自己的天职，为国家、为人民作贡献是光荣的；二是自己选择的事业，就要坚贞不渝地热爱它，并为之努力奋斗、探索、奉献。因此，他们有思想准备：献了青春献终身，何求马革裹尸还。他们是42所的创业者、先驱、功臣。他们为国家、为人民，为42所作出了巨大的贡献，42所被定为"固体燃料中心研究所"，保持国内领先地位。近年来，发展的速度越来越快，技术进步越来越大，经济效益逐年增长，在国内享有盛名……所有这些，可以说都离不开郭峪山沟艰苦创业的18年。

（刘国良曾任42所所长）

魂牵梦萦的郭峪山沟

翟好智

时间过得真快！42 所于 1988 年从谷城郭峪山沟搬迁到襄樊市区，已有 30 多个年头了。然而，山沟里的往事至今仍历历在目，魂牵梦萦，挥之不去。

老一辈 42 所人的青春年华大都在这里度过，多数人深居山沟十八九年，有的还更长一些。在那艰苦创业的岁月里，郭峪山沟给我们留下来的记忆最多最深。这里的一山一水、一草一木、一砖一瓦都会引发人们对过去的诸多回忆。

郭峪峡谷，群山环抱，布局长达 12 里的 42 所旧址原貌会永远印记在脑海中。在那条狭长的山沟里，最宽处不过百余米，最窄处只有十几米，一条长年不断流水的碧水小溪，一条弯弯曲曲修建的人车共行水泥马路，所有工房和生活用房都顺沟沿坡而建。当你站在半山腰上俯视她，那一座座、一幢幢醒目的赤砖红瓦建筑厂房，星罗棋布地镶嵌在叠翠的林木之中，还有一些茅檐泥壁、土墙灰瓦的农舍自然和谐地散落在其间，那碧水小溪和水泥马路就像两条飘舞的彩带，看上去不仅秀丽壮观，还似蒙上一层不被外人所知的神秘面纱。

郭峪山沟中的 42 所大体经历了 3 个时期：建厂初期进山安营扎寨；18 年山中艰苦创业；转辗出山进城。本文中，我写下的都是建厂初期的记忆。

郭峪山沟里的 42 所旧址，建于 20 世纪 60 年代国家"三线建设"的高潮中。当时，按原来中国科学院的规划，要在郭峪群山之中建一座科学城，上海有机所、大连化物所、北京化学所、长春应化所这四个研究所将迁建于此。

当年三线点工程代号编排为"412"的大连化物所于1966年8月22日派遣了一支几十人的筹建小分队来到这里，我也是当中的一员。这支小分队的成员是原单位机关抽调的管理人员和刚分配到该所的十余名65届毕业的大学生及一批刚从援越战场上下来的转业战士。这中间除李栋林、金玉昌二位年长的处长外，大都是20多岁生龙活虎的小伙子，还有唐恋尘、李军、金美芳3名刚从大学毕业分配来的年轻姑娘，我们离开美丽的海滨城市，乘火车到襄樊站下车后，又换乘汽车直奔谷城县庙滩镇，受到了朱兆良镇长的热情接待，并把我们安排在镇供销社住了下来。

8月29日上午，经过短暂休整的小分队队员们吃过早饭后就整装向郭峪山沟进发了。我们背着背包，挎着水壶，提着行装，扛着测量仪器，抬着小发电机，从财神庙入口进山，挺进在郭峪的鸟道上。遇到荆棘挡路，我们就猫着腰从刺丛中钻过，遇到大石横道，我们就手拉手绕过而行。郭峪群山夹峙，山脚下有一条常年流淌不息的小河，每逢雨季，河水暴涨，泥沙俱下，浊浪奔涌。好在当时是初秋季节，天高气爽，河水跌落，小分队队员们前呼后拥地穿行于28道湾，经过4个多小时的艰难跋涉，中午时刻到达郭峪公社所在地。公社李乐林书记带领主任、文书和炊事员小严一起出来迎接我们。那时，公社机构非常精简，5个人的编制，住在不到10间房子的民宅小院。我们就在公社的堂屋地上，铺上厚厚的稻草住了下来。

小分队进山后，首要任务就是修筑进山的公路。经县公路局的测量，选择了从黄畈小河村入口进山，这是一条最佳路线。当时，谷城县政府调来了5000多人的筑路大军，我们筹建小分队向民工分发了洋铁镐、铁锹、铁锤、钢钎、雷管、炸药等工具和物资。记得公路正式打眼放炮、破土动工的日子是1966年9月3日。彼时，修路大军密密麻麻地云集在几十里长的半山腰中，犹如一条巨龙，那数不清的临时居住的草棚、窝棚就像龙脊上的鳞鳍。每天中午和晚上下班时间是工地规定的放炮时间，站在山顶上观看，炮声隆隆，火光冲天，硝烟弥漫，仿佛巨龙腾空而起，蔚为壮观！

9月的鄂西北山区，凉气袭人，加之阴雨连绵下个不停，使人感到阴冷。筑路大军头戴斗笠，身披蓑衣，吃在风雨中，干在风雨中，晚上睡在

艰苦创业初期

草棚里，到处漏雨，条件极为艰苦。连阴雨下了 20 多天，可工地上一天也没停工。9 月底，进山口至郭峪公社的公路路基虽然已雏形初现，但路面上仍然到处都是乱石。作为探路先锋的杨运秋师傅，开着当时筹建处唯一的一台"解放"牌卡车，就从这条新路进山了。"汽车进山了！""铁老虎进山了！"山民们欣喜若狂的呐喊声在郭峪山沟里回荡。当汽车开到居民集中的余家湾时，立刻被村民们围得水泄不通。老乡在汽车上摸来摸去，他们摸汽车的头，摸汽车的前灯，说"铁老虎有鼻子，有眼睛，还会叫唤呢"。要知道，这里的村民有的一辈子都没出过山，更没进过城，"是庙滩大？还是武汉大？"这是村民们与我们聊天时常常会问的一个问题，所以当他们第一次看见大汽车时的惊喜是可想而知的，当然，此时最自豪最光荣的莫过于坐在驾驶室里的杨司机了……

1966 年 12 月，庙滩至郭峪 23 公里的公路全线修通。1967 年 1 月正式通车。此时，承担"412"工程的工艺专业设计人员，承担现场地形测量的武汉测绘学院和承担建筑设计的中南设计院都陆续进入现场。随后承担工程

42 所郭峪山沟生活

42 所职工运动会竞走比赛

建筑的省建一公司 3 个施工队也浩浩荡荡地开进山里。1967 年 4 月，"412"工地成立了由筹建处、省建一公司、谷城县民工团三方联合组成的"五统一"现场指挥部，办公机构设在阳坡岭。此时，现场施工人员达 2500 多人。民工团在三通一平中承担挖土方、平场地、开山取石料的任务。筹建处汽车队承担建筑材料的运输工作。那些司机师傅们个个干劲十足，多拉快跑，争作贡献。到襄樊拉水泥每天两趟，到庙滩拉砖每天四趟，到小河拉沙每天七八趟。整个施工现场热火朝天，全面开花，很快，一座座厂房、一幢幢楼房、一栋栋生活用房如雨后春笋般在郭峪山沟拔地而起。

1968 年 3 月，国防科委决定"412"工程由七机部四院接管。以徐卫为组长的 8 人工作组来到工地，之后按新任务书的要求对工程项目做了部分修改。1970 年"412"工程基本建成，四院军管会下文将湖北省谷城"红星化工机械厂"改为 42 所。同年 10 月 15 日，内蒙古 42 所先后分三批共 228 人搬迁进山。1971 年 2 月，大连化物所二部 200 名职工调入 42 所，他们携家带口也进山了。同年 1 月 7 日，七机部分配的 100 名转业战士和 2 月 10 日襄阳地区分配的 50 名转业战士也相继到厂。此时，42 所工作人员达到 648 人。人强马壮的 42 所人就这样开始山沟里 18 年的艰苦创业历史。

当年 20 多岁的小伙子，如今都已退休，有的已进入古稀之年。当他们满怀激情、欲以浓墨重彩的文字形式书写当年的流金岁月之时，虽然时常遭遇眼花手抖，提笔忘字的困扰，但是为了传承和发扬 42 所人培植的艰苦创业的"郭峪精神"，即使再多困难，也能以"当年之勇"一一克服，这是另一种"郭峪使命"！

（翟好智曾任 42 所党委组织部部长）

出山进城　转战襄樊谱新篇

姜国良　陈凤林　翟好智

42所于1965年3月在四川泸州成立。先后经历了3次大搬迁。第一次，1965年10月从泸州搬迁到内蒙古呼和浩特市南郊。第二次，1970年10月搬迁到湖北省谷城县庙滩公社郭峪山沟。第三次，1988年从谷城搬迁到襄樊市区。现将我们所了解和经历的第三次搬迁回顾如下。

第三次搬迁过程，大致分为四个阶段：

第一阶段，申请、调研至批准迁建阶段，大致在1978—1982年间。1970年10月42所228人分三批转移到郭峪山沟412工地，1971年2月中国科学院大连化物所二部近200人调入，150名复转军人分配到42所；1971年职工总数达648人。这是一支科技精英队伍，研究人员来自国内外80余所著名大学，行政管理人员有一批参加过抗日战争、解放战争的老同志，有参加抗美援朝、援越抗美的老战士，还有来自工程兵、铁道兵、二十基地、地空装备部队等转业的优秀指战员。

42所谷城所址，1966年动工，建筑面积6万多平方米，耗资2531万元，是"山散洞"路线的产物，离襄樊市区69公里，离县城38公里，进沟要绕行17公里崎岖山路。郭峪山沟群山环抱，十分封闭，工业、民用建筑沿狭长山沟傍山而居，搭桥而行，其首尾相距7公里。职工常常需要克服洪水断路、大雪封山、缺粮断菜带来的种种困难。一代航天人献身事业，努力拼搏，付出了巨大的牺牲。戴学华、杜品芳二位烈士献出了自己的生命，有许多人因公负伤、致残，有的积劳成疾、抱病终身，有的英年早逝、撒手人寰。由于交通不便，信息闭塞，严重束缚42所人才、技术、设备优势的充分发挥，队伍也开始出现不稳定现象。生活环境恶劣，看病就医难，子女升学就业甚至婚嫁难，新人留不住，不少老同志也递交了请调报告，部分技术骨干、工作骨干已陆续离所。

面对繁重的科研生产任务，面对恶劣的生活、工作环境，面对这支人才济济的精英队伍，42 所党委在粉碎"四人帮"之后不久，就意识到要想办法把这支队伍带出去，开始酝酿搬迁。党委主要领导刘国雄、袁人锐、蒋耀先、王德明等通过各种渠道积极开展工作。1978 年开始向上级党委写报告，组织人员调研、选址。

1980 年 2 月 9 日，七机部郑天翔部长、段毅副部长冒着风雪进沟视察，党委做专题汇报，郑部长看到千名职工艰苦的生息状态后，感慨地说："42 所是航天部三线建设最苦的点。如果国家允许，首先安排 42 所搬迁。"1980 年 4 月 16 日，林爽、芮杏文副部长来 42 所；1981 年 6 月，鲁之沫副部长来 42 所，党委都做了汇报。得到部领导的认同和理解后，党委开始选址方案的调研，经过充分调研，果断排除其他方案（北京、南京、武汉、西安、石家庄、南阳），决定就近搬迁襄樊。1982 年 3 月 5 日，所党委向四院党委呈送"关于 42 所搬迁襄樊市的报告"。1982 年 7 月 30 日，航天部批准 42 所在襄樊市建设中转接待站（招待所），批复建筑面积 3500 平方米，投资 68 万元，征地 3.23 亩。1982 年 8 月 23 日，国家计委、国防科工委联合发文批复同意将 42 所迁往襄樊市建设。42 所荣幸地成为"七五"调迁单位。

迁建工程分两步，第一步迁建科研、办公及生活福利用房；第二步迁建装药、试验、储存及危险品库房等项目。新建工业面积 15790 平方米，民用面积 22050 平方米，投资控制在 850 万元以内。

第二阶段，工程建设阶段，大致在 1983—1988 年间。迁建工程代号7442 工程，1983 年 5 月完成初步设计和工程概算编制，1983 年底首批征地55.67 亩。1984 年 4 月 18 日破土动工，至此拉开了 7442 工程建设序幕。

1984 年 12 月 21 日，航天部李绪鄂副部长冒雪进山，实地考察郭峪山沟，留下深刻印象。1985 年初，在部基建工作会议上，李部长讲："42 所是航天部进山最深、山沟最窄、见阳光最少、困难最多的三线单位，他们在那里奋斗了十几年很不容易，要把老婆、孩子搬出来，稳定这支队伍。"1985年2月1日，部党组决定，把42所迁建工程列为航天部重点建设项目，建设总投资调整为2543万元，其中自筹资金200万元，建筑面积4.5万平方米。这是42所迁建工程的特大喜讯，极大地鼓舞了全所职工。

1985年，航天部党组出台了一系列基建改革措施，重点工程必须实行投资包干。为了实现千名职工早日搬出深山的夙愿，为了不辜负部领导的关心和期望，7442工程的建设者们，迎着风险投身改革，工程总指挥、副所长李洪绪代表四院与部基建局签订《投资包干协议》：建筑面积4.5万平方米，投资2543万元，工期39个月，包质量、包使用功能，一次包死，超支不补，节余分成。

实行投资包干，要经受各种增支因素的考验。1985年以后，三大建材价格上涨20%以上，工程取费不断上调，面对风险和压力，建设者们变压力为动力，精心理财，千方百计消化各种增支因素。严格控制费用开支，在设备选型、订货、器材运输上，重视信息、货比三家、择优而用。多次请部内外专家协助审核工程预、决算，核减预算"水分"。开源节流，开展"双增双节"活动，发扬艰苦创业精神，通过多途径、多渠道的努力，工程决算结果创造了包干资金节约78万元的好成绩。

签订《投资包干协议》之时，正值全国工程质量日趋下降，粗制滥造，工程坍塌，人身伤害事故、质量事故时有报道。全面履行包干协议，面临工程质量的严峻考验。为了确保工程和使用功能，从多方面强化质量意识，加强质量管理，骨干工程试行"优质优价"，多次请部内专家对工程质量检查指导，发挥航天系统基建群体优势，把好质量关。

7442工程的建设者们在李洪绪、曹国翰的带领下，在段宝华、荀玉琴、刘美伦、李开启、李新源、阮绪洪、王兴仁、张洪喜、赵学友、熊玉安、韩东来、钟瑞祥等众多骨干的努力拼搏下，交出一份满意的答卷。

1988年6月，按期全面完成7442一期工程，共征土地164.41亩，建成工业、民用建筑面积46135平方米（其中工业面积10962平方米），形成固定资产2249.8万元。1989年5月，通过部级竣工验收，全部工程均达到国家验收标准，优良工程 6 项，核心工程——科研一号楼荣获湖北省优质样板工程，出色地完成投资包干试点工程。受到领导、专家、职工的一致好评。

第三阶段，实施搬迁阶段，大致在 1988—1989 年间。预计 1988 年上半年开始搬迁，所党委 1987 年上半年及时提出了"搬迁促科研，科研生产、搬迁两不误"的号召。这个口号充分表达了全所职工的心声，立刻成了大家行动指南，大多数搬迁单位在 1987 年四季度都在干 1988 年的活。

1987 年 5 月，根据国家有关文件精神，职代会通过了分房方案，仅用 1 周时间，把 438 套新房分配完毕。由于非搬迁单位的职工也像搬迁单位的职工一样分到了新居，都吃了定心丸，保证了搬迁和科研生产的顺利进行。

当时，全所成立了各级搬迁领导小组。多数单位成立了搬迁突击队，计划处还成立了面向全所的通风柜拆装小分队。

根据所搬迁领导小组的提议，机加车间自行设计、加工了 8 台大型集装箱。所有这些工作都为搬迁的顺利进行提供了保证。

整个搬迁还分一期和二期先后展开，其中，一期从 1988 年 3 月到 9 月。7442 工程的搬迁对象是各军品试验室、机关以及食堂、托儿所、门诊部等主要福利设施，不包括军品试车台、装药线、危险品库房及民品生产线等，因此从 1988 年 3 月开始的搬迁又称一期搬迁。所机关于 1988 年 6 月 1 日正式在襄樊市区办公。

每个搬迁单位都是限时的、扫地出门式的彻底搬迁，所以一期搬迁的主要特点和难点是时间紧、工作量大、过程复杂（拆卸、整理、包装、装车、卸车、拆包装、重新安装调试）。加上当时襄谷公路多处在改造，路况很差，这对装车和包装提出了很高的要求。

搬迁一开始，所党委就发表了《致全体共产党员的公开信》，要求共产党员顾全大局，在搬迁中发挥先锋模范作用，为广大群众做表率。全所职工，特别是各单位的搬迁突击队就是在这些困难的背景下，充分发挥主观能动性和创造精神，加班加点，忘我工作，创造了 1600 台次搬迁车无交通安全事故、无贵重仪器设备丢失损坏的优异成绩。

二期搬迁和小配套工程从 1989 年 8 月至 1991 年 9 月。1988 年 4 月，42

所主体陆续搬迁襄樊，对全所职工是极大的鼓舞。但是由于7442一期工程没有包括许多配套的科研生产设施及民品生产工房，形成一所两地局面。所领导清醒地意识到：不尽快改变一所两地状况，妥善移交旧址，队伍仍会不稳定；战线太长，领导精力无法集中；山沟摊子大，危险岗位多，保卫、技安等职能部门的职责难以到位，安全形势严峻；科研生产仍然是困难多，浪费大，生产成本高，经常停水、停电，民品生产难以正常进行；当地老百姓不断提出一些经济赔偿和补偿要求，与当地农民、与地方乡、村政府关系又带来一些新问题。面对上述诸多情况，所党委当机立断，果断决策，不等靠国家二期工程拨款，立足自己，筹措资金，"小配套，一步挤，1989年底会师襄樊！"

要实现"一步挤"必须做好两件事。一是给非搬迁单位临时租借适当的厂房，同时抓紧小配套建设。所领导很快办理好向610所、卫东厂、武警黄金学校及农民租借部分厂房、库房事宜。二是做好42所旧址固定资产移交。42所旧址即四一二工程是依据国家计委、国防工办、国家建委、中国科学院批准建设的。1966年开工至1972年5月基本竣工，由于种种原因一直没办理验收手续。经请示，1989年4月25日航空航天部同意四院四一二工程现状验收。在襄樊市政府、谷城县政府强有力的指导和配合下，1989年10月18日谷城县政府与42所就原址资产移交签订协议。根据协议，42所无偿向谷城县政府移交：房屋面积59918平方米，其中工业用房40948平方米，民用房18970平方米，室外工程17项，各种设备48台（套），土地773.83亩，树木654棵以及供水、供电设施、通信外线、防洪工程，原价总值1894万元。无偿支援各种物资原值44.5万元，并支援人民币现金5万元，无偿转让脱模剂生产技术一项（软件价值10万元）。比较圆满地完成旧址移交。

协议签字后，10月20日开始突击式的二期搬迁，仅用20多天，完成了480台次的搬迁工作量，11月6日即告结束。1989年11月24日，交接完最后一项内容（一区职工食堂、招待所资产）后，人员全部撤离，实现了完整地、不留任何尾巴的搬迁，胜利会师襄樊！

郭峪山沟 201 车间技术研讨

郭峪山沟 201 车间生产操作

在部、院支持下，全所上下努力，积极发展民品生产，节衣缩食，少发奖金，降低福利，千方百计筹措资金，陆续建成了机加车间、聚氨酯工房、压敏胶工房、导电橡胶工房、小型高能试验室、试车台、装药线、汽车库、发电房、学校及部分溶剂、化工、危险品库房。共筹措资金千余万元，建成小配套工程 25 个子项，共 14089 平方米，于 1991 年 9 月结束了租借工房的状况，形成了初步配套的科研生产新基地，进入了新阶段。

第四阶段，大力开展创"三新"活动，大致时间在 1990—1992 年间。1988 年主体搬进襄樊，1989 年实现全迁。进了城，一个严峻的问题摆在干部职工面前：是建安乐窝，还是二次创业？所领导意识到自己的责任，不把这支队伍带好，不把新基地建设好，将辜负部、院的希望，有愧于党和人民。及时提出了"更新观念，迎接挑战，二次创业，兴所富民"的行动口号，进行二次创业的誓师动员。如何建好新基地、实现"二次创业"，成为干部职工的共同话题。

1990 年，国务院三线调整改造建设办公室（简称"国三办"）发出在迁建单位开展创"三新"活动的意见，42 所党委抓住这个契机，把创"三新"作为二次创业的目标和方向，作为当时全所工作的纲领。反复宣传调整搬迁不是简单原样的位置转移、低水平的重复，而是通过调整改造，实现新的所容所貌、新的思想作风、新的科研生产水平。坚持创"三新"，一要领导重视，二要发动群众，三要制定好规划和措施，四要真抓实干、奖惩严明。所党委认为开展创"三新"达标活动，是对我们领导水平、组织能力和实干精神的考察与检验，成立了以所长为指挥长的创"三新"指挥部、办公室和达标活动监督组。通过"五次战役"抓好文明科研生产环境和秩序的建立，同时做好净化、绿化、美化工作。通过强有力的思想政治工作，抓好形势任务、航天传统精神、基本国情、基本路线教育，开展"学先进、忆传统、摆思想、树典型"活动，培养干部职工队伍的良好作风。加快内部改革步伐，健全各类技术、经济责任制，实行军、民品分线管理体制，为军、民品的发展创造有利的政策、制度和舆论环境。

1992 年 6 月 7 日，航空航天部刘纪原副部长来 42 所检查验收创"三新"活动，刘副部长非常满意，提出一些需要改进之处后，当场表态奖励100万元，并在返京不久召开的部机关干部会议上大力表扬42所，在航天部内引起较大反响。9月7—10日，由建设司赵松龄副司长带领的检查组复验通过。42所成为航天系统和湖北省第一个创"三新"达标单位。1992年底的航空航天部工作会议把42所创"三新"的经验作为大会交流材料。创"三新"达标标志着42所第三次战略转移圆满完成。

亲自参加调迁工作，我们感觉到，42所之所以很好完成了调迁工作，主要体会是：

一是各级领导的理解和支持是成功调迁的关键。42所的调迁工作是在上级领导的正确领导和大力支持下进行的：1986年10月7日国务委员宋健在襄樊听取42所汇报，1988年1月24日中央书记处书记芮杏文到7442工程现场视察，1989年4月17日湖北省委书记关广富、1990年8月13日湖北省省长郭树言分别视察42所，"国三办"的领导王春才主任，向家贵、张培坤副主任等多次来所检查、指导，航天部郑天翔、张钧、李绪鄂、林宗棠、刘纪原等几任部长都对42所的搬迁极为关心和重视。基建局的领导（冯天禄、陆建中、赵松龄等）更是把42所的调迁列为航天部重点建设项目，严格要求、全力支持工程建设，给予包括自筹资金在内的许多优惠待遇。湖北省国防工办、航天部四院领导大力支持迁建工作，协助解决建设和搬迁中诸多问题，为民品开发"九五""十五"期间享受退税政策做了大量工作。襄樊市委、市政府为42所划拨最理想的地段，在土地征购、城市配套集资、资金管理使用上给予方便和优惠。经委三线办给以具体的指导和帮助。谷城县政府协助解决搬迁中与当地老百姓发生的利益纠纷，及时帮助我们按国家要求办理好原址资产移交。

二是所党委的正确决策是成功调迁的基础。42所党委以超前的思想和对党的事业高度负责的精神，及早提出搬迁的意见，以顽强的毅力、不懈的努力，使42所成为国家"七五"调迁单位。42所党委对新址的选择方案科学分析、正确决策，决定就近搬迁襄樊，对搬迁的顺利和成功起了重要作用。42所党委锐意改革，抓住航天部基本建设改革的机遇，毅然与部基建局签订《投资包干协议》，7442 工程成为航天部改革试点工程。迁建开始，所党委善于把广大干部职工渴望早日建成新基地的强烈愿望，通过有效的工作转化为巨大的工作热情，及时号召全所职工以主人翁精神，争取迁建、科研双丰收。提出"科研生产、搬迁两不误"等一系列正确决策，保证了搬迁的顺利、安全进行。主体搬迁襄樊后，所党委适时作出决定：不等靠国家二期工程拨款，立足自己，筹措资金，"小配套，一步挤，1989 年底会师襄樊！"所党委正确地领导创"三新"活动，为调迁工作画上圆满句号。

三是全所职工的忘我劳动，主管部门、基层领导的精心组织指挥是调迁成功的保证。迁建工程使全所职工夙愿变成现实，极大地鼓舞了全所职工，群情激奋，干劲倍增。1987 年前三季度就完成了全年科研生产任务，从 10 月开始实施 1988 年科研生产计划，到 1988 年 5 月各搬迁单位就完成了全年任务的 80%。1988 年 4 月开始有计划地组织搬迁，每个人都充分发挥了主动性、积极性，体现了主人翁精神。单件最大、最重的设备几乎都在机加车间，每趟车都是一大早装车，下午才赶到襄樊，晚上八九点才卸完，然后又连夜把车带回山沟，准备第二天装车……化工车间是搬迁、生产两不误的典型，在山沟正在生产的设备，早晨 8 点停电关机，拆卸装车，晚上运到襄樊，连夜就位安装，第二天早晨通电开始生产。两次搬迁共运输 1600 多车次，在时间紧、工作量大、路况差的情况下，没有发生一起交通安全事故，没有损坏、丢失一台贵重仪器设备，也创造了奇迹。

四是兄弟单位的大力支持也是建设、搬迁顺利成功的重要条件。7442 工程建设中得到 066 基地、航天中南物资站、824 厂、航天四院部分单位的大力支持。为实现"一步挤"，搬迁中四院派车支援，襄樊 610 所、卫东厂、武警黄金学校等分别为我们提供了军品试车和民品生产条件、危险品库房、闲置设备存放库等。没有这些帮助我们难以做到 1989 年 11 月完整地、不留任何尾巴地撤离山沟。

（姜国良曾任 42 所党委书记，陈凤林曾任 42 所副所长）

高能燃料"三二五"研制回顾

杜　北

　　1968 年 1 月 15 日，国防科委决定：自 1968 年起，地处湖北省谷城县深山中的"四一二工程"由七机部四院接管。同年 2 月 14 日，七机部四院在呼和浩特市召开的会议上决定，"四一二工程"建成后的用途是开展新型高能复合燃料的探索研究。

　　研究高能燃料，首先需要突破多种高能原材料的合成关，以便获得高能燃料的原材料。1968 年 2 月 12 日，四院在呼和浩特市召开高能燃料技术论证会（2·12 会议），来自全国 17 个单位的 74 名代表参加了会议。会议论证了"××-×工程"所需比冲高能燃料的技术途径，确定从氧化剂、黏合剂、燃料添加剂和助剂等方面同时探索能满足高能燃料使用要求的新型原材料。会议确定了 16 项任务，协调了各单位的分工，明确了各单位的研究任务。会议之后，科学院上海有机所、燃化部西宁黎明所、北京工业学院、五机部 375 厂和七机部四院 42 所等单位开展了部分研究工作。

　　1970 年 8 月 15 日，国防科委在北京召开计划会（8·15 会议），制订 1971 年计划和"四五"期间计划设想，提出在国防尖端技术主要方面 2—3 年内赶上当时的美、苏水平。

　　在"8·15 会议"精神的影响下，四院制定了固体发动机赶超美、苏的初步规划，提出研制高能燃料的目标是突破比冲的高指标，并决定将 42 所 80% 的燃料研制人员迁往湖北谷城（"四一二工程"所在地），转入高能燃料研究领域。42 所主要配方研制人员于 1970 年四季度迁入"四一二工程"所在地，很快就开展了高能燃料的研究工作。

"2·12 会议"后，由于承担高能原材料研究任务的单位分布在全国各地，组织管理困难大，协调配合不方便，研究工作进展缓慢。为了尽快突破高能原材料关，七机部提出以会战方式组织攻关的建议。于是国家计委〔1970〕计字第 138 号文件和中央军委〔1970〕军研字第 325 号文件决定，以研制高能复合燃料各种原材料为主要任务的"三二五"会战在武汉组织实施。

"三二五"会战于 1970 年 12 月开始，到 1980 年 4 月结束，历时 9 年 4 个月。参加会战的单位有武汉大学、武汉医学院、武汉制药厂、武汉制氨厂、武汉建汉化工厂、武汉长江化工厂、42 所等 19 个单位近 300 人，共耗资 480 余万元，建设面积 2500 余平方米，分 34 个课题开展了多种物质的合成研究及燃料和原材料的毒性研究，完成科技报告 60 多篇，试制出各种原材料样品 2 吨多，其中一些物质的研究及毒性研究都有一定的使用价值，其他项目的研究工作都有一定的科学参考价值。研制的项目中有 5 项获国防科委 1978 年、1979 年度科技进步四等奖，整个会战过程中发生技安事故 16 起，牺牲 1 人，重伤 4 人，轻伤 20 人。

1970 年 12 月，启动"三二五"会战后，第一年会战计划中安排了 8 个重点研制项目、16 个预研项目、1 个分析测试项目和 1 个工业卫生项目，涉及 18 个单位。会战项目多、要求急、条件差，各方面都有很多困难，但领导和同志们满怀为祖国争气、为巩固国防、为赶超世界先进水平作贡献的激情，坚持"独立自主，自力更生，艰苦创业"的精神，克服工作和生活中的各种困难，刻苦钻研，努力工作，在短短的 2 年时间里，24 个课题中有 17 个课题合成出样品，提供了几百公斤的原材料。然而这些原材料的理化性能远不能达到高能燃料的使用要求，必须进一步做改性工作。

高能原材料大多属于易燃、易爆、有毒物质，当时由于认识不清，重视不够，缺乏安全教育和安全措施，会战中发生了 16 起事故，仅 1971 年就发生 12 起事故，其中有 3 起是违章操作发生的，造成 1 人死亡，1 人左眼重伤眼球摘除，另有 1 起爆炸事故造成 3 人受伤。武汉军区和国防工办两次发文对事故进行通报，由此引起了有关部门的高度重视，专门举办安全教育学习班，采取必要的防护措施，技安事故得到了有效控制。

两年多的实践获得的教训是惨痛的，但也逐渐认识到高能燃料原材料的研制是一项探索性强、未知因素多、涉及面广、难度大、危险性高的工作，必须以科学的态度，实事求是地按客观规律去开展研究工作，否则将是事倍功半，欲速则不达。

1972年12月，七机部在北京召开高能燃料研制经验交流和协调会（7212会议），交流高能固体、液体、固液燃料研制的经验教训。会议提出，对高能燃料实行"多路探索，适时取舍，重点突破"的方针，提出了高能原材料的研制规划。"7212会议"后，参与"三二五"会战的9个单位16个项目下马。

1973年5月，在武汉召开了由42所筹备的技术途径论证与任务协调会（7305会议）。根据"远近结合，以近为先"的原则，商定了暂定技术指标，确定近期研制的原材料，并列入1973年的"三二五"会战工作计划。

1976年6月，由七机部组织召开了燃料及其原材料研制专业会议（766-4会议），会议交流了"7212会议"以来国内燃料及其原材料研制工作成果，介绍了国外发展动向，总结了经验。会议提出"五五"和"六五"期间燃料及原材料的研制按照"巩固、确保、发展"3个方面开展工作，以"确保"为重点。"766-4会议"后，又有参与"三二五"会战的2个单位6个项目下马。

1976年12月，湖北省石化局"三二五"会战办公室与七机部42所共同主持召开了技术论证和任务协调会。会议提出新的技术途径，商定了暂定技术指标，同时确定上马4个新项目。

1978年，参与"三二五"会战的单位和项目由刚开始时的18个单位24个项目，经过"7212会议"和"766-4会议"，通过筛选、调整和增减后，只剩下7个单位8个项目。根据当时配方研制进展情况和外协状态，42所建议撤销武汉建汉化工厂和武汉第一制药厂承担的任务，建议武汉长江化工厂承担的某原材料研制在完成20公斤样品后也可撤销。这样一来，只剩下武汉大学、武汉医学院、武汉化工研究所和武汉制氨厂4个单位5个研究项目，同时建议撤销"三二五"会战。对留下的 4 个单位 5 个项目改为对口协作关系，可以不定期互派人员进行技术交流，并根据需要不定期参加对方的试验交流，互相合作，互相促进。

1979 年，七机部科研局在关于对"三二五"会战的意见函中指出："三二五"会战克服了物资缺乏、工作条件差及科研和生活上的种种困难，先后对 28 个项目进行了大量的试验研究工作。到 1978 年底，对 19 个品种的高能原材料合成和改性样品的质量及可否用于燃料作了评价。会战先后为 42 所提供了各种原材料近 2 吨，其中研究成果都具有一定使用价值。会战为开展高能燃料配方研制工作奠定了一定的基础，创造了一定的条件。但高能原材料的研制在仪器设备缺乏、厂房简陋、人力不足、各方面困难都很大的情况下是难以取得显著成绩的。另外，开展研制的项目与武汉参加会战单位的生产没有密切联系，承担任务单位的特长没有得到有效发挥。实践证明，这种长期会战的方式再继续下去不利于研究工作的进展，应当撤销会战，未完成的项目由 42 所按外协处理。

1979 年 10 月 17 日，七机部征求了化工部和湖北省石化局的意见，并与国防科委进行协商后，决定撤销"三二五"会战，进行收尾工作。

1980 年 4 月，湖北省石化局在武昌召开"三二五"会战总结会，在会上宣布"三二五"会战结束。至此，9 年 4 个月的高能燃料"三二五"会战正式结束，在我国燃料研制史上留下了难忘的一页。

（杜北曾任航天 42 所副所长）

42所民品三次创业历程

凌福休

第一次创业，主要以研发、咨询、服务、转让为主要内容的民品发展阶段，时间从 1979 至 1989 年

1979 年 10 月 31 日，42 所老领导传达贯彻中央"军民结合，平战结合，军品优先，以民养军"的十六字方针，号召各研究室、车间在完成军品任务的同时，要安排一定比例的人力、物力研发民用产品。

机加车间率先成功开发出"蜂风"牌小电扇。所工会因势利导，非常及时地将小型电扇按户头，一户一台，送发给员工使用。在当时电器产品短缺，多数员工家庭确无电扇使用的情况下，既解决了员工三伏盛夏降温的一些实际困难，同时也调动了员工开发民用产品的积极性。接着各研究室、车间结合各自的专业特长、研发实力以及对市场的了解和感受，立题立项，据不完全统计，相继分别开发了以下项目。

比如，201 车间开发的米醋生产线、粗洗机、甩干机、洗瓶机、烫光机、剪毛机、搓球机以及棉纱处理锅等数十种产品。202 研究室开发的乐天鞭炮、保鲜剂、聚氨酯脱模剂、大蒜素提取工艺以及 Vc 保存剂的研究与试制。203 研究室开发的暖炉芯、汽车三防液、MK 印染助剂的开发等。还有 204 研究室、205 研究室、206 研究室、208 研究室也都相继开发和生产了相关多品种的民用产品。

民品创业初期，书记蒋耀先亲自赴 068 接受导电橡胶片的研制任务；所

长刘国雄亲自赴襄樊市、武汉"824"厂接受合成革胶和磁带胶的研制任务；袁人锐所长于 1986 年元月亲自带领人员赴二汽承揽了汽车用粘结剂及减震橡胶圈的研制任务；李洪绪所长亲自抓固体氧气发生器的开发，并在珠海经济特区建立了我所第一个中外合资的沿海窗口。

由于所几届领导人的努力，42 所在迁建襄樊时已初步形成了"四胶一机一革"和"四胶一垫一窗口"的大好民品发展局面。但由于所部居住山沟，交通不便，信息不灵，在民品市场竞争对手等方面，定位模糊，民品收入不尽如人意。

1980 年，完成年产值 8.8 万元，实现年收入 8.8 万元。1980—1989 年，10 年累计完成总产值 1721.58 万元，年平均增长率 54.4%。

从那个时候起，42 所在产业上开始融入民用产品，经济运行上开始突破民用产品零的收入，步入军民结合轨道可喜的第一步。

在激烈的市场竞争中，逐渐认识到，要把民品产业做大做强，还必须弥补三个方面的不足：一是队伍长期吃"皇粮"，没有危机感；二是周边地区化工工业基础薄弱，原材料配套差；三是地理位置处于中原地段，远离广州、深圳、珠海、北京、上海等大市场。同时，必须在三个方面加大应对措施：（一）把视野放在那些技术含量高、投入产出回报大、有广阔的市场空间、能替代进口产品的新技术、新材料、新产品开发；（二）在不断追求提高产品质量、降低成本上下功夫；（三）应用"航天技术产品"这块在世人心目中享有"信得过"的金牌去开拓市场，做好售后服务工作。

第二次创业，扩大生产、沿海设窗口、体制改革、机构变动、分线运行民品发展阶段，时间大致从 1989 至 1999 年

在此阶段，恰逢国家电子行业、机械包装装潢行业、汽车行业的快速发展，要求中国市场为它们提供质量过硬、能替代进口产品使用的成套设备、总成及零配件。

42 所看中了这个发展方向，抓住了这一发展机遇，积极创造条件，去

努力、去争取，挂靠、挤上"快速发展"的时代列车。

首先，加大对化工中试车间的投入。1988 年搬迁襄樊后，为了打造"拳头"产品，所里将 1983 年 1 月 12 日在郭峪山沟成立的化工中试车间整合更名为 14 车间，并于 1994 年 12 月将原劳动服务公司下属的"红箭减震橡胶圈开发公司"并入 14 车间，称"特种橡胶制品分公司"，批量生产、经营导电橡胶制品及汽车用减震橡胶圈制品，由于生产设备更新换代、增容扩大，成为具有相当规模生产导电橡胶及减震橡胶圈制品的专业生产车间，取得了很好的经济效益和社会效益。在此基础上，于 1991 年 1 月 20 日由珠海建业、香港敏通、42 所咨询公司合资成立的"海通公司"，在珠海市生产、经营导电橡胶制品，实现了"外引内联"的生产、经营新格局。

其次，1989 年建成年产 300 吨磁带胶生产车间（原 16 车间），实现了 EPU-4200 高性能聚氨酯磁带胶产品的批量生产。由于产品与磁粉配合使用，分散性能好，黏结力强，与三元胶、聚酚氧树脂相容性好，将它用在生产磁记录产品配方中作为粘结剂组分使用，生产出来的录音磁带、录像磁带、计测磁带等产品，其电性能、力学性能优良。经武汉 824 厂、广东顺生磁带厂等客户试用，确认可替代进口产品使用。解决了"亚美"集团进口 40 多条磁带制品生产线急需配套使用的磁带胶国产化问题，取得了很好的经济效益和社会效益。

最后，压敏胶及其压敏制品生产车间于 1989 年 9 月 30 日建成投产（15 车间），实现了 PE 保护膜及 BOPP 粘胶带压敏制品的生产，1999 年实现销售产值 2500 万元，取得了很好的经济效益。1990—1999 年，10 年累计完成总产值 13676.51 万元，年平均增长率 30.8%。

第三次创业，扩大投入、军民一体化，大致从 1999 至 2009 年

基于前两个阶段的发展，在第三阶段，42 所民品发展大致呈现出如下态势：一是民品队伍，实现军民一体化，所里培养造就了一批能吃苦、讲奉献、懂开发、会生产、善经营、有应对市场变化能力的能人、精兵强将。建

成了具有相当规模的"军民结合"型开发、生产基地。二是于 1999 年成立"航天保护膜公司",实现了由车间管理—所级管理—院级管理—实行内部模拟股份制—分别在大连、上海成立分公司。三是于 2005 年 7 月建成新精细化工车间并投产。将分散在各研究室、车间生产的精细化工产品,集中统一由新精细化工车间生产经营。批量生产各种类型压敏胶产品、各种类型粘结剂、磁带胶、灌封胶、脱模剂等产品。四是成立气源生产车间,于 1997 年建成年产 2000 套固氧生产线。批量生产用于航空、航天、潜艇、消防及医疗行业作应急给氧救援的固体氧气发生器产品,取得了很好的经济效益。2007 年建成年产 15 万套汽车安全气囊生产线,替代了进口产品,取得很好的经济效益和社会效益。

经过 20 多年的探索与发展,2008 年 42 所实现民品产值 18755.30 万元(含本部 3231.31 万元、保护膜 10083 万元、立式混合机回款 5440.99 万元),创历史新高。2000—2008 年,9 年累计完成产值 122424.93 万元,年平均增长率 9.7%。

(凌福休曾任 42 所车间指导员)

引燃激情　勇攀高峰

——42 所研制北京奥运会珠峰火炬引火器纪实

刘国伟

2008 年 5 月 8 日，举世瞩目的北京奥运圣火成功登顶珠峰，书写了人类奥运史上又一新的伟大壮举。消息传到 42 所，全所上下一片沸腾，正是该所研制的奥运珠峰火炬引火器在珠峰峰顶低温、低压、缺氧、大风等恶劣条件下，成功引燃了"祥云"火炬，使得奥运圣火得以在珠峰激情绽放，熊熊燃烧。今天，就让我们一起走进航天 42 所，看看这群航天人用智慧引燃圣火、勇攀科技高峰的故事。

信心百倍地接过任务，威严的珠峰却给了一个"下马威"

奥运圣火抵达珠峰是北京 2008 年奥运会火炬接力一大亮点，备受世界瞩目。火炬登顶珠峰必须具备 3 个条件：在 8848.86 米低温、低压、缺氧、大风的环境下，火炬要"点得着、看得见、不会熄"。为确保火炬登顶珠峰圆满成功，火炬的总体方需要设计专门用于珠峰的火种灯、引火器及主火炬等装备。引火器的作用就是在珠峰峰顶从珠峰火种灯中引出圣火并引燃火炬。鉴于航天 42 所曾为我国多项航天工程研制生产过各类航天点火器，2006 年初总体方把引火器的研制任务交给了 42 所。

航天点火器是各类航天飞行器中广泛应用的一种火工品，42 所作为我国航天化学技术领域的专业研究所，具有各类点火器的丰富研制经验和雄厚的技术实力。能够接到北京 2008 年奥运会的火炬研制项目，全所上下无比兴奋。所里高度重视，迅速成立了引火器项目攻关组，举全所之力确保技术攻关。攻关组的同志们更是信心百倍，表示要以最快的动作、最好的成绩，向北京奥运会献礼！

然而，就在大家信心十足地按照以往的经验开展工作时，珠峰很快给了大家一个"下马威"。攻关组最初拿出来的引火器样品，在火炬总体方进行低压舱试验时出现了熄火的现象，而且有的干脆就没有火。

2006 年 5 月，攻关组调整配方后的样品与珠峰火炬其他配套产品来到珠峰大本营，进行首次实地试验。虽然上山前大家已经给引火器做过各项验证试验，但在"威严"的珠峰面前，引火器再次"失灵"，依然出现了熄火和无火现象。

巍峨的珠穆朗玛峰，海拔 8848.86 米，常年冰雪覆盖，气温达到零下 40摄氏度，只有 0.3 个大气压，而且氧气稀薄，常年 12 级大风。在这样恶劣的环境下，引火器要从圣火灯中引出圣火并引燃火炬，其难度就好比在狂风中划燃一根火柴，然后不能让它熄灭。

火，象征激情，传递梦想，珠峰火炬不能没有火！初受挫折的攻关组立即调整心态，重新布置试验方案，向巍峨的珠峰发起了新的挑战！

从"头脑风暴"到电风扇、淋浴喷头，能试的都一一试过

低温低压试验的失利、第一次珠峰大本营的教训，使大家深刻认识到了珠峰火炬引火器应用环境的特殊性以及对各项性能指标要求的苛刻性。

"珠峰火炬引火器不同于以往任何一个航天点火器，必须跳出常规思路！"为了彻底摆脱以往技术思路的束缚，攻关组集中全组员工开展"头脑风暴"。为了启发思路，有人甚至找来了一整套关于珠穆朗玛峰的详细资料，帮助大家重新认识珠峰。

那一段时间，这个只有 12 个人、平均年龄还不到 35 岁的技术团队，就像一个苦心竭力构思作品的戏剧大师，按照早已要求好的各个场景，找寻着能够串起整个情节的合理路线。由于珠峰实地环境的许多无法预测性因素，

大家尽可能地把试验验证方案做得更加周全。攻关组组长杨玲是一个具有十几年工作经验、先后研制了十多个航天型号、20 余种航天点火器产品的年轻高工。为了更加逼真地模拟实地环境，她带领攻关组在工房临时建立了一个简易的低压试验舱，通过更加直观的试验，不断摸索各类原材料选配对配方性能的影响和变化，努力探索能够突破难关的方向。

功夫不负有心人！经过近一个月的反复试验和摸索，攻关组最终找到了一条通过燃烧自产氧气、持续助燃的固体药柱合成途径，而这仅仅只是引火器迈向珠峰的第一步。为了符合"绿色奥运"的理念，攻关组对药柱的合成原材料进行了严格筛选，坚决剔除了任何能够产生污染的成分；为了满足使用方便和便于携带的要求，大家对药柱尺寸和成型工艺进行了精心设计；为了考验药柱的抗风性，他们把电风扇调到了最大档，一次次做点火试验；为了检验药柱的耐雨淋效果，大家又拿来了洗澡的淋浴喷头……总之，为了真实模拟实地效果，他们把能想到的办法都试了个遍，不断改进和提高药柱的性能。

2007 年初，珠峰火炬奔赴我国的最北疆漠河进行火炬的低温、低压试验。为了能够更加真切地掌握第一手试验资料，攻关组经验最丰富、年纪最长的老研究员杜又新随试验队一同来到了试验现场。这一次，引火器在现场的试验效果仍然不是很理想，在低压、低温环境下再次出现了无火焰的现象。但这次老杜并没有着急，因为在所里大家已经模拟各种情况做过 N 多次试验，对各种条件下可能出现的情况及其原因早已做过深入分析，试验现场的情况也验证了他们的预测。很快，老杜在第一时间向所里的同志发回了试验现场的数据，根据现场数据的分析，杨玲立即对燃料配方及成型工艺进行了大胆的调整和创新，带领攻关组连夜赶制样品，并再次送到漠河。

终于，新试制的样品顺利通过了低温、低压环境试验的考核，正是这一次的成功为后续攻关指明了方向，确保了珠峰火炬及引火器的研制成功。

攻关本身就是在登珠峰，一样传递了激情与梦想

漠河试验一举突破难关，随后引火器研制工作进展异常顺利。经过近半年的精心调试，42 所研制的引火器最终攻克了低压（0.2 个大气压）、低温（-40℃）、大风（12 级）条件下火炬和引火器稳定燃烧的难关。引火器外形仅像一支长 10 余厘米、直径约 1 厘米的粗铅笔，轻便灵巧、携带方便，而且燃烧中无明显烟尘和气味，完全符合"绿色奥运"的理念。由于试验中各种情况考虑周全，验证充分，引火器性能十分稳定，即使浸泡在水里，照样能生火点燃。

2007 年 5 月，试验队和登山队带着引火器登上珠穆朗玛峰，再次对珠峰火炬、火种灯、引火器等进行实地检验。在珠峰多个海拔，引火器多次试验都满足了各项性能要求，次次点火成功，使用效果获得了登山队的好评。

2007 年夏天，北京奥运会珠峰火炬多个燃烧系统技术方案连同引火器一道，接受了北京奥组委专家评审、选择，42 所研制的珠峰火炬引火器作为第一方案成功入选。

2008 年初，奥运珠峰火炬最终的产品生产全面铺开，根据总体方要求，42 所需要提供 400 余支引火器。当时正值春节来临，又逢湖北等南方各省遭遇冰雪灾害，冰天雪地中，攻关组的同志们再次发扬了航天人特别能吃苦、特别能战斗的精神，踏着厚厚的积雪和冰凌，来往于各个工房，加班加点连续奋战一个月，最终及时将产品送到了北京……

圣火光耀珠峰，激情成就梦想。虽然没有亲手传递火炬，引火器的研制者们却像登山的火炬手一样，攀登和征服又一个高峰，用自己的智慧和勇气，引燃了奥运的激情，传递了奥运的梦想。

（刘国伟现任 42 所思想政治工作部部长）

点燃"激情"，助推航天强国梦

——记42所"长征五号"消氢点火装置及正推火箭研制生产团队

刘国伟　张　弦

2016年11月3日晚，我国研制的起飞规模最大、技术跨度最大、运载能力最大的新一代大推力运载火箭——"长征五号"在海南成功发射。航天科技集团四院42所承担了此次发射中消氢点火装置及正推火箭的研制生产任务。承担任务的同志们不辱使命，攻坚克难，用高质量、高可靠性的技术和产品，安全护航"长征五号"成功发射。

一、为国攻关，助力成功"点火"

"长征五号"是我国首次采用氢氧发动机，在发动机点火前会向发射平台周围环境排放低温氢气。这些氢气与空气混合形成的可燃气团在浓度达到一定范围时，一旦遇到静电或明火就会产生爆炸或爆轰，不仅损坏发射场的设备和设施，甚至会导致星箭俱毁的严重后果。

为确保火箭安全发射，必须研制一种消氢点火装置，在主发动机点火发射前，以高速喷射的高温离子流彻底把火箭发射前排放的大量低温氢气消除掉。

得知我国立项研制大火箭，42所系统产品开发中心主任邓康清主动找到总体方，要求承担消氢点火装置的研发任务。

该项技术在国内是首次使用，据悉在国际上也只有美国人用过。"万一交不了差，岂不成了罪人。"朋友、熟人劝他，但没有挡住他为国攻关的步伐。"既然外国人能搞出来，我们一定也能搞出来。"邓康清带领自己的团队仅从国外航天飞机发射的一点视频入手，开始了攻关。

相对于以往的固体燃料，这是一个全新的东西。"点的是'火'，又不是'火'"，负责点火装置动力部分的负责人刘学对此又"爱"又"恨"。为了突破难关，他和组员刘长宝抛开以往的惯性思维，采用全新的复合金属材料，在理论计算的基础上一次次反复试验。

刘长宝说："试验的过程，就是不断失败又不断前进的过程，靠的就是必须成功的一股心劲"。经过反复计算和试验，他们最终突破了高温粒子生成的关键技术。

邓康清表示："我们是一个年轻的团队，平均年龄35岁左右，大部分都是共产党员，攻坚克难、敢于拼搏是我们的特点与优势"。面对完全自主研发的新产品、新技术，他们从思想、作风、纪律、质量等方面严格要求，步步精心设计、精心试验，全力确保产品的质量与安全。

11月3日，"长五"发射一波三折。当天，作为现场作业人员，邓康清和团队成员余小波凌晨就起床，一直在发射塔下坚守了12个小时。发射当晚，为了应对发射现场可能出现的各种险情，余小波主动要求作为救险队员在现场随时待命，直到火箭成功发射的那一刻。

二、精诚协作，共铸强国梦想

正推火箭是"长五"I、II级发动机的分离动力装置。当I级发动机工作结束后，正推火箭开始点火工作，产生推力，实现I级与运载火箭的分离。同时，还要把II级尚未点火的火箭向前"送一把"，让火箭的推动力更强劲。

正推火箭被称为"火箭中的火箭"，必须工作时间长、可靠性高，能适应极其苛刻的环境。2012年底，火箭开始研制，两家单位同时参与，同台竞技。

燃料是42所强项，燃料配方项目负责人郭瀛泷压力不小。为了拿出过硬的设计方案,他基于成熟的燃料配方,优化方案设计,放弃节假日休息时间,加班加点调试配方,逐个突破关键技术,最终研制的燃料配方综合性能优良,并在竞争中一举胜出。

衬层、绝热层是火箭发动机壳体与燃料之间的薄薄一层界面。在火箭工作时,它要耐得住 3000℃高温烧蚀冲刷,确保燃料燃烧不对壳体产生影响。由于夹在燃料与壳体中间,研制过程中一旦燃料有任何"风吹草动",衬层、绝热层就得跟着调整。"大局意识是必须有的!"在研究员尹华丽、何永祝看来,这十分正常,"燃料、衬层、绝热层之间只要有任何一点细微变动,我们就必须从配方设计、方案论证、演示验证到技术文件、扩试工艺确认,完整来一遍,为发动机提供全力支持和配合"。整个研制进行下来,课题组进行了这样的验证试验不下上百次。

药面整形,是固体火箭生产的重要一环,就相当于在高能量的"烈性炸药"上动刀,操作的力度、精度、准度,关乎操作人员的生命,关乎火箭的弹道性能。药面整形工池新连在这个危险岗位上工作了 20 多年,作为技能大师,他亲自上阵,精心"雕刻",60 余发动机产品性能全部满足技术指标要求。

航天工程,是一项复杂的系统工程,一项工程成功的背后容不得半点疏漏。42 所参与"长五"火箭的研制者们,正是凭借着为国攻关的强大信念、大力协同的团队精神,在短时间内研制出了质量可靠、满足需求的产品,把爱国与敬业化作了喷薄而出的火焰,为航天强国的梦想增添了分外艳丽的色彩!

（张弦现任 42 所团委书记）

永恒的时刻

秦兴道　马恩惠　丁汝昆

在 42 所历史上，1970 年是一个大转折。按照当时国防科工委的决策，42 所撤离内蒙古，南下湖北谷城县郭峪深山，会集技术力量专门攻坚新型高能推进剂。

襄樊是鄂西北唯一一座较大的城市。当时，从襄樊到谷城县庙滩镇是一条凹凸不平的土路。80 多公里的路，足足行驶了四五个小时。一路上颠簸，尘土飞扬。到了庙滩，就开始沿着弯弯曲曲的山路，慢慢行驶。进山后的地势非常险要，山高谷深，公路像蛇一样盘绕在半山腰上。汽车像蜗牛一样，在山路上行驶 1 个多小时，终于来到了我们工作和生活的地方。这一进山就是 18 个春秋，18 个春秋的努力，迎来了固体燃料的春天，也作出了巨大的牺牲。

固体燃料是固体火箭的主要动力源，直接影响火箭的射程和效能。燃料能量越高，火箭的射程就越远，工作效能就越高，然而研制过程中的风险也就越大。为了祖国航天事业赶上和超过世界先进水平，为了实现国防现代化，42 所的同志冒着随时可能发生爆炸的危险，扎根山沟艰苦探索高能量原材料。

1979 年 7 月 11 日，晨曦中，山峦撩开面纱，露出墨绿色的倩影。像往常一样，工作在这里的 42 所职工迎着轻拂的晨风，踏上蜿蜒的山路，陆续来到各自工作岗位，开始了一天紧张有序的工作。

在 504 工房，正在开展一项新的高能原材料装药试验。技术人员丁汝昆、杜品芳，操作工戴学华正在按照试验规程进行试验操作。

第一步是预混工序，要在防爆间里操作。原材料是丁汝昆刚从青海运回来的高感度化工品，属于一种全新的高能原材料。这种原料很敏感，在这之前，0.2L、0.5L 做试验都成功了，这次进行 1L 容量的预混。

预混是在一个封闭的有机玻璃操作箱里进行。操作箱有干燥剂，箱体上开两个孔，孔上有橡胶手套。戴学华把手伸进手套，在操作箱里把原料放在一个蒸发皿里小心翼翼进行混合。杜品芳在一旁给她递原料。

此时，丁汝昆正在工房外填写试验跟踪表上的日期、天气等数据。表才填了一半，就听到身后"嗵"的一声巨响！丁汝昆第一直觉告诉自己：炸了！还没等丁汝昆反应过来，第二声爆炸又响了……

人群如潮水一般涌向出事现场。呛人的浓烟和带有强烈刺激的化学药物的气味弥漫在工房内外，阻遏着前来救险的人们。

"冲进去!"

"快冲进去! 里面有人!"

随着喊声，丁汝昆、王北海、辜尊加、李丕武、陈荣盛、陈学华、张金华等人，冒着随时可能发生殉爆的危险，首先冲入浓烟。工房防爆间后面的墙开着窗户，发生爆炸时，泄爆面的那些玻璃窗连窗框都被炸没了，整个工房面目全非，大家从血泊和被炸的残物中抬出了戴学华和杜品芳同志。

焦急的呼喊声，急促的电话声，救护车的汽笛声充斥整个山沟。当所领导和医务人员赶到现场进行抢救时，年仅 38 岁的戴学华和 34 岁的杜品芳两位航天女战士已经壮烈牺牲。

风越刮越大，乌云一层层压在郭峪沟的上空，人们黯然神伤，沉浸在悲痛的气氛中。当人们从爆炸后的废墟里找回烈士的"上海"牌手表时，三根指针，已被强大的冲击波嵌入了表盘，它无情地、永远记下了这个悲痛时刻：8 时 34 分 53 秒！

固体燃料有多危险，大家都是清楚的。但是，为了探索新的高能原材料，为了早日研制出高能推进剂，42 所人"明知山有虎，偏向虎山行"。为了铭记 42 所人为祖国高能固体燃料所作出的巨大牺牲，谷城县委同意 42 所追认戴学华、杜品芳同志为"革命烈士"。根据烈士戴学华生前愿望，42 所党委追认她为中国共产党正式党员。

失败乃成功之母。经过多年的反复研制，多年的磨难，固体燃料的春天终于到来了。42所及时总结高能探索的经验教训，调整研制思路，研制的中能燃料由于各种性能优越，调节裕度大，能满足多种型号对性能的要求，先后应用多个型号。高能燃料的研制，虽然走了不少弯路，但为后来技术上的突破奠定了基础，并取得了许多宝贵的经验。42所搬迁襄樊后又开始了新的技术途径探索。经过几年艰苦攻关，最终实现了技术突破，使我国成为世界上第二个在型号上应用该类燃料技术的国家。

（秦兴道曾任42所研究员、某型号配方设计师，马恩惠生前曾任42所质量处处长，丁汝昆曾任42所研究员、某型号配方设计师）

襄阳第一家军工企业的创立、发展与变迁

吴之明

困难时期艰难启航

本人是 20 世纪 80 年代中期从一所高等师范院校毕业，分配到襄阳国营汉江机械厂子弟学校任教的。刚参加工作时，尽管工作对象都是学生，但学生家长所在单位的性质、从事的工作一直像一个"谜"吸引着我。刚报到的时候，接待我的人事科尹阿姨不停地重复一句话："小伙子，你肯定在学校表现不错，成绩很好，要不不会分到我们这样的单位。"这话让我总感到有一丝神秘在心头。后来，由于所在工厂团委换届改选，把从事教育工作的我从一名教师变成了工厂专职团委负责人。

自此，经过与数百上千人的摸爬滚打，慢慢才知道我所在的单位，原来是襄阳市第一家军工企业。

接下来的工作过程中，通过先辈们的讲述与翻阅学习厂史，工厂创立的脉络渐渐在大脑中清晰起来：1960 年初，随着我国工业企业调整、整顿，国家航空工业初步完成了"三线建设"的产业规划和地理布局，为了适应航空工业将要大发展的战略形势，原第一机械工业部第四局（航空工业局）决定在全国范围内新建 12 所中等航空工业学校，培养造就航空工业技术人才，以满足今后航空工业建设、发展的需要。

经航空工业局研究决定，并经湖北省委同意，拟在湖北省建一所航空工业学校。于是，1960 年 3 月在湖北省委和襄樊市委的大力支持下，襄樊航

空工业学校在如今的襄阳市樊城区汉江中路开始建设。来自上海航校、南昌航校和其他航空学校的60多名中青年教职员成为襄阳航空学校的工作人员。

1960年7月，根据航空工业局的要求，湖北省高教厅批准襄樊航空工业学校招生指标为200名。1960年9月，经全校教职员工的艰苦努力，4栋砖拱平房，1栋简易教室，共计900平方米建设完成。由于国家遭受自然灾害，国民经济出现严重的困难，导致生源不足，实际招收中专班学员75名，技工班学员30名。

1961年，中央为了解决国民经济出现的困难局面，提出了"调整、整顿、充实、提高"的方针和"压缩城镇人员，一切支援农业"的号召。国家停止了对部分新建项目的投资。襄樊航空学校的基本建设也停止了。8月，来自农村的学生和部分职工，按照国家的文件精神，在市委的统一部署下，下放回农村了。

1961年12月，航空工业局根据国家战略布局和要求，决定襄樊航空工业学校"下马"，至于学校的出路，提出三点意见：一是学校停建，改校建厂；二是国家不可能有资金投入建厂，大家发扬"自力更生、艰苦奋斗"的建校精神，做到自给自足，把工厂保下来；三是改变机构，做到适应生产发展的需要。

1962年5月，航空工业局以〔1962〕四局办密字第430号文正式决定襄樊航空工业学校停建，学校改为工厂，确定工厂名为襄樊航空密闭头盔高空代偿服工厂；第二厂名为国营汉江机械厂（以下简称汉江厂）；代号为"国营第510厂"。这不仅是襄樊的第一家航空企业，也是襄樊的第一家军工企业。

1962年，改校建厂时职工总数为243人，机械设备46台，企业占地总面积55321平方米（其中厂区21778平方米），企业房屋建筑总面积9193平方米（其中厂房建筑面积3463平方米）。

由于头盔、代偿服是航空救生中技术难度较大的产品，为提高职工素质，汉江厂专门成立技工学校，培训技术工人，同时发动职工群众献计献策，进行岗位练兵，克服了一个又一个技术难题，完成产品试制和生产任务。在生活和工作条件极端困难的条件下，而且在一无技术资料、二无专业人才、三无发展基础的"一穷二白"艰苦条件下，汉江厂的创业者们组建队伍、兴建厂房、攻克难关，"一边建设、一边研究"，硬是凭着一腔报国热血，在一张白纸上研制出我国第一顶密闭头盔、第一顶保护头盔、第一套代偿服等数十个第一，解决了我国空军装备建设的急需，开启了新中国飞行员个体防护救生事业新篇章。建厂当年即完成工业总产值 36 万元，为年计划 30 万元的 116%，不仅做到了自给自足，还上缴利润 2 万元。

战略转型期奋力前行

我是汉江厂撤校建厂 24 年后的 1986 年才从大学毕业分配进入的。印象中，当时报到的时候，工厂周边全是附近农民的菜地，尽管工厂位于当时襄阳市市区，但超过 2 层楼的房子很少。工资待遇、住房分配、医疗、子女入托上学、职工进入、转岗提干等，都有严格的制度规范。一切全是按计划来实施。当时，每个月除了固定工资外，由于工厂自己开发产品的积累，还给职工每人发 3—5 块的奖金，在今天看来，这点微不足道的奖金，当时如果在亲戚朋友中一谈起，立刻会引来一阵赞誉声，吸引大家羡慕的目光，觉得单位很好。

自 20 世纪 80 年代初开始，随着中央"保军转民"一系列战略决策的实施，国家为发展国民经济，暂时放慢或停滞军工企业的发展，致使本来就不多的军品更少了，刚刚脱胎于长期计划经济的工厂在转型发展初期举步维艰。

在军品任务陡降的情况下，为了解决 1000 多人的生存与发展，工厂自 20 世纪 70 年代开始，就开始了"找米下锅""七抓八拿"的产品开发

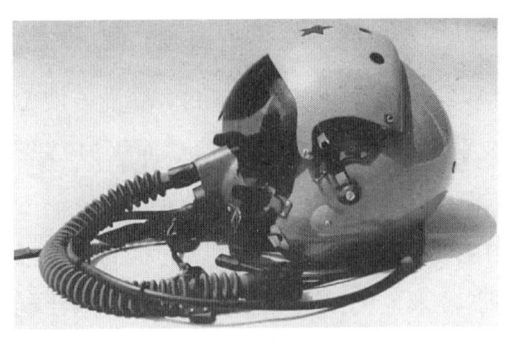

原 510 厂研制的 TK-2 保护头盔

之路，从加工生产汽车传动轴、自行车轮胎进排气门、轮胎螺栓、人力车内外挡和民用挂锁到生产油田封井器、火车上服务员卖货的汉江牌铁滑车、海鸥牌缝纫机以及防护面罩、衬衣等，什么能赚钱就生产什么，什么能快上马就上什么项目。经过 10 多年的发展，慢慢摸索出，利用自身军品技术优势，开发技术同源产品，如医疗用充气面罩、抗休克裤以及摩托车头盔和收录机、燃油枪和驾驶舱、汽车组合开关等。使民品的销售收入和利税平均每年以 15% 的速度稳步增长，民品产值和销售收入在 1991 年首次超过军品，到 2001 年已占到工厂总产值的 60% 以上，工厂也因此实现了由单一军品到军民结合型的战略转型。

在工厂发展过程中，由于产品生产和任务多少是受工厂性质、任务、生产产品、年产量、劳动量以及由此编制的各类人员、设备拥有量、生产和生活需占地面积等决定的，所以在工厂不断发展和扩大生产中，汉江厂一直受限于工厂设计。因为自 1962 年学校改厂以来，按原三机部的要求，要根据当时的形势，重新选择厂址，但由于当时的厂长胡光吾同志就选址从山东到甘肃，反复考察，奔波 2 年未果，后来又遇"文革"，将选址一事就耽误了，所以，汉江厂自开始改校建厂就未进行总的设计和规划，导致为了解决工厂生产急需就"头痛医头、脚痛医脚"，这儿搭一个"小棚棚"，那儿再建设一个"小窝窝"，用自己的双手，艰苦奋斗，在一望无际田地间播种航空工业的"种子"。广大技术人员在砖拱平房里，炎热的夏天，室温高达 40℃无电风扇，光着膀子绘图，用石膏做模型的方法来设计头盔，把苏联的代偿服拆成一片一片地照着描样制造样板。据不完全统计，工厂比较大的推倒围墙扩建就达 15 次之多，上、下水管改造就多达 5 次，厂门口的排水沟大的施工就多达 5 次。"文革"后经过多次申请，直到 1980 年三机部才正式批复，同意原汉江机械厂在已有的规模上扩充调整设计。在此期间，近 1000 名职工在 6 栋低矮的平房里上班，一辆"解放"牌小轿车，成为整个襄樊市走在汉江两岸城市街区上的流动风景，走到哪里，都会引来一阵骚动。甚至襄樊市当时的市委、市政府领导开会还会偶尔借用一下。然而这种平淡无奇的发展日子，并没有影响大家团结协作、甘于奉献、贡献航空的热情。

重组整合后快速发展

1999 年，中国航空工业集团公司体制改革，中国一航宣告成立，航空生命安全技术的系统集成被列为中国一航机载系统规划建设的"五个中心一个平台"之一，提到重要议事日程。

2002 年 1 月，中国航空工业第一集团公司召开第三次工作会议，首次提出实施"整合、凝聚、创新、卓越"的大集团战略，刘高倬总经理在报告中提出机载系统要启动生命安全系统和航空电源系统的整合。2002 年 9 月 18 日，中国一航党组召开专题会议，决定对"351 厂（原合肥江航飞机装备有限公司）、510 厂、520 厂（原宏伟机械厂）和 610 所三厂一所实施在精化分立、分业经营条件下的调整和重组"，正式启动了航空生命安全中心（以下简称中心）的组建工作。

2002 年 11 月 8 日，中国一航决定成立生命安全中心结构调整工作领导小组和筹备组。我有幸作为筹备组下设的文化组组长，全程参与了我国航空生命安全中心（航宇筹建时的代称）的筹备与推进工作。

2003 年 11 月 24 日，国防科工委以科工改〔2003〕1038 号文批复，同意组建航宇救生装备有限公司。2003 年 11 月 28 日，中航一集团根据《国防科工委关于组建航宇救生装备有限公司有关问题的批复》（科工改〔2003〕1038 号），以航计〔2003〕677 号文，就设立航宇救生装备有限公司的具体事项进行明确：重组整合的公司名称为：航宇救生装备有限公司；注册地：湖北省襄樊市；公司性质：为中国航空工业第一集团公司（以下简称中航一集团）出资设立的全资子公司，性质为国有独资公司。由中航一集团将所属 510 厂、520 厂、351 厂、610 所的资产重组设立。自此，襄阳第一家军工企业——汉江厂被整体并入航空工业航宇，成为航宇第三制造部。不仅实现了老一代航空救生人通过系统集成组建一个专业齐全的航空救生专业公司的追求，也迎来了飞行员个体防护救生事业的大发展。

自 2003 年整合以来，航空工业航宇按照中国航空工业集团有限公司新

原汉江机械厂生产区大门

发展战略要求，聚焦聚力航空主业，把保军强军作为首要政治任务，紧紧围绕军事斗争和军队战略转型的需要，充分把握航空装备研制规律，推动装备发展从"更新一代、研制一代、预研一代"向"探索一代、预研一代、研制一代、生产一代"转变，公司不仅完成了繁重的现代化航空装备配套科研生产任务，而且在防护救生和空降空投专业领域实现了多项技术突破，部分产品的安全性、可靠性、可维护性达到国际先进水平，成为世界防护救生空降空投专业领域的系统级供应商。实现了对标世界先进航空工业从望尘莫及到望其项背再到同台竞技的历史性跨越，为圆梦航空强国贡献了"航宇智慧与力量"。

目前，作为我市第一家军工企业的原汉江机械厂从事的飞行员个体防护装备专业，正搭载在航宇这艘大船上逐梦前行，产业发展实现质的飞跃。

（吴之明历任原汉江机械厂宣传部长、工会副主席、主席，
航宇公司工会副主席、特级业务经理等职）

我的三线情缘

邬京波

我于 1964 年出生在浙江省宁波市的一个小县城奉化。那时，母亲在宁波当老师，父亲在上海的 573 航空部仪表厂工作，我还有一个哥哥。虽说当时环境不太好，但至少能够填饱肚子，吃穿不愁。

在 1973 年，我的生活出现了重大的变化。由于支援"三线建设"，我的父亲作为共产党员，积极响应中央号召，主动从上海的 573 厂调至襄阳 610 研究所担任第一研究室主任、干部科科长，成为支援"小三线"工程的一员。这一年，我们举家搬迁，从浙江宁波搬迁至襄阳 610 家属院。这一年，9 岁的我和家人们离开了熟悉的海边，卖掉了宁波的房子，来到了深山里。

刚来这里，很是不习惯，大山里，虽说风景不错，但物资很是匮乏。老街区、老厂房，红砖墙、筒子楼；纵横的钢架、裸露的水管，掉色的门窗、陈旧的瓦房，跟原来的生活环境与条件相比真是天壤之别。"先生产，后生活"的日子，对于从条件相对优越的大城市来到襄阳山沟的建设者们来说，适应当时当地的生活环境是我们要过的第一道关。建所初期，杂草丛生，虫蛇随处可见，都是泥巴路，下雨天更是泥泞不堪。父亲每日早出晚归，母亲在 610 子弟学校任数学老师，我和哥哥都在子弟学校读书。那时最开心的莫过于父亲从山里把我们接去城里玩，还记得那一年横渡汉江的比赛，我得了第一名。

汗水、青春、生命，艰辛、激情、无畏，忠诚、拼搏、牺牲……在"备战备荒为人民""好人好马上三线"的方针和"献了青春献终身，献了终身献子孙"的号召下，无数像我父亲这样的工人、干部、工程技术人员、农村劳力从祖国的四面八方来到鄂西北山林中。"三线建设"改变了我们这些从外地来的建设者们的人生轨迹，更改变了襄阳。

1983 年，中央根据国际形势的变化和国内的实际情况，提出了"军民结合，平战结合，军民优先，以民养军"的战略转移方针，拉开了军转民、军工企业调迁和转移的序幕。襄樊市抓住机遇，先后将 14 家军工企业从山沟迁入市区。正是这个时候，我父亲调至汉江公司任组织部部长，我们一家终于从山沟里出来了，搬至城区的 610 家属院。这一年，我毕业了，进入了原汉江机械厂 T20 车间总装组，一直工作至今。在工作中，我深受父亲的影响，一直秉持着"三线精神"，努力把一件事情做到极致，做到最好。

1998 年，我被单位选中，出差至俄罗斯，学习苏 -27 歼击机生产线，主攻 TK-12 头盔。回来后，我将俄罗斯先进的技术、成熟的经验跟领导做了汇报，也跟同事进行了分享。这一年，我们的航空事业还处于学习别人的技术阶段，不过，我们有信心，也相信，未来的航空会发展得更好！

2003 年，原中国航空工业第一集团公司根据国防科工委有关企业改革重组的精神，对中国航空救生研究所、汉江机械厂、宏伟机械厂、江淮航空仪表厂等单位进行精化分立、重组整合，组建了航宇救生装备有限公司。而我随着公司整合进入新成立的制造二部个体防护车间，从事飞行员保护头盔的总装工作。

"三线建设"是中国共产党带领中国人民共同探索伟大复兴过程中一段难忘的来时路。"三线建设"的历史，承载着近现代中国人民在中国共产党的坚强领导下，不畏强权而追求国家独立、民族复兴、人民幸福的激情与毅力、拼搏与奋斗、创新与发展，是对革命理想的坚守、对党的无比信任、对建设现代化中国的坚定信心。

2021 年，是我在这里工作的第 38 年，38 年弹指一挥间，襄樊也变成了襄阳，曾经所有在深山里的兄弟厂都相继搬了出来。我也从当年那个不谙世事的少年成长为如今的技术骨干、一级专家。再过 3 年，我也要退休了，可以说，从父亲到我，我们两代人都深耕于祖国的航空事业。虽然我只是致力于实现祖国航空梦的小小一分子，但我相信，无数个这样的我组成起来，汇在一起，将会形成一股强大的力量，推动着航空事业的发展！

（邬京波系航宇公司工作人员）

航宇救生装备有限公司的重组整合回顾

柯望兴

　　2003年12月8日，原中国航空工业第一集团公司为了改变成员单位"散、小、弱"的局面，增强企业竞争力，在全集团全面推行大集团战略。在这一方略的指引下，航空工业集团拟将位处襄阳的"二厂一所"（原510厂、520厂和610所）和安徽合肥的航空工业351厂进行"打散重组、重组整合"，组建航宇救生装备有限公司。这一决策，也直接催生了襄阳市乃至湖北省最大的航空企业。

　　当时，筹备工作紧锣密鼓地推进，只待2003年12月挂牌。伴随着重组整合，由国资委主导的国企改革工作也在深入推进。2003年8月，我所在的原单位宏伟厂子校被撤销，我从一名教师转岗成为宏伟厂党委宣传部干事。因为工作岗位的变动，我亲历了成立大会的召开。

　　在举行成立大会之前，按照专业化整合的思路，部分生产单位提前启动了搬迁。我记得原520厂某车间开始搬迁前，还举行了一个小小的仪式，时任520厂的党委书记宋炜前往送行，并作了动员讲话。

　　为了迎接公司的成立，各单位、各部门都依据重组方案，认真开展准备航宇救生装备有限公司筹备组的工作，成立了若干推进小组。其中，文秘组由邱长春同志任组长，510厂宣传部部长徐东方、520厂宣传部部长肖丽萍、610所宣传部部长李青等同志任成员。成立庆典前一个月，文秘组抽调各单位骨干参与会议文稿资料的起草工作，肖丽萍部长抽调我前往610所一同开展此项工作。

　　在邱长春组长的安排下，我起草了成立大会的邀请函、贺信参考稿等文案；提前准备了省、市领导、军方领导的讲话稿，会议主持词。这些工作对于刚刚转岗的我来说还是有一些压力的。在写作前，我查阅了大量材料，尝试以不同站位和风格起草了相关材料。

按组长安排，我在机要室给相关政府部门、上级单位和兄弟单位发去了邀请函。同时，所有的文稿提交给筹备组领导审阅。一两周后，省市和国家部委、军队贺信飞来，我们将贺信整理后一并转交给《航宇风采》编辑。

2003年12月7日，参加成立大会的嘉宾从全国各地会集到这儿。时任国防科工委副主任张洪飚、湖北省副省长任世茂、总装备部航空局副局长朱程、空军装备部部长田绍奇、海军装备部副部长张建军、总参陆航部参谋长于进海以及中航一集团总经理刘高倬、副总经理胡问鸣、郑荣生、耿汝光，还有俄罗斯、乌克兰的嘉宾来到了襄阳，下榻在南湖宾馆。

2003年12月7日深夜，我按组长指示，来到时任中航一集团机载设备部部长陈元先的房间，将第二天的主持词送其审阅。

2003年12月8日，成立大会隆重召开。南湖宾馆水上礼堂外彩旗飘扬，"热烈祝贺航宇救生装备有限公司成立""航空报国，追求第一"等标语夺人眼球。除了上述领导和嘉宾外，襄樊市委书记阮成发、市长付明珠等领导出席了大会并致辞。

国防科工委副主任张洪飚在致辞中表示，航空工业是国家的战略性产业，走科技先导之路、实现跨越式发展，是党、国家和部队对我们的迫切要求。此次四个单位重组整合有两大特点：科研生产一体化，既有利于科研成果的转化，也有利于航空救生装备的系统开发；按专业化的方式进行调整，既有利于产品质量的提高，又有利于产品成本的降低。刘高倬总经理表示，组建航宇救生装备有限公司，是按照产业化发展和专业化经营的思路，实现航空生命安全技术装备领域的强强联合，构建系统集成的一流技术研发平台，建设一个主业明确、流程合理、产品系统集成度高、专业化经营，具有较强竞争力和专业化优势的区域性高科技产业集团。航宇的成立，是实施大集团战略、推进集团战略调整的需要，是加快航空生命安全系统技术发展、增强国际竞争力的需要。

会后，出席大会的领导和嘉宾一行还参观了在樊基地，并为航宇综合办公大楼奠基。

2003年，航宇救生装备有限公司成立，开启了我国航空救生空降空投事业的新纪元。回望18年来的整合史，航宇从"三"变"一"（351只是短暂和航宇并表，并未实现真正意义上的整合），今天又从"一"变成了"三"（航宇、航宇嘉泰、中航精机），为航空工业集团贡献了两家成员单位，一路走来，虽然路途坎坷，但是风雨兼程。2003年12月8日，对于世界来说是一个平常的日子，但是对于航宇、对于中国航空防护救生空降空投事业来讲，却是一个翻天覆地的新起点。

很荣幸参加了这段岁月。

（柯望兴曾任航宇公司党建文宣部部长、现任党委办公室副主任）

中国防核闪光头盔的研制

郝丹生 撰稿　吴之明 整理

　　为了解决投放核弹飞行员的个人防护问题，1971 年 9 月 13 日上午，在北京空军司令部科研部会议室，由魏耀先司令员主持了专题会议。参加会议的有空司科研部二处、三机部机载处陈与楣处长以及参与研制的相关单位代表，由于我当时任原 510 厂科研所所长，所以有幸与会。

　　之所以召开此次专题会议，是在当时进行的核试验中，由于核爆炸和核能辐射过程中，飞行员眼睛会受到不同程度核闪光的损伤，引起了中央领导的高度重视。为此，周恩来总理还派专机把飞行员接到北京治疗。

　　可在会议进行中，突然感觉空气骤然紧张起来，中央军委宣布空军进入战时状态，会议暂停，各单位回原单位待命。事后，我们才知道发生了"9·13事件"。

　　1971 年，空军再一次召开专题会议，研究解决防核装备问题。此次会议确定由位于襄樊的中国航空工业汉江机械厂（代号 510 厂）负责防核闪光盔的设计，空四所负责生理指标与鉴定试验，由空司和三机部联合发文下达研制任务。

　　1972 年初，根据上级任务安排，510 厂成立了科研设计所，由廖耀明任所长，主抓的第一个产品就是防核闪光头盔的研制与生产。工厂成立了防核闪光头盔研制小组，由郝丹生、施品瑭、戴志勤 3 人组成，执行此次绝密任务。

　　为了尽快完成研制任务，防核闪光头盔研制组与空四所的相关同志首先去部队调研，先后到使用强五、轰六飞机的部队，写出了调研报告，提出了配套方案与建议，经空司批准，决定在执行核试验任务的轰五机上使用防核闪光盔。

接下来，经过510厂一年多时间的潜心研制，完成了防核闪光盔的样件生产，1973年4—5月在北京对防核闪光盔进行了鉴定测试，先后通过了低压舱的高度停留试验和低温舱停留检查面板的去雾试验测试。随后，又去空军部队进行了试飞，由李桂山中队长担当试飞员，效果良好。1973年6月去新疆机场，对执行核试验任务的轰五飞行员和后舱炮手均戴盔执行了试验任务，任务完成得较好，得到上级机关的肯定。返厂后510厂又对头盔进行了改进，设计了轻型防核闪光盔，解决了领航员的戴盔问题。1973年10月去新疆机场进行试戴头盔，完全满足任务要求。1974年5—6月在新疆机场，由轰六执行试验任务，任务完成得也很好。我们解决了轰五、轰六飞机执行核试验任务飞行员的防护问题。

1974年12月，由空四所牵头，510厂、空一所、试飞基地、空军航医室等单位参加，用了一个多月时间，进行核试验工作总结。1976年防核闪光头盔设计定型，型号为TK-6，主管设计员张立鳌。

为了未来核战争的需要，510厂又提出了自动防核闪光飞行盔的研制，这是一项高新技术，挑战性极大。1982年1月，在三机部三局和空司科研部的主持下，在510厂召开了自动防核闪光飞行盔的方案论证会，510厂任组长单位，负责头盔的设计与配套协调；空四所任副组长单位，负责生理指标与鉴定试验；清华大学负责光电装置的研制；五机部工厂负责偏振片的生产；中科院上海硅酸盐研究所负责光电陶瓷片的研制。我们采取"产、学、研"三结合方式，开始了新征程。

1991年8月，在清华大学对预研成果TK-6B自动防核闪光飞行盔进行了评审，该项目填补了国内空白，达到世界先进水平。该项目1992年获航空部科技进步一等奖，1993年获国家科技进步三等奖。这是510厂牵头获得的第一项国家级奖项，主管设计员郑炎安因此获湖北省政府特殊津贴。

空四所牵头"核环境中航空部队医学防护研究"，1991年获总后科研一等奖，1992 年获国家科技进步二等奖。我们的 TK-6 防核闪光盔是飞行员个体防护的重要装备，解决了轰五、轰六在我国核试验中飞行员的防护问题。这是我一生中感到欣慰和难以忘怀的事。

（郝丹生曾任原汉江机械厂副厂长）

我与襄阳航空工业园建设

余高峰 讲述　胡文建 撰稿　龚军丽 整理

襄阳航空工业园项目工程筹建背景

2003 年 12 月 8 日，原中国航空工业第一集团公司根据国防科工委推进大集团建设的精神，对中国航空救生研究所、汉江机械厂、宏伟机械厂等单位重组整合，组建了航宇救生装备有限公司。新公司成立后，下辖 9 个厂区，人员流动大，物流成本高，经过 5 年运行，很难深度融合，加上设备老化、工艺落后以及襄阳市鼓励企业外迁到特色园区，2008 年 5 月，航宇领导班子经研究，决定在襄阳建设航空工业园。当时集团公司建议选址天津，最起码也要去武汉等一线城市，公司领导召集全体中层以上干部，每人都发表个人意见，考虑襄北试验基地不能搬迁的事实以及襄阳市给予的优惠政策，经综合考虑后，最终决定留下襄阳。

2009 年 10 月 28 日，襄阳市在樊城区举行航空工业园开工奠基仪式，时任湖北省副省长田承忠、原襄阳市委书记唐良智、中国一航副总经理顾惠忠、规划发展部部长陈元先等同志出席，仪式上，陈元先与副市长杨绪春分别代表中国一航和襄阳市签署了《战略合作框架协议》，明确航宇在襄阳航空航天工业园投资 20 亿元建设弹射救生装置、个体防护装备、降落伞及高端汽车零部件、飞机客舱内饰、航空运动休闲装备等产业制造基地，航空工业园规划面积 1208 亩，规划建设总面积约 40 万平方米，其中军品区 22 万平方米，民品区 18 万平方米。

2011 年 3 月，为了加快襄阳航空产业发展，襄阳市委、市政府专门出台了《关于加快航空产业园建设和航空产业发展的意见》（襄发〔2011〕10号）文件，明确了具体的优惠政策：对航宇购买土地投入的资金，市财政在航宇付款后三个月内，全额返还航宇；并对航空产业园建设过程中的各种规费进行减免以及税收政策、投融资办法等方面享受相关政策。

襄阳航空工业园项目建设过程

为了推进项目建设，原襄阳市城投公司（现汉江国投）和樊城区政府及航宇共同成立航空工业园建设投资有限公司，注册资金 10 亿元，由航宇顾季潮任总经理，市城投公司李戎和胡文建任副总，市委副书记陈文海任监事会主席，航投公司每月召开一次联席会议，研究解决工业园建设中遇到的问题，协调解决工作中遇到的难题，制定下一步工作计划。联席会议共计召开 20次，航空工业园第一栋厂房——民机示范工程项目就是航投公司负责承建。

2011 年 10 月，由于国家清理政府投资平台，航投公司资产注入航宇。市政府为了确保航空工业园项目建设继续推进，襄阳市政府出台了《关于支持航宇新项目建设的备忘录》（以下简称《备忘录》），《备忘录》中明确了航宇B 区老厂区的奖励政策：同意将航宇老厂区土地变性（127 亩）的增值收益扣除国家、省规定必须提取的法定费用后，以产业发展专项资金支持方式全部奖励给航宇，用于航宇新项目建设。为了将政府奖励政策落地，我和胡文建同志，一方面向集团报批，另一方面积极寻找有意向的合作开发单位，其中中航万科是我们首选合作单位，他们工作专班入驻襄阳进行实地测算后认为利润不大，果断放弃，我们又广泛遴选有实力的上市公司进行合作，同时推动襄阳市规划局出具规划条件，土地交易中心挂网出让。2017 年 12 月 18 日，该地块在襄阳市土地交易平台以 736 万元每亩成交，成交总价 87046 万元。2018 年 9 月，土地出让金扣除国家和省级部分，航宇净得 4 亿元建设资金。

2017 年 7 月，经公司董事长、党委书记马永胜运作，时任襄阳市委常委、常务副市长王忠运在航宇召开会议，签发了《关于盘活航宇存量土地相关问题现场办公会会议纪要》（以下简称《纪要》）（襄阳市政府专题会议纪要第 47 期），《纪要》提出：襄阳市土地储备中心组织对航宇老厂区进行收储评估，把土地工业地价款和地面附着物补偿款支付给航宇，参照周边商住土地价格测定；土地增值收益的处置问题，按照航宇投资额度核定奖励总额，奖励资金拨付进度与襄阳航空产业园投资进度挂钩，累计投资超过 10 亿元，按照土地增值收益（扣除相关费用）60% 奖励给航宇，累计投资收益超过 15 亿元奖励至 80%，累计投资超过 20 亿元奖励至 100%，航宇把全部奖励资金用于襄阳航空工业园建设。会议之后，我和胡文建同志争分夺秒配合市土地储备供应中心（原市建投公司）组织第三方评估公司对航宇位于襄城、樊城、高新、襄州四个区内 3 个厂区及航空学校共 15 宗总土地面积 769615.74 平方米（约为 1154.42 亩）进行评估，抢在原市建投公司和市土地储备供应中心分家之前（2027 年 12 月 28 日）签订收储协议，由资金雄厚的原市建投公司支付收储资金。本次存量土地的政府收回，盘活了闲置存量资产，将有力推进襄阳航空工业园建设，为优化航宇救生装备有限公司生产布局和工艺流程，提高生产效率，形成军品加工制造基地提供资金支撑。此项政策为航宇注入 8.6 亿元项目建设资金。以上资金的到位，是市直相关部门对航空事业的重视和关爱，同时也是相关员工辛勤奔波的成果。当然，回笼资金的过程特别艰辛，我和余高峰那两年大脑里每天想的就是如何把资金要回公司，为了能找到领导签字付款，经常在领导早上上班前或者中午下班时间到领导办公室等候，此时能遇到领导频率较高。

多年来，襄阳市委、市政府高度重视航空产业的发展，相继出台了若干项优惠政策，航宇在军品、民机座椅、汽车零部件产业用地供应、老区存量土地处置、园区征用土地奖励、职工住宅定向开发用地等方面得到了襄阳市委、市政府有力的支持。

积极推进襄阳航空工业园建设

项目主要建设内容：

对焦"中国制造 2025",坚持智能研发、精益制造,贯彻创新、协调、绿色、开放、共享的军民融合发展理念,推进两化融合、绿色发展,新建 4 个研发中心、1 个工艺中心、4 个制造基地、21 条大型生产线。总投资 20 亿元。具体如下:

研发中心:防护救生与空降空投研发中心、民机座椅研发中心、汽车零部件研发中心、精机科技研发中心等 4 个。

工艺中心:建设满足缝纫、热表、机加、装配、特种工艺等多工艺技术融合、军民共用的 1 个综合性工艺中心。

制造基地:汽车零部件制造基地、精机科技制造基地、防护救生空降空投装备制造基地、高端民机座椅制造基地等 4 个。

空间布局:

襄阳航空工业园区区划图

项目实施进展:

自 2010 年开始,到 2021 年基本建成。其间,2010 年投资 2.3 亿元建设 2.5 万平方米民机示范项目;2013 年底投资 2.5 亿元建设 1.5 万平方米表面处理中心;2014 年,中航精机在航空工业园区征地 150 亩,一期投资 3 亿元新建精冲与座椅调节器研发和制造基地,2016 年 3 月投产;2016 年投资 2 亿元建设喷漆厂房、动力中心、化学品库、职工食堂;2017 年投资 4 亿元建设机加厂房、冲击试验厂房、物资材料库、热处理及特种加工厂；2018 年投资 4 亿元建成弹射座椅总装厂房和综合试验厂房；2019 年投资 3 亿元建设 4.5 万平方米厂房，分缝纫厂房、个防厂房、粘胶厂房，用于建设军用降落伞和个体防护产品生产区；2019 年新征 202 亩土地，投资 2.67 亿元，为航宇嘉泰建设 5 万平方米厂房和科研办公大楼，生产飞机座椅和飞机客舱内饰系统。2018 年 5 月，航空工业集团为了落实军民融合发展战略，做强做优民品产业，推动客舱内饰产业整合和发展，成立中国航空工业复合材料部件国际股份有限公司，航宇嘉泰管理体制调整，建议嘉泰新厂区建到天津。为了留住嘉泰，时任襄阳市委书记李乐成和市长郄英才分别到航空工业集团拜访，用襄阳的诚意打动了航空工业集团领导，同意航宇嘉泰建设地点不变。

另外，航宇精工 2019 年 10 月新征土地 108 亩，投资 3 亿元建设新园区，开发汽车门锁、铰链等产品；2020 年初，一场突如其来的新冠肺炎疫情让航空工业园施工单位没能按计划如期开工。3 月初，在疫情防控呈现持续向好趋势时，襄阳市出台了《关于加强新冠肺炎疫情科学防控 有序做好工业企业复工生产经营的通知》，时间不等人，形势催人进，我和余高峰主动到樊城区重点项目办公室及建筑市场管理部门，对接施工单位复工手续申报及襄外人员入襄工作，在各级各部门关心与支持下，航空工业园南区项目和幸福家园二期项目被列入第一批建筑企业复工单位，民机座椅项目和二号桥梁建设项目被列入第二批建筑企业复工单位，分别在 3 月 15 日进场开工。

2021 年开工建设 2 万平方米的特防和宏伟航空器厂房及 05 号试验厂房；2022 年建设航空应急救援产业基地、倒班楼和 3.6 万平方米的总部研发办公楼。

到"十四五"末将把襄阳航空工业园区建成一个高效精益、绿色安全、智能清洁的军民品科研生产制造基地。至"十四五"末，届时总产值达到 90 亿元的规模，新增就业 3000 人，年利税 5 亿元。

（余高峰现任航宇公司服务保障部部长，胡文建系航宇公司服务保障部园区办公室主任，龚军丽系航宇公司党建文宣部党建推进办公室主任）

亚洲第一轨

曾常民

我于 1974 年 5 月来到古城湖北襄阳。先后在同属航空工业的原宏伟机械厂、汉江机械厂和 610 研究所、江汉航空救生装备工业公司（以下称江汉公司）工作并担任主要领导职务，有亚洲第一轨之称的 610 所火箭橇滑轨就是在我担任 610 所所长的任内建造而成。

火箭橇试验滑轨建造过程

610 研究所的火箭橇试验滑轨试验场，是由一条长为 3132 米的高精度双轨道滑轨和光测系统、遥测系统、时间统一系统、火箭动力滑橇（车）与刹车装置系统及其他附属设施所组成。

火箭橇试验滑轨是一项高精度、高速度的大型地面动态模拟试验设施，是航空航天工业开展科研和生产活动必不可少的试验设施，主要用于解决航空、航天、武器以及其他工业部门高科技领域有关科学试验中由于高速度和高加速度带来的一系列技术问题。与飞行试验相比，这种试验能精确地模拟飞行中的状况，易于观察和收集数据，可以回收试验件，而且试验费用相对较低。因此，世界航空航天工业发达的国家如美、英、法、俄都拥有火箭橇试验滑轨。

建设世界高水平的火箭橇试验滑轨一直是我国航空航天工业建设者的理想。1985 年 7 月，国家计委和国防科工委批准在襄北建设火箭橇滑轨试验场，下达了《关于 610 研究所火箭橇试验滑轨试验场设计任务书的批复》。

随后，航空工业部下达了由航空规划设计院编制的《关于610研究所火箭橇试验滑轨试验场初步设计的批复》（以下简称《批复》）。《批复》中指出"火箭橇试验滑轨是航空工业科研、生产发展必不可少的大型缺门试验设施，特别是轨道精度要求高、技术难度大、建设周期长，多年来总停留在方案阶段，使610研究所以弹射救生为主要内容的试验手段一直得不到解决，严重影响了弹射救生科研技术的发展"。《批复》中要求："610研究所要组成火箭橇试验滑轨试验场工程建设指挥部，集中力量，组织精干队伍，调动一切积极因素，形成一个强有力的指挥中心，以保证火箭橇试验滑轨试验场建设工程顺利进行。"

我国建造的火箭橇试验滑轨结构与特点

火箭橇滑轨试验场建设分为火箭橇滑轨主体工程和试验光测系统、遥测系统、时间统一系统、火箭动力滑车（火箭橇）与刹车装置系统及其他附属设施的建设。

1989年底，我担任610研究所火箭橇试验滑轨工程建设指挥长时，正值610研究所承担的上部结构工程即将开始钢轨的试验性机加工、焊接及断面超声波检测。在随后八年多建设的日子里，值得记叙的事例实在是太多，因为火箭橇滑轨试验场的建设属于一项大型的科研工程项目。

在火箭橇滑轨建设论证初期，曾经通过多渠道多方联络，拟引进有关国家火箭橇滑轨的建设技术，但因这些国家对我国实施技术封锁，均未能实现。上部结构工程包括建立一条300米长的、精度为××毫米的基准线；钢轨加工、矫直、钢轨焊接、焊接面探伤、轨道的张拉锚固锁定、轨道精度调整；水刹车及缆绳刹车系统等项目。其中基准线采用激光准直，精度要求为：在水平方向和垂直方向的不直度偏差不超过全程长度××对主副轨的精度。全长范围内，要求扣点处主轨相对基准线在水平方向和垂直方向的允许偏差不大于××毫米。为保证这样高的精度，钢轨必须加工，并将加工的钢轨再一根一根焊接起来，成为长3132米的一根整轨，最后在现场温度最高的情况下将钢轨锁定在下部基础上，这样就消除了钢轨热胀冷缩带来的精度影响。由此可见，该工程涉及专业门类多，施工精度相当高。当时国内尚无先例可借鉴，国外又无这方面资料可供我们参考，而且工程中的若干工艺技术属国内外首次采用，实为科研性质，其加工难度大、风险高，尚无合适的施工单位承担此上部结构工程，最终只能由 610 所自己挑起了这副重担。自此，610 所百余名工程技术人员及技术工人，陆续进驻施工现场，从试验到正式加工、焊接，从安装到调测，攻下了若干难题，创下了多项科技奇迹。

滑轨建设过程中必须攻克的三个关键技术难题

一是钢轨的焊接质量。因为全长 3132 米的钢轨是焊接起来的一整根长轨（主轨和副轨各 1 根，长度为 3132 米的双轨），这就要求焊接精度高。为解决这个问题，1991 年春节前夕，试验性焊接达到 N 次时，焊接断面的技术检测值仍未达到技术标准，但此时下达投资计划的时间节点已到，也正是需要资金的时候，而投资资金下达时对应的工程技术研究试验进度时间节点却没有到，此时，正值春节放假前两天，副所长、滑轨工程副指挥长马金华前往上级机关业务主管部门汇报。汇报后，主管部门的领导认为：我们的可行性研究报告在某些技术方面考虑得还不周到，要严格控制试验焊接研究成本，可将试验性焊接暂停下来，并可考虑派技术考察小组到国外考察一下，有了一定的把握后再开始，况且当前资金紧张，暂不能下达资金。马金华回到所里向我——所长兼滑轨工程指挥长报告了上述要求后，我们没有休假，当即召开了有滑轨工程副指挥长马金华、滑轨工程总工程师殷斌浩、轨道焊接负责人黄泽民等参加的 610 研究所火箭橇滑轨试验场工程建设指挥部会议，决定成立火箭橇滑轨焊接技术攻关小组，黄泽民任组长，争取用最短的时间攻下技术难关；并决定组织职工集资渡过经济难关，要求指挥部领导和所领导带头集资。虽然集资 300 万元并不是个大数额，但对 610 研究所来说，集资援助国家重点工程建设也是历史上第一次（待第二年国家资金下达后，还给了职工）。因为我们认识到如果技术问题不能解决，将不仅影响到整个工程建设，而且还直接影响到国家 10 号工程能否按进度要求在这个唯一能进行 ××km/h 试验的试验场进行试验。经攻关小组科技人员近一个月的科学观测分析、试验、研究，创造性地总结出火焰颜色对焊接质量影响这一关键技术，解决了连续焊接施工的稳定性问题。

二是钢轨焊接超声探伤的准确性。火箭橇滑轨焊接质量关系重大，而超声探伤的准确度是确保工程质量的关键。由于钢轨材质适应性等原因，所以焊缝全断面操作难度很大，弄得不好会留下隐患，贻害无穷。为此，610 研究所与中国铁科院合作，对现场试焊的焊头逐个进行了探伤试验，对探伤仪显示的曲线反复进行分析判断，最后确定了通过单探头和组合探头对焊缝进行全断面超声波扫描的办法，保证了探伤成功。

三是滑轨的高精度。建基准线是确保精度的关键。基准线相对精度的设计指标是 ××，相当于滑轨全长 3132 米的直线度偏差在 ×× 毫米以内。610 研究所与中国计量科学研究院合作，采用先进的激光准直技术建立基准线的办法。但是在实际实施过程中，由于激光受野外大气环境中的折光影响，导致光斑抖动、漂移和不成像，无法确保精度。610 所科技人员与有关专家一道，通过长期外场观测研究（冬天大雪时也坚持观测），找到了激光传播变化的规律，解决了激光准直设备使用条件问题，终于建成了高精度的滑轨基准线。

火箭橇滑轨工程主要特点

一是以高精度为核心的总体设计。我国火箭橇试验滑轨是继美、俄、英、法之后建造的亚洲第一条滑轨，目前只有联合国安理会 5 个常任理事国拥有。火箭橇滑轨从本质上讲是一种高精度机械导向系统。

二是在弱中性膨胀土地带构筑高稳定性大型线体工程基础，填补一项国内空白。该设备长宽比超大，而现场地基为弱中性膨胀土，膨胀土对地基的影响为国内外的一大技术难题。

　　三是新颖的轨道纵剖面设计为国内首创。高精度火箭橇试验滑轨加速试验段为与地球相切的空间直线，对于一些精度要求高的试验项目，如导弹惯性制导试验，空间直线弹道避免了离心力及哥氏力的产生，从而减少了试验的误差修正项，有效地提高了试验精度。

　　四是国际先进水平的激光准直基准线。在野外大气环境中建立直线性相对精度达××的长距离准直基准线，在国内外均是难题。而激光波带片三点准直法是在大气中进行长距离准直的最精密方法。

　　五是国内领先的 QU-100A 型钢轨加工工艺。高精度火箭橇试验滑轨是世界上唯一的一条经过精密机械加工后连续焊接的滑轨。

　　六是国内首创的 QU-100A 型机加轨气压焊。国内有 50kg/m 和 60kg/m 钢轨焊接的成熟工艺。但对 89kg/m 的工业重轨，机加后截面积为 9400 平方毫米的钢轨焊接国内尚属首次。

　　七是国内先进水平的大断面钢轨焊缝超声波探伤。对 9400 平方毫米不规则形状的大断面焊缝超声波探伤国内尚无先例。

　　八是国内首创的轨道张拉、锚固、锁定。从物理意义上讲，火箭橇试验滑轨是一条既不允许受热膨胀，也不允许遇冷收缩的轨道。轨道张拉、锚固、锁定，是把轨条安装就位在承轨基础上，使之在全年气候变化过程中，不因轨道的线膨胀而与承轨基础产生相对伸缩位移。

　　九是国际先进水平的滑轨直线度。为了进行轨道的直线性测量，我们研制了轨道激光测量装置。该装置是以激光定位和 5μm 级高精度位移传感器同步检测，并补偿测量小车位置变化的一种新型测量设备。610 研究所高精度火箭橇试验滑轨的直线性精度达到世界先进水平。

　　十是国内先进水平的滑轨试验测控指挥系统。火箭橇滑轨试验的测控指挥系统，担负着试验协调、指挥和对试件进行数据采集与数据处理的任务。该系统由光测、电测、遥测及时间统一监控指挥几部分组成。系统的测试精度和功能为国内先进水平。

　　十一是国际先进水平的地面动态模拟试验平台。火箭滑轨是试件的动载器，也是一种多功能的试验平台。在火箭发动机的推动下，滑橇沿滑轨高速运行，模拟试件在空中的运行状态，实现"天上的试验地面上做"。

它与刹车系统一起构成了一种国内独有、达到国际先进水平的多功能地面动态模拟试验平台，可以承担导弹制导和控制系统、乘员弹射救生、空气动力、高过载、航空和宇航生理、推进系统、雨蚀、砂蚀、碰撞、引信及爆炸冲击等多项试验任务，对航空、航天、兵器等领域的多种项目具有研制、考核鉴定试验的能力，已成为所有地面动态模拟试验中最能逼近真实飞行环境和置信度最大的一种试验手段。

（曾常民曾任 520 厂副厂长、510 厂厂长、江汉公司副总经理、江汉公司总经理、中国航空救生研究所所长）

我助力高精度火箭橇滑轨扩建工程

周昌红

高精度火箭橇试验滑轨扩建的提出

1984年，我从武汉测绘学院航空摄影测量专业毕业分配到原航空工业部610研究所从事我国乃至亚洲第一条火箭橇滑轨建设，这年正是火箭橇滑轨建设立项阶段，至此也奠定了一生从事火箭橇滑轨建设的无限荣光。

1985年7月，国家计委、国防科工委联合下达了在中航工业610研究所建设火箭橇滑轨试验场的任务。厂址位于湖北襄阳襄州与河南邓州两省交界处。

该襄北火箭橇滑轨试验场于1987年6月动工建设，占地面积近2400亩，1997年12月竣工验收，总投资约7000万元。建成了一条长3132米的高精度滑轨。项目建设过程中我主要从事滑轨空间位置精密测量控制，目睹了膨胀土地带建设高稳定性滑轨、大断面钢轨气压焊接和焊缝超声波探伤、大距离激光准直建立基准线和激光四象限硅光电池精密轨道测量等重大建设技术难题攻关，10年的滑轨建设实际上是边科研边建设。重大技术难题的突破，使得该项目获2001年度国家科技进步二等奖，被誉为亚洲第一轨！

火箭橇滑轨主体工程竣工验收后，国家又投资进行了火箭橇滑轨"九五"基本建设、"九九五"项目补充建设，总投资3600多万元。我主持了该项目的建设，其建设的重点是补充完善测控技术手段和关键配套的设备设施，形成了比较完备的指挥、监控、测试系统，基本能满足航空弹射救生需求。

建成后的襄北火箭橇滑轨试验场已运用于各型飞机乘员弹射救生试验、"神舟"号载人宇宙飞船回收舱及逃逸塔试验、导弹推进系统和制导系统试验。涉及航空、航天、兵器等重要领域，显示了高精度火箭橇滑轨试验在国防武器装备、太空探索中不可或缺的重要作用。

但是，由于火箭橇滑轨长度不够（仅有 3132 米），还不能开展第四代战机弹射救生装备、航天、兵器领域有关高速度、大过载试验。严重制约火箭橇滑轨试验能力和试验领域。

根据我国国防武器装备的重点发展需求和宇宙飞船、探月车等科学研究试验的需要，结合美国火箭橇滑轨试验的成功经验，为了充分利用现有的基础条件优势，更好地为国防建设服务，开展高精度火箭橇滑轨扩建十分迫切。

高精度火箭橇试验滑轨扩建历程

根据国家计委、国防科工委《××火箭橇滑轨试验场设计任务书的批复》（1985）批示，滑轨在总体布局上留有发展余地。2002 年 10 月，试验场发现即将兴建的襄樊到南阳高速公路，毗邻 610 所滑轨试验场以西而建，高速公路延伸方向横穿滑轨发展规划，事关火箭橇滑轨下一步的扩建，情况紧急。610 所刘跃珍所长，苏炳君、鲁猷余副所长先后签发文件，汇报、协调中国航空工业第一集团公司，湖北、河南两省人民政府。经国防科工委、交通部指示两省高速公路建设部门，重新调整了襄樊到南阳高速公路的建设布局，确保了 610 所火箭橇滑轨建设的规划发展！在当时高速公路已在建、已投资情况下，改道高速公路实属不易。

2003 年，原三厂一所整合成立航宇救生装备有限公司后，高精度火箭橇试验滑轨扩建工作进入了快车道。

2004 年 12 月，航宇救生装备有限公司组织编制了项目建议书，我作为主编人，历经了方案优化、材料补充、咨询公司评估、专家审查。

自 2005 年 11 月，国防科工委以《××火箭橇试验滑轨扩建项目建议书的批复》批准项目建议书到 2015 年 10 月，《××火箭橇试验滑轨扩建项目投资概算和部分建设内容的批复》，其间成立了滑轨建设指挥部、滑轨工程部。我带领有关工程技术人员经历了繁杂的项目征地、拆迁工作以及试验滑轨扩建项目可行性研究报告的起草与批复和火箭橇试验滑轨扩建项目初步设计提出与批复等工作。

项目建设过程中，在滑轨建设指挥部统一领导下，在滑轨工程部、技改部、基建办等职能部门通力合作下，按设计要求组织完成了滑轨下部基础，上部工程设备的建设工作。主要有土方工程、桩基工程、承轨梁工程、基准线工程、扣件与轨道加工制作、轨道焊接、轨道张拉锚固、轨道精密安装调整等。

高精度火箭橇试验滑轨扩建效果

高精度火箭橇滑轨扩建项目建成后，经联合运转试验，试运行，2016年 6 月国防科工局组织了项目的竣工验收。

该项目实际完成投资 19599 万元。

扩建后的轨道全长 6139 米，轨距 1.435 米，是对 QU-100 钢轨逐一进行精密机加工后连续焊接、张拉锚固而成的滑轨，建成的基准线精度达到 3.909×10^{-7}，优于设计要求 1×10^{-6}；主轨相对于基准线在水平方向和垂直方向的精度分别为 ±0.15 毫米和 ±0.18 毫米，副轨相对于主轨在水平方向和垂直方向的精度分别为 ±0.17 毫米和 ±0.19 毫米，优于设计要求 ±0.2 毫米。

项目建设新增激光跟踪仪、高清摄像机、防爆起重机等配套工艺设备。新建 6 号试验准备厂房和 6a 号深井泵房，新建涵洞、道路、围墙等。改造水刹车供水系统；迁移改造现场缆索刹车系统；搬迁面积 37200 平方米。实际新征购土地 480 亩，置换土地 485 亩。试验场总面积达到 4000 多亩。

通过本项目建设，初步形成了飞机在超音速及不利姿态条件下救生系统的技术研究手段，经综合试验考核，试验测试能力满足批复要求，并交付使用。既满足四代机防护救生系统的研制需要，也可拓展应用于航空、兵器、航天、船舶等多领域产品试验，推动了国防武器装备高速度、高加速度动态工况模拟试验技术发展，试验条件及试验能力达到了国内领先水平。

从 2012 年 6 月投入使用到 2016 年 6 月以来，开展了 124 次型号研制试验，保障了四代机等重点型号的研制，推进了航空武器装备由三代向四代顺利升级。本次扩建所确定的技术方案，是在充分、系统总结滑轨一期建设经验的基础上进行继承和发扬，同时对一期存在的不足进行改进完善，进一步采用了新材料、新设备、新工艺提高滑轨建设质量和效率，极大节省了项目建设投资，缩短了建设周期。该项目自 2004 年 11 月编制上报了项目建议书，2006 年 5 月编制项目可行性研究报告，2007 年 7 月编制项目初步设计，2008 年 1 月完成施工图设计至 2012 年 6 月完工，创造了我国火箭橇滑轨建设速度奇迹！

扩建后的火箭橇试验滑轨与国内外同类技术比较

扩建后的航宇公司火箭橇滑轨实际精度状态仍为世界第一，其良好的品质奠定了优质的试验平台，能更好地模拟飞行器的空间状态，其试验技术、测试技术、综合试验能力、试验频次都居于国内领先地位。从整体试验能力看，我们和美国还是有一定距离，霍洛曼滑轨最高试验速度达到 8.6 倍马赫数，试验频次每年约 200 次。从长度规模看，居世界第三。

滑轨扩建项目技术进步与创新

扩建后的高精度火箭橇滑轨形成了多型飞机超音速救生、不利姿态下座椅弹射救生试验能力，满足了航空防护救生空降空投专业自身发展的需求；同时也解决了航天、兵器等相关领域大过载、高速度科研试验发展的需要。该项目的建设从试验场的系统规划；新旧轨在新的地质条件下的衔接；改进工程质量，降低工程费用，提高施工效率对新材料、新技术、新设备、新工艺的需求等几个方面突出体现了科技进步，其创造性、先进性表现在：科学规划、系统集成。从滑轨两端分别向南、向北扩建优化了试验弹道，合理利用了土地资源，保障了周边环境。利用有限元法，对滑轨进行了系统的静态、动态梁—轨联合受力分析，此计算结果作为确定滑轨技术方案的依据。滑轨南端为中性膨胀土的高回填土方段，原设计压实度85%调整为92%—94%。经采用上下部压土封闭、中间局部灰土改良的高填方技术，很好地解决了基础沉降问题。利用静态 GPS 相对定位技术取代大距离波带板激光准直技术，建立了 6 公里基准线平面坐标，极大提高了测量效率，建线相对精度在 6 公里范围内达到 3×10^{-7}，优于设计要求 1×10^{-6}，国内领先。首次将激光跟踪仪应用于野外高精度滑轨精密测量，极大地提高了测量精度和效率，推动了滑轨建设和维护保障的技术进步。攻克了 QU-100A 大断面钢轨窄间隙全自动电弧焊接强度、精度及焊接工艺不稳定难题，确保了新旧轨现场对焊的成功，属国内首创。采用新高强度、快硬、微膨化、冷操作的锚固材料 TD 型道钉锚固剂锚固垂直和水平扣件，提高了锚固质量。通过对火箭橇滑车高速运行产生的激波噪声检测、分析、计算，首次提出偶发噪声超压峰值145dg 的建筑物损坏防护要求，保护了周边环境和安全。

项目建成运行后，2019 年度，高精度火箭滑轨试验系统获中国航空学会科学技术成果二等奖，我排第一完成人。

（周昌红曾任航宇公司试验部副部长）

第一型无货台战车空投系统诞生记

阎　霞

　　我是 1999 年毕业于武汉理工大学，分配到国营 520 厂工作。上班伊始，有幸参与了我国第一型无货台战车空投系统的整个研制过程。如今，怀着无比骄傲又感慨的心情回顾××战车空投系统的研制，当时风餐露宿，风雨兼程的情景依然清晰而深刻。"从无到有"，虽然只有四个字，但其中艰辛却无法形容。

　　20 年前，深山大雪中前行、孤灯雨夜里绘图、孝感白沙铺靶场的翘首期盼、漫天黄沙的黄河滩边的试验回收，在这个集中了老、中、青三代人的团队里，没有太多浪漫的理想主义，个人荣誉也很少，每个人都是在使命感的驱使下忘我工作，尽职尽责。飞机遥远的轰鸣声是前奏，黄河的波涛汹涌是乐章。这支队伍即使在型号任务取得阶段性突破时，仍然保持着战斗的姿态，耐得住寂寞，才守得住繁华。而他们，守住的是必须在每一个细节中的全力以赴，这才是对国防事业最好的交代。

无货台战车空投系统研制的背景

　　1997 年，我空军部队引进了伊尔 -76 飞机，其具有空投装备所有的机载空投系统，包括开伞定时设备，但是没有引进相应的配套空投系统。

　　经过一系列技术调研以及装备论证，结合我军战备情况，2000 年 12 月 7 日，总装备部下达轻型履带步兵战车研制任务。为充分利用伊尔 -76 飞机运力，针对重型空投系统特点，提出了研制一种轻型空投系统的要求，该研制任务命名为"××战车空投系统"，又称为"无货台空投系统"，即空投系统没有笨重的货台，没有装备捆绑系留的烦琐过程，直接利用战车作为整个系统的承力构件。

无货台战车空投系统研制历程

2001年3月6日，空装科研部特装处在北京空军科技交流中心组织召开会议，对战车空投系统进行了立项评审，并上报总装。2001年9月，总装备部文件批准立项，批复了《战车空投系统研制总要求》，由520厂研制和生产，命名为"××战车空投系统"。

自此，第一型无货台战车空投系统研制正式开始。该空投系统分为多个子系统，包括牵引系统、主伞系统、吊挂系统、脱离系统、缓冲系统、定向放翻系统等。我在其中负责群伞系统的设计和验证。

我国从1967年安−12型飞机承担空降兵重装备空投任务时，就下达了研制4.5吨重型装备空投系统的研究设计任务。重型装备空投系统的发展已经经历50余年。无货台战车空投系统的空投总质量达8150千克，这是个里程碑的跨越。

立项后，初步方案工作就紧锣密鼓地进行。团队由孙晓伟、杨雪松带队，从方案确定到新材料试制、工艺方法确定、试验验证流程……一切都在摸索中进行。记得方案阶段的一个周末，杨雪松和我去科研所加班，原计划的半天工作量延迟到一天，杨雪松嫌中午回家浪费时间，就说等工作完了再回家。到了下午5点多，工作终于告一段落。此时，我们饥肠辘辘，天也黑下来，因为乌云密布，大雨将倾。等到了楼下，雨已经下起来了。我们科研所在山上，走到大门口有30分钟的路程，碰巧从山上来了一辆拖拉机，杨雪松拦下拖拉机，请老乡送我们一段路，老乡愉快地答应了。我们爬上拖拉机时，天空一道闪电，紧接着就是震耳的雷声，杨雪松猛地一缩脑袋，看见我，又不好意思地笑了，说"我最怕打雷了"。我笑了，在我心里，杨雪松严谨认真、有计划、有担当、一丝不苟，我其实还有点怕他，但是，看见这样的他，我看见了一个精神上更为丰满的领导："他在全力以赴。"自此更坚定了我跟着他把项目干好的信心。

牵引锁是系统组成的"硬骨头"，它关系着空投装备的安全和飞机的安全，是牵引伞将装备拉出飞机货舱的重要连接部件。主管设计邹长庚在方案确定后，连夜绘图，夜巡的保卫科人员巡逻上山，看见科研所的灯亮着，以为是进了小偷，喊上人悄悄上了三楼，看见邹长庚正趴在地上改图，办公室的地板上铺满了图纸……为了确定牵引锁的保险丝强度，须模拟牵引锁的工作状态做地面试验：加工装、牵引锁装配、穿保险丝、装测试仪器、加力、拉断、记录。一根直径1毫米的铅丝，重复的工作，进行了200余次，最终确定了保险丝的使用规格。然而，整个空投系统，成千部件、上万零件，又经历了多少次的试验，它成功的背后，又流下多少汗水。

2002年冬天在武汉正样空投试验时，伊尔-76飞机停在武汉，空投靶场在阳逻，团队分为两组，一组早上5点半出发去机场，另一组早上6点出发去靶场。由于保障车辆有限，仅有的大巴保障靶场设计、测试、试验人员，我们剩下的人员负责空投系统的装机和飞行检查。深冬破晓，我们蹲在部队保障的敞篷卡车货厢里，抓着卡车上的栏杆，听着孙晓伟说着上机后的工作安排，大家都在发抖，孙晓伟的声音也在抖，然而，我们从隐约的颤抖中听到了更为坚定的声音。

研制过程中，仅一个脱离锁的保险铅丝使用标准就做了200余次模拟试验……整个空投系统成千上万的零部件，验证工作何其繁多复杂。

我们没有因为时间节点降低要求，重复枯燥的工作，精密计算、大胆创新、反复求证。其间，我们解决了初样阶段中履带与伊尔-76飞机打杆滚棒干涉的问题，保证了出机安全；解决了出机姿态问题，防止在空中出现的吊带与战车后侧的辅助系留点勾挂问题；解决了装机间隙问题包括牵引锁与中央导轨的间隙问题和滑块与中央导轨上凸缘的间隙问题，防止空投出机过程中出现的切削现象；解决了装备与飞机中央导轨末端固定孔边缘干涉问题，保证了飞机的安全；解决了大面积降落伞的结构问题和群伞程序控制问题，包括伞衣充气慢，塌顶问题；重量问题；不同步开伞问题；主伞破损问题，为后续系列装备的空投系统研制以及群伞系统的通用打下坚实的基础。

就这样，无货台战车空投系统按节点有序进行，当时团队有句名言："神挡杀神，佛挡杀佛"，什么困难都不能阻挡我们前进的脚步。

2001 年 4 月至 9 月，初步确定了空投系统的总体方案，通过由空装科研部、中航第一集团公司共同组织的研制方案阶段设计评审，项目转入初样研制阶段。2002 年 4 月，《战车空投系统"C"阶段伊尔 -76 飞机空投试验大纲》通过评审。2002 年 9 月，《战车空投系统（配装伊尔 -76 飞机）"C"转"S"转阶段》通过评审。2003 年 5 月，通过了试样阶段设计评审。2003 年 8 月，通过了航定办主持的《战车空投系统（伊尔 -76 飞机）设计定型试验大纲》审查。2004 年 3 月 9 日，该系统完成了配装伊尔 -76 飞机的设计定型。

2004 年 3 月 30 日，航空军工产品定型委员会下发文件批准 ×× 战车空投系统（伊尔 -76 飞机）设计定型。

由于当时战车空投系统的运 -8C 飞机空投能力没有得到空投验证，为全面达到《战车空投系统研制总要求》的战技指标，在运 -8C 飞机改装完毕后，航宇公司又开展了战车空投系统运 -8C 空投试验技术的研究。研制工作经飞机改装方案选择、空投系统通用化设计、装机试验、运 -8C 空投能力提升试验、战车运 -8C 空投试验等过程，最终于 2005 年 3 月战车空投系统（运 -8C 飞机）设计定型通过评审。

无货台战车空投系统实现连投和搭载空投系统行军的技术突破

×× 战车空投系统是我国第一个空投履带式装甲车辆的无货台重装空投系统，它的研制定型，首次实现了装甲车辆的空中投送，用于从伊尔 -76 飞机和运 -8C 飞机空投不大于 7000 千克的 ZBD03 式战车，具备了多件连投的能力，并实现了伊尔 -76 飞机 3 件连投。

战车空投系统免去了系留捆绑，缩短了装机时间，系统着陆后只需 2 分钟的解脱时间，战车便可投入战斗，行军时空投系统可搭载在战车上，具有空投重量大、自身系统轻、机动能力强、解脱迅速等优点。

八个"首次"展现无货台战车空投系统装备战技水平

战车空投系统的研制是对我国空降空投专业无货台空投技术的突破，主要技术特点可以归纳为八个"首次"：首次采用先进的无货台空投技术；首次成功采用了多机种适应性技术；首次提出并采用了主辅气囊结构的自落充气式气囊；首次采用了系统快速装配、落地后自动快速解脱技术，首次具备了水面空投着陆的能力；首次提出设计了行军系统；首次提出并采用的锚式定向防翻装置增加了伞锚机；首次对重装空投系统中的承压滑板采用了高强度泡沫塑料材料；首次将降落伞计算仿真技术应用到工程实践中。

我国的空降空投装备的研制发展走过了漫长的道路。经过 60 多年的发展，空降空投装备经历了修理—仿制—自行研制的多次飞跃，形成了系列化、通用化和组合化的特征。

××战车空投系统的研制成功，标志着我国重型装备空投系统的研制进入一个新的里程碑，摸索出了一套严谨的设计、试验验证模式，为重装空投系统的系列化、通用化、组合化打下了坚实的基础。

无货台战车空投系统取得的科技成果

2004 年，首批 32 套投物 -17 空投系统装备部队，极大地提高了空降兵重型装备作战能力，先后参加了"和平使命 -2005""和平使命 -2007""砺兵 -2008""129A"全军战略战役集训实兵演练、国庆 60 周年大阅兵、"空剑 -2010A"等重大演习。特别是"砺兵 -2008"演习中人、装同机同降的实施以及 2009 年"129A"全军战略战役集训实兵演练期间，在丘陵地形重装空投的成功实施，标志着我国空降空投能力提升到了世界先进水平。

2005 年 6 月 28 日至 8 月 28 日，"和平使命 -2005"中俄联合军事演习在山东半岛举行，空降兵第四十五师参加，此次演习是中国首次与外国联合进行军事演习，规模大、要求高。在时间紧、任务重、攻关难度大的条件下，我公司多方案有效解决脱离锁定时引信和火工品的难题，完美保障了我空降兵参加"和平使命－2005"和俄罗斯同台演习。

重装空投

"和平使命－2005"中俄联合军事演习，共进行了 5 场次，11 架次的 3 车连投，空投满装实弹步兵战车 33 件次，首次实现了伞兵战车 3 件连投和全装带弹空投。该项目受到中央军委曹刚川副主席和梁光烈参谋长的高度赞扬，并对空投科目提到四个同一："与俄军同一机场起飞、同一航线飞行、同一高度空投、同一规模同类装备空投，真正实现了中俄空降兵并肩携手作战"。其后在"和平使命－2006""砺兵－2008"等多次中俄联合军演和预演中均有该项目的出现，均表现突出，充分展示了我空降兵作战能力。

2005 年，战车空投系统获国防科工委二等奖；2009 年，战车空投系统光荣地参加了国庆 60 周年阅兵；2012 年，战车满装载弹空投及 3 车连投获国防科技进步二等奖。

20 年过去了，流逝的是时间，老去的是年华，但团队的精神没有随时间落幕。不停地有人加入团队，接过接力棒，承担起装备发展和技术创新的重任，这个团队如今有一个骄傲的称谓：重装人。

（阎霞系航宇公司高级技术专家）

我国第一代飞行员高空密闭头盔开发纪实

刘长明 讲述　吴之明 整理

　　纵观世界近代战争，尤其是高科技条件下的现代战争，由于航空技术的飞速发展，空战的效能和作用越来越重要，可以说，夺取战争的"制空权"无异于取得了战争的胜利。海湾战争、科索沃战火充分说明了这一点。然而，要想在复杂的作战环境中克敌制胜，确保空战的"操盘手"和"主导者"——飞行员在高空、高速、高过载和应急撤离等对人体有害的环境中生存、安全、操作和作战，对夺取"制空权"又起着关键作用，而这些离开高科技的航空防护救生装备便无从谈起。本人作为时任前国营 510 厂（对外又称汉江机械厂，位于湖北襄阳樊城区汉江路 244 号，以下简称汉江厂）的科研所所长，亲身经历了被誉为蓝天骄子"保护神"的飞行员高空密闭头盔开发、研制的艰难历程。

危险之处显"身手"

　　1997 年 11 月 6 日，广空歼击航空兵某团正在某基地进行着紧张的高空试飞训练，上午 9 时 10 分，该部一级飞行员金洪柱驾驶着歼 -8 飞机呼啸着直插苍穹。9 时 11 分，当飞机升到 14000 米高空时，突然，"嘭"的一声爆响，飞机座舱盖爆破并弃机而去。顿时，机舱外 -56℃ 的低压气流直灌座舱，强大冷气流将金洪柱紧紧地压在座椅靠背上，使其动弹不得。正当金洪柱从突如其来的险境中"醒"过神来，却发现此时的发动机转速指示为零！飞机在高空双发停车，失控的飞机犹如脱缰的野马猛地改变了飞行状态，剧烈颤抖并急速下坠，人、机处境险恶！怎么办？此时，有两种选择摆在金洪柱面前：一种是轻轻按动弹射座椅按钮，实施弹射救生，弃机而返；一种是做最后拼搏，争取最大可能保全飞机，驾机而还，在生与死的搏杀中，金洪柱毅然选择了后者。

9 时 12 分，飞机掉到 8000 米高空，金洪柱双手紧握操纵杆，拼命地控制着飞机，并试图重新开车，不料想，飞机竟奇迹般发出吼叫声，空中开车一次成功！

9 时 14 分，在空中惊险搏斗 3 分钟的勇士终于驾驶着受伤的战机安全着陆。事后，经空军广州医院全面检查，救机英雄金洪柱身体竟然毫无损伤！

此事在当年年底经全国 20 余家传媒播报后，一时轰动全国，人们在为勇士驾机安全生还的壮举表示钦佩和崇敬之时，不禁要问，是"谁"在危险之时帮我们的英雄战胜了死神、保全了自己，还救回了飞机?!

人们从英雄头上戴的密闭头盔和身上穿着的高空代偿服找到了破解问题的答案。可以说，它才是救护勇士的最大功臣！因为，在飞机座舱盖破裂、座舱失去气密性后，密闭头盔的观察面罩自动闭合，使头盔呈气密状态，氧气经供氧系统迅速流入头盔内，对金洪柱实施加压供氧，避免其受高空气胀、低气压等生理效应的影响，使其获得了正常驾机的工作环境和条件，而勇士身上穿着的高空代偿服在氧气调节器自动向其充气的情况下，对人体实施加压，在飞机降到安全高度之前，保证其身体内外的压力平衡，从而保证了金洪柱在低气压下的生命安全和必要的工作能力。

然而，为了给蓝天骄子金洪柱争取到这短短的 3 分钟"夺命救机"缓冲时间，使其在应急条件下，从死神的威胁中挣脱出来，其中凝聚着我们汉江厂广大干部职工几十年的心血。

历尽磨难，几近夭折

20 世纪 60 年代初期，我国尚未从三年自然灾害的阴影中走出来。然而，以美帝国主义为首的敌对势力和盘踞在台湾的国民党反动派，在经济上对我们实行全面封锁；在政治上，企图亡我之心不死；在军事上，借助其先进的 U-2 高空侦察机频频侵犯我领空、领海，大肆对我周边地区进行骚扰，并对我军事机密进行侦察和偷拍。而我空军碍于当时装备性能之限，加之与战机相配套的防护救生装备之一的密闭头盔，全部是引进苏制产品，不能满足主机的配套要求。因此，我军很难对窜入我国领空的敌机进行有效拦截和恫吓，这更助长了美帝蒋匪的嚣张气焰，有恃无恐地对我海空屡屡侵犯，必须尽快改变我主机及其配套防护救生的落后现状。然而，此时苏联与我军事协作协议已被撕毁。因此，开发、研制我国自己的防护救生装备已无退路且迫在眉睫。于是，1965 年《歼八机全套氧气装备技术协议书》正式提出了研制、开发我国自己的密闭头盔的项目任务。1966 年 8 月，原三机部、六院以（66）院科字第 289 号文件，明确了研制任务。

然而，密闭头盔的研制并不顺利，因受史无前例的"文化大革命"的冲击，项目任务刚下达时，由南京的宏光机械厂（代号 513 厂）设计、制造，后调整到宏伟机械厂（520 厂）负责研发，最后又辗转到汉江厂，前后历时十数年，断断续续、费尽周折，使密闭头盔研制工作几近夭折。

聚焦性能，十年磨一剑

密闭头盔是为歼 -8 飞机配套而生。而歼 -8 飞机最大飞行速度超过 2 马赫，作战高度不超过 18 公里，故歼 -8 飞机对全套供氧系统要求在 18 公里以上。由于非气密座舱高度为 18 公里时，大气压已降至 56 毫米汞柱，这就需要通过飞行员特殊的服装和密闭头盔补充 74 毫米汞柱以上的加压值，才能保证人体基本上必要的氧气量。当非气密座舱高度为 19—20 公里时，气压更低，而 74 毫米汞柱的加压值对使用加压面罩已是极限，会造成人体由于严重缺氧而失去意识。因此，密闭头盔和飞行员代偿服就是要当座舱损坏时，需提供不少于 1 分钟的正常作业时间，使飞机下降到相当于非气密座舱高度 12 公里以下，飞行员没有生命危险。

因此，对密闭头盔的一般技术要求是：为了在 15—17 公里高度飞行，密闭头盔与高空代偿服配套使用。头盔对整个头部表面能建立理想的代偿压力。对密闭头盔的技术要求包括头部的防护和供氧两个方面。其中，对头部的防护要求是能防冲击及穿透性、防气流吹袭性，良好隔音，通信性，足够的视界和良好的光学性能，滤光镜有适当的滤光性，重量和转动惯量尽量小，头盔重心要低，使用方便。对供氧要求是头盔气密性要好，吸气活门与呼气活门的渗气量和漏气量要符合规定。

当飞行高度在 12000—25000 米，气密座舱拨动气密性时，在氧气调节器控制下，自动向代偿服充气，对飞行员加压供氧，在 5—10 分钟飞机降落到安全高度的过程中，保持人体内外压力平衡，保证飞行员在低气压下的生命安全和必要的工作能力。

当飞机产生正向过载时，抗荷装置对飞行员腹部及下肢加压，提高人体抗正向过载耐受能力。

为了实现上述功能需求，密闭头盔研制要解决的技术难题是很多的：第一，要解决观察面板敞开和关闭时的不同供氧系统；第二，解决面板自动关闭时产生的撞击力对飞行员可能会造成的生理影响；第三，飞机上要配置控制头盔面板关闭的相应电路；第四，头盔通信系统应适应歼 -8 飞机通信要求；第五，头盔能承受 1000 公里 / 小时的气流冲击，不破损、不吹掉！

可是要设计出符合要求的密闭头盔谈何容易。由于受命研制的汉江厂由 1960 年筹建的襄樊航空技校改建而成，接到密闭头盔研制任务时，工厂才刚刚起步，可谓一无设计文件资料，二无实物样品，三无技术支持，四无加工、试制设备，五无专业人员，六无资金保障。整个研制过程可谓困难重重。

在整个研制过程中，汉江厂干部职工以尽快满足国防所需为己任，发扬不怕困难，艰苦创业，敢于拼搏，自强不息的精神，一手抓建设，一手抓科研，为了及早拿出样品，他们取蜀道、入汉中，上北京、赴上海，走遍全国各地，搞论证，跑协作，尤其是在样品试制过程中，为了解决一道难题，科技人员不畏艰辛，经常通宵达旦，加班加点，坚守岗位，反复摸索工艺技术方法，在产品试验过程中，为了取回一个试验数据，工程技术人员长期驻守千里之外的机场，跟飞取证，有时，甚至冬去春来，一跟就是数年之久，为了节省有限的科研经费，哪怕是几毛钱的交通费他们都舍不得花，常常步行往返于招待所与机场之间，有时一天多达三四次，徒步二三十公里。在20世纪六七十年代，工资水平低、出差补助少的情况下，科技人员顾全大局，宁可牺牲个人利益，倒贴钱也坚持到外场做实验，目的只是想及时拿出样品，在系统配套生理鉴定过程中，工程技术人员为了验证各种状态下人体生理反应，不惜自己亲自上马，拿自己当试验"小白鼠"，进行加压试验、空中慢上升试验、高低温试验等。有时，从试验台出来，由于高空反应或吸气过度，造成极度亢奋，导致几天几夜吃不进饭，睡不着觉，但就是在这种情况下，他们还是一心为工作，拼命为科研，坚守在岗位上，经过多达百余次的样品试制、样品鉴定试验，系统配套生理鉴定和空中试飞试验鉴定，终于于1986年获得航空军工产品定型委员会设计定型结论，并于1989年获准生产定型。至此，历经24年的艰苦历程，我国第一代高空密闭头盔终告研制成功！

立足长远，高点起步

由于离开了现代化的飞行员高空个体防护救生装备，现代化空战便无从谈起，所以世界各国对其研制、开发非常重视，并且都封锁信息，单说密闭头盔，美国、英国、苏联等军事大国都在20世纪六七十年代相继研制成功，有的还研究出高性能的宇航盔。我国由于60年代初，头盔生产刚刚起步，且主要是以仿苏头盔为主，所以，自我研制基础薄弱且没有成熟的设计规范可遵循。正是在这种艰苦条件下，汉江厂的广大干部职工，发扬大力协同、无私奉献的精神，硬是啃下一个个"硬骨头"，攻克了一道道"难题"，使我国第一代密闭头盔从诞生之日起，便达到和领先世界先进水平。

一、突破了飞行员正常供氧与应急供氧防护装备设计技术难题：观察面板由密闭状态改为开放、密闭两种状态，使其结构先进、合理。由于60年代引进的苏制密闭头盔，其观察面板始终处于密合状态，加之南方天气闷热，致使飞行员穿戴时密不透风，闷热难当，而我国第一代密闭头盔采取了开放、密闭两种状态，很好地解决了飞行员的这个难题。根据密闭头盔的设计理念，当飞机在 25000 米以下飞行且座舱处于气密状态时，我密闭头盔观察面板处于敞开状态；而当出现应急状

密闭头盔

态，如在座舱破裂、推动气密性、弹射离机、抛盖等情况下，头盔观察面板自动关闭，使头盔形成气密状态，而这种在应急情况下，头盔自动下放闭合只有美国有些技术的应用记录。时下，这一关键技术仍是世界航空救生装备集中精力要攻克的"难题"之一。

二、解决了在有机玻璃上镀制金属导电膜技术，改过去利用康铜丝电加热方式去雾为真空镀膜加热去雾方式。当观察面板处于扣合状态，由于受面罩内外温差的影响，面罩玻璃观察区表面内、外层会凝聚一层水汽和冰霜，如不及时排除，不仅直接影响飞行员的目视，还危及飞行员观察、搜索目标。然而，我国 60 年代引进和仿造的苏式密闭头盔采取的都是在观察面板上融合一层密集的康铜丝，以便加热去雾，但其最大弊病是严重影响了飞行员的视线。因此，在开发我国第一代密闭头盔时，汉江厂的科技人员就将改变这种去雾方式作为重点难题进行攻关。经过反复论证、试验，终于采取真空镀膜技术破解了这一"难点"。这一技术的攻克，不仅很好地解决了去雾化霜的问题，而且还克服了飞行员在飞行过程中受眩光和折射影响，使飞行员在空中搜索目标的距离由原苏制头盔的 4 千米变为 10 千米。此技术，目前只有美国宇航盔有应用记载，俄罗斯至今仍采用康铜丝结构。

三、扩大了飞行员的视野。由于采取新的结构，与原苏制头盔相比，我国第一代高空密闭头盔的左、右视界，由 176′ 51″ 提高到 202′ 19″，而同期苏制头盔左右视界约为 180′。

四、具有良好的通信性能，确保飞行员与地面电台的通信联系清晰、逼真。正是由于我国自行研制的第一代密闭头盔高点起步，科技含量高，不仅攻克了许多技术难题，而且结构合理、性能优良，深受广大飞行员的欢迎。为此，该产品先后于 1980 年、1987 年获得国家科技进步三等奖和原航空工业部科技成果二等奖。

（刘长明历任航空工业 513 厂副总工程师、科研所所长，
江汉公司规划发展处副处长等职、高级工程师）

为战斗机飞行员研制系列现代化高空代偿服

刘长明　房瑞华　讲述　吴之明　王　芸　整理

　　我们是 1953 年从山东工学院毕业参加工作的。在这一年里，新中国开始了第一个五年计划的经济建设。这是新中国成立以来，为摆脱贫困落后的经济面貌而采取的重大举措。也是这一年，国务院总理周恩来向全国宣布：4 年制的大学生提前 1 年毕业，支援国家第一个五年计划经济建设。我们就是其中一对幸运儿，恰逢建设新中国急需人才，于是，1953 年我们就被分配到南京 513 厂（我国于 1951 年创建的第一家降落伞专业厂）工作，自那时起，我们的一生就与祖国航空救生装备事业结下了"生死相依，患难与共"之缘。

　　如果将我们的一辈子分为三个阶段，则大致可以分为：

　　第一阶段：1953 年 8 月—1964 年 4 月，在南京 513 厂工作期间，十年如一日钻研降落伞技术；第二阶段：1964 年 4 月—1982 年 10 月，调到原襄樊 510 厂（国家定位为飞行员个体防护装备厂）后，探索了 18 年的飞行员个体防护装备技术；第三阶段：1982 年 10 月—1995 年 10 月，工作再次调动到襄樊的原江汉公司后，12 年专注于航空救生技术的总结、回顾与交流工作。

高空代偿服的前世今生

高空代偿服的功能与效用

　　高空代偿服亦称加压服。用于防止 12 千米以上高空的低气压对人体的损害，提高飞行人员在瞬间时身体内部压力大大超过外部压力时的防护能力；是一种当飞机座舱遭到破坏突然失去密封性，或实施弹射跳伞时，用来保护飞行员免受低气压和缺氧状况有害影响的应急军服。高空代偿服主要由代偿服主体和张紧装置两部分组成，具体分为头盔、衣体、拉力管、抗荷和代偿囊等。其工作原理是：当飞机失去气密性时，飞行员处在低气压和缺氧的环境中，充气设备会立即自动向管状皮囊充气，使气囊体积增大以绷紧代偿服，紧压飞行员身体，保持人体内外压平衡，并继续向飞行员头盔加压供氧，避免飞行员失去工作能力或出现生命危险。

世界航空业高空代偿服研制历程

从理论上，提出为低压环境飞行研制防护服装可追溯到 100 多年前。真正意义上的代偿服是 1933 年 10 月由英国人研制的世界上第一件高空加压服，并于同年 11 月进行了 25600 米低压舱模拟飞行试验。1934 年，美国研制的全压服创造了 14430 米的高空飞行纪录，为各种加压服用于航空飞行奠定了基础。1934 年末到 1935 年，苏联、法国相继研制出全压服。这些全压服虽然能起到高空防护的作用，但穿着太笨重，热负荷大，充气膨胀后肢体活动不便。到 1939 年，世界各国开始采用气密座舱技术，使飞行员在正常飞行时穿着的高空代偿服不用充气，只在气密座舱失密或在高空弹射救生时服装才充气加压，即成为高空应急救生加压服。

我国飞行员高空代偿服研制历史

我国着手研制高空代偿服，是从 1956 年开始为喷气歼击机歼 -5 配套研制的。当时，513 厂主要是根据从苏联购来的高空代偿服图纸，结合我国飞行员身材进行研制，服装的特纺材料由上海工业局系统有关工厂提供。

1959 年，根据苏联 BKK-3M 高空代偿服图纸，并按照我国飞行员身材尺码研制成我国首批歼击机飞行员个体防护装备，用于歼 -6 飞机，1962 年批量生产。1964 年，根据上级要求，高空代偿服转由襄阳原 510 厂生产。

我在襄樊研制出我国飞行员系列高空代偿服

1964年，根据上级安排，我从南京513厂调到襄樊510厂任设计科科长，负责研制飞行员个体防护装备。当时，重点就是研制我国新型高空代偿服。由于此时的510厂才从两年前由校转厂，人才储备欠缺、技术力量薄弱、装备研制基础差，所以，刚起步研制的时候，我们主要是在南京513厂业已研制成功的高空代偿服资料基础上进行改进而展开的。为了适应新型飞机（歼-6、强-5）配套需要，我们在研制高空代偿服时，扩大了服装调节范围，实现胸前可调节，同时改进了调节带和调节绳的用料，使整个代偿服重量由513厂的3.8千克减轻到2.5千克。

我在襄樊研制出的第一套代偿服起名为DC-1A。于1966年定型，1967年批量生产，1982年开始被新的型号DC-1B所取代。

DC-1B高空代偿服是在DC-1A高空代偿服基础上进行较大改进研制而成的。

1973年5月1日，我恢复技术科技职务。上任不久，我了解到库存有一种新型橡胶涂层绵丝胶布，气密性好、强度高，于是便和相关技术人员经过分析研究比对，得出一个重大设想：用此涂胶布替代天然橡胶制胶囊。于是，当年6月，我组织技术人员编写DC-1A高空代偿服改进方案，改进成功后称之为DC-1B高空代偿服。主要改进就是用涂胶布代替天然橡胶制胶囊。这在当时是一项大胆的改进。由于改进材料后遇到腹部胶囊粘胶不牢的问题，于是房瑞华提出胶囊转变处先缝合后粘胶的方案，使方案得到解决。经过5年半的艰辛历程，到1978年11月DC-1B定型，1980年实现批量生产。由于材料的更改，DC-1B高空代偿服重量只有1.95千克，比南京513厂生产的代偿服轻将近2千克，比DC-1A也轻不少，穿着舒适性改善不少，很受空、海军飞行员的欢迎。

随着我国主机的不断更新换代，在随后的日子里，我们先后研制出与歼-7飞机配套的DC-2高空代偿服和与歼-8飞机配套的DC-3高空

身着抗荷服的我军飞行员

代偿服以及与歼-7Ⅲ、歼-8Ⅱ配套的DC-4高空代偿服。

由于我国新材料的发展，在研制高空代偿服过程中，我们不断根据形势的发展，在改进材料、增强飞行员舒适性上下功夫、做文章。如今，性能更高、舒适性更好并具有通用性的DC-6高空代偿服，早已在部队广泛使用。

（房瑞华生前历任航空工业513厂检验科技术室主任、510厂科研所研究员，高级工程师；王芸系航宇公司试验部原工作人员）

航空工业航宇十大名片

景思红

2011 年以前，我主要从事技术工作，对航宇十大名片了解不多；2011年 5 月，我从技术岗位调到综合管理部（公司办公室）工作，刚上岗就参与了公司简介的编写，这才接触到了"十大名片"。从 2011 年至今，公司简介一直由两部分组成：一是简介正文，二是"公司名片"，"公司名片"实际上是附录性质。

十大，并非真的只有 10 张。2011 年的公司名片有 14 张，2021 年的公司名片仍然是 14 张。

2011 年，十大名片可以分三类：

第一类是行业地位表征。包括：世界航空生命安全领域主要研发机构之一、中国唯一从事航空防护救生 / 空降空投装备研制的现代高科技企业、亚洲最大的航空防护救生 / 空降空投装备综合试验基地、中国最大的商用飞机座椅研发生产基地、中国最大的热气球研发生产基地、中国最大的轿车座椅调角器生产基地。

第二类是技术实力体现。包括：国家认定企业技术中心、院士（专家）工作站、航空防护救生科技重点实验室、国家 / 国防校准实验室、"航空宇航科学与技术"学科硕士学位授予点、"航空宇航推进理论与工程"学科硕士学位授予点。

第三类是社会声誉品牌。包括：航空报国优秀贡献单位、中国载人航天工程突出贡献单位。

我们知道，航空工业航宇是由原 510 厂、520 厂及 610 所于 2003 年重组整合而成的，原 510 厂主要从事飞行员个体防护装备，原 520 厂主要从事降落伞研制生产，610 所从事弹射救生座椅研制，如果没有重组整合，这第一张，也是最重要的名片——"世界航空生命安全领域主要研发机构之一"就亮不出来，为什么呢？在防护救生领域，不管是英国的马丁贝克、美国的柯林斯还是俄罗斯的星星联合体，其技术实力、市场占有率还是行业地位，原两厂一所单列出来是无法与之 PK 的，但国外降落伞、弹射座椅及个体防护产品生产商都是只做单一产品，而航空工业航宇将三个联系紧密的专业整合起来，整体水平就可以迅速名列世界四强，这就是"世界航空生命安全领域主要研发机构之一"这张名片的来历。航空工业航宇当时预计，用 15 年左右的时间达到或超过美、俄等国水平。现在我们可以自豪地说，这一目标我们已经达到。历史证明，两厂一所整合为航宇救生装备有限公司，是顺应历史潮流的正确选择和必要选择。

"中国唯一从事航空防护救生 / 空降空投装备研制的现代高科技企业"。2011 年，以国发 37 号文为标准，军民融合正式成为国家战略，军工市场全面开放，这意味着作为军工企业的航宇必须直面国际、国内的竞争对手。2011 年 11 月 25 日，航宇召开了军民融合式发展应对举措研讨会，研讨会上我负责记录，公司领导在发言中一句话使我印象深刻：我们是"国家队"，我们不怕竞争！为什么公司领导说我们是"国家队"呢？这张名片说明了一切——因为我们是"中国唯一从事航空防护救生 / 空降空投装备研制的现代高科技企业"。

"亚洲最大的航空防护救生 / 空降空投装备综合试验基地"。在 2011 版的"企业简介"里面，对公司的试验能力进行了浓墨重彩的描绘，与其他方面高度凝练概括写法不同。为什么要突出试验能力呢？因为硬件整合后账面实力可以迅速显著增强，但软实力（核心能力、品牌价值）还需要经过整合—融合—涅槃重生这样的渐进过程。2021 版对此进行了简化，回归为常见的概括性写法，因为到了现在，公司的软（产品研发）、硬（产品试验）实力都有了突飞猛进的提升，我们行业地位的巩固提高有了更多的支撑点，不必单靠试验能力这一个方面了。另外，我们当时强调了"亚洲"，因为当年我们与美、英、俄尚有差距，所以我们把舞台局限于亚洲，而现在我们已实现了对列强的追赶超越，2021 版就不再强调"亚洲"了。

与行业地位有关的还有 3 张名片，即"中国最大的商用飞机座椅研发生产基地""中国最大的热气球研发生产基地""中国最大的轿车座椅调角器生产基地"，分别对应公司孵化成功的几个民品产业。2011 年以来，生产汽车座椅调角器的中航精机、生产民机座椅的航宇嘉泰，因集团公司产业政策调整，先后从航宇剥离，不再并表，所以我们撤下了这两张"名片"，而"中国最大的热气球研发生产基地"这张名片，仍然保留，因为生产热气球的宏伟航空器还是我们控股的子公司。

第二类技术实力名片是我们核心竞争力的外在表现，这类名片越擦越亮，内涵日益丰富，必须保留。第三类社会声誉名片与第二类一样，历久而弥新。

通过亲历航宇十大名片近 10 多年来的变化，我发现，不管时代如何变化、产业如何调整，我们对航空报国、航空强国的使命担当一以贯之始终不变，我们对军民整合、产业整合的贯彻实施一以贯之始终不变，我们对科技发展技术进步的追求一以贯之始终不变，这是航宇取得改革发展进步的根本原因，这些理念我们今后也应该永远坚持并继续发扬光大。

（景思红系航宇公司综合管理部工作人员）

笔架山下的最美风景

——航空工业航宇火工品分厂发展纪实

夏　涛 讲述　田　莹　冯　楠 整理

　　我叫夏涛，今年53岁，现任航空工业航宇火工品分厂厂长。1986年12月，我来到地处襄阳西郊10里的笔架山下鲁家冲山沟，35载春秋里，逝去的是不复返的青春年华，沉淀的是矢志不渝的航空人的报国情怀。35年里，我亲历、亲见、亲闻了航空工业航宇火工品分厂的时代变迁与奋进发展。

艰难的创业历程

　　忆往昔，峥嵘岁月稠。1968年3月，为提升我国航空救生装备研发技术水平，贯彻党中央"建设大三线"的指导思想，在襄阳西郊笔架山下的鲁家冲山沟里诞生了中国唯一的航空救生研究所，即"中国人民解放军第610研究所"，专业负责我国弹射救生座椅的研发、试制、生产工作。1973年，根据国务院、中央军委统一部署，610研究所取消军队编制，改为"第三机械工业部第610研究所"，1982年又改为"航空工业部第610研究所"。2003年，在湖北襄阳的航空工业"两厂一所"，即汉江机械厂、宏伟机械厂、610所，整合为航宇救生装备有限公司。

　　建所初期，当时的610所老一辈干部职工从祖国四面八方奔赴鲁家冲山沟里，昔日的鲁家冲被当地人称为"下雨一团糟，天晴一把刀，尘灰随风弥天，行走留意摔跤"的黄泥巴山沟，广大科技工作者在这片荒芜的山沟沟里，心怀满腔报国热血，肩扛手抬、白手起家，住帐篷、吃干粮，与施工队一起搬砖头、运沙子、挖沟渠、拌水泥。他们一边建厂房，一边又自己动手设计并建造固体火箭发动机试车台、弹射试验架等试验设施。

起初，按照"三线建设""靠山、分散、隐蔽"的方针，610研究所工作区靠山分散建设到3个小区，其中一区为弹射救生座椅配套的火工品研发及生产区，二区为弹射座椅研发及试制区，三区为弹射座椅配套的生产区；生产区外，先后配套建设了20多栋家属楼以及幼儿园、中小学校、职工医院、活动中心、电影院等生活配套设施。20世纪70年代初期，基本建设完成，初步具备了弹射救生座椅的研发、试制、生产条件。厂区建设完成，老一辈建设者在这片山沟里开始了航空报国的奋斗征程，用他们的艰辛、血汗和生命书写着属于那一代人的"三线建设"传奇故事。

1984年，610所机关及研发部门调迁到襄阳市区的现航宇公司新华北路工作区。1999年前后，鲁家冲山沟的弹射座椅生产及研究所家属区也全部搬迁到襄阳市区，因火工品属于危险品，按规定不能搬迁，伴随着610所搬迁至市区，昔日热闹的鲁家冲山沟里只剩下火工品生产部门一家。

熟悉的台阶，已遍布苔藓、杂草；热闹喧腾的活动中心，早已积满灰尘，只有那通往厂区路边，那整齐、高大的法国梧桐，每天还在这里迎接坚守此处的航宇火工人。在航宇火工品分厂，有一群能够扛得住诱惑，耐得住寂寞，安静地坚守着自己的工作的职工，他们也像我一样，在这里一干就是一辈子。

"军工人不能怕吃苦"的精神时刻激励着火工品人，大家一如既往地用心工作，在工作中沉得住气。定则生智，越是心思单纯、专注工作、勤于思考，越是能够更好地改进工作方法、提高工作效率，这种心无旁骛、专心致志的工作态度使火工品分厂取得了良好的工作业绩。

近年来，火工品分厂人均产值一直保持着航宇公司最高成绩，每年年底，却是最先提前完成生产任务的基层单位，经常获得集团公司、襄阳市、航宇各类先进荣誉称号。

小火工，大功用

岁月如梭，斗转星移，扎根笔架山下的航宇火工品分厂已走过了 50 余年，目前火工品分厂已成为我国唯一从事救生装备火工动力系统的生产基地，国内所有飞机的救生动力系统都在此生产。

毛主席曾经说过："战争的目的就是消灭敌人，保全自己。"航空弹射救生装备一方面是为了保存我军战斗实力；另一方面有利于提振飞行员勇闯蓝天的信心，提升战斗力。救生装备能在飞机不可挽回的情况下，保证飞行员迅速离机并实现安全救生。

一台弹射座椅上一般装有十几发不同功能的火工动力产品，主要分为救生能源弹和救生火箭两大类，它们是弹射座椅的动力源，是"心脏"和"血液的制造者"。在弹射救生过程中，弹射弹将飞行员弹射离机，火箭对出舱后人椅系统姿态进行纠正并将人员推到所需安全救生高度，射伞枪弹则射出稳定伞和救生伞，使人椅系统处于稳定状态，以便飞行员乘救生伞安全着陆或着水，所有动作都是由火工品与配套动力机构来完成。

据有关资料介绍，培养一名合格的战斗机飞行员的费用在 3.4 亿元以上，培养一名四代机、舰载机飞行员其费用更高。救生动力产品是"小产品高价值"，这里说的"高价值"是指它创造的社会效益和军事效益。救生火工动力产品不同于子弹、炮弹等常规弹药，紧急情况下启动弹射，座椅上任何一个火工动力产品的工作失效都将带来灾难性的后果。所以，火工动力产品是"小火工、大功用"。

火工动力产品伴随航宇公司研制的航空救生装备，成功挽救了多名飞行员的宝贵生命，实现了救生包线内 100% 的救生成功率，飞行员形象地称之为"蓝天上的诺亚方舟"。

老厂焕发青春活力

看今朝，科学发展绘新篇。为提高火工品科研生产本质安全度，公司对火工品区开展安全改造建设。2018 年 6 月火工品新区全面开工建设，2019 年 6 月建安工程完工，火工装配生产线在 2019 年 10 月将正式投入运行。

近年来，航空工业进入了创新发展的高速阶段，其变化之大、发展之快，简直可以用"难以置信"来形容，航宇火工品分厂也感受这个好时代带来的变化，先后经历了两次国家技改，把原所区的 3 个生产小区全部改建为火工品区，即现在航宇火工品分厂承接了原 610 所"三线建设"时期研究所工作区所有的地盘。

在新的火工区扩建中，对原工作区进行了重新规划，科学地进行了各项功能分区，拆除工作区"三线建设"时期的建筑，新建了各类火工工房，原研究所科研大楼的位置现在变成了新的火工装配工房，原热表处理厂房位置的地方现在建成了新的成品库……淘汰了原有落后弹药手工生产线等设备，新增并建成了救生能源弹自动装配、底火自动装配、弹药自动包装等多条自动生产线。

这种变化，是脱胎换骨式的变化，许多老职工回到火工品分厂已找不到当年陈旧、落后的痕迹，不由感叹今非昔比。

航宇火工品分厂结合火工品新厂区建设，新增的自动化生产设备采取了可靠的防爆和隔爆措施，改善职工劳动条件和作业环境，进一步减轻了职工劳动强度，降低了火工品危险性和事故发生率，提升了火工品生产工艺水平和火工生产本质安全度，维护了操作人员的身心健康，达到了国家倡导的火工品生产过程中绿色、环保、安全的要求。而且，火工品分厂在航空救生弹药制造方向进行自动化、数字化、智能化改造的尝试及探索中取得了初步成功经验，对行业内外的单位具有一定的参考和借鉴效应，对创建智能化转型试点，构建全新的数智航空体系贡献了力量。

这几年来，航宇火工品分厂在完成火工品区提档升级改造的同时，已研制开发出 60 余种火工动力产品，不仅满足我国航空救生发展的需求，业已应用到航天应急回收系统、重装空投稳降着陆系统和民用小型飞机整体回收系统，并出口至十几个国家。

与航宇火工品分厂同处一地的原 610 研究所家属区，跟原生产区不同，这里一砖一瓦都没有改变，一直保留着原有三线单位建筑的风貌，近 10 年来也逐步发展为襄阳网红的"画家村"，同时成了老一代三线人过来寻找"青春回忆"的地方。因此，网民一直呼吁要打造出"襄阳版 798"，近年航宇公司正在筹备通过土地置换的方式把该家属区移交给襄阳市开发，由于离古隆中、黄家湾均只有一山之隔，地理位置极佳，该处未来发展前景可期。

（夏涛现任航宇公司火工品分厂长，田莹、冯楠分别是航宇公司火工品分厂和党建文宣部工作人员）

百年铸辉煌　毕生献国防

刘纬武 讲述　王乃剑　岳福林 整理

　　我叫刘纬武，今年八十整，1965 年毕业于哈尔滨工业大学电机专业，毕业后分配在南京 513 厂工作。20 世纪 60 年代中期，适值中央决定建设一批三线厂、所，就在这个时期 520 厂于 1965 年开始建厂，并将建设一座低速风洞包括在建厂初步设计项目中。因 520 厂由南京 513 厂包建，工厂决定把我调到襄阳的 520 厂工作，负责风洞电机部分。我二话不说，坚决服从组织的安排。

　　那时的我一腔热血，只要党和国家需要，再苦的地方我都能去，再累的工作我都能做。于是，我放弃了大城市的工作和生活，一个人背着行李就上路了。第一天来襄阳的情景，我至今记忆犹新。那是 1967 年，我一出襄阳火车站，眼前一片荒凉，到处杂草丛生，好不容易才坐上三轮车一路颠簸到江边。当时江上没有桥，只能坐船过江，最后到厂里的时候天已经擦黑了。从此，襄阳成为我的第二故乡，我一头扎进了风洞的设计与建设。

　　风洞试验室，是以人工的方式产生并且控制气流，用来模拟飞行器或实体周围气体的流动情况，并可量度气流对实体的作用效果以及观察物理现象的一种管道状实验设备，它是进行空气动力实验最常用、最有效的工具之一。新中国第一个风洞是 20 世纪 50 年代末至 60 年代初在北京大学完成建造的。

　　襄阳 520 厂坐落在襄阳城西的山沟里，在风洞建设完成投入使用前，以前的降落伞试验都要拉到北京大学的风洞实验室去做，很不方便。所以在建厂之初中央就决定设计建造风洞试验室。

我是负责风洞电机这一块的。当时风洞的电机部分由天津电气自动化研究所生产。我背着满满一大包图纸，从襄阳出发。那个时候任务就是命令，没有卧铺就买坐票，没有坐票就买站票，从襄阳站了 11 个小时到武汉，从武汉站了 20 多个小时到北京，从北京站了 4 个多小时到天津，一路站过去。站累了，就坐在过道里；困了，就靠在过道上打个盹儿。在天津电机厂，我一边设计修改图纸，一边指导工厂生产，为了攻克一个技术难关，经常通宵达旦。最让人难忘的是，当时搞串联，全国的交通瘫痪了，我回不去，厂里派的人来不了。时间长了，我的钱和粮票都用完了，弹尽粮绝，给厂里打电话，厂里也没有办法。后来只能到一个工人的老家去吃饭，每天都要走三四个小时，才撑了过来。

在党的领导下，全国一盘棋，上下同心，团结协作，积极支援我厂的风洞建设。风洞洞体由试验段、扩散段、风扇段、拐角导流片、蜂窝器、阻尼网、稳定段等部分组成。风洞各部件分散在全国十余家工厂加工。风洞壳体由武汉冶金建筑机械制造厂制造，风扇叶片由保定 550 厂生产，动力段壳体整流在抚顺的一家企业制造，轴系在上海制造，转子在四川德阳生产，动力部分直流电机组是外购的，控制部分是天津电气自动化研究所制造，导流片由南京生产。风洞主要测试设备配有一台台式三分量机械天平，另外还配有多管压力计 1 台、测微压力计 4 台、流场校测设备等，三分量机械天平测试设备由上海 573 厂、三机部 351 厂、164 厂及江苏省安装公司附属工厂等单位制造。风洞安装由江苏安装公司承担，其中电机安装、调试由丹江第十工程局承担，风洞试验室于 1972 年建成，同年 4 月首次试车。风洞实验室的建设凝聚了全国的力量和智慧。

那时人们支援"三线建设"的热情让人感动。我们有 3 台风机，风机是风洞实验的主要设备，体积大，每台重达 8 吨多，定期要检测。检测的时候要把风机拉到丹江口水库电工队。当时没有那么大的运输车，正在一筹莫展之际，一个同事提供了一个线索，看见武汉来的一个大拖车正开往谷城方向。厂领导喜出望外，马上派我乘坐厂里的小车追过去，我在谷城庙滩镇追上了拖车，向司机说明了来意。司机二话不说，马上向他们单位领导汇报，对方领导立即拍板，同意支援我们。司机不顾疲劳，往返 3 次把 3 台风机送到丹江口检测，无私地帮助了我们。

我们的风洞建好投入使用后，也遇到了很多困难。那时候电机由于生产工艺和水平不高，运行时振动厉害，经常出故障。我们请北京航空航天大学的教授来检查，发现绝缘材料被击穿，维修十分困难。于是在每次开机前先拆开烘烤以后再使用。就这样让电机"带病"工作了几年，直到 1975 年才彻底修复了电机。

我们 1980 年接到空中加油机的试验任务。由于此次试验对风速要求很高，而风洞现有功率达不到，如果加大功率又怕损坏电机。在厂领导的鼓励下，我们精心测算，大胆试验，终于圆满完成了试验任务。

风洞试验每次启动时对电流要求很高，所以启动前都要先给供电局打电话请示，同意后才能工作。为了改变这种状况，我们集思广益，艰苦攻关，攻克了一个又一个难题，对电机进行技术改造，用可控硅整流装置代替直流电机，这样改造以后不仅降低了对电流的要求，降低了噪声，而且十分省电。因此，这个项目荣获了航空部科技进步二等奖。

风洞的使用范围十分广泛，以降落伞试验为主，同时也能进行飞机、航弹、飞行器以及一些民品的低速空气动力试验。因此，我们的风洞实验室不仅承担了我们厂各类降落伞的试验，同时还承担着其他单位的试验任务，比如满足武汉 701 所舰艇舰船的试验要求等。

我们的航空救生事业虽然经历了创建时的艰辛，但经过几代人的不懈努力，达到了国际先进水平，这与党中央的英明决策和中国共产党的坚强领导是分不开的，作为在航空救生测试试验工作了一辈子的军工人，我感到非常自豪。

（刘纬武系原宏伟机械厂技术员，王乃剑系航宇公司党建文宣部工作人员，岳福林现任航宇公司党建文宣部离退休办公室主任）

我参与"一号专案"任务研制的回忆

——记我国第一颗氢弹用降落伞的诞生

戴振明 邓 笙 讲述 戴振明 龚军丽 整理

1967年6月17日上午8点20分，在我国西部罗布泊一声震耳欲聋的巨响，天空出现了一颗新的"太阳"，这就是我国成功爆炸的第一颗氢弹。这一天，全国人民听到这一振奋人心的消息无不为之骄傲，大壮国威，震撼世界。因为它使我国成为世界上第四个拥有氢弹核武器的国家，使我国核武器的发展速度超越了美国和苏联，从第一颗原子弹到氢弹爆炸，美国用了7年零3个月，苏联用了4年零7个月，我国只用了2年，从而也实现了毛主席1958年6月说过的"搞点原子弹、氢弹，我看有十年工夫完全可能"的科学论断。

第一颗氢弹的减速系统是原航空工业部南京宏光机械厂（代号513厂）自行研制设计的。1964年7月，三机部根据党中央抓紧建设三线军工企业的指示精神，决定将南京513厂的主要产品和技术骨干力量，包括1957年成立的我国唯一降落伞研究所［即部属31所（空降与防护救生设备研究所）］成建制转移到"大三线"地区，另建降落伞制造厂。部派出的选址工作组初步确定新厂建在湖北省襄阳地区古城县沈家垭天主教堂；1965年初，三机部下文明确新厂建在襄阳县汉才冲（又称苋菜冲），工厂代号为520厂，第二厂名为宏伟机械厂；1969年10月23日，三机部发出通知：将设在南京513厂的31所搬迁到520厂，仍为部属厂管所，即后来的原520厂科研所。后续，第一颗氢弹用减速系统的研制任务就由513厂、520厂科研所共同承担。

该伞是第一回空投大重量的。在降落伞研制方面,这是一次历史性的重大突破,它因完成了我国一项光荣而艰巨的历史任务而被记入史册。作为513厂、520厂共同参与并见证研制过程的降落伞人,至今回忆起这段历史,都感到无比的激动和无限的荣光!

降落伞在空中核试验中的功用是保证弹道稳定减速,保证弹体的滞空时间,保证载机安全脱离爆炸危险区域。降落伞能否正常开伞和工作,是关系氢弹空中试验的成败和实现以上3个"保证"的关键。对这一系统工程,周恩来总理在听取汇报时曾科学地概括为"机、伞、弹,三位一体,缺一不可。"因此,降落伞是实现空炸核试的一个重要配套项目,其重要性占据着关键的位置。

"活着装进脑子里,死了带进棺材里!"

1958年,国家提出研制第一颗原子弹,同时需要配备降落伞。因为在国内,降落伞工业还处于发展阶段,降落伞技术仍处于刚刚从仿制向自行设计的过渡时期。接到任务后,就模仿航弹后面带的降落伞的设计,在炸弹、水鱼雷方面配的伞的基础上改进摸索……后来,原子弹用伞研制成功,锻炼了年轻技术人员,也为后来我国第一颗氢弹试验用伞研制成功积累了经验,奠定了基础。

1965年12月,二机部九院总体部黄愚等3位同志和三机部陈与楫工程师来520厂进行开展空投氢弹利用降落伞系统作为减速手段的可行性研究。根据九院提出的总体要求,由戴振明同志起草,邓笙、王德春和陈与楫同志共同审核提出了降落伞系统的初步方案设计,并上报三机部审批。

1966年3月,三机部正式批准下达研制任务,根据国防科委的总体进度要求,降落伞系统只有一年多的研制周期,时间是极其紧迫的。当时国内空投重量不过是500公斤且是在低空、低速飞行条件下进行的,而此次飞行条件是海拔高、机速大,空投初始重量超过当时国内最大投物伞载重的几十倍,而且在技术上最重要的是要保证系统的安全可靠性,因此开伞冲击力、临界开伞速度、纺织材料的研制等均存在一系列的未知数。

为了保证完成党和国家交给的这项极其重要的任务，工厂决定成立由时任 520 厂科研所所长的邓笙抓总，由王德春、戴振明、顾芝明、言道贵等组成研制小组。张墨笙厂长、郭署总工程师提出此项工作任务"只能成功，不能失败；只能提前，不能落后"等重要指示，并将此项任务定为"一号专案"任务且被定为绝密任务，强调知悉此事的人对待此事要"活着装进脑子里，死了带进棺材里！"

尊重科学　勇于实践

在研制过程中，遵照中央专委主任周恩来"严肃认真，周到细致，稳妥可靠，万无一失"的指示，经过理论上多种方案的反复论证，确定主伞采用宽带条伞，在面积和填满系数计算出来后，对系统方案进行了风洞试验、开伞系统的双重保险单项振动试验、环境条件试验、低空模拟试验，在进行了大重量 1∶1 样品的条件下，在高空试验后，最终确定了开伞程序。弹体离机后经过一系列动作，拉出引导伞，引导伞充气开伞；在引导伞气动力作用下，根据预先的程序安排，拉出主伞绳后，再拉出主伞衣；主伞张开并带着氢弹稳定下降，实施核爆炸。此时飞机已经飞离危险区，进入安全返航空域。

随着对降落伞系统技术要求的不断提高，后来主伞采用波环伞两次开伞技术，使得开伞冲击力小且具有极高的稳定性。

道路曲折　苦战过关

1966 年，在南京沥水靶场用试验弹进行近百次的低空模拟试验后，1967 年 2 月降落伞系统在西北空军基地用轰 -6 飞机完成了在实际使用条件下的弹道模拟试验，并通过了国家技术鉴定，随后转场罗布泊 21 基地进行空军训练投弹试验。然而，科学试验的道路总是曲折的，1967 年 5 月在空军投弹训练时，正当训练进行到接近总预演的关键时刻，发生了一次弹的尾罩工作不正常和降落伞被冲破未能张开的现象，这时处于待命状态的千军万马的气氛顿时紧张起来，问题立即引起了党中央和国务院领导的高度重视。国防科工委立即派专机将降落伞技术工人郑海良、杨正田两位老师傅和设备送往基地，空军指挥部和基地司令部召开了分析会；两弹专家郭永怀先生和程开甲先生、基地张蕴钰司令员以及国防科工委领导听取了分析小组的汇报，经过现场和实物收集的试验数据反复分析与核算，认为是弹的尾罩不稳定，与伞之间出现相互干扰所致。为确保安全，工厂将主伞就地采取了加强改进措施，经过几个夜以继日地工作后，使产品达到理想状态，经过空中再次试验考核，改进后的降落伞终于完全达到了改进的目标。最后，三机部陈与樨代表试验人员在北京出席了周总理的汇报审查会。经毛主席批准，于1967年6月17日进行了我国第一颗氢弹空中核试验。

付出艰辛　回报硕果

第一颗氢弹试验用降落伞的研制成功，奠定了后来核试验用伞的基本设计基础，也提高了自行设计的能力。试验中与空军测试基地的合作，提高了降落伞遥控测试技术，引进来机上空中摄影和时统讯号的安装方法与结构，充实了降落伞研制手段。在核试验执行任务的汇报会上，科学家钱学森先生曾对气动力低空模拟高空高寒试验的转换因素做指导。经过多年来该项试验的经验积累和总结，对一些技术难题从感性认识转化为理性认识。专案任务自1970年后，从南京513厂转至湖北襄樊520厂，在张韩厂长等的领导下，设计小组根据对核试验用伞要求的不断提高，先后成功研制了导向面型和波环型降落伞，其性能一代比一代先进。特别是1972年襄樊520厂开始研制第三代核试验伞——波环型伞。波环型由于结构上的新颖性、性能上的先进性和质量上的可靠性，获得了国家优质产品金质奖和国家发明奖。从1965年第一颗氢弹爆炸成功到1985年我国终结大气层核试验止，先后完成了10多次空中核试验任务，除1979年一次失败（当时参加由国防科工委组织的事故调查组成员季留法介绍，事故原因是弹体与伞的衔接总体不协调，造成弹体伞舱尾翼边缘变形割断引导伞拉绳所致）外，其余均获成功，为我国核武器的发展贡献了我们的青春和智慧，为国家做出了贡献。

我国第一颗氢弹爆炸成功后，又进行了一系列用伞系统控制弹道的大气层核试验并获得成功。

1989年12月，"空爆核试验用波环伞系统"荣获国家发明二（三）等奖。

1999年9月18日，520厂职工李德峰作为研制空爆核试验人员的代表，参加了中共中央、国务院、中央军委召开的"两弹一星"表彰大会。

我国空中核武器试验用伞，从头到尾经过了20多年风风火火的历程，如今当回首我国氢弹试验全过程时，我们无数次面对困难不屈不挠，对党、对国家、对事业一片忠诚和执着，克服技术上、工作上和生活中诸多困难的情景仍历历在目。正是所有参与人员20多年在一起辛勤耕耘，才换取了成功和喜悦，为祖国在国际上取得了平等和尊严，同时也激励着后辈航空人为实现航空强国目标接续奋斗！

（邓笙曾任520厂厂长、总工程师、科技委主任，戴振明曾任520厂高级工程师）

我与航宇共成长

吴　铭

　　航空工业航宇救生装备有限公司（以下简称航宇）成立于 2003 年 12 月 8 日，是由原 610 所（主研弹射救生座椅）、510 厂（主研飞行员个防装备）、520 厂（主研空降空投装备）打散重组、整合而成。到 2021 年，航宇成立 18 年了，回望整合以来的历程，作为一名科技工作者，不仅深深为航宇的快速发展而欣喜，也为自己取得的些许成绩而高兴。

　　航宇的成立，不仅为防护救生专业技术的融合发展奠定了坚实基础，更为企业的平稳健康发展和职工个人成长搭建了宽广平台。航宇成立后，着力加强航空救生、个体装备、空降空投相关领域基础技术和前沿技术研究，不断提升公司军品领域的核心竞争力，逐步成为这一领域的技术领先者和标准制定者。航宇深入开展了航空救生系统集成技术研究，建立集成系统与各个子系统之间相互适应、相互依赖的技术及标准体系，同时积极开展专业化拓展，努力扩大和延伸航空救生核心技术和产品的使用领域，增加产品应用范围，提高产品的盈利能力和抗风险能力。以产品研制为例，在公司党政的重视与支持下，在广大技术人员的辛勤努力下，国内最新型火箭弹射座椅已通过设计鉴定，作为严格符合四代机定义的产品，其总体性能已达世界先进水平，部分技术国际领先。该型火箭弹射座椅的研制成功，得到主机厂所和军方的高度认可，必将成为新一代救生装备的依托和平台，引领航空救生技术走向更高更远。在预先研究方面，航宇结合产品研发实际，详细梳理了中长期预研的重点方向，在防护救生技术、飞行员智能主动防护技术、直升机防护救生技术、精确联合空投技术、海上复杂环境下的搜索救援技术和民用飞机客舱设备技术等方面取得突破性进展。航宇加强了预研任务的筹划与管理，引导技术人员在新技术、新概念、新原理方面进行研究与探讨，取得了多方面的重大成就。再以公司营业收入为例，航宇成立前原610所、510厂、520厂三个单位总收入为5.7亿元，整合后第一年达到7.5亿元，第二年达到9.5亿元，之后一年一个新台阶，至2020年实现营业收入23.8亿元（其中，中航精机和航宇嘉泰先后从航宇剥离，成为航空工业大家庭的两个新成员，营业收入不计入航宇）。航宇的快速和稳健发展，不仅提升了航宇的经济规模和社会地位，也使广大职工有了较为满意的获得感和幸福感。

在航宇的发展过程中，始终把广大职工放在第一位，为职工提供快乐工作、幸福生活的平台。航宇通过建立职工收入不断提高的工资增长制度，满足职工提高生活质量的物质需求；通过建设以人为本的企业文化，满足职工快乐工作的精神需求；通过健全以公平激励和高效沟通为基础的服务管理体系，满足职工与企业和谐成长的环境需求。为此，航宇在职工成长道路上提供多个平台，促进职工快速成长。

我为能工作、生活在这样一个关注职工需求、企业与职工成长并重的企业而感到骄傲和自豪，也全力忘我工作，报效国家，回馈企业，成长自己。曾记得在某重大技术攻关过程中，由于各型号并行任务多，我一连几个月都是天刚微亮就赶到办公室投入工作，研究技术方法，进行仿真验证，分析结果数据，得出研究结论。常常是望着天上的星星和月亮下班回家，睡觉前还要梳理一天的工作情况，总结得失，规划出后续工作的轻重缓急，以便第二天快速进入工作状态。也还记得在某重点型号研制过程中，由于长期埋头工作，腰椎间盘突出的毛病一直困扰着我，右腿神经压迫产生的剧烈疼痛使我连续几天不得不采用左腿躬、右腿蹬的工作姿势，直到阶段性完成该项工作才住院实施手术治疗。回顾航宇的成长历程，又何尝不是自己的成长经历，是航宇的发展，增强了自己主人翁的责任意识，激发了自己的潜能，促进了自己的工作积极性，也造就了我取得一点一滴的成绩。

科技论文是对技术工作的总结和提炼，是技术传承和后继者继续研究与探讨的载体。我发挥自己的优势特长，积极撰写科技论文。2004年以第一作者撰写的论文《弹射座椅与飞行员组合重心分布的研究》，发表在航空领域最具权威性的刊物《航空学报》上，成为航宇在《航空学报》上发表论文的第一人。此后又先后在《北京航空航天大学学报》《西北工业大学学报》《航空学报》等核心刊物上发表 6 篇论文。此外，我发挥自己英文水平比较好的特长，于 2011 年携论文 *The Technique Studies on Stability of Rocket Ejection Seat* 参加了在澳大利亚举办的亚太学术交流大会，又于 2016 年和 2018 年先后参加了两次国际学术交流大会，均在大会上宣读了论文，并与国内外学者进行了技术交流。此外，多次携论文参加中国航空航天人体与环境工程学术年会、中国航空科学技术大会、国产工业软件应用对接会等全国性大会，既提高了航空救生技术研究程度，也扩大了航宇的知名度。

航宇产品多样化和技术复杂化的特点，既对技术人员提出了挑战，也为技术人员提供了展示平台，更促进了技术人员不断取得科技成果。身为航宇技术人员中的一分子，我有幸参与多项产品研制和技术研究，全身心投入各项技术工作中，不断挑战自我，为航宇产品研制和技术研究添砖加瓦，贡献自己的微薄之力。自航宇成立之后，我共取得 3 项工信部国防科技进步二等奖，1 项总装备部军队科技进步二等奖，1 项空军军队科技进步三等奖，2 项集团科技成果一等奖和多项二、三等奖。四次荣获航空工业个人三等功。每个奖项的获得，虽然包含了自己不懈的努力，但更多的来自航宇提供的优质平台以及技术团队的密切配合。

发明专利是技术人员技术实力的象征，航宇相关鼓励政策促进了技术人员技术水平的提升，也促进了发明专利的快速增长。根据实际工作和技术发展的要求，我积极投身其中。2014 年，《一种基于危险程度评估的弹射通道清理自适应控制方法》获国防发明专利；2015 年、2017 年和 2018 年申请的专利《基于弹射速度和飞机横滚的双座弹射耦合系统设计方法》《一种弹射座椅多模态控制优化设计方法》和《一种飞机机身对弹射座椅气动干扰的修正方法》均获得国防知识产权局受理。此外，2021 年申报的专利《三轴向转动惯量测量用旋转机构》已获得国家专利局受理。这些专利，我均为第一发明人。

作者参与研制的我军新型弹射座椅

技术职称是技术人员潜意识中无法淡忘的追求，航宇的成立，也推动了我的成长和进步。2004年12月，我被评聘为研究员级高级工程师，成为我人生的一个重要标志点。

航宇"长、家、匠、非"的制度设计和与中国航空工业集团公司在技术专家制度上的对接，为技术人员成长开辟了崭新的职业生涯通道。我作为一名技术人员，也是这一制度设计的受益者。继2014年被评聘为中国航空工业集团公司一级技术专家后，又于2017年被评聘为集团公司特级技术专家。

航宇的成长，伴随着广大职工的成长。每个职工的贡献，造就了航宇的发展。真诚希望这一良性循环无止境地持续下去，使航宇的发展更高更快更健康，也使广大职工的获得感更实在更幸福。

（吴铭系航空工业集团技术专家、航宇公司特级技术专家）

听父亲讲述"难忘的一次特殊任务"

林　帆

　　最近看到公司转发的市政协和市融办联合开展"三亲"史料征集活动，我本能地想到了父亲。父亲是一名老军工，是原 520 厂的摄影工作者，工作 40 余年，如今已退休在家。在一家人团聚的时光里，能经常听到父亲津津乐道地谈起以往的工作趣事和曾经获得的荣誉，我内心充满崇敬和佩服。

　　我立即回家央求父亲援助，父亲对我总是有求必应，立马翻出家里几大本厚厚的相册，边翻边陷入了回忆。突然一张珍藏多年的旧照片映入我们的眼帘，看着这张照片，他娓娓道来，向我讲述了一次难忘的特殊任务。

　　那是 1980 年的秋天，520 厂接到了空爆 × 试验用降落伞的任务，成立了 × 号任务小组。在那个年代，人们思想单纯热情，都怀有非常强烈的使命感、责任感，厂里人都想积极加入这个任务中。我父亲接到这项光荣任务后，激动得几天睡不好觉，就连做梦都是在反复准备摄影器材和相关工具。

　　不久后的一天，他与大约 20 名同事集合出发了，坐着绿皮火车先到西安，在那里转车，馒头就着咸菜，在火车上又坐了三天三夜，窗外从热闹喧嚣到人烟稀少，脚都肿了才到站。谁知下了火车又坐上了部队来接人的大卡车，长途跋涉了一天才到达目的地——马 × 基地。

　　初次进入戈壁滩，坐在车上，只听得无数细砂石"沙沙"作响。在内地，人们坐在车上，车窗外往后倒退的是一排排树木，一畦畦农田或一汪汪水面。而在这一望无际的戈壁滩上，纷纷闯入又匆匆退出眼帘的是真正的"清一色"，清一色的粗砂，清一色的碎石，清一色的丘陵，清一色像被水泥浇筑过的荒漠。我父亲怀着忐忑激动的心情一直到基地看见那一排排整齐的营房，绿色的军装，一下子萌生出强烈的民族自豪感以及为之奋斗的荣誉感。

在基地里，为了这次×弹试验，各行各业都有人参与其中，为了一定打赢这次攻坚战真是举全国之力，聚万众之心。部队非常重视520厂试验小组，虽然伙食供应非常紧张，但是招待试验小组的规格还是优于其他部门，是专门从国库里调拨来的冻猪肉、鸡蛋粉，这让我父亲及他的同事们深感责任重大，更坚定了这次任务只许成功不许失败的信念。

当时我父亲的任务是要拍摄空爆×弹伞完整的开伞进程。这需要在机舱里准确固定、安装好高速摄像机位置，调整合适摄像头角度，并且将摄像机的开机按钮一头与飞行员的投弹按钮连接上，这样只要一投弹，这边也同时开启了摄像机工作模式。说着挺简单，但当时的技术水平相对比较落后，在真正的×弹试验前，小组成员总共进行了31次的试飞和模拟投弹试验。每次起飞前，我父亲都认真仔细地检查摄像机状态，调整好角度，装好胶片，以确保摄像机能够正常工作。每次试飞结束，他都会赶紧送洗胶片，然后对在短短2秒钟内拍摄的几十张照片进行查看、比较，从×弹伞包打开，拉出牵引伞，再到开主伞的时间、数据进行整理，上报给设计技术员，以便他们能够更直观地了解伞在空中运行的姿态，伞对×弹的稳定、减速所起的作用。

在最后一次正式空爆×弹试验前，我父亲在轰-6机的机舱内调试着摄像机，脚下就是货真价实的×弹，怀着万分激动的心情让同事拍下这一幕，记录下了当年那一刻的工作场景，这才有了今天这张珍贵的照片，这张照片同时也记录下了我父亲32次圆满完成空爆×弹伞开伞瞬间的拍摄任务。

历时一个多月，任务圆满完成。基地里高兴地放电影庆祝这次的×弹试验成功，部队还将试验小组成员安排在比较靠前的一、二排座位，和首长们坐在一起观影，格外令人感到自豪和荣耀。

父亲拿着照片，讲着他那一段激情燃烧的岁月，脸上一直洋溢着幸福的笑容。

听完故事，父亲在我心中的形象更加高大，敬佩之情油然而生，感恩父亲，感谢祖国，更要感谢中国共产党，是党领导我们谱写了难忘的历史，创造了这个伟大的时代！

（林帆系航宇公司工作人员）

激情燃烧的岁月

——364 医院不能忘却的创建历程

付朝霞

火红年代创基业，奋进路上谱乐章

1972 年诞生于襄樊市南门外郑家山（现襄阳市襄城区盛丰路 12 号）的航空工业襄阳医院（以下简称 364 医院），是随着国家在襄阳进行"三线建设"的航空工业"二厂二所"（原国营宏伟机械厂、原国营汉江机械厂、609 所、610 所）的兴建应运而生。

20 世纪 70 年代初期，随着国防"三线建设"的全面铺开和不断深入，航空工业三线地区部分企事业单位职工的医疗问题日益突出。为解决民航、六院伤病员住院医疗问题，1972 年 11 月 17 日，国务院、中央军委正式批复空军党委，同意民航和六院在下属单位比较集中地区各组建 4 所 100 张床位的医院。第三机械工业部 364 医院应运而生。

"364 医院创建于'文化大革命'后期，开院于改革开放初期，全院职工风雨同舟，甘苦共尝，走过了艰难的奋斗历程。"据 364 医院原党委办公室主任徐和平回忆，"364 医院于 1975 年开始基本建设，1982 年初通过了第三机械工业部的竣工验收，当年的 4 月 15 日正式开诊。开诊之初，医院承担的主要任务是收治中南地区所属单位的伤病员、职业病患者，对疑难病患者进行门诊治疗和会诊。随着时代的进步和社会的发展，医院的职能已逐步扩展向全社会开放，从单一为航空战线职工服务到面向所有患者，承担着所有公立医院应该承担的全部社会责任。"

徐和平说,1972年4月至1982年4月,是364医院组建和基本建设时期,这一阶段在六院和三机部的领导下,在609所、610所及其他兄弟单位的大力支持下,364医院的第一批建设者在"好人好马上三线"的激励感召下,

1975年,盛丰路院区开工建设

打起背包,从四面八方来到湖北省襄樊市(现襄阳市)南门外的郑家山下,安营扎寨,风餐露宿,肩扛人挑,用艰辛和汗水在一片荒坡上开始了筚路蓝缕的创业之路。

根据组织安排,1972年4月从609、610研究所选调王发科、张杰等5人组成364医院筹建组,负责筹建医院的前期选址工作。1973年9月确定364医院定点在襄阳南门外郑家山下,由609所负责代理营房筹建。1974年3月,六院正式确定襄樊医院名称为"襄樊第364医院"。1975年,医院临时党委提出"自力更生,独立建院"的指导思想,成立了基建办公室,开始有计划地招工和调入人员。经过三年的筹划,364医院的基建工作终于在1975年10月破土动工。

据徐和平回忆,从1974年开始,安喜臣、肖新民、范艾举等一批干部、医疗骨干,他们告别朝夕相伴的亲人,背起行囊,相继来到医院报到。1976年,左新国、易素群、谢体秀等一批下乡知青招工来到医院和先期到达的邹玉珍、刘宪生等人组成了第一批创业者中的青年突击队,由肖新民任队长,他们在一片荒草丛生的乱坟岗地上开始了艰苦的创业历程,无怨无悔地奉献自己的青春年华,发挥了不可替代的作用。

峥嵘岁月感人肺腑，奋斗岁月砥砺前行

364 医院创建之初是医院组建和建设过程中最艰难困苦的时期，也是干部职工思想面貌和精神状态最好的时期。那时候的他们 20 来岁，激情昂扬、意气风发，怀着美好的理想和憧憬，在一个完全陌生、荒凉偏僻的环境中，克服经费紧张等重重困难，披星戴月，艰苦创业，不计得失，边建设、边学习，共同度过了医院建设初期最艰难的岁月，用青春和汗水践行自身信念理想，不仅顺利完成了基建任务，而且培养了一批合格的专业技术人员，这一阶段被职工们誉为"激情燃烧的岁月"。

时光荏苒，50 年弹指一挥间，当年医院的第一批建设者现在都已年逾花甲或古稀，但在他们的记忆中，过往的创建岁月，依然激情燃烧，历历在目。"我是在 1976 年作为下放知青，被抽调到 364 医院参与医院的基本建设，当时我们一同报到的有十五六名知青。"据医院创建时期的见证者和参与者、外科副主任医师左新国回忆，"我们到院时，医院建设工地还是当地

1982 年 4 月 15 日，364 医院盛丰路院区开院纪念

农民的坟包，周围杂草丛生，一片荒芜。当时医院没有宿舍，借住的是603厂的宿舍；没有床铺就在地上铺上稻草和棉絮打地铺；没有食堂就在工地上搭建简易油毛毡棚房建临时食堂。"

"那时候医院干群关系融洽，领导带头参加劳动，和职工在工地上同吃同住，并肩作战，没有任何特殊待遇。"左新国动情地说："大家的工作热情也是现在的人无法想象的，虽然当时医院的基建工程交由610所和609所调拨的队伍作为主力军在施工，但我们每天在工地上挖坑挑土、搬运砖瓦、搅拌混凝土、制备预制板，一干就是十多个小时。大家不怕苦、不怕累，不讲条件、不计报酬，满腔热血全身心投入医院的基本建设中。"

火红事业催人奋进，强烈使命凝聚人心

三六四医院创业者们夏不畏酷暑，冬不畏严寒，白天卸水泥、扛沙包、挖地基，为了赶工期，晚上经常挑灯夜战，还要轮流守夜看工地。没有加班费、没有奖金，报酬就是每顿饭几个馒头和一碗菜汤。但是没有人抱怨。他们怀着火热的激情，日夜奋战在工地，团结协作，齐头并进，干部职工的心贴在一起，汗流在一起。施工中精打细算，想方设法做好物资筹备，在建设材料紧张、无法满足施工需要时，全院职工发挥主观能动性，向上级部门和兄弟单位要计划、要指标，到处求援，保证了施工的顺利进行。

就这样，医院的第一批建设者携手度过了医院建设初期最艰苦的峥嵘岁月，经过近8年的建设，364医院终于按设计要求顺利完成了包含医疗及辅助用房、职工宿舍总建筑面积达12941平方米的基建计划，建筑及附属工程共24项，其中优良工程16项，合格工程8项，没有出现不合格工程，这是很不容易的。

"364医院在完成基建任务的同时，医院临时党委按照开诊的实际需求，积极创造条件，做好开诊的各项准备工作。"徐和平介绍说，"为了培养专业技术人员，根据不同的专业需求，1977年364医院把左新国他们这些招工回城知青分别送往上海第一医学院、上海中医学院、成都护校、襄樊市卫校

2011 年 8 月 18 日，松鹤路新院区正式开诊

以及襄阳地区中心医院等院校学习深造，毕业回院后与从各医疗单位调入的专家组成了医院的第一批医疗团队，为医院的开诊做好了医疗、医技和护理等专业技术人才的培养与储备。"

"1982 年 4 月 15 日，是 364 人不能忘却的日子。这一天，按照三机部六院下发的开诊通知，医院正式开诊，门诊和住院部同时开放。"徐和平激动地说，"开诊之初，设立有党、政、医、技、后等部门，其中医疗医技科室设有内科、外科、检验科、放射科、五官科、妇产科、小儿科、药械科等，开设床位达 100 张，职工有 175 人。当时医院主要的服务对象是三机部驻襄樊地区的 609 所、610 所、510 厂、520 厂、3015 厂，荆门的 605 所、322 厂，洛阳的 612 所、613 所，其他服务对象由医院与地方相关单位商定。"

2004 年 4 月，根据中国航空工业第一集团公司（简称中国一航）关于襄樊地区航空医疗资源整合的指示精神，以 364 医院为核心，与中国一航所属原汉江机械厂（510 厂）、宏伟机械厂（520 厂）、610 所职工医院实施医疗资源整合，整合后的"两厂一所"医院成为 364 医院本部下辖的 3 个分院，医院占地总面积拓展到 60000 平方米，建筑总面积达 27018 平方米。

半个世纪过去了，364 医院已从组建之初的 100 张床位发展为可开设 300 张以上床位的二级甲等综合医院。医院干部职工在建设中所形成的"自力更生，独立建院，勤俭节约，同甘共苦，团结一致，攻坚克难"的精神，成为这一时期干部职工保持火热激情的生动写照。364 精神与"三线建设"形成的以"艰苦奋斗、开拓创新、团结拼搏、无私奉献"为基本内涵的三线精神，成为 364 人披荆斩棘、砥砺奋进，实现医院可持续发展的强大动力。

（付朝霞曾任三六四医院汉江分院党支部书记、党建文宣部主任助理等职，现任三六四医院党建文宣部政工师）

选定航向　小小调角器开启新征程

王承海 讲述　张毅旸 整理

　　20世纪70年代末80年代初，以邓小平同志为核心的党中央提出国防科技工业走军民结合道路，利用军工技术推动军转民。在探索"转"的方向上我们曾走过一段弯路，搞过贸易、做过折叠椅、晾衣架……走着走着，我们发觉路不对头。因为我们是军工企业，我们有自己的技术，从国家层面来讲，军工企业搞民品不是为了找饭吃，而是要发展国民经济。守正创新才能发展。初心使然，使命所系，精机科技迎来了发展的曙光。

　　所（610所）领导提出了"一主两辅""三把椅子闹革命"的战略，就是以军品救生装备为主营业务，汽车座椅和民用航空座椅为辅。精机科技的原领导班子通过对市场的缜密调研，看准了中国汽车产业发展迅猛的大势，果断选择了与航空工业技术同源、工艺相近、实验手段相同的"轿车座椅调节器技术改造项目"作为突破口，充分发挥研究所人才优势和技术优势开展攻关。虽然轿车座椅调节机构价值不高，但其科技含量不低，涉及精冲技术、模具设计及制造、热处理等先进技术。在《中国高新技术产品目录》中，座椅调角器的技术水平为"高档"；在《中国汽车零部件发展战略》中，座椅调角器及滑轨为22项轿车关键零部件之一，被列为国家重点支持发展的项目。当时，国内轿车调角器长期依赖进口。领导班子果断抉择——"就是它"，开始了精机科技研制汽车座椅调节机构的艰辛历程。

　　起初，中国航空救生研究所考虑到精冲技术科技含量高，自主攻坚必然十分困难，为了节约时间、尽快投入生产，便决定直接从欧洲买进技术。但多轮谈判都因为起步晚、底子薄、技术不如人和不愿意放弃"话语权"而搁置。有外国专家"断言",中国近十年内根本生产不出自己的高性能调角器产品。这样的话语激起了精机科技人自主创新的激情,"我们飞机都能造,难道小小的汽车调角器造不出来"。从此,精机科技踏上了自主创新的艰辛道路。

公司起步的时候很难,其间得到了湖北省、襄阳市政府的大力支持。1993年,就是襄阳市举办第一届诸葛亮文化节的那年,公司着手第一期改造,从瑞士Feintool采购了第一台精冲机,买一台送一台小型精冲机和一台精密线切割机,一共要花费195万美元。眼看设备都快到港口了,贷款还没有批下来,我找到三线办求助,三线办领导二话不说,陪着我跑市行,市行说刚举办诸葛亮文化节没有钱,三线办领导就陪我跑省行,直到最后拿到央行的点贷才解了燃眉之急。1995年,在高新区、襄阳市政府的帮助下,公司成功获批第一家"襄阳市高新技术企业"。1997年乘国家"双加"工程的东风,公司成功获批2950万元项目资金,完成了第二期改造。第三期改造是国家"八五""九五"衔接期间,公司再次申请到2950万元项目资金。经过三期改造,公司初步具备了一定的研发、生产能力,在业内有了一定的话语权。我们赶上了好时候,没有党和政府对企业的支持,就没有精机科技的今天。

1995年,精机科技的前身嘉利分公司成立,模拟独立核算,自计盈亏,为企业真正改制迈出了实质的步伐。凭借坚强的毅力和军工企业的人才、技术和资金优势,1994年涉足调角器领域;1996年,研制出中国第一个真正意义上的轿车手轮式调角器,在德国试验一次成功并取得了国家专利,随即完成市场化并与一汽大众捷达独家配套,紧接着与二汽神龙富康配套,在公司成立2年时间里,产品已分别成功进入一汽、二汽两大主流汽车市场。

（王承海曾任中航精机董事长，张毅旸系精机科技原高级业务主管）

奋楫扬帆　没有路就"蹚"出来

罗贤虎 讲述　张毅旸 整理

汽车座椅调角器是汽车座椅 22 个关键零部件之一，它既是功能键又是安全件，担负着汽车座椅舒适与安全的使命。我们以前设计的产品重 380 克、420 克，现在的调角器重 180 克，且大小只有原来的一半，强度却远超以前的大块头。调角器的设计制造，走过了一段不平凡的历程。

1993 年我毕业于西安工业学院机械系机械制造专业，毕业后进入 610 所精密机械研究部工作，成为一名座椅调节器设计员。在当时军转民的浪潮中，我们经历了国企改制，身份在变，工作环境在变，唯一不变的是对精机科技这片土地的眷念和"成为精冲技术领先者，成为座椅调节机构卓越供应商"这份事业的执着与梦想。

由于没有专业的设备、专业的人才和资金支持，20 世纪 90 年代以前，汽车座椅调角器全部依赖进口。

国家的呼唤就是我们的使命。作为航空人，我们一百来号人积极响应国家军民分线的号召，转入开发民品。当时公司处于调角器项目开发的初级阶段，为了拿下客户，我们与时间作战。一个概念，一个月原理样图，接到设计命令我们立刻投入设计工作中。我接到的任务是"设计一款通用型的调角器核心件，圆形、直径 80 厘米左右，护套式，有一个扳手，手扳一下靠背就能解锁，撒手就锁止"。这是个啥？两眼一抹黑呀！我们那个时候每一步都是蹚着走的，这项技术当时在国内还是空白，没有实物和任何资料可以参考。飞机座椅都造出来了，汽车座椅配件还能难倒航空人吗？国家要发展工业，必须有自己的知识产权！我们一个月没日没夜地计算、绘制，琢磨出原理样图就立刻和同事们投入样件试制验证阶段，我们团队成员都是有着飞机座椅设计经验的设计师，有的擅长工艺、有的擅长测算、有的擅长钳工……我们充分发扬航空人骨子里艰苦奋斗、大力协同、勇于登攀的精神，设计出了样品。验证是一个漫长而又艰难的过程，一次次失败、一次次测算、一次次试装、一次次砥砺前行、一次次接近成功。在不懈努力下，8个月后终于中国第一款拥有自主知识产权的板簧式调角器——TJB1问世，开创了精机科技自主研发的先河，打破了国外专家关于"中国没有能力自主设计、生产调角器"的预言。

哲人有言，"奉献乃生活的真正意义"。作为新时代的航空人，精机科技人有着一股撞到南墙心不死，推倒南墙加油干的决心与毅力。企业历任负责人曾常民、刘跃珍、朱熙成、王承海、雷自力、高健，技术创新领军人物黄正坤、"铁娘子"陈婕、"拼命三郎"罗贤虎、全国劳模江冲等熟悉的名字，奋斗在企业自主创新发展的各个领域。甘为"孺子牛"，心中装满忠诚与信念，始终保持奋斗的激情，双脚充满着前进的力量。精机科技的每一步发展都留下了我们辛勤耕耘的足迹。我们是激情满怀、所托必达的航空"追梦人"；也是满手油污抱着凉透了的盒饭蹲在钳工台旁谈笑风生的航空"干饭人"。

第一款调角器研发的那段时间，我们一直保持着群居的生活状态，吃住几乎都在生产线上，一边画图、一边试验。由于一切处于起步阶段，没有称手的工具，被工具磨破手是常事。还有一次较严重的事故，在测试弹簧性能的时候，弹簧转到较大力矩时反弹回来，猝不及防地打在"战友"的手臂上，顿时一片血肉模糊。大家放下手上的研发工作，只是简单地帮助包扎按压止血，又马上投入研发工作中。"特别能吃苦、特别能战斗、特别能攻关、特别能奉献"的航天精神在我们航空人身上也得到了充分体现。我们累了就在凳子上小憩一会，醒了再接着干。为了不耽误车间正常生产，我们还向工人师傅学开机床、学加工车削，趁着生产线休息自己上线组装，硬是把自己培养成了全能选手。

板簧式调角器的成功研发改写了当时国内长期以来依靠手轮式调角器调

节座椅的历史，解决了调节过程烦琐、耗时长、舒适感差的问题；同年，公司板簧式调角器成功为神龙汽车配套。接下来就是20多年的执着坚守，从TJB1调角器到TJB2、TJB4、TJB9、TJB10、TJB20……在此过程中，我先后获得各项专利23项，其中包含中国、美国、日本、德国、印度等多个国家的发明专利，填补了国内多项空白。

"不要人夸颜色好，只留清气满乾坤。"创新永无止境，秉承研制一代、生产一代、展望下一代的理念，我们焕发奋斗的激情，以接续奋斗诠释爱国情怀、践行报国之志，用执着铸造梦想，用坚守成就事业，用奋斗传承幸福！

（罗贤虎现任精机科技特级技术专家）

资本运作助推企业步入发展快车道

王承海　张晓洁 讲述　张毅旸 整理

翻开昨天的日志，革故鼎新当自强，试看今日再融资，高速发展铸辉煌。2000 年，为了适应市场经济发展的愿景，精机科技进行了股份制改造。由中国航空救生研究所发起，成立了湖北中航救生科技股份有限公司。2001年公司被湖北省科技厅认定为"高新技术企业"后，便开始筹备公司上市的工作。对于一个年销售规模仅 3000 万元的小公司，按常人理解要成为上市公司无疑犹如"天方夜谭"，是根本不可能的事，但是精机科技领导班子已敏锐地洞察出"专、新、特、精"的汽车零部件有着广阔的天地，本身拥有的人才和技术优势是难以估量的"无形资产"，一旦插上"资本"的翅膀，必将勇立潮头竞风流。

2003 年在"非典"肆虐的情况下，公司负责上市的专班人员置自身安危于不顾，义无反顾地自带车连续进驻北京，按照上市公司的各种要求，向中国证监会股票发行审核委员会作了充分的审核答辩，在最短的时间内完成了相关资料的修改，为公司早日上市争取了时间。

2003 年 9 月，公司公开发行股票的申请经证监会股票发行审核委员会审核通过，取得了发行资格，但是后续工作并没有结束。根据会计报表时效性的要求，公司增加了当年度财务审计，并根据审计结果对申报文件做了大量的修改和更新；公司董事会、监事会在 2003 年底进行换届选举，根据换届情况及时向证监会汇报，作为落实发审委意见的补充报告，并对申报文件相关内容进行修改，接着又对董事会、监事会及股东大会所作的各种决议及相关申报文件再次进行修改。专班人员为了实现上市的目标，都在连轴转。

困了,在办公室打个盹;饿了,吃包方便面;细心地核对每一张报表,精心地修改着成摞的材料,直至得到证监会的认可。2004年6月,公司抓住中国证监会决定在深交所建立中小企业板块这一千载难逢的机遇,根据上市需要更名为"湖北中航精机科技股份有限公司"。在得到证监会的发行批准文件后,公司主动与深交所沟通,尽量把准备工作做在前头。在得到公司证券"中航精机"的批文后,公司除在《中国证券报》《证券时报》《上海证券报》刊登公开发行2000万股人民币普通股票招股说明书摘要及路演公告,并在网上披露招股说明书全文及附录文件;同时,由公司董事长、总经理带队,证券部全体及财务部有关人员一起前往深圳,参加公司与投资者网上路演。公司认真负责地回答了投资者300多个问题,很好地展示了企业的良好形象,达到了与投资者充分沟通、互动的效果,以每股6.12元的价格发行了人民币2000万社会公众股,共募集资金1.2亿元。同年7月5日,中航精机(股票代码SZ002013)在深圳证券交易所大厅敲响了上市宝钟,成为第13家在深交所中小企业板块上市的企业,成为中航工业第一家中小板块上市公司,也是湖北省第一家中小板块上市公司。自此公司由一个"小车间"变身为公众瞩目的上市公司,为公司高质量发展插上了腾飞的翅膀。

作为公司负责人,我于2006年参加了公司再融资的评审会。那天过会的审核是三选一,第一家企业进去后很快就出来了,企业负责人神色轻松,感觉稳赢的状态。我就开始紧张了,进去后就感觉气氛非常严肃,评委们接连提了十几个问题,每个问题都非常犀利,我认认真真一一作答,最后答辩的时候我看到有的评委在交流,有的评委不时地点头,悬着的心有了点着落。我这次答辩用了49分钟,答辩规定最多不能超过50分钟。在外面等待宣布的过程是非常煎熬的,内心非常忐忑,比陪在老婆产房外还强烈,一等就是1个多小时。"中航精机有条件通过!"哇!我们高兴地欢呼,蹦了起来。后来才知道这次答辩是命悬一线的"表演"。为什么说是"表演"呢?精机是当时规模最小的一家公司,而且是从事在大家看来市场前景非常不好的汽车零部件产业,再加上专业组人员认为我们是研究所出身的,不是做企业的,搞不好生产,本来评审会是准备"枪毙"我们项目的,结果被我们充足的准备征服了。

"中航精机"打开了再融资的"绿色通道",于 2007 年定向增发募集了净额资金 1.6 亿多元,成为中国一航旗下在 2007 年最先完成增发的上市公司。募集的资金保障了三大项目扩产改造的顺利实施,储存培养公司的发展潜力和提高公司核心竞争力。公司不仅实现了由单纯科研生产模式向以市场为主体的商业运营模式的转变,而且各项经营指标实现了大幅度增长,公司总资产由 2004 年的 2.59 亿元增长到 2009 年的 7.05 亿元,增幅达 172.2%;股东权益由 2004 年的 1.95 亿元增长到 2009 年的 4.31 亿元,增幅达 318.45%;利润总额由 2004 年的 869 万元增长到 2009 年的 3233 万元,增幅达 272.04%。

2010 年以后,精机科技不断站在历史的高点,多个重点平台圆满实现,产品集成化项目结出硕果,高调器实现了重点市场导入,国际市场缓慢复苏,多个客户正在培育,滑轨、高调器保持高速增长态势,骨架项目已熠熠生辉,多个重点平台进行了前瞻性储备,国内、国际市场全面开花。2011年,实现营业收入 6 亿元;2014 年(与 KOKI 合表),营业收入首次冲击 10亿元目标;2015 年,营业收入突破 20 亿元大关;2016 年,突破 30 亿元。

(张晓洁现任精机科技副总经理)

创新文化载体为企业插上腾飞的翅膀

黄昭惠 讲述　张毅旸 整理

　　精机科技从百十号人的小单位发展为今天在全球拥有近 20 家工厂的大型企业，在近 20 年的发展过程中，公司党委依托公司国际化发展步伐，引进先进的管理资源，并将其作为公司企业文化发展的理论基础，以工会各项活动为载体，发展具有精机科技特色的企业文化，为企业插上腾飞的翅膀。

　　凡事预则立，不预则废。我们致力于打造和谐企业文化，"融"合是基础。精机科技作为一家由军工企业改制而来的股份制企业，改制之初，不同身份的职工，各种文化、各种思想交织其中，职工的思想观念受国有企业的影响根深蒂固，而作为依据现代管理制度设立的股份制企业，企业的发展要求我们必须适应市场带来的各种变化，如何帮助和激发员工的思维由计划经济向市场经济的快速转变，以适应公司与国际接轨的发展步伐，给公司文化创建工作提出了新的要求。

　　我们坚持遵循自下而上、由易到难、由浅入深的原则，在职工中开展了公司远景，理念、行为规范、口号的征集讨论活动，活动中我们不搞大撒手，注重培训和引导，将企业文化建设与公司各项管理相融，使企业文化入眼、入脑、入心、入行，共收到各类理念 100 多条，经过筛选和提炼形成了"成为精冲技术的领先者，成为座椅调节机构的卓越供应商"的公司愿景，"合作、竞争、分享、共赢"的核心价值观，"质量是中航精机的生命"的质量观，"专注客户，尊重竞争对手"的市场观，"发现人才、培养人才、尊重人才"的人才观，"雷厉风行、一次做好，快速反应、马上行动"的工作作风以及垃圾分类是资源，垃圾混放是垃圾，做无超差能手，向零缺陷迈进，多看一眼，安全保险，多防一步，少出事故等通俗易懂的行为理念。由于这些理念来源于职工，因此更容易被职工所接受，我们将这些理念和公司产品配套的车型结合起来，制作了70多幅挂板分别悬挂在工厂和办公大楼等显眼的地方，使职工抬眼可看，触目可思，增强了员工的自豪感和对企业核心理念的认同感。如今，公司愿景，核心理念上墙，部门理念上窗，班组口号上晨会已经成为我们文化建设的一个亮点。

"授人以鱼不如授之以渔。"我们认为提高职工的技能水平，把职工培养成为企业发展的"必需品"，就是保障职工的合法权益，让职工与企业成为命运共同体，真正成为企业的主人。我们把打造特色培训文化作为公司文化建设的切入点，把提升职工综合素质放在职工权益保障的首位，在做好三级培训的基础上，根据公司的实际情况，开展了周四课堂（针对班组长）、周五讲座（针对技术人员）"多能工培训""多师带多徒"等创新性的培训活动。并将职工的培训与平衡计分考核挂钩，增强了职工学习的自觉性，现在公司平均每年组织公司级培训70余项，培训7000余人次，工厂级、班组级培训更是做到了"周周有课堂，月月有评比"，在公司形成了"多层次、全覆盖"全员培训体系。尤其是在"多师带多徒"的培训活动中，我们打破"一师带一徒"老传统，积极推动开展"多师带众徒"的活动，我们组织公司的各行业专家精心组织教案，利用3个月时间集中对公司新员工进行系统性的讲解，使员工不仅对自己的专业和岗位有了更充分认识，也对相关的专业和岗位有了系统的认识和了解，有效地打破了本专业固有的思维模式，避免了对上、下流程的"上不知，下不明"。例如，设计人员在设计产品的过程中就会兼顾产品的工艺性，工艺人员在编制工艺的过程中就会兼顾制造性，生产人员有能力检查上道工序的质量和下道工序的可操作性，从而避免了"走弯路"，有效提高了工作质量，降低了生产运营成本，极大地提高了工作效率。

2012年，我们在开展技术比武活动时，跳出传统的比武模式，仿照当下最受百姓欢迎喜爱的"星光大道"的形式，推出了一项以技能比武为主，才艺展示为辅的"星光大道"活动，得到了职工的广泛参与。我们在传统技术比武的基础上，结合公司实际，创新技术比武的模式，变"赛会制"为"日常制"，变"集中制"为"松散制"，变"纯技术比武"为"才艺、技能双比拼"。才艺比拼环节针对才艺欠缺的职工在要求本人必须参与的前提下允许班组参与帮助，又有效地与和谐班组建设结合起来。自 2012 年以来，我们连续开展了两届集技能与才艺展示为一体的职工"星光大道"活动，活动分为"闪亮登场""技能大比拼""家园美""绝活展示""乘胜追击"五个环节，焊接、电瓶车、三维制图、装配、检验、钳工等六个主要工种近600 名职工参加了技能竞赛单元。通过"星光大道"活动，提高了职工的技能水平，丰富了职工的文化生活，打造了一支会工作、懂生活的高素质职工队伍。同时，我们将每届星光大道产生的各工种的最好成绩列为公司吉尼斯纪录，张榜公示，激励广大职工平时立足岗位，苦练技能，随时向纪录发起挑战，工会定期组织技能挑战赛，挑战成功授予该项目"纪录保持者"荣誉称号，使我们的技术比武实现了真正意义上的"常态化"，《工人日报》《工人科技报》《工友》等报纸杂志以及襄阳"今日播报"栏目都对我们这种创新技术比武的方式给予了充分的肯定和报道。

我们在员工激励方面也下足了功夫。加大激励的普及面，我们既要有公司级先进，也要有"月度明星"，让先进不再那么遥不可及。我们打造出亲民的"榜上有名"活动品牌，使劳模先进示范作用常有长青。面向全体职工，每月评选一次，寻找职工中不为人知的闪光点。2008 年，我们全面开展了"榜上有名"活动，评选时我们主动降低评选"门槛"，不求高、大、全，不讲白、富、美，只要在当月有一项值得称道的工作或事例，即可上榜有名，为广大普通职工提供了展示能力和价值的平台，有效地激发了公司全体员工立足本岗、刻苦钻研的工作热情，每年上榜百余人。

我们还通过"家庭日"活动，拉近职工家属与企业的距离。自 2006 年开始，我们坚持邀请部分职工的家属来公司参加两年一次的家庭活动日，参加活动的家属的接送由各单位领导负责，公司领导楼前迎接，并和全体职工家属合影，公司党委书记致欢迎词，总经理介绍公司的经营情况和未来的发展，倾听他们对公司发展和亲人职业发展的意见与想法，解答他们的问题，然后家属到各自亲属工作岗位参观合影，中午与职工一起就餐感受公司的餐厅文化，下午职工与家属一起参加以家庭为主的趣味活动，并参加公司的"星光大道"活动，活动中间，主持人请两年内获得最高荣誉的职工家属上台接受公司总经理、党委书记代表公司的献花，接受全体职工掌声表示的感谢。家庭活动日的开展，一方面让职工家属全面地了解公司的发展和职工的工作情况，感受到公司深切的关怀之情，另一方面也让公司了解了职工家属对公司发展的希望和对职工职业发展规划的一些想法，有效地增强了公司的凝聚力和向心力。过去我们有些职工加班，家属经常会说"都上了一天班就你忙，做完家务再去"，现在我们的职工加班，家属经常会说"去吧，家务活我来做"。

精机科技通过文化工作的开展，激活了全公司上下谋发展、思发展一盘棋，"企业靠职工发展、职工靠企业致富"的理念深入人心，形成了"企业得效益，职工得实惠"的和谐共赢局面。职工同志们心系企业发展，通过小改小革、VA/VE 为公司发展持续助力，成为真正意义上企业的主人。记得我们有一个普通装配工通过观察发现现场使用的产品打包带中间的轴大、带少，他便通过 AM 内部平台向总经理建议采用轴小、带多的打包带，总经理亲自带技术和采购人员下去调查，选择了一种新的打包带，仅此一项 1 年就为公司节约了 40 余万元。类似这样的例子在公司还有很多，小到几十元，大到上百万元，如今节约为荣在职工中已成为一种自觉的行为文化。

在发展经济的同时，精机科技精神文明建设同步推进。精机科技是2007—2019 年省级文明单位；2019 年、2020 年襄阳工业企业 100 强；2017年"第五届全市人才工作优秀单位"、2017 年度工业经济工作突出单位；2019 年度高新区经济发展突出贡献企业；2018 年精冲工厂精冲班被授予"全国工人先锋号"称号；2020 年技术中心江冲被授予"全国劳动模范"称号。

我们积极履行社会责任，彰显国企担当。从 2007 年开始一直响应市委、市政府的号召，从"整村推进"到"精准扶贫"开展帮扶工作，与山区贫困村结对帮扶，发展村级经济，提高村民收入。帮扶了南漳县白鹤船村、保康县黄堡镇张家沟村、南漳县长平镇赵岭村，2016—2020年重点帮扶八里川村，5年来，村民居住环境和村内基础设施建设有了很大的变化，积极发展特色烟叶种植产业，村级经济有了显著提升，村民收入逐年增加，完成了从"输血"到"造血"的转变，在2020年已实现全村脱贫。

　　征途漫漫，唯有奋斗。精机科技在企业文化建设实践中，从创新文化活动载体方式上入手，不断提升职工的能力和价值，实现了企业劳动关系的和谐发展，为公司的快速发展奠定了良好的基础。

　　（黄昭惠曾任中航精机党委书记、精机科技党委副书记、工会主席）

江山厂改革发展记略

陈　增

"情比汉水长，志如武当刚，兵工儿女建三线，共把江山伟业创。巧手绘锦绣，赤诚为理想，青春如火铸神剑，矢志不移捍国防……"这首《江山之歌》今年在公司格外火热。

2021年是中国共产党成立100周年，中国兵工创建90周年，江山重工研究院也已走过52个春秋。这支隶属中国兵器工业集团，位于华中腹地、汉水之滨的兵工劲旅，52年一路走来，历经风雨坎坷，日益发展壮大。从"三线建设"的艰辛、保军转民的奋争、创新发展的探索，到如今成为我国重要的火箭炮武器科研生产制造基地、国防科技工业双保军工企业。52年来，一代代忠诚朴实、无私奉献、锐意进取的江山人，始终秉承"把一切献给党"的人民兵工精神，用满腔的赤诚热血和强烈的使命担当，书写了一部坚持党的领导、矢志国防现代化建设的拼搏创业史，一部不惧任何挑战、无愧党和人民重托的光荣奉献史，一部不断追求卓越、推动火箭炮事业走向壮大的创新发展史。

扎根三线　艰苦奋斗创基业

历史的指针倒拨到20世纪60年代，当时国际形势波诡云谲，出于国家安全考虑，中共中央决定将生产力布局由东向西战略大调整，"三线建设"由此在全国拉开帷幕。按照"靠山、分散、隐蔽"的方针，肩负国防军工重任的江山机械厂于1969年4月在湖北襄樊光化县苏家河村开始了筚路蓝缕的创业之路。

崇高的事业催人奋进，强烈的使命凝聚人心。来自五湖四海的建设者们怀揣报效祖国、献身国防的满腔热忱，会聚鄂西北山区，面对难以想象的艰苦环境和恶劣的自然条件，他们自力更生、艰苦奋斗，搭窝棚、打地铺，啃窝头、喝雨水，风餐露宿无怨言；干打垒、填沟壑，战严冬、斗酷暑，肩挑手扛不怕苦。为了早日产出产品，他们边设计，边施工，边安装，边生产，仅仅一个星期，平地便建起了铸造和锻造工房。400 多平方米的带锯房，从设计到土建施工，从设备安装到调试生产，只用了一个月。1969 年年底，便装配出了第一门 107 火箭炮，并在武汉进行了展览，余秋里、张连奎等中央领导驻足观看，赞叹工厂创造了"当年定点、当年产出"的军工奇迹。

从 1969 年到 1979 年，经过 10 年建设，工厂基本完成了第一期工程建设，并形成了一定的生产能力，4 个型号的火箭炮产品先后投入生产。从此，江山重工犹如雄鹰展翅，为年轻的共和国增添了一处稳固的兵器工业基地。十几年间，工厂累计向部队提供各式火箭炮武器 2000 多门（辆）。

在 1979 年对越自卫反击战中，63 式 130 型火箭炮利剑出鞘，雷霆万钧，扬威南疆，显示了火箭炮武器在对敌战场上的巨大威力。一时间，江山重工因 63 式 130 型火箭炮声名远播。

1984 年，在国庆 35 周年之际，由江山厂生产的 3 型火箭炮武器首次被列入天安门受阅装备，参加阅兵仪式，接受党和人民的检阅，为兵器工业赢得了无限荣光，在军工发展史上留下了无比光辉的一笔。

搏击市场　涅槃重生再出发

前进的道路充满了各种考验，艰难的历程磨炼前行的意志。

20 世纪 90 年代初期，当改革的春风，挟着闪电，裹着惊雷，迅猛而严峻地推开时代大门的时候，充满竞争的市场经济也向军工企业走来。吃军品饭的江山厂，对取得的成就还没来得及陶醉，便被推进市场经济的大潮中。

由于军品生产纲领调整，资金紧张和任务锐减的双重压力使工厂跌入低谷。为了早日走出困境，工厂积极探索军转民的路子，试图通过搏击市场走出困境。十几年间，江山重工在小产品上做大文章，自主研发生产了"剑鱼"牌农用自行车、"江山"牌无机胶粘剂、家用停车机、耐磨铸铁管和汽车变速箱等多种备受大众欢迎的民用产品，闯出了一片小天地。

但市场经济的竞争是残酷的。受宏观经济政策调整影响，市场环境恶化，企业发展举步维艰，逐渐陷入困境。尤其是1999年，当国有企业改革脱困工作进入最关键的一年，工厂工业总产值却下滑到历史最低，企业效益大幅降低，一年只拿4个月工资，成为职工心里最痛的记忆。

沧海横流方显英雄本色。骨子里不甘失败、绝不服输的江山人没有向困难低头，没有被失败打倒，开始了二次创业的艰难历程。工厂领导班子带领全体员工积极搞改革、破难题，历经了"转换企业生产经营机制""三项制度改革""末位淘汰""下岗分流""公司制改造""分立破产"等一系列的大力度、深层次的改革举措。江山的创业者们团结奋进，开拓进取，几度风雨，几度春秋，靠智慧、苦干、团结、拼搏、奉献，推动工厂闯过一个又一个雄关漫道，使工厂在绝境中求得生存。

在当时企业各项经费十分紧张的情况下，江山人坚决履行强军使命，克服一切困难，力保研发，紧紧围绕提高火箭炮综合性能、设计开发、加工制造等核心和关键技术开展研究并取得了丰硕成果，获得了多个国防科学技术进步奖和国家科学技术进步奖，03式远程多管火箭炮应运而生，实现了第三代火箭炮的升级换代，成为列装我国陆军的王牌主战装备。

继35周年阅兵式后，由江山人生产的火箭炮方阵再次在国庆50周年、60周年阅兵庆典上精彩亮相，金戈铁马，滚滚铁流，接受党和人民的检阅，向国人、向世界展示了无坚不摧的国防实力。

面对艰难的二次创业，江山人凭借不屈不挠的奋斗精神，在激烈的市场竞争中站稳脚跟，逐步走出低谷，赢得了尊重，时任中共中央总书记胡锦涛、国务院总理温家宝先后视察公司，给江山人以极大的认可和鼓舞，成为全体职工矢志不渝、奋力开创火箭炮事业新篇章的强大动力。

战略转移　创新发展写辉煌

2007 年以来，面对复杂多变的国际、国内经济形势和日趋激烈的市场竞争环境，江山人审时度势，着眼长远发展，确立了研发走出去、总部走出去、民品走出去、家属子女走出去的"四个走出去"发展方略，开始了由地处鄂西北山沟的老河口苏家河村向省域副中心城市襄阳市的战略转移。

经过近 10 年的艰苦努力，江山重工发展重心已进入襄阳市高新区，初步形成了"一厂两城三区"的战略布局；分两期建成襄阳生活小区，实现了几代江山人走出山沟的美好梦想；积极建设企业文化展厅，开展三线遗址保护，获批成为国防科技工业军工文化教育基地；在襄阳江山产业园建设了数字化核心制造基地，装备生产制造能力向数字化、智能化迈进一大步，被国家工信部列入 2016 年全国信息化与工业化融合贯标试点示范企业，为未来发展注入了崭新活力。与此同时，国家企业技术中心、国家级技能大师工作室以及院士（专家）工作站、国家级博士后科研工作站等科研站所纷纷花落江山，公司连续多年被评为"湖北省优秀企业""襄阳工业企业 100 强"等。在积极履行强军兴企的核心使命中，努力融入优势企业产业链和地方经济发展，成为推动科学技术进步、服务经济社会发展的积极力量，先后获得全国企业文化优秀单位、全国"五一"劳动奖状、湖北省文明单位等荣誉称号。

处于发展黄金期的江山重工居安思危，把民品发展体制机制变革和解决历史遗留问题摆上重要议事日程。2017 年，改变民品发展策略，对民品组织结构和产品结构进行优化调整，变"多点开花"为"重点突破"，吸收合并了液压科技公司，清算注销了变速箱公司，对专用车公司进行结构调整，突出研发和销售职能，集中力量做强做大专用车产业。职工医院、家属区物业及社会职能移交地方政府管理，"三供一业"等历史遗留问题基本解决，为企业提质增效、实现高质量发展提供了坚实保障。2018 年，江山重工主营业务收入首次突破 20 亿元大关，民品专用汽车实现销售收入 3.5 亿元，创造了新的纪录，企业发展迈上新的台阶。

这一时期，江山重工研制的远程多管火箭炮和轮式综合扫雷车参加中国人民解放军建军 90 周年阅兵，箱式火箭炮亮相国庆 70 周年阅兵，向世界展示了中国军威。远程多管火箭炮入选"2017 年度国内十大明星武器"，AR3 型火箭炮亮相第 12 届珠海国际航展博览会，充分展现了企业强大的科研能力。

继往开来　逐梦前行竞风流

回望来途，慨当以慷；展望未来，洪波涌动。

52 年的发展成就，记录了江山人艰苦创业、奋发前行的坚实足迹，展现了江山人朴实无华、不畏困苦、勇于挑战、乐于奉献的精神和情怀，也印证了江山人敢于直面市场经济的挑战、紧随科技发展的步伐，与时俱进、超越自我、不断进取的勇气和能力。

今天，襄阳江山科技园、产业园、老河口基地"一厂三区"的总体布局已经形成并日益完善；创新江山、质量江山、精益江山、数字江山、幸福江山建设全面推进并深入人心。

（陈增现任江山重工研究院公司办公室副主任）

江 山 蝶 变

周文友

江山机械厂是 20 世纪 60 年代末在湖北破土兴建的一个名副其实的国营三线企业。三线企业的最大特色就是一个浓缩的小社会，由于三线企业地处偏僻的山沟，所以企业要承担相当一部分的社会职能。20 世纪七八十年代的国营工厂，基本属于计划经济模式下的纯生产单位，但社会上的许多机构江山机械厂大部分都有。

在教育上自成体系。工厂有 4 所幼儿园、3 所小学、2 所初中、1 所高中、1 所技工学校、1 所职工中专和 1 所职工大学。

在后勤服务上一应俱全。当时有大小商店 4 个，有多个食堂、菜场、粮站、液化气供应站和医院、诊所、保健站、冰棍汽水厂、面包蛋糕作坊等。

体育娱乐场所别具特色。有可容纳 2000 多人的俱乐部，有露天电影院、电视转播塔、电视台、广播台，有灯光球场、旱冰场、足球场、老年门球场、游泳池等，可供职工家属业余时间休闲娱乐。

在为生产服务的其他设施上一体化配套。独立的供水系统、供电系统、供气系统、交通运输系统、铁路专运线直通工厂办公大楼。

此外，还有部分政府职能部门。如武装、保卫部门，公安、消防部门，法庭等。

以上所有岗位的人员全部由工厂负责发放工资，那时工厂背负着沉重的社会包袱。人们风趣地说，"工厂除了没有火葬场，其他社会上有的都有"。就连人员也是来自全国 29 个省、市、自治区。

时间到了 20 世纪八九十年代，全国都在高唱《春天的故事》。此时的江山厂，第一次面临着艰苦的抉择。伴随着改革春风吹进江山厂，国家对工厂的政策有了很大的变化，实行了较大改革，要求工厂由生产型转变为生产经营型，实现自主经营、自负盈亏。加上和平与发展成为世界两大主题后，军品任务骤减。国家对军工企业提出了保军转民的政策要求，一时间，工厂的社会职能成为制约发展的沉重包袱。尽管如此，改革是大趋势。工厂没有退路，必须顺应历史潮流，只有选择顺应改革潮流，工厂才有生路。

几经周折，全厂上下忍住改革的阵痛，形成共识，开始了前所未有的改革大动作。虽然阻力很大，但经过反反复复的政策宣传和耐心细致的思想疏导，职工的思想观念有了很大的转变，改革的步伐也越迈越大。

首先从剥离工厂社会职能开始，有的关、停、并、转，有的变成自负盈亏的承包单位，有的干脆划包给个人承包。

其次是工厂机制的改革，这也是一场硬仗。一是精简机构，下放处室人员充实生产一线。二是大力发展民品，把工厂的发展重点转移到民品发展上面。当时全厂上下齐动员，保军品，抓民品，上项目，求发展。军品是国家的指令性任务，每年必须保证。民品是找米下锅，成熟一个，发展一个，多种经营。几年来，工厂开发的民品项目大大小小有十几个，有汽车、自行车、矿用支架、停车机、汽车变速箱、耐磨管、高铬锤头、油缸座、油缸、联轴器、无机黏结剂、高分子复合膜、吸尘器、汽车修理服务等。

虽然民品有这么多品种，但由于国有企业的销售手段无法和私企相比，再加上市场竞争激烈，民品效益不是太好。又遇上了国家实行"砸三铁"、下岗分流的改革，工厂再次陷入困难的境地。最困难时，全年职工年收入累计仅 3 个半月的工资。全厂职工同心协力，奋力拼搏，经过几年的改革洗礼，企业开始有了起色。在市场搏击的民品羽翼渐丰，军品任务也逐年增多，职工收入有了新的增长。

可是，时间推移到 2004 年，国家对军工企业又开始了进一步的深化改革和改制，开始实行分立破产，工厂再次面临前所未有的改革阵痛。军品只保留 2000 多人，其余几千人一是进入民品公司，二是提前退休。这一改革的大动作，引起了工厂地震式的强烈震动。一石激起千层浪，特别是提前退休的人员，一时很难想通。原因很简单，这部分老同志艰苦奋斗这么多年，收入刚刚有所提高，又让他们提前退休，思想弯子实在转不过来。经过三番五次认真的改革政策宣传和耐心细致的思想工作，最终大家还是接受了这次大的改革，分立破产工作进展顺利，最终达到改革的预期目的。

江山机械厂经历了几度风雨，几度春秋。经历了老一代江山人的无私奉献和自我牺牲，经历了新一代江山人革故鼎新和勇于开拓，最终完成了由创业到兴业再到改革的历史变革，完成了由工厂到重工集团的蝶变，一个崭新的现代化的江山重工集团横空出世。

公司的这段历史，是既心酸又辉煌的历史，是既催人泪下又催人奋进的历史。虽然工厂地处偏僻的山沟，但无论是计划经济时代，还是改革开放时期，工厂和公司都有着耀眼的光环。工厂有贺孝先、蒋清文等多个全国劳动模范，省部级劳模及先进工作者更多。公司有几十个获国家奖励的科研项目和各种先进荣誉称号。公司的振兴发展备受社会关注及各级领导的青睐，不仅吸引了许多名人到此拜访，更得到了党和国家领导人的亲切关怀。世界乒

江山厂的科技图书馆

乒球冠军徐寅生、李富荣曾来工厂表演；被授予"德艺双馨艺术家"荣誉称号的著名歌唱家殷秀梅等也来到工厂演唱。原党和国家领导人胡锦涛、温家宝、俞正声等先后来企业视察。

目前，江山重工集团经历一代又一代江山人的奋斗拼搏和无私奉献，实现了跨越发展，以一个崭新的容貌展现在世人面前。江山如画，江山多彩，江山多娇。江山重工集团有光荣的昨天，有辉煌的今天，必将有更加灿烂美丽的明天。

（周文友曾任湖北江山重工有限责任公司纪委副书记）

心中的歌

熊国信

时光荏苒，岁月匆匆。

往事如画卷铺展，记录我在江山熔炉里锻炼成长；

岁月如余音绕梁，见证江山波澜壮阔的奋斗篇章。

有一个日子，我不曾遗忘：

工农共建三线

1969 年 12 月 18 日，我被借调至"国营江山机械厂"。

坦率地说，我欣喜若狂，即将奔赴"三线建设"的战场；

心情急迫，我翻越山岗、走过村庄，从丹江来到江山厂。

山包脚下搭起简易帐篷，再摆上几张桌椅

——这便是当年江山工地指挥部政工组，我报到的地方。

年轻的朋友，你们是否感到不可想象？

我的第一个任务，是画一幅 2 米多高的宣传画。

帐篷狭窄，画板只能在外面摆放。

寒风吹得全身透凉，雪花飘落在身上、调色板上。

幸亏是油画颜料，没有和我的手一样冻僵。

激情岁月，说宛如身在战场不算夸张。

做宣传、刻战报、写标语、拍照片，两三天都不能在床上躺一躺。

红土、白石灰，我们用以书写巨幅标语：

"三线建设要抓紧""备战、备荒、为人民""敬祝毛主席万寿无疆"！

"三线建设要抓紧"

——毛主席的伟大号召，激发江山建设者以无穷力量，

天做被、地当床，脚踩泥泞、手搬肩扛。

江山民兵团和少量施工队一起修路、架线、建房，

在荒僻的苏家河畔建设新型兵工厂。

忘不了，科技人员在芦席棚、干打垒、茅草房争分夺秒，设计出图纸一张又一张；

忘不了，生产工人与"帝、修、反"抢时间，开动脑筋，土法上马；

忘不了，1969 年底，第一门 63 式 107 火箭炮成功总装。

建设者的"豪宅"

江山人欢呼：鸡窝里飞出了金凤凰！
"当年建厂、当年投产、当年产出。"江山人创造了第一个辉煌！

1972 年，我忙里偷闲，步入了婚姻的"殿堂"；
啊，殿堂，那只是两家分用的一个农家烤烟房；
虽然是不到 10 平方米的小房间，我也把它粉刷得雪白明亮；
一个五屉柜（娘家嫁妆）、一个小圆桌、两把椅子，一张床。
这，就是我们的"新房"。

没有彩礼，没有鞭炮，我开着 130 小货车，
就把我的"她"从丹江接到了江山厂。
会议室摆上糕点和糖果，领导和同事给我们赠送了许多精神食粮；
郭光义指挥长来到小小山沟里，看望初来江山的"新娘"；
那慈祥的笑容、亲切的话语，我们至今难以忘怀。

就这样，在那极具时代特色的简单仪式中诞生了我们的新家。

从此，我们家庭的小舟紧随江山巨轮，朝着美好的未来起航。

时光飞逝，江山人对精神文明需求日益增长。

由于禁建楼堂馆所，指挥部决定兴建一个"三用食堂"。

1975 年建成后，我手书的"江山工人俱乐部"，至今伫立在俱乐部墙上。

集众人之力，俱乐部建起凉亭、水池、花坛、长廊、灯光球场、旱冰场；

成为江山文化艺术、体育活动担当，重大会议指定会场；

为山沟里的兵工厂点燃生机，给人们的生活插上了欢乐的翅膀！

1983 年，俱乐部被全国总工会授予"工人的学校和乐园"（全国先进俱乐部）嘉奖。

如今，欢声笑语已远去，俱乐部告别了流光溢彩的热闹景象。

却仍不失为江山史中的瑰宝，在几代人的记忆里永久珍藏！

俱乐部

江山工会道阻且长——

从两三人到 40 余人，从一个筹委会到 50 多个分工会工作网；

从单一文体活动发展到全面履行各项职能，为生产经营服务保障；

劳动竞赛，技术比武；民主管理，维权保障；

宣传教育，培训提升；职工之家，不断升档。

1995 年，江山工会再享"全国模范职工之家"之荣光！

时光如梭，江山厂一度在"保军转民"中彷徨，30 周年厂庆却依旧风光。

墙面粉刷一新，道路彩旗飘扬；印文集办展览，专题片全厂播放；

举办文艺晚会，重要场所彩灯闪亮；退休、在职人员欢乐共享。

那是 1999 年 7 月 1 日，俱乐部广场彩旗飘飘，熙熙攘攘；

氢气球悬挂着巨幅标语，"庆祝中国共产党成立 78 周年暨建厂 30 周年大会"横幅喜气洋洋；

动力伞在半空滑翔，新创作的《江山之歌》久久回响。

表彰先进、党员宣誓、来宾祝贺、领导讲话、放飞信鸽、文艺表演……江山人神采飞扬；

"继往开来"的壮志豪情激发出"振兴江山"的巨大力量！

走过半个多世纪的江山啊，几代人接过艰苦创业的接力棒；

献了青春献终身，献了终身献儿孙，他们的事迹广为传唱；

"靠山、分散、隐蔽"的三线厂，从此山清水秀、鸟语花香；

弹指一挥间，它已成为江山人深深眷恋的第二故乡。

斗转星移，江山厂由老河口分步调迁至襄阳。

且看那"一厂三区"相得益彰，军民两翼展翅翱翔；

且看那兵工骄子火箭炮，托起了江山厂腾飞的希望。

看江山如此多娇——

从手摇发火器到全自动化操作，从六七十年代的简陋设备到普及数控机床；

从 107 火箭炮 8 公里到"远火"数百公里射程，从汉江沙滩上的靶试到国家靶场；

从产品相对单一到研制四代九大系列产品，火箭炮不断升级提档。

从人才奇缺到先进人物、大师工匠在国家、省、市频频上榜，从寂寂无闻到威名远扬；

产值从几千万元到如今突破 30 亿元，职工从全年仅拿 3 个半月工资到阔步走向小康；

江山厂迎来了时任国家领导人温家宝、胡锦涛先后亲临视察，火箭炮威武地驶过天安门广场和朱日和沙场；

江山历届领导，为了祖国和人民的重托，为了江山人的期待，呕心沥血，扬帆领航！

52 年，江山厂从无到有，由弱变强，筚路蓝缕，历经沧桑。

52 年，兵工人不忘初心——把一切献给党。

踏上"十四五"新征程，江山人必将用行动再创令国人骄傲、让世界敬仰的新辉煌！

（熊国信曾任湖北江山重工有限责任公司工会副主席）

江山专用车　历史第一单

郑秋星

见到这张粉粒物料自卸车的照片，我的思绪不禁被带回 20 世纪 90 年代，第一批民品专用汽车在江山厂诞生的日子，民品市场开拓的峥嵘岁月恍若昨日。

改革开放后，兵器工业响应国家号召，持续推进"军转民"发展，江山厂也在民品发展的道路上探索前行。前期先后开发了大理石切割机、轻型液压支架（煤矿用）、家用停车机、自行车、外贸油缸、外贸联轴器等一系列民品，由于产品质量和市场的原因均未成功，但江山厂从来没有放弃过。

到了 1995 年，公司民品科研机构和市场部门逐步完善。民品所负责民品研制，销售公司负责民品（主要是火电厂耐磨铸铁管和工程机械油缸）市场营销。销售公司通过全厂公开竞聘，召集了 20 余名精兵强将，民品市场开拓氛围空前活跃，效果显著。

火电厂耐磨铸铁管等营销业务由当时的副总经理陈晓明负责，十几名销售员遍布全国各地，营销措施灵活多样。为了抢占北方地区火电厂市场，江山厂在北京设立了业务办公室，选派何伟东主任、成翊霞和我常驻华北电力设计院，跟踪市场信息，协助火电厂除灰系统耐磨铸铁管管线布设等设计工作，其中工作重点就是天津盘山（蓟县）电厂。

由于先进的离心铸造设备迟迟不能投入使用，耐磨铸铁管的产品质量和生产能力无法满足客户需求，市场份额开始萎缩，开发新的民品领域迫在眉睫。

这时公司与电力设计院、电厂长期建立起的市场渠道发挥了重要作用。

当时华北电力设计院负责天津盘山电厂除灰系统设计，公司的耐磨铸铁管已在电厂安装使用，公司与设计院及甲方建立了牢固的合作关系。设计院在该电厂除灰系统中应用了国内最新的技术，灰库的调湿灰需要全密闭的运输车运送到十几公里外的灰场，而此类运输车辆当时在国内还是空白，这给公司开辟民品新领域带来了难得的机遇。

驻京业务办迅速将需求信息上报，公司立即组织调研论证，应用军品技术组织设计方案。陈副总带领团队到设计院和电厂进行推介，充分阐述企业实力、军工优势和产品性能特点，经过多家比测，设计院和电厂充分认可公司的粉粒物料自卸车方案，决定由公司研制这种新型专用运输车。

1995 年 6 月，公司与天津盘山电厂洽谈签订了批产订货合同，订货数量 17 辆，单价 73 万元，合同总价 1241 万元，这就是江山民品专用汽车的第一笔订单。

1995 年 12 月，新产品 HJS5320ZPN 型粉粒物料自卸车试制完成，全国著名火电系统除灰专家、华北电力设计院蒋学典带领各专业评审专家对产品进行了设计评审，产品顺利通过评审，并获得 1996 年国家级新产品称号。

粉粒物料自卸车

　　后续，各型粉粒物料自卸车、散装水泥车、水泥搅拌车等一系列专用汽车陆续开发出来，并经久不衰。江山专用车业务历经了 25 年的发展，已经成立了专业的子公司，销售规模也从每年的 1000 多万元发展到了目前的 5 亿元，生产能力从年产几十辆发展到了 1000 辆，实现了极大的跨越。我想我们会永远记住那些为江山民品事业发展默默奉献的人们，同时坚信江山厂会继续勇往直前，不断续写高质量发展的新篇章！

（郑秋星现任江山重工研究院运营管理部计划员）

一张黑白照片背后的江山故事

熊国信

照片《呵护》拍摄于 1984 年。画面中，我们看到的是一排排漂亮的自行车，一位女工在认真地进行养护。

这幅照片勾起的回忆，可能是沉重的。

进入 20 世纪 80 年代，国家对军工企业提出了"保军转民"的战略方针，对我厂的军品订货大幅削减，工厂陷入了缺粮断炊的困难境地。于是，工厂从上到下开始了向民用产品开发研制生产的大进军。

经过市场调研和分析，当时的工厂认为加重农用自行车有发展前景，于1980 年决定把"二八"加重农用"剑鱼"牌自行车作为工厂的主要民品。

照片《呵护》

这款自行车主要参照"永久"牌自行车的各项性能指标，并在车后架的两侧各加装了货架，可方便农民和商贩骑车带货。方案确定后，便于1981年开始试制，次年开始建设自行车生产线，1984年大批量生产"二八"加重农用"剑鱼"牌自行车。

照片中显示的场景可谓壮观，正是当年大批生产自行车的真实写照。工厂生产的这款自行车性能好、载货多、耐受强，颇受农民兄弟和各方人士的欢迎。为了扩大销量，工厂动员全厂职工，通过各个渠道、各种关系推销自行车，几乎全厂职工都成了销售员，许多职工和家属也都购买了"剑鱼"牌自行车，当时的销售情况颇为旺盛，不仅在省内附近县（市）有市场，甚至还销到了河南等省的邻近县（市）。

但是民品的命运总是多舛的。到了1988年，由于多种原因，曾经轰轰烈烈的自行车生产线被宣告停产，并以30万元的价格把生产线卖给了外省的一个企业。"剑鱼"牌自行车自此悲壮谢幕。

在寻找民品之路的那些年代里，工厂各个车间都在开动脑筋，发动群众，试制各种民用产品，有12头灌装压盖机，有家用修车机，有液压升降搬运车，还有的车间生产家用热水炉、蜂窝煤炉、绞肉机……可谓是遍地开花，百花齐放，全厂上下的苦苦探索，但终究在相当长一段时间内没能形成有气候的主打民用产品，致使工厂陷入空前的困难境地，时任厂长刘保才曾借歌抒情，悲凉地唱道："敢问路在何方，路在何方……"

多难兴邦，多难兴企！中华民族在患难中崛起，江山儿女在磨难中成长！今天的江山重工研究院已经打造傲立市场的民用产品，加之军品科研生产的高质量快速发展，正像《江山之歌》所唱的："军民两翼飞，雄心博市场，意气风发向未来，改革发展谱新章，汗水浇开文明花，江山明天更辉煌！"

我记忆中的江山老建筑

成翊琳

北 楼

时间过得真快，一转眼，搬来襄阳已经11年了，我还清楚地记得当时兴奋的心情：终于进城了！到总部后，回老厂的机会不多，一年不会超过10次，厂区的人越来越少，家属区越来越像个城乡接合部的小镇，大部分是本

20世纪70年代建设的江山厂行政大楼

地人，再也听不到原来以东北口音为主、来自五湖四海的声音，有些陌生。

2020 年复工后，因为分公司生产线改造、建筑物安全性鉴定和文保项目，我经常回老厂。2019 年公司生产线搬迁至襄阳后，厂区的人少了，花木更加生机勃勃，那些安静下来的老建筑被衬托得孤单而破败，有的已经静悄悄地塌了。

厂区的老建筑中，我最喜欢北楼。它的外表有着那个年代最明显的特色，对称工整，红墙配上白色的柱子、檐口和遮阳板，还有外挑阳台上明黄色的拉毛工艺装饰，主楼上飘扬的红旗和两侧竖立的标语，再加上门口松柏和水杉的映衬，整个建筑显得庄严大气。虽然已停用了很多时日，它仍然是从一号桥一进厂区最漂亮的存在，央视来拍纪录片的导演、踏勘文保项目的老专家和外地来的设计师，都会格外注意到它。

北楼建筑占地面积 905 平方米，建筑面积 4013 平方米；混合结构，地下 1 层，地上 4 层（中间部分为 5 层），当时作为工厂第一栋行政办公楼建筑，编号为 601#。该建筑是 1972 年由本厂基建科设计，设计师是我师傅的师傅的师傅。江苏昌松队施工，1973 年竣工，和我同龄。1972 年以后，工厂建筑基本是依靠自主设计，施工队主要来自江苏和浙江，在计划经济时代，所有建筑材料和设备由工厂采购，施工队只出人工。现在看来，这批建筑物的设计和施工质量是经得起时代检验的。北楼这个名字，是为了与 1984 年建设的科技办公大楼（南楼）相对应，所以就这么约定俗成地叫开了。

一上楼梯，缓台上有个蓝底白字牌匾，上面写着："我们需要的是热烈而镇定的情绪，紧张而有秩序的工作"，摘自毛泽东 1936 年 12 月在中国抗日大学的演讲《中国革命战争的战略问题》。这句话放到现在仍然觉得很有力量，让人一下子就进入工作的氛围中。北楼很阴凉，夏天基本不用开空调，室外建厂初期种下的树木已和楼房一样高，从窗户望去一片郁郁葱葱，建筑和环境相得益彰。

北楼停用后我进去过几次，很多房间并没有清空，仍然保留着之前的样子，有落满灰尘的老式档案柜、电话和文件夹，好似时光就此静止。

希望有一天，它能被维修利用起来，继续美下去。

俱　乐　部

要说春节档最火爆最催泪的电影，一定是襄阳女娃贾玲纪念母亲的作品《你好，李焕英》，让拍摄地成为网红打卡地，更在网络上掀起了"三线建设"的怀旧热潮。不少江山人看了电影发出感慨：怎么不在我们厂拍呀，"江山"多美！

建于 1975 年的江山职工俱乐部大楼

我顺着电影的热度继续讲述老建筑，如果要选出大家观影后脑海蹦出的第一个老厂记忆点，那非俱乐部莫属。

俱乐部建在苏家河畔，位于严肃的厂区和自由的家属区之间，大礼堂和它前后的露天电影院、灯光球场、旱冰场以及游泳池等组成了一个绵延近300 米的文体活动区域，总占地面积约 2.7 万平方米。我去过很多兄弟单位的老厂，没有见过像我们这样大体量和功能全面的俱乐部，露天电影、文艺演出、焰火晚会、春节游园、元宵灯会、体育比赛……真是个欢乐的源泉，它见证了江山历史上文化体育活动最繁荣的时代。

俱乐部主体建筑大礼堂建成于 1975 年，当时的名称为"三用食堂"，除了食堂本义，还兼会议和文体活动功能。俱乐部由本厂基建组徐同骥、罗瑞元设计，这都是科班出身的大师，他们那一拨工程师把人生最好的时光留在了江山，他们优秀的才华在那些老建筑里熠熠生辉。

大礼堂占地面积约 2500 平方米，建筑面积 3545 平方米，采用钢筋混凝土结构，大跨度的钢屋架和二层看台现浇楼面板在当时的条件下，设计和施工的水准都相当高，使用近 50 年了，没有出现结构变形和建筑损伤。建筑主体为 13 米高、27 米宽、50 米长的剧场，布置有两层共 2255 个座位的观众席和 400 平方米的舞台，辅房为 1—3 层，布置有门厅、休息厅、化妆间、放映室等辅助用房。礼堂整体造型稳重大气，外立面为清水砖墙，朱红色大门大窗及两侧白色镂花相互映衬，对称布置的辅房及门口大台阶增加了建筑物作为大型会议场所的庄重感，当时的电影票上印的就是礼堂立面，江山厂标志性建筑物之一。

由大台阶步入门厅，背景墙上是职工原创手绘的美术作品，不得不说，那时江山有才艺的能人真是多啊！为了保证观众入场秩序，两侧入口及座位设置分单双号，这个搞笑的梗在《你好，李焕英》里出现了，导致穿越回去的贾晓玲买的两张连号电影票，让李焕英和沈光林中间隔了好几个座位……老江山人一定能会心大笑地接住这个"包袱"。

剧场内装修以米黄色为基调，连排折叠座椅经济实用，菱形组合的天花板典雅大方，墙面拉毛工艺用于减少回声，偌大的观众席观看角度及音响效果俱佳。舞台为全实木地板，配有绛红色大幕、墨绿色侧幕和白色后幕，上下左右都布置有专用舞台灯光，为不同演出营造相应氛围。

大礼堂除了举办大型会议，还为江山人提供了无数场文艺演出和电影放映，湖北省歌舞团、全总说唱团、武汉市魔术团及说唱团等文艺团体都曾来厂慰问演出，工厂各单位文艺骨干人才济济，自导自演的文艺节目形式多样、精彩纷呈，深受广大职工欢迎，演出时万人空巷，座位和过道都被挤得水泄不通，一天演不完演两天。当时播放的电影也是国内最新的，还有不少国外译制片，打开了我们了解世界的窗口……在这个偏僻封闭的小山沟，文化生活一点都不贫瘠，我和小伙伴们从小就在俱乐部感受着江山文化的熏陶，这种潜移默化影响伴随一生。

2009 年俱乐部礼堂举办建厂 40 周年文艺演出，当时不知道那会是我最后一次在这个舞台上跳舞，也不知道它是在完成最后一次历史使命。同年总部搬迁进城，礼堂再没举行过大型活动。

公司举办庆祝建党八十周年文艺展演活动

2012 年，听说礼堂改造为球馆，它能被利用起来当然是好事，我进去过一次，但看见舞台上所有幕布和灯光全被拆除一空，还是怅然若失。在观众席里等待大幕拉开时的期盼，在舞台侧幕等待上场时的紧张，谢幕时听到掌声响起时的愉悦……这些记忆再也没有支撑点了。

这让我想起 2009 年贾樟柯执导的《二十四城记》。故事背景是曾经拥有 3 万职工、10 万家属的"成华集团"将土地转让，这座承载着三代军工人 50 余年历史记忆的工厂将在一年内拆除，电影通过对新老员工采访，记录了时代变迁下的工厂和员工的命运。在影片结尾，工厂大门、厂房等建筑被轰鸣的施工机械一举推倒，让人唏嘘不已。一旁的朋友不理解如此晦涩冗长的影片有什么泪点，我心里想，可能只有老三线的人，才能感同身受吧。

幸好我们的老厂还在，那些承载我们记忆的一个个老建筑，还在。

（成翊琳系江山重工研究院发展规划部项目工程师）

我家的"宝贝"

邱先红

在我家的储藏室里，有一辆虽然很旧却很干净的江山制造的"剑鱼"牌自行车，它和其他自行车不同。在车的后座两侧，有个矩形的折叠架子，在承载重物的时候打开，不用的时候折叠起来。虽然这辆自行车现在已经不骑了，可我们全家都当"宝贝"一样收藏着。父亲在闲暇时间会把它擦拭得锃亮，并且满怀深情地指着它对我们说："这可真是我们家的宝贝啊！"

是的，的确是我们家"宝贝"！这辆自行车凝聚了父辈们那火热的江山情怀。那是 20 世纪 80 年代父辈们在完成军品生产任务的同时，创新民品发展之路，这辆自行车适应市场需求，在原有自行车的基础上增加承载结构，当时产品销售供不应求。我那时在枣阳的一所中学读书，父亲在江山支援"三线建设"。学校离家很远，有 30 多里路，每周六下午回家，周日返校，还要带一些一周所需的蔬菜和粮食，每次返校带着沉重的物品，我多么希望有辆属于自己的自行车啊！在一个冬日的下午下课后，父亲突然出现在我们的教室门口，还推着一辆崭新的自行车。我抚摸着自己的爱车，一会儿摇摇铃铛，一会儿把折叠架打开又合上，别提有多高兴了！父亲也有一种掩饰不住的骄傲和自豪，他激动地对我说："这是江山人制造的自行车。它虽然只是一辆自行车，可它是开拓创新民品发展之路的成果。希望你好好学习，将来也成为我们江山兵工人的一员"。我有些眼眶湿润，冲父亲使劲地点点头，立志努力学习，将来也成为一名优秀的兵工人。

16 岁那年，我以优异的成绩考入江山技校，学习铣工专业知识。铣工磨刀是关键活，刀磨得好，活干得才漂亮！初学铣工，在实习师傅的指导下，我常常会在砂轮房整日整日地练习磨铣刀。高速旋转的砂轮，磨刀时溅出的火花让我心生胆怯，这时我想起了每天陪着我上学的自行车，父辈们在那样艰苦的年代，工房简陋、设备落后的情况下，仍勇于创新制造出适应市场需求的自行车，他们那种吃苦耐劳的精神深深激励了我。我咬紧牙关，手握高削刀向砂轮慢慢靠近，终于可以把铣刀贴在砂轮上磨削了。坚持就是胜利，我学着师傅们的模样在砂轮上反复磨削。生活不会亏待任何一个努力奔跑的人，终于我也能磨出好的刀具了。我把磨好的刀具装在高削刀盘上，在立式铣床上用拉杆拉紧，转动机床刻度，摇动进给手柄，机床便开始加工了。看着自己磨的刀加工的平面光亮平整，犹如一面镜子，可以照见自己的影子，心中满满的自豪感油然而生！

年轻的我，和大多数同龄人一样，怀揣梦想，希望多学知识提升自己的技能。那时我白天干活，晚上利用业余时间自学高中的课程。在红色砖瓦的办公大楼后面，有一黑色砖瓦的平房，有间教室是专门为职工创办的业余高中学习设立的。有很多像我这样的年轻人，下班后匆匆吃完饭，又脚步匆匆赶去上课。在夕阳的余晖中，我和我的"剑鱼"牌自行车出发了，为了赶时间，我不停地按响车铃铛避开行人，我们一路欢歌到达了目的地。课程结束，我的自行车又载着我，在夜晚的星辰中结束一天的工作。无数个日日夜夜，我的自行车就这样伴着我，从清晨到日暮。在该奋斗的年纪，我们努力为自己的青春描绘浓墨重彩。努力终于得到了回报，1996 年秋天，收获的季节，我终于成为江山职工大学的一员。坐在绿树掩映的 3 层红墙黑瓦教室里学习，是一件多么幸福的事情！我们系统地学习机械加工、夹具设计等理论知识，以适应公司对技能人才的需求。

2002 年，公司新购进各种数控设备。我通过公司的招聘考试，成了一名数控磨刀工。先进的数控设备，编好数控程序，轻按启动按钮，机床便开始自动运行。高削刀已被数控刀片取代，在砂轮房磨高削刀铣平面已成为遥远的记忆，可那段难忘时光会让我在某个时刻深深想起。随着公司生产能力布局的调整，我们从江山搬到了襄阳，那辆陪伴我近 30 年的自行车终于可以"退休"了。每个清晨，坐在通往产业园的公交车上，我仍会想起那些年我的自行车陪伴我的时光。

我的自行车，我视如珍宝，它陪我一起来到了襄阳。在某个空闲的日子，我仍会骑着它穿行在襄阳的大街小巷，享受和它在一起的时光，虽然它现在看起来像个"古董"。可在我心中，它无声地诠释了父辈们那些年"无私奉献、艰苦奋斗、勇于创新"的人民兵工精神，这种精神火炬会代代相传，生生不息。时刻激励我们"不忘初心，牢记使命"，立足本岗，爱岗敬业，做新时代优秀兵工人。

（邱先红系原江山重工研究院军品公司机加车间线边保障员）

"三线建设"的点滴记忆

张大明

1967年6月，为响应毛主席的号召，我来到鄂西北山区，投入"大三线"建设。

工厂是1969年4月2日定点的，第一批只有5位同志进点。他们借住了当地农民的小烤烟楼，吃的是干馒头，喝的是小河水，睡的是地上铺的稻草和被子。他们挖了第一锹土，砍掉了芭茅草，搭起了芦苇棚，为逐步进点的工人创造了起码的生活条件。渐渐地，十几人、几十人、上百人、上千人进驻荒山沟里的简单草棚。

整个工地的人，心里都装着毛主席关于"三线建设要抓紧""三线建设一天建不好我一天也睡不好觉"的指示，发扬着"自力更生，艰苦奋斗"的精神，宁可身上掉几斤肉、脱几层皮，也要保进度，实现了当年定点，当年年底拿出样品。

聚集在远离城市的荒山沟的人们，以坚定的信念和旺盛的热情，开始了一场为"三线"建功立业的创业历程，他们齐心协力，从零开始，艰苦拼搏。在建筑队伍不能落实时，逼出一支以少数工人（技术人员）为骨干，以多数民兵（农民工）为基础的施工队伍，克服了许多难以想象的困难，也创造了不少难以想象的奇迹，终于让一座大型企业建成于小山沟，为我国的国防建设作出了贡献。

当时，这里的人接触最多的是5种动物：一是毒蛇（布袋蛇和七寸蛇），二是蜈蚣，三是老鼠，四是蚊虫，五是跳蚤。

一天晚上，五车间书记朱鸿初下班回家，开始生火做饭，抓了一把引火的刨花儿，突然感觉被针扎了一下，顷刻间手指肿了、黑了，邻居提醒可能是被毒蛇咬了。朱鸿初立即用细绳勒了手指，赶去医院。医生说是土布袋蛇咬的，晚来 5—10 分钟可能就没命了，说完立刻放血刮毒，最后朱鸿初的右手指刮到见骨，还是黑色，无奈只能截了一根右指。

蜈蚣是此地一宝，每年四五月间，老百姓都拿着瓶子和竹签，到房边墙下、石头边，拿着筷子挖土。当地人都很内行，一看一个准。筷子一夹就是一条蜈蚣。蜈蚣可以当中药材卖，因此是当地人的一笔额外收入。

当地老鼠很多，随处可见。而蚊虫每天在夕阳下，一丛丛、一窝窝地飞出。蚊虫很大，咬人狠毒。工地上的人得了病，都不知道是什么病，后来才知道是疟疾。工地上因此发病者不少，1993 年张技术员被称"创了纪录"——一年 3 次"打摆子"，体重从 112 斤降到 98 斤。

至于跳蚤，凡是进沟的人，没有人不尝到挨咬的滋味。只要一上床躺下，不一会儿它就跳了出来，耳朵灵敏的人都能听到它上蹿下跳的声音。只有用六六粉，先把床下撒一层，再把床板上撒一层，然后在草席上再撒一层，铺上水泥袋，最后再铺床垫和褥子。

50 多年来，为了工厂的建设和发展，有的人付出了宝贵的生命，有的人留下了残疾和病痛，有的人中途退出另谋前程，但大多数人始终坚守这块热土和这份事业，不离不弃、无怨无悔地"献了青春献终身，献了终身献子孙"。

（张大明曾任江山厂党委副书记、工会主席）

蜂窝煤的记忆

张鸿燕

  蜂窝煤曾是我们生活中最为普遍、最为重要的生活物资。家家烧火做饭、取暖都离不开它，尤其在寒冷冬日，蜂窝煤更是温暖和幸福的源泉，铭刻在几代人的记忆深处。

  小时候，北方老家的蜂窝煤并不常见，大多数人家还在烧柴火或煤饼，煤球机在村里可算得上是"奢侈品"呢！若想做蜂窝煤，就必须提前说定煤球机的使用权，才会去买散煤。借一次尽可能地多做一些，送还时还会带上一斗粮食以表感谢。

  20世纪80年代初，我家迁往位于苏家河畔的江山厂。这里是一个功能齐全的小社会，各种物资充足，蜂窝煤由江山煤场统一制作、统一供应，统一送到楼栋口。蜂窝煤每3个月左右送一次，送煤的卡车快到楼口时，楼长会挨着单元招呼各家准备卸煤，已购买蜂窝煤的人家就会拿着煤本到楼口排队。把蜂窝煤从楼栋口搬到自家的棚子还有一段距离，这就到了展现劳动力的时刻。家里孩子多的，自是不用发愁，孩子少的也不必过于担心，提前喊上同学、同事来帮忙，左邻右舍也会主动帮忙。整栋楼的人几乎全都出动，穿梭在一条并不宽敞的楼道小路上，搬完这家搬那家，场面甚是热闹。

  虽然当时已有现成的煤球供应，但还是有人家愿意将平时磕碰后的散煤积攒下来集中粉碎，自己制作煤球，物尽其用。制作蜂窝煤不是一件容易的事，和煤、打煤、翻晒、搬运，一整套活下来，即便是个重劳力也会累得满头大汗。蜂窝煤制作可是个技术活，掺的黄土太少，制出的煤球容易碎裂；掺得过多，煤球不好烧也不经烧；水放多了，打出的煤球站不起来；水放少了，打煤时又费劲。但那时，在我们眼里就是一件趣事，即便没有体力也没有技术，可看见父亲和煤就要动手去铲两下，打煤的时候也嚷着要试试，不打出个像样的煤球不肯罢休。

蜂窝煤除了满足一日三餐的需求之外，还是解决馋嘴的幸福来源。烧粉条、烤馍片……将粉条放在炉子上面，随着灼烧的噼啪声，棕绿色的粉条缓慢地鼓胀变白，一旦发现微微发黄，就要赶紧移开，才能保证粉条香脆的口感。倘若稍微晚上半秒，粉条就会突然蹿出一道小火苗，迅速化为灰烬。如果说烤粉条练的是专注力和反应速度，那么烤馍片就是对耐性的考验。晚自习回家，放下书包就直奔厨房，把火钳用水冲洗干净后放在煤炉上烤干，再将馒头切成片状放在火钳上，把炉门轻轻打开一条缝，搬个小凳守在炉旁给馍片翻身。一面烤焦后就翻个面，待两面烤至金黄就可以拿下来，撒上细细的盐粒，咬上一口，满口的香、脆、咸、香，特别地满足、特别地幸福。

到了冬天，蜂窝煤就越发重要了。天寒地冻的日子里，一家人围坐在煤炉边取暖聊天，其乐融融。临睡前，炉上放上一大壶凉水，封好炉门，第二天早上就有够全家洗漱的热水了。每晚换煤、封炉门可是一项技术活，两个要领须掌握：一是错开上下煤眼，二是炉门留条小缝，这样才能保证天天热水不断。倘若换煤不小心把炉火弄熄，第二天就得用柴火重新生火引燃蜂窝煤。呛人的味道和满屋子弥漫的浓烟，才让你有机会真正体会到人间烟火味和幸福眼泪的滋味，五味杂陈……

时间过得真快！转眼到了快退休的年龄，身兼多职的蜂窝煤也从前线退了下来，如今已很难看到。家家户户通上了天然气，用上了打火灶，装上了热水器。微波炉、电烤箱、热水壶、电饼铛、爆炸锅等新式厨房装备一应俱全，改变了以往烟熏火燎的生活方式，空调也代替了煤炉的取暖功能。蓦然回首，才发现自己竟是那最幸福的一代，从出生便乘上了共和国这列高速动车，一路狂奔，新鲜风景扑面而来，快速切换。都说先苦后甜的日子才是最幸福的人生，有幸成为共和国成长的见证者，更应该感恩这个伟大的时代、伟大的国家，更应该珍惜当下，珍惜美好的一切！

（张鸿燕系原江山重工研究院军品公司机加车间线边保障员）

新华光在曲折中发展前进

刘向东 讲述　王从升　钟亚力　章晶晶 整理

　　我是 1983 年大学毕业后进入华光厂工作的，那时候厂里正在做变色眼镜片。那个年代，刚刚改革开放，穿喇叭裤啊、戴蛤蟆镜啊是十分流行的。80 年代初，正好国内眼镜市场也放开了，大家就开始流行戴眼镜了。就是那种大镜片、大镜框、有颜色的眼镜片，但是这个东西解决不了近视的问题啊。

　　当时的工厂领导决定上马变色眼镜片项目，这既能发挥本厂的光学玻璃熔炼优势，又可解决工厂因军品订单少，设备和人员闲置的问题。通过查询专利和自主研发，工厂成功研制出了光致变色眼镜片，这样既解决了戴近视眼镜的问题，又可使镜片变色，符合时代的潮流。可以说，那个时候工厂抓准了发展时机。

　　我刚进厂的时候，厂里的眼镜片生产越来越供不应求了，工厂就陆续上了单坩埚，上了全铂连熔炉，自主设计制造了自动压机，设计了国内首座瓷铂连熔炉生产 UV 光学眼镜片。经济效益显著，工厂开足马力生产，不断研发新品种，到了 80 年代末，我们生产能力大幅提升，成了全球第一大玻璃眼镜片生产商。我们的产品出口欧美等许多国家。

　　应该是在 1984、1985 年的时候，兵器工业部给成都 208 厂从国外引进了三条生产线，因为当时都是一个兵器工业部，技术和资源可以共享，我们也引进了几台压机和中频炉，就开始搞一些新品研发了。

　　1985 年的时候，我们的变色眼镜片质量就非常好了，产品获得了"国家银质奖章"，当时 208 厂的产品也是银质奖章。他们的产品是有商标的，而我们在申报的时候是没有商标的，开始打算起"华光"这个名字作为商标，但由于"华光"这个名字用得太多了，就被驳回来了，所以我们就临时地起了一个"伙伴"，这就是我们产品的第一个名字。

1982年，工厂接受了12号专用光学玻璃的研制任务。12号专用玻璃为激光核聚变试验装置关键材料。1983年完成，提供的各种光学玻璃全部满足实验装置的特殊要求，1984年4月通过了部级技术鉴定会。鉴定结果表明，该玻璃的质量创造了国内同种光学玻璃的最高水平，并达到了国际先进水平，荣获了国家发明三等奖。12号专用光学玻璃的研制成功和批量生产，为我国后续研制高精尖仪器提供所需的特种光学玻璃打下了基础，为国防科学技术现代化做出了贡献。

在80年代，工厂的变色眼镜片能挣钱，白光镜片也挣钱，产销量还是全球第一，从科技上讲，我们有12号玻璃这个国家重点工程，当然这与国家的重点支持有关，企业是既有名又有利。再后来，工厂的经济效益提升了，管理水平也提高了，职工精神面貌也好了，荣获了"国家一级企业"荣誉称号。那段时间，厂里就把职工宿舍、俱乐部、生产设施、设备，大量地进行了改扩建和改造，这是华光效益最好的时候。

进入90年代初，大量的树脂镜片进入国内（材质：C239）。由于树脂镜片轻薄好加工，且生产成本较玻璃镜片要低，这样就大大冲击了我国的玻璃眼镜片市场，使得我们产品的销售价格不断下滑。我们就和208厂联合起来，到国家商务部去申诉，不能进口这么多树脂镜片，但是那时候国家已经放开引进了，也就没采取什么措施。因为工厂的军工产品还是原来那么一点，没有多大的起色，再加上眼镜片市场的下滑，华光厂就慢慢走下坡路了。

后来的几年间，工厂为了生存和发展，就从眼镜片改为生产工艺品玻璃，大量地做工艺品玻璃、玻璃球等产品，我们刚开始做的时候，是用现有的生产设备和技术工艺，刚开始还是能赚钱的，产品还能卖到二三十块钱一公斤，但是因为这个产品技术含量、门槛较低，后来就各地开花，看到能挣钱，大伙都纷纷开始上马了，208厂，包括很多民营企业都开始生产了，这样就导致产能过剩，就把这些产品价格压得很低，虽然产品不再赚钱了，但是工厂经营形势持续下滑的态势基本上止住了，稳定了一些，工厂的颓势总算缓和了一些。

在这种情况下，虽然吃饭不成问题了，但职工队伍也不是很稳定，一部分人想着另谋出路，年轻有抱负的人感觉看不到希望，人心涣散，纷纷离职，工厂从山沟里向城市搬迁成了扭转局面、凝聚军心的关键一步和当务之急，最终决定往襄樊城区搬迁。1992 年 1 月 6 日，经工厂厂务会研究决定，按照 1992 年厂长目标的内容，成立新点建设筹备组。1992 年 4 月 12 日，工厂向襄樊市人民政府上报《关于在襄樊建设分厂的请示》（厂字〔1992〕066 号文），协调襄樊市政府为工厂的分厂建设给予政策支持和优惠条件。当时我们搬迁时候，因为有几个在做的国家项目，搬迁政策方面还是有一定优势的，但是搬迁所需资金都是我们自己筹集的，国家没有给钱，都是全靠我们自己往出搬。

1994 年，工厂向兵器工业总公司上报了《关于五一〇八厂建设项目由部分调迁改为整体调迁计划的请示》（厂字〔1994〕138 号文），申请改工厂部分调迁为整体调迁。在得到上级公司和地方政府的同意后，工厂在 1994 年加快了新厂建设步伐，1995 年开始搬迁，1997 年实现了整体搬迁。

后来，到了 1995 年的时候，我们就开始做火石类玻璃，K9 类玻璃，F2、F6、ZF2 等品种玻璃，产品陆续进入了望远镜市场，但望远镜市场也属于低端市场，产品利润也很低，工厂依旧过得比较艰难。

2000 年的时候，我们研发了磁盘微晶玻璃基板并申请了专利，2002 年，实现了产业化生产，主要用于数据存储。玻璃基板项目起步可以说是很早的，也是属于很前端的产品，但是因为太过于前端，工厂本身技术、资金、实力都不够，这个项目我们跟日本豪雅、小原都是同时起步的，我们当时还在美国建了一个实验室，但是因为解决不了技术、资金的问题，后来项目就没有做起来。

这个时候国家资本市场就开始兴起了，要解决工厂生存发展的问题，怎么办？工厂还有这么多人，还要生活，所以就决定上市。2000 年的时候，工厂开始实行股份制改革，成立了湖北新华光信息材料股份有限公司，全力以赴推进上市工作，公司在 2003 年 9 月份成功上市。

公司上市后有了资金，但市场形势却发生了变化，由于世界技术飞速发展，基板玻璃项目被淘汰了。本来我们开始计划搞基板项目的，但那时候市场形势又发生了很大的转变，大量固体储存，DVD、CVD、磁带慢慢就淘汰了，现在你们用的 U 盘，当时有个 50 兆的优盘就很贵了。计算机硬盘虽然储存量大，也便宜，但是携带不方便。我们当时选择做基板硬盘项目，就是因为基板硬盘轻薄、存储容量大，当时这个市场前景也是很好的，不过以后，正好赶上世界经济的飞速发展，许多技术"瓶颈"被不断突破，新技术、新产品层出不穷，一夜间，U 盘的闪存问题就突破了，现在一个 U 盘都能做到 200 个 G 的内存，那个时候都是不敢想象的，硬盘都做不到 200 个 G，特别是大量的笔记本上来以后，连硬盘都不用了，所以这个基板产品也就必定被淘汰了。

我们就只好寻找出路，赶上了背投电视玻璃的发展契机，后来工厂就下决心要与国际一流企业合作，聚焦主责主业，坚定不移将光学玻璃做大做强。当时 208 厂跟日本豪雅进行了合作，我们开始跟德国肖特谈，但欧洲人决策太慢，最终没成功。接着，我们又跟日本小原谈合作，经过送样、谈判等环节，慢慢就开始做 OEM 产品了，日本小原来公司指导我们做 OEM 产品，我们借用了日本小原的外企管理方法和技术，他们利用我们的资源开发国内市场。

企业有了资金，然后又与国外企业进行了战略合作，我们总算回到了自己光学玻璃的本业，公司生产这才逐步稳定下来了。在任何情况下，公司发展最终还是要做好自己的主业，不要脱离主责主业，要努力把自己的主责主业做强做大。

光学玻璃这个行业是个资金密集型行业，我们是国有独资，国家投钱到这个领域，也是为了服务国家战略和民生需求，这些年我们做材料，就是这么做的，企业在发展，虽然不是飞速的发展，但却是在稳步前进，当然我们的光学材料做出来了，也给国家做了一定的贡献。之前很多高端光学玻璃都是被国外垄断的，后来我们慢慢做出来了，就把很多成本降下来了。你们想一想，最早你们玩电脑的时候，拍视频的时候，镜头要多少钱，那时候这就是个奢侈品，还有车载、监控产品都是些奢侈品啊，可你们看现在到处都是监控，这就是因为材料降价了，可以普及起来了，原来材料多贵啊，国家是做不了的啊。

我们一开始做 H-ZF52N 产品，是做监控用的，包括数码相机都用得上，当时我们没做的时候，市场上能卖到 400 多块钱一公斤，我们搞出来了，现在产品卖不到 100 块钱一公斤了，H-ZLaF68A 当时卖到 860 块钱一公斤，现在才卖三四百块钱一公斤，氟磷玻璃 H-FK61，日本豪雅刚开始卖给中国的都是 1200 块钱一公斤，后来 800 块钱一公斤，现在我们的成本还不到 200 块钱一公斤，降价幅度得有多大呀，大家都用得起了，这样就带来了整个光学市场的繁荣。

到了 2010 年，新华光公司又与 248 厂进行了战略重组，基础更牢了，后盾更强大了。

我是 1983 年进厂工作，2000 年担任新华光公司副总经理，2010 年担任北方光电股份有限公司副总经理，2014 年担任北方光电股份有限公司副总经理、新华光公司总经理，2019 年担任执行董事、党委书记、法人代表，2020 年 12 月退居二线的。

在我回到新华光工作的 6 年多时间里，一直秉承坚定不移地做优做强做大主业的思路。这几年我们一是加大了玻璃新品的研发投入和检测设备的投入力度，就是要围着主业去做；二是努力把产品良品率提高；三是扩大品种，把我们的短处、短板补上，打造我们的专业化。经过几年的努力，首先公司的产品种类、产品品质、检测水平、检测手段都在不断增强，同时逐步实现了专业化、标准化管理，就这样公司一步步再往专业上走。然后，我们是把职工的收入提起来，环境改造好，环保进一步达标。以前只顾着生产产品，现在企业发展逐步形势好转了，就要注重生态环境保护，把水电气规范一下，再一个就是进行全氧燃烧改造，以前烧天然气，噪声非常大，现在到生产车间基本没有燃烧这块产生的污染了，环境也好了，为国家环保工作也做出贡献了，生产效率也得到了提高。检测设备这一块，这些年我们买了大量的检测设备，我们就是要用专业的检测设备和检测数据来说话。因为我们的专业太明确了，就是光学玻璃，就要按专业去走，而且这个事情也只有我们国有企业能做，国家不可能缺了这一块，我们必须履行好国有企业的使命和担当。

对新华光未来发展我有一些期许，希望新华光以后不管怎样一定要立足主业，做好主业，紧跟时代发展的步伐，把握未来的发展趋势，坚持走专业化道路。利用主业的技术优势去拓展，要补齐短板，开拓创新，争取早日实现"建设特色光学材料科研生产基地，打造国际化专业化引领企业"的企业愿景。

（刘向东曾任新华光公司党委书记、执行董事，王从升系湖北新华光公司党委工作部副部长、团委书记，钟亚力系湖北新华光公司党委工作部宣传干事，章晶晶系湖北新华光公司人力资源部档案管理员）

我亲历新华光建设

王达忠 讲述　王从升　钟亚力　章晶晶 整理

　　1969年7月，在成都208厂工作的我，接到兵器部的通知，要调我参与"三线企业建设"。那一年，为响应党中央毛主席的号召，国家决定大力筹建三线企业。当时提的口号有两个，一是"备战备荒为人民"，二是"靠山近水扎大营"。在建厂选点的时候，上面的要求是必须有三通，即路通、水通、电通。后来，我们一批人到了北京，参加了部里的几次选址工作会议。

　　当时，由北京的兵器部统管"三线企业建设"，部里的勘测员和我们一起开展选址工作，经过多方论证，最后决定成立中南筹建处。随后，我们离开北京到中南筹建处报到，先从河南、湖北、湖南开始，然后到湘西、鄂西、渝西沿线进行选址。当年国家"三线建设"搞得轰轰烈烈，一条新的焦枝线，就是专门为"三线企业建设"服务的。因为当时国际形势很不好，备战形势很严峻，上级给我们的指导思想和建设纲领就是，208厂有的，我们必须有，208厂没有的，我们也要有，防止一旦208厂被轰炸和破坏了，新的"三线企业"能保证生产。

艰苦创业勇攀登

　　就这样，我们一群肩负使命的三线建设者，从西南重镇成都来到了距鄂西北重镇襄樊市南60公里的宜城县金牛山脚下的"象鼻子沟"。在这里，我与其他来自祖国四面八方的"三线人"一起开始了"华光"的初始创业，当时，地方上对"三线建设"还是很支持的，山沟里的基础建设，主要靠的是

167

民兵团，比如南营民兵团、新街民兵团等，农民没有工作，就过来支援，开山、挖沟什么活都干。

创业是艰难的。在建厂初期，老一辈的华光人凭借双手用石块砌起了"干打垒"的厂房和住房，靠手拉肩扛，把水泥、沙子和电线杆等物资运到了数百米高的山顶上，不管是刮风下雨还是烈日炎炎，他们都没有停下修路、建房、铺管道、架电线、建生产线的步伐。创业初期虽艰辛，但老一辈华光人满怀对祖国和军工事业的热爱，为了祖国的国防建设，以苦为乐，甘洒青春、热血和汗水。

不甘心吃维持费

从1969年建厂到1977年，我们曾经历了一段非常艰难的时期，叫停缓建。那是在工厂基本建设尚未完工之时，遇上国家调整国民经济计划，受资金、技术等多方面的制约，工厂被列为停缓建单位，靠国家每年百万元的基建维持费生存，初具规模的工厂一时又陷于困境。停缓建期间，工厂只能保证工人最基本的工资，熔炉生产全都停下来了。虽然停缓建，但我们不气馁，自筹资金，自己去想办法争取发展。

在这何去何从生死存亡的关头，"军民结合"的政策给我们带来了生机，自力更生、艰苦奋斗的精神给我们无穷的智慧和力量。我们不等不靠，奋发图强，克服了山区交通不方便、信息不畅通的天然劣势，战胜了工艺落后、设备简陋的先天不足，从靠基建维持费到全国经济效益先进单位，从停缓建发展成为国家一级企业，从思想涣散到全国思想政治工作先进企业，工厂一步一步发展壮大。

军民结合显成效

1982年，当时的工厂有了自己的主打产品——变色眼镜片毛坯，并已掌握了瓷铂连熔技术、一次成型技术等具有国内领先水平的生产工艺技术，

168

自主研发的"伙伴"牌变色眼镜片畅销海内外,产品供不应求,工厂成功地实现了第一次飞跃,企业被誉为"山沟里飞出的金凤凰"。

当时气象风云一号、尖兵一号等一些国家重大工程、重点项目上面用到的摄像机材料是我厂提供的,我们国家第一台激光核聚变光学材料也是我厂提供的。航天部为此事专门给兵器部写感谢信,部里才知道我厂生产的材料正在为国家高精尖工程做贡献,所以1984年一个文件下来,我们在部里就有了正式编制。

"三线建设"时期,最强调的是艰苦奋斗,自力更生。那时生活条件很差,但我们的建设热情却很高。大家中午正在午休时,汽车拉回了水泥,就会立刻爬起来干活,满身都是灰,干完后直接用凉水管子对着身子冲洗。在建高位水池时,需要在金牛山架电线。记得有一天下雨,大家全身被雨水浇透了,由于山路打滑,有一个同志在上山时,走一路,摔一路,一共摔了有17跤,结果把内裤都磨破了,大家乐坏了,干得也更欢了。

经过近10年的艰苦创业,昔日偏僻的山沟里呈现出了一条条蜿蜒但平坦的道路和错落有致的水、汽管道,矗立起一座座厂房和一栋栋住房,通了电和水,建成了数条生产线,试制出了数个军工产品……一个初具规模的"三线工厂"奇迹般地出现在"象鼻子沟"这块穷乡僻壤里。

到了1984年,我们厂的发展已经相当不错了。那时有一条很重要的方针,就是军转民,民保军,大力发展民品。当时在科技创新方面,我们做得还是比较好的。我们生产的光学变色镜片,还有高折射率镜片(即超薄镜片),比208厂还要多、还要好。工厂能从单坩埚熔炼,发展成为现在的全连熔生产,正是我们在生产过程中不断进行技术创新的一个体现。

我们厂1992年被评为"国家一级企业"。当年能得到这样一份荣誉是无比骄傲的,要知道当时兵器部里有156家企业,只有2家获此殊荣。那时在与客户做生意、谈订单时,名片一递,人家一看我们是国家一级企业,表现马上就不同了。那个年代,每年兵器部都会根据上缴利润情况对前10名企业进行排名,我厂很多时候能排在前5名以内。一个1000人左右的小厂,能取得这些成绩,完全是靠大家众志成城,不怕苦、不怕累干出来的。1994

年，我厂职工的人均年收入达到了 12700 元，而彼时武汉人的月收入还只有二三百块钱，这都是靠大家艰苦奋斗干出来的。

事在人为兴企业

我在成都参加工作是 17 岁，到华光厂是 25 岁。参加工作时我的学历只是初中毕业，后来读了 2 年机械中专，那时能到军工企业上班的基本都是专业对口军工院校毕业的学生，一个初中生也能进到军工厂工作，这对于我来说是一件很光荣、幸福的事情，而且当时工人的地位是非常高的。

直到 1984 年，我的身份才由工人转为干部，转为干部后就是助理工程师、车间副主任、主任，后来当了副厂长。20 世纪 90 年代的时候，我去日本做过一次业务交流，日本同行很不讲理，记得当时他拿着玻璃怒气冲冲对我说，"看你们的产品有条纹，质量太差……"我仔细一看，其实并不是玻璃有条纹，而是操作过程中碰到边，有炸痕进去了，于是我解释说这不是玻璃问题，这也不是条纹，是加工导致的。对方不承认，还在那里拍桌子发脾气。我并未被他们的情绪所影响，据理力争，进一步告知他们，是产品在压型以前由于振动磨或者球磨的原因已经损坏，含铅的玻璃比较脆，相互之间碰撞，从而造成破边，再拿到压型上压制，当然会出现质量问题。后来，经过日方品质管理人员的详细调查，印证了我的说法，那个与我争执发脾气的负责人向我鞠躬道歉，承认是他们的加工问题。

第二年，我收到了一张国外寄来的明信片，也看不懂写的啥字，就找来翻译咨询，翻译说是日本的石辉先生。后来，据厂办人说，那一次工厂派去日本的 5 位领导，只有我一个人收到了明信片。当时，我在日本也看了他们的生产和管理流程，其实还不如我们的，但是在跟我们合作时，他们却很是苛求，总是把产品指标定得很高，我一直有一个想法，任何时候都不能崇洋媚外，对外工作就是要不卑不亢，有理有节，就会受到别人的尊敬。

在工厂的科技进步方面，我算是贡献了一点自己的力量。以前工厂技术不先进，虽然有劳保防护眼镜，但一会是绿色的，一会是蓝色的，还容易被打碎，我就直接用眼睛目测熔炉温度，练就了火眼金睛，从 1350—1500℃，正负 5 度，我都能目测出来。但高温对眼睛是有刺激和伤害的，1470℃以上，就很刺眼，长期这样，导致我视网膜脱落做过手术。多年的付出，也得到了回报，由于在工厂的长期建设和发展中做了一些事情，后来我被评为研究员，还享受了国务院政府津贴。其实，我很早就树立了"要为祖国的光学事业作出毕生的贡献"的理想。家里人给我们 4 个兄弟起的名字为王达忠、王达勇、王达为、王达国，寓意忠勇为国，效忠祖国。这一辈子，我和许多的军工人一样，把自己的青春奉献给了"三线建设"，自己的一辈子也是过得非常值得。

我们厂曾经被评为"全国节能先进企业"，是我代表工厂去人民大会堂领的奖。当时主持会议的是国务院副总理李岚清。为什么能够获此殊荣呢？结合现在的话讲，就是我们厂比较符合低碳减排要求，以前光学玻璃良品率 10% 就算过得去，有 20% 就算是好的，我们搞成电熔生产以后，每公斤玻璃能耗降低了百分之八九十，这是很关键的考核指标。

现在想想，我们在老厂时，就像一个小社会，其实大家的要求不高，都崇尚集体主义。中国人历来是不患贫患不公，我觉得当时工人的幸福感还是很多的，工厂让年轻工人几乎没有任何后顾之忧，别说孩子从生下来，即使在肚子里，就有厂医负责检查，厂医负责接生；孩子小的时候，厂里有托儿所，厂里上午、下午都有喂奶时间，不用花什么钱，生老病死厂里都包，水电费、住房费只收 8 毛，没有任何生活压力，可以一门心思干工作。

我们 5018 厂，能从每年靠国家 100 多万元的基建维持费，经过自己的艰苦努力，发展到年上缴利润 200 多万元，兵器部里没有给我们多少钱，都是工厂相信员工、依靠员工，团结一致找出来，众志成城搞发展，艰苦奋斗干出来的。

（王达忠曾任新华光副厂长）

难忘那几年

邬宏学 讲述　王从升　鲁国清　钟亚力 整理

20世纪60年代，苏联这个超级大国趁我国"十年动乱"之机，在中苏边境陈兵百万，妄想侵犯我国领土。与此同时，台湾蒋介石也蠢蠢欲动，叫嚣反攻大陆。党中央、毛主席早已看透了他们的狼子野心，运筹帷幄，英明决断，向全国各族人民发出了"备战、备荒、为人民""深挖洞、广积粮、不称霸"的动员，百万兵工人积极响应党中央、毛主席的号召，抛家舍业，背井离乡，来到大漠荒原、穷山恶水之间，参加到艰苦卓绝的"三线建设"之中。

我是1976年以支援"三线建设"的身份调到宜城华光老厂的。与前面"以天为盖，以地为庐"住过席棚子的拓荒者相比，我是个后来者，也是一名新兵。这里仅就我亲身经历的20多年的三线工作、生活作一点片段性的回忆。

我调来时工厂正处于基建时期。厂区和生活区的道路都是石子铺的，有的还是泥土地，路两旁堆满了沙子、石子、木材、钢材等建筑材料。家属区的住房大多是"干打垒"，从地基到墙面都是石头摞的。沿着一条大水沟往上走，生产区两旁的道路上有几栋厂房，厂房里都是空的，听不到机器声，只有从江苏来的建筑队在忙碌地砌房、筑路。

工厂职工子弟学校当时只建成了2栋小二楼，一栋是小学部，一栋是中学部。学生不多，10个年级只有400多人，麻雀虽小，五脏俱全。从小学一年级到高中毕业班都有。在山沟里办这样的学校，困难实在太多。首先面临的问题是缺少教师，调不进来，进来了也留不住，千方百计也要调走。本厂的技术人员也不愿来校当老师。厂里在基建阶段，职工上班无事可做，就"七上八下九走光"，很清闲，而学校要上 8 个小时的班，还有早晚自习，确实很忙很辛苦，很多人都不愿意来当老师，有些人经过领导再三做工作过来当老师，也还要有君子协定，一年还是二年，时间一到就立刻走人。

那时厂里有一个完整的中学，没有配套的任科老师，办学和教学质量都难以得到保证。而且，教学应有的设备也寥寥无几，物理、化学等学科的实验仪器都极为匮乏，教学实验无法正常开展，老师们只能带着学生跑到生产区的检验科做实验，老师演示学生看，学生没有条件一人一台设备做实验。教学图书资料也紧缺，师生要看图书只能跑到工厂的工会图书室借阅。学校也没有活动场地和必要的活动器材，上体育课只能利用生活区两边的大道跑步，利用厂区的山坡搞爬山比赛。再加上交通不便、信息闭塞，教学活动开展得极为困难，有时候还翻山越岭跑到兄弟厂去听课。那时子弟学校学生人数不多，没有平行班，每个教师都跨年级教几个科目，整天忙着备课、上课和批改作业，无法互相听课学习，只能"班自为战、科自为战、人自为战"。

教学工作困难重重，教职工的生活也极为艰苦。没有柴烧，大家就利用每周日，这个仅有的一天休息时间上山挖树墩、捡树枝、拾油毛毡；没有菜吃，每周可请假半日，挤通勤车到宜城城区去购买，当时没有冰箱，买回来的菜放不了两天就变质，不能吃了，教职工与全厂职工一样，都会利用休息日上山挖野菜、捡蘑菇，大多数成家的职工还在山坡上、屋前屋后开荒种菜。那时一周去宜城买一次菜成了"奢侈"生活，买菜的车回厂后，停在子弟学校大门口，学生们一下课就会一拥而上看自己爸妈买什么好吃的东西回来，在物质生活贫困的年代，宜城的油炸馍成了孩子们的最爱。

除了教学，老师们还要组织学生开荒种地，当年大家在厂里的西支沟开辟了二三亩荒地，种植农作物，秋收的时候师生肩挑背扛把麦子运到学校，然后发动学生把家里能拍打麦子的工具都拿出来，麦子脱了粒，晒干了，扬干净，再拿去换面粉。每年"六一"儿童节的时候，学校就会联合工厂做油饼发给孩子们当活动干粮。工厂在基建，有时还要师生参加劳动，记得有一年（应该是 1978 年），工厂要在金牛山山顶上架设高压线，需要把水泥、沙石、砖头、钢材运到山顶上去，没有路，更没有自动化设备帮忙运输，只能靠人工肩挑背扛，山高路险，背一小袋沙子上山要一个多小时，师生们经常累得上气不接下气，到了山顶两眼直冒金花，这一次劳动就是我厂建厂历史上具有特殊纪念意义的"二回路大会战"。

到了1982年，工厂调我到当时的教育科工作，子教、职教要一起管，职工教育与子弟教育一样也是白手起家，困难很大，当时正值全国轰轰烈烈开展青工"双补"工作，由于"文革"的十年浩劫，很多青工在"文革"期间没有学到文化，进厂也没有学到技术，当时全厂需要"双补"的人员有400多人，要完成这个任务极为艰巨。没有校舍，就利用东支沟的闲置厂房；没有课桌，就临时用长木板钉成长条桌；没有凳子，就发动学生从家里自带；没有老师，就把车间技术人员聘请过来当兼职教师。就这样，开始了教学工作，青工的"双补"持续了四五年，基本上把那些没有受过教育或没有完成初、高中教育的青工都轮训了一遍。

随着工厂规模逐步扩大，职工教育成了工厂不可或缺的重要一环，于是工厂在职工医院后山上修建了职工学校，有了阵地，职工教育也从此进入了蓬勃发展的新阶段。根据工厂生产经营及发展的需要，我们花了四五年时间招收了3届技校生、3届中专生、3届专升本，外培了大中专生120多人，还招收了5届电大生。按照岗位设置及任职需要，还先后多次组织开展了车间主任、班组长、安全员、质量员等多个岗位培训。为了提高管理人员、专业技术人员、中层以上干部工作能力和专业化水平，还组织了200多人参加兵器集团工程师进修大学举办的继续教育。经过长达10多年的职工教育，有力缓解了因"文革"带来的人才断层和技能工人青黄不接问题，为工厂管理效率提升、技术升级、工艺改进、经济效益提高提供了有力的智力支撑，也为以后企业发展壮大提供了较为充足的人才储备。

如今，回忆起在宜城老厂经历的点点滴滴，确实有许多让我难以忘怀和割舍的地方。在宜城老厂生活了二三十年，物质生活上确实很艰辛，但意义却是深远而悠长的，对社会、对国家的贡献也是不可磨灭的。从对国家的国防建设角度来说，"三线建设"使美、苏两霸，特别是苏联霸权主义妄图侵略我国的梦想破灭，"三线建设"的"山、散、洞"的战略使"两霸"不敢轻举妄动。在当时，再先进的武器也无法打击整个"三线"，"三线"成了国家的坚固大后方，"三线建设"在国家国防建设和发展进程中发挥的历史性作用是无法估量的。

对于企业本身来说，经过多年的艰苦努力，得到了发展壮大，不仅为国家挡过风雨，还为国家的经济发展作出了重大贡献。就我们宜城老厂而言，从停缓建到军转民，从变色镜片到超薄镜片，从国家二级企业发展为为数不多的国家一级企业，为国家创造了可观的经济效益。

对于个人来说，作为一名教育工作者，通过二三十年的努力，为工厂职工素质提高、企业升级、技术进步提供了智力支撑和人才储备，不怕艰苦，克服困难，尽了绵薄之力，深感欣慰。献了青春献终身，献了终身献子孙，无怨无悔。

愿几十年"三线建设"铸就的不畏艰险、自强不息、敢于奉献的精神永放光芒，世代相传。愿"华光"厂的发展越来越美好。

（邬宏学系湖北新华光信息材料有限公司退休职工，鲁国清系新华光公司党委工作部离退休干事）

苦中有乐的建厂生活

王永娴 讲述　　王从升　汪翠芹　钟亚力 整理

　　刚调到"华光"厂来参与"三线建设"时，没有住房，就住在临时搭建的席棚子里。上面铺的油毛毡和茅草，夏天，屋里同室外温度一样高，冬天，外面下雪，屋里也飘雪花，赶上下雨天，外面下大雨，里面下小雨，棚子地上全是水，就床上那么一点干地方。

　　那时我们都住在斜坡上，一遇下雨天，水就往下流，路上都是泥巴，大家即使穿着雨鞋，一不小心仍然会陷下去。后来大家捡来碎石子，铺在路上，情况有所改善，但碰到下雨天，有人的雨鞋陷在泥里拔不出来，还得靠同事帮忙才拔出来的事情还是时有发生。

　　刚开始时夫妻是不能住在一起的，也没有房子可以单独住。丈夫只能与男同志们同住在一个棚子，妻子也只能与女同志们住在另一边的棚子里，中间就用布隔开。当时正好赶上我孩子出生，就是医生在席棚子里给接生的。

　　虽说条件很艰苦，但大家都心往一处想，劲往一处使，想着早点把工厂建设好，而且来时听说"三线洞"，大家觉得应该是钻山洞，现在能住在山坡上，可以晒到太阳，就觉得还挺好的。

　　那时我们都年轻，也不觉得辛苦。工厂建有大食堂，几个厨师手艺也都挺好，师傅做好饭，大家每人端一碗回来吃，谁也不挑肥拣瘦，大家精神状态都很好，没有人埋怨苦和累。那时还没有澡堂，我记得一个叫王文昌的老头，50多岁，身体好，大冬天的就在外面用冷水冲澡。

　　后来就建在山边上，用石块和水泥建起了光化院、三合院。因为带孩子住席棚子不方便，所以房子门窗都没装我们就搬进去了。听说山上有狼什么

湖北宜城建厂初期

的，就把靠山的那个房间的门插上，住在外面房间里。

1970 年，刚开始建厂时只有几十个人，都是从成都 208 厂过来的，成立了指挥部，康德谦任主任。当时指挥部就设在一个草棚子里，棚外是一个大晒场。那时军代表也住在工厂里，管的事多，也很有权威，哪些事能干哪些事不能干，都得听军代表安排。我记得当时基建科有个女同志设计锻工车间时，在前面加了个房檐（就是门口遮雨用的），军代表说太宽，浪费了国家财产，把这个女同志批评得哭了。

那时厂里的文化娱乐生活很少，比较单一，唯一的娱乐活动就是工厂放电影，露天的，孩子们经常会为占位子吵架。

刚开始时，厂里是没有学校的，孩子们上课，是在东直沟一个厂房里，坐着长板凳上了几个月的课。后来光学镜片生产出来了，工厂有钱了，修建了住房、澡堂、幼儿园、学校，孩子们才有了上课的地方。

职工有了房子后，自己做饭，可没有菜怎么办，都是周末坐大卡车去宜城买菜，那时候是凭票买肉，一个人一个月一斤肉票，大家都抢着去买。

建厂的时候没有机械设备，修路没有压路机，大家就用筐子捡石子，把

湖北宜城建厂初期

坑填平。从厂门口到我们上班地方的路，就是周末大家利用休闲时间铺成的。在修二回路、高位水池时，水、石子、水泥、沙子都是靠肩挑背扛。我记得那时我们科室里有一个男同志和我一起抬水，男同志为了照顾我，总是把水桶往自己那一边移，由于上坡路挺陡的，因打滑，一桶水全洒在了他的身上。

修二回路时，要建高压线塔，高压线塔都是建在山顶，我们这边山路陡，材料根本无法运上去。鄂西厂那边坡缓点，工厂就用大卡车把我们拉到了鄂西厂那边，从那边一点一点把东西运了上去。中午食堂会送来包子、馒头，一个人一个，吃完继续干活。那时干活不分男女，大家都挺有劲的，谁也没有怨气。

后来碰到停缓建，基建办公室的田辟疆就跑到部里，去争取继续建设，不想停缓建。部里的同志说"你怎么这么厚脸皮呢"，老田说"大家集合到一起不容易，大家有事干才能有饭吃呀"。大家都不想停缓建，就一起想出路，也就有了后来的眼镜片，工厂终于走出了困境。

说实话，在山沟里生活是很不方便，买东西只能到宜城去，所以当时很多子女都想出去，不愿意留在山沟里。当时工厂就下了一个决定，要求领导子女不能往外送。所以我们这一代人是奉献了青春、奉献了终身，也奉献了子孙。

（王永娴系湖北新华光信息材料有限公司退休职工，汪翠芹现任湖北新华光公司党委工作部工会干事）

我们进城了

贾广桢 讲述　王从升　钟亚力　章晶晶 整理

我是 1970 年 5 月从张家口调过来的。当时的老厂长曹国兴跟 617 坦克厂的一个副厂长比较熟悉，那个副厂长原来还是南阳办事处的副主任，主管基建这一块。曹厂长就找他，说我们厂里搞基建的人太少了，缺少这样的人才。经过双方商量，就这样定下了田辟疆、何语生、戴学珠、郝宝琛、张衡永、我，我们这几个懂些基建的同志调到风雷厂工作。

刚过来时，因湖北这边的湿度比较大，对气候条件不太适应。工厂建设初期条件是很艰苦的，全是泥巴路，走路要穿长筒雨鞋，不仅走路挺费劲，还热得受不了。我们的到来，还是受到工厂照顾的，被安排在一个小车库里住着，其他人员都是住的席草棚子。

多年来，工厂坚持自力更生、艰苦奋斗的作风，认真贯彻"军民结合、保军转民"的方针，充分发挥军工技术优势，坚持开展科学研究、新品开发和技术改造，坚持走科技效益型道路，经过多年的奋力拼搏，取得了显著的社会效益和经济效益。1991 年，全员劳动生产率达 6 万元，人均创利税 0.57 万元，民品产值占工业总产值的 97.3%，成功转型为军民结合型的企业。1991 年民品出口创汇达 147 万美元，工厂朝着外向型联合企业的目标稳步迈进。1991 年，工厂晋级为"国家一级企业"。

工厂地处鄂西山区，原设计产能为年产光学材料 42 吨，但当时实际年产能已达到 1500 吨。随着生产的发展和新产品的需要，工厂每年都进行技术改造，增建新的生产线，老厂各个厂房内拥挤不堪，已无可利用的地方。在信息迅速发展的背景下，地处山沟的工厂，交通和通信不便，信息闭塞，极不适应生产发展的需要，企业发展受到了诸多方面因素制约。

经研究讨论，工厂认为襄樊市是一座新兴的工业城市，是鄂西北的交通枢纽，具有良好的工业基础，十分有利于光学材料的生产、销售。加之二汽轿车基地建在襄樊，对扩大襄樊市横向经济联合起到了促进作用。工厂最终决定在襄阳高新技术园内建立一个分厂，建设一些技术含量较高的特种光学材料生产线和国家当时还处于空白的玻璃材料，既有利于总厂的管理，也有利于企业在襄樊的发展。1992年1月6日，经工厂厂务会研究决定，成立新点建设筹备组，由副厂长武银明任组长，副组长黄文斌，成员有郭兆明、曹思源、陈天汉、戴学珠、杜飞舟、张锡群、冯业胜、刘近斌、王达忠，建设筹备组办公室设在厂部办公室。

1992年4月12日，工厂向襄樊市人民政府上报《关于在襄樊建设分厂的请示》（厂字〔1992〕066号文），协调襄樊市政府为分厂建设给予政策支持和优惠条件。同年4月22日，襄樊市人民政府以《襄樊市人民政府关于国营5108厂在襄樊市区建设分厂有关问题的批复》（襄政函〔1992〕9号），同意我厂在襄樊市经济技术开发区高新技术园内建设分厂，享受三线搬迁和高新技术开发区所规定的有关优惠政策。批复的主要内容有：（一）关于征地问题。坚持计划用地、节约用地、合理用地的原则，同意控制征地300亩，对分厂建设实行一次规划，分期建设、分期征地；征地免收市政建设配套费、教育集资费等属襄樊市征收的有关税费；征地费用按每亩1万元包干计收。（二）配套设施建设给足优惠。市供电部门保证一级供电条件，一期工程用电负荷3000千瓦，保证到位，用电增容费给足优惠，给予减免；市供水部门确保分厂一期工程用水量1500吨/日到位，水量增容费给予减免优惠；对于分厂煤气用量市供气部门优惠供给。（三）同意迁入职工家属户口1500人，免收进城人头费，市公安、粮食部门协助工厂迁转到襄樊市区，同意迁入市区的分厂职工子女在襄樊市区入学。

可以说通过多次沟通协调，襄樊市政府决定从各个方面为工厂在襄樊市建厂提供优惠条件，保证企业有足够的精力投入企业发展中去。

1992年6月，工厂正式开始到襄樊进行选址。当时刚退下来的党委书记田辟疆，正好也是学建筑的，便请他主持这个筹建和选址工作。何语生、戴学珠、谢同聚、我等几个人组成了筹建工作组。当时在襄樊选址时，我们先后选了三四个地方，第一次选的是襄城一个玻璃厂，第二次选的是老襄大的所在地，第三次选的是七里河附近的园林市场。园林那个地方还是可以的，但是条件多，要价太高，不仅树苗要折价很多钱，还要解决人员安置的问题，最后没谈成。第四次才选定在工厂现在的所在地。最终，公司决定征地 300 亩，厂区 200 亩地，小区 100 亩地。那个时候地价还是比较便宜的，1 万块钱 1 亩，附加条件是解决一些村里的"地带工"，大概有 100 多人吧。

新厂刚筹建时，条件很艰苦，没有地方住，我们就在江山和电力公司租房住。之前，我们新厂这一块都是墓地，考古队专业考证以后才可以施工，不让破坏古墓。

当时，原厂长金其鲁的思路是在筹建新厂的同时，宜城老厂不丢掉，留一半人在老厂，一半人到新厂工作。按照这个思路，工厂在决定搬迁时，又在宜城老厂改造了配料车间，还筹建起了综合仓库，仓库建得很好，二楼是可以进汽车的，建设综合仓库和配料车间改造，我记得当时是花了一二百万的。后来，金厂长任期届满后，与武银明厂长进行了工作交接。新厂长上任后，他的工作思路是将老厂全部搬迁至新厂，并加快搬迁步伐，积极推进工厂整体搬迁工作。

（贾广桢系湖北新华光信息材料有限公司退休职工）

我和我的镗床

胡开阳

我是 2005 年退伍后进入泵业公司的，16 年来，我陪着我的镗床共同见证了泵业公司的发展。

2005 年 10 月，我怀揣着满腔热血进入泵业公司。那时候的车间很简陋，没有现在的数控设备和各式各样先进的工装工具，只有昏暗的灯光和轰轰隆隆的车床旋转声。经过考试，我以同批同事第二名的成绩进厂跟着黄文俊师傅在 T612 学习镗床，一个月后跟着方尊宝师傅学习 T68，一个半月后开始倒班，并拿到了人生第一个月工资 1042 元，至今难忘。我是一名退伍军人，返乡后又进入了兵工企业，心里的自豪感和责任感一直鞭策我要尽快学会现有设备，尽快能够干出成绩为公司发展作贡献。

其间，LC300/365 泵体出口法兰锥面加工，给我留下了很深的记忆，以前是大力车上弯板夹持找正加工。加工周期长、难度大，精度无法保证，经过我多次试验，自己主动担当，完成简易工装设计，完成锥面加工参数收集填补镗加工锥面空白，减少锥面法兰加工步骤，提高加工速度和质量。我经过日常的细心观察，逐渐通过钢屑的颜色和状态可以判断产品基本材质，然后改善刀具的选用，确保用最合适的刀具干最合适的活儿，达到降本增效的目的。那时总有使不完的劲儿，小宇宙爆发，不断学习充电，提升自己的理论及实际水平。

我的 T612 镗床在陪伴我经过 3 个年头后，逐渐被我摸透弄懂，听声音，能基本知晓设备是否有故障，自己也能及时处理一些小故障。在没有微型调节刀架前，轴流泵、托架内孔尺寸都是通过"敲刀"来完成的。这是一项技术活儿，螺丝拧多大力度，敲刀用多大力度，朝哪个方向敲，全凭经验和观察。目测从 10 丝到 4 丝，到 2 丝，甚至到 1 丝，当你用百分表测的尺寸就是你敲刀后想要的尺寸，真是有一种满足感，也许这就是大家所说的工匠精神。对工作一丝不苟，精益求精，我可以自豪地说我的产品我负责，绝不会有问题，决不做"差不多先生"。

后来我有幸成为分厂 QC 小组成员，我更是从实际生产需要出发，收集主要工件的加工参数，提出合理化建议，特别是新型刀具刀片的使用和更替。在没有相关经费的情况下，我利用休息日走访刀具市场，自费购买先行先试，只要能提升加工速度，改善加工质量，一切都值了。时间一长，成了习惯，于是我自己定了规矩，只要工资收入达标（5000 元）自动提留 100 元，作为创新基金。因为国家是海，公司是湖，那个人就是河，交足国家的，留下集体的，剩下全是自己的。公司兴旺了，我也会多些收入，正所谓厂兴我荣，厂衰我耻。

铣床上的钢屑收集盒，画线用的挂钩，卧车用的盲板专用夹具，装配用的划垫子的"飞机"，镗床用的测量辅助用具等，凭着"许三多"的执拗，业余时间，利用身边的边角废料，设计制作小巧实用的简易工装，解决了工友平时的小问题、小麻烦，提高了生产效率，改善了生产环境，增进了工友的感情。

2008 年，公司开始购买小立车、大立车、大镗床，试制大型烟气脱硫泵、大型液下轴流泵。不久，我又跟着花永魁师傅（那时候仅有的技师）学习武重大镗床（T6216）。加班加点学习，技术逐步提升，我也逐步会操作所有镗床设备，我时常告诉自己：要学会操作所有的镗床设备，让我成为厂里的一块砖，哪里需要哪里搬。后来，哪台镗床任务重了或者有同事请假了，我都能上去顶一顶，很好地配合分厂完成生产任务。

2011 年，制造一厂搬迁，我第一批来到日产工业园，依然从事镗工至今，我的设备陪我搬迁过来。这时候公司的产品发生了很大变化，双吸泵等各种疑难产品逐渐增多，克服设备逐渐老旧的困难，我完成了制造三厂第一台双吸泵加工的任务，我的设备跟一头老黄牛一样，陪伴着我一起见证了泵业公司的发展。

如今，公司提出高质量发展，创新发展，转型升级，打造"四最"。我作为一名党员，深知任重道远，未来还有很多意想不到的困难，还有很多需要改变的地方，作为兵工人，我们应该有一种闻令而动、勇于担当、积极作为的精神，为公司发展做出自己的贡献。

（胡开阳系襄阳五二五泵业有限公司职工）

我记忆中的销售工作

李毓胜

作为伟大祖国日新月异变化的一个缩影，襄阳五二五泵业有限公司也从30年前一个山沟沟里的维修车间，成长壮大为国内耐腐蚀耐磨蚀泵领军企业、国际耐腐蚀耐磨蚀泵知名企业。

我是1998年4月到襄阳五二五泵业有限公司从事销售工作的。那时，公司刚刚进入磷复肥行业，名气还不大，还没有被市场和客户充分认可。由于磷复肥的工位苛刻，对泵的耐腐蚀耐磨蚀要求特别高，当时基本上是国外进口泵的一统天下。为了打破这种局面，公司上下不懈奋斗，忘我工作，众志成城，奏响了一次次胜利的凯歌，彻底打破了国外进口泵的垄断地位，公司发展成为国内磷复肥用泵和烟气脱硫用泵的第一品牌，产品出口37个国家和地区。

大年三十服务客户赢尊重

2000年1月26日，我正准备从昆明回家过年，接到贵州息烽重钙厂（现贵阳开磷化肥）的通知，该厂新建的8万吨/年磷酸浓缩装置定在大年三十开车投产并拿出合格产品，要求我公司派人到现场，为开车投产保驾护航。我随即向公司分管销售工作的林总汇报，林总回复我："就派你去吧。你熟悉情况，又精通泵的维修，你去更可靠！"我二话没说，立即买了第二天从昆明飞贵阳的机票就去了贵州息烽重钙厂。

当时，配套贵州息烽重钙厂的泵是我公司生产的HZ760型轴流泵。HZ760型轴流泵也是当时国内生产用于磷复肥行业的最大的轴流泵，是替代进口泵的关键设备，也是 8 万吨 / 年磷酸浓缩装置的核心设备之一，容不得丝毫的马虎。在现场，从水试车到出磷酸过程中，设备出现了一些安装和调试的问题，我一一应对，及时拿出方案处理，有效地保证了该公司除夕当天生产出合格浓磷酸成品。

这期间，一件小事给我留下特别深刻的印象。

一天，我正在现场擦拭我公司 HZ760 型泵，该厂喻爱民厂长正好路过，便问我在干什么，我说泵的表面有点脏，影响了我公司产品的形象。没想到，这件小事让喻厂长深为感动，他当即给管生产的有关领导打电话，把生产部门有关人员叫到现场，当着我的面开了个现场会，表扬我们襄阳五二五泵业有限公司职工素质高，在现场服务还不忘把自己公司的泵打理得干干净净。喻厂长对生产部门的同志说："你们别小看人家，人家真正的工作是销售员，不是维修工，襄阳五二五的这种服务精神，值得我们学习！"

除夕晚上，贵州息烽重钙厂在招待所举行了隆重的辞旧岁迎新春晚宴，庆祝 8 万吨 / 年磷酸浓缩装置一次开车成功生产出合格产品，我荣幸地成为唯一的特邀嘉宾出席，也平生第一次喝到了正宗的贵州茅台酒。

大年初六，贵州息烽重钙厂党委书记郑本荣特地安排车辆，送我到贵阳机场。从这以后，我公司生产的泵得到了贵州息烽重钙厂的充分认可和一致好评，贵州息烽重钙厂即后来的贵州开磷集团也一直是我公司的铁杆客户和重点客户。

36 小时结下的不解之缘

2005 年 5 月 25 日，我又一次接到紧急任务。云南三环化工有限公司（现海口磷业）磷酸萃取装置 HZ600 型轴流泵出现安装质量问题，泵皮带轮与电机皮带轮不在一条直线上，致使 HZ600 轴流泵后轴承在泵运行约 2 小时烧坏。而 3 天之后的 5 月 28 日，在昆明召开的全国磷复肥大会参会会员要到该厂磷酸萃取装置参观考察，磷酸萃取装置恢复生产不仅关系到三环公司的脸面，同样关系到我公司的品牌形象。

刻不容缓，我立即赶到云南三环化工有限公司。当时修理现场空间狭小，拆装非常不方便，时间长了，维修工人坚持不了，我就让修泵的技术工人换班上，但技术指导就我一个人，没法换。而一想到5月28日全国磷复肥大会参会会员要到这里参观考察，公司的泵不能掉链子，我只有咬牙坚持这一条路可走。在连续奋战36小时后，泵终于修好了，萃取装置正常开车了，我刚舒一口气，就晕了过去，被紧急送往三环化工有限公司职工医院。原来，在现场时间太长造成了氟气中毒肺部感染。在三环化工有限公司职工医院住了9天，住院期间，三环化工有限公司专门派了一个维修技工来护理我，我也因此和三环化工有限公司结下了不解之缘。

3年坚持换来了订货

云南某集团是生产黄磷的企业，有6套生产装置，年产黄磷5万吨，在黄磷行业具有很强的代表性。由于种种原因，我们一直没有在该公司实现销售。为了打开销路，我每年都去该公司2—3次，有时与该公司工艺技术人员交流，有时与采购人员和公司领导交流，有时到现场看泵，尽管现场用的不是我公司的泵，但出了问题，我仍然乐此不疲地帮客户分析、查找原因，毫不保留地给予指导，充分彰显我们"五二五就是十二分的服务"风范，这一坚持就是3年。

今年4月1日，该集团副总经理邓总突然给我打来电话，要4台泵，让我报个价。我正感到纳闷，邓总笑道："你年年来我们公司，来了这么多年，又是推销泵，又是帮我们修泵，我们再不买你的泵，都不好意思啦。"

今年4月8日，我代表公司与该集团签订了4台泵，共计169770元，虽然合同金额不太大，但一个新的开始已经到来。

时间如白驹过隙，流星掠空。让我欣慰的是，峥嵘岁月，我的时光没有白度。我在销售工作中实现了自己的人生价值，赢得了客户的信赖和尊重，也赢得了公司的认可和信任。

（李毓胜现任襄阳五二五泵业有限公司销售分公司南部销售区域昆明办销售经理）

泵业发展之路

娄绪红

襄阳五二五泵业有限公司，隶属于中国兵器集团北化研究院集团北化股份有限公司，前身是国营 525 厂硅铁铸造车间。经过几十年发展，现主要生产烟气脱硫用泵及磷复肥用泵，服务于磷化工、火力发电、石化、煤化工、采矿冶金、核电、制浆造纸、船舶等行业，国内市场份额居于领先地位。作为一家集工业用泵研发、制造、销售与服务于一体的高新技术企业和国家级创新型试点企业，"五二五"牌特种工业泵历年保持"湖北省名牌产品"称号，产品远销美国、日本、俄罗斯等 20 多个国家和地区。泵业公司坚持以特种钢铸造技术为本，以特种工业泵为主，致力于打造国际知名的特种工业泵制造集团。

公司自成立以来，规模效益以平均每年 40% 左右的速度持续快速增长，公司逐步发展为襄阳市的利税大户和行业内的骨干企业。随着市场竞争日益激烈，公司始终保持综合经济效益在国内泵行业排名前 20 位，始终保持脱硫泵细分市场领域首选品牌和市场占有率第一的位置，被评为国家创新型试点企业，湖北省高新技术企业。

维修车间起家　护卫设备正常

1968 年下半年，国营 525 厂为了满足厂内以及华中地区部分兄弟单位配套小型铸铁件的需要，工厂报请五机部批准成立了硅铁车间。车间全部 12 名工作人员，依靠仅有的 1 台 250 公斤小勺炉，在一间芦席工房里从事生产，开始了泵业公司的创业征程。1972 年国营 525 厂成立 10 车间，年产铸铁 10 吨。

铸铁十年慢跑　积蓄发展力量　引进技术扩产　开启泵业篇章

1979 年，创业先驱们凭借简陋的设备和条件，在五院、重庆特钢研究所的协助下，一举试制成功 C4 钢铸件，荣获五机部技术进步一等奖，该钢种由我厂执笔写入国家标准，填补了我国浓硝酸用钢的空白。时至今日，C4 钢依然是全浓度硝酸耐蚀性能最好的材料。

1985 年应国务院"复肥办"和机械部"重大办"招标，先后研制成功耐稀硫酸 941 钢、耐磷酸 MM-4 钢和 UB-6 钢，从而为扭转我国磷复肥耐腐蚀设备长期依靠进口的局面创造了条件，被国家确定为磷铵设备定点厂。

1987 年国营 525 厂成立十分厂，生产不断发展，技术逐年进步；1987 年已有耐硝酸、硫酸的泵阀产品，年产值达 254 万元。

从 1983 年开始，经部、局和湖北省外贸部门的同意，先后有美、法、日等国家企业财团来厂参观考察铸造车间以及洽谈业务与技术引进。同时从 1985—1986 年底，工厂多次组织人员赴联邦德国、美国和法国考察，最终选定法国日蒙·施耐德和奥特·桑泊尔联合体作为合作伙伴，引进耐磷酸泵生产线。1988 年，耐磷酸泵生产线被列入国家重点技改工程项目。1990 年，该项目先后通过法方达产考核和国家部级鉴定，为公司日后占领磷复肥核心工艺装置用泵 70% 的市场份额奠定了基础。

1986—1990 年，公司引进法国日蒙·施耐德公司系列泵专用制造技术，奥特·桑泊尔公司特种钢材料冶炼铸造技术，磷酸泵生产线开工。

改制助推发展　进城拓新扩版　产销连年翻番　市场战略起航

1999 年，经集团公司批准，十分厂在湖北东方化学工业有限公司率先实行股份制改造，成立了襄樊五二五泵业有限公司，注册于襄樊市高新技术开发区，注册资金 5000 万元。

2003 年，公司总部和机加、总装、测试生产线由宜城东方搬迁至襄樊市襄城区。

2005 年列入国家"火炬"计划项目，2006 年获得中国电力科学技术三等奖。2006 年公司被中国兵器集团公司评为"十五民品发展先进单位""襄樊市工业先进企业""中国工行 3A 级信用单位、重合同守信用单位"，获纳税突出贡献奖。

2008 年，公司襄樊高新区新工厂一期工程建成投产。2009 年 12 月，获得湖北省科技进步三等奖。2009 年，公司研制的新型大功率大流量磁力驱动泵经过湖北省科技厅成果鉴定，被认定其整体技术达到国际先进水平。

2008 年 4 月，国家发展改革委、科技部、财政部、国家税务总局、海关总署授予公司"国家级企业技术中心"荣誉。

2010 年公司总部迁入襄樊高新技术开发区，当年实现销售收入 4.8 亿元；公司宜城东方、襄城、高新区三地生产。

2010 年，LC800/1000、LC900/1150 型高效烟气脱硫循环泵经过湖北省科技厅成果鉴定，被认定其整体技术达到国际先进水平；2011 年，公司研制的大型磷酸料浆低位闪冷蒸发循环轴流泵通过中国通用机械工业协会成果鉴定，被认定其性能参数国内领先，达到国际先进水平；2012 年，获得中国机械工业科学技术奖三等奖。

2012 年 4 月 28 日，公司特种工业泵制造建设项目在高新区深圳工业园开工奠基。

三地生产新高　致力央企担当　摇旗北化股份　泵业做大做强

"十一五"期间，公司提出并明确了"完善以烟气脱硫循环泵为代表的化工渣浆泵，巩固传统市场；开发渣浆泵开拓采矿冶金市场；以磁力泵为切入点开发化工流程泵拓展石化煤化市场；以核电铸件为切入点进入核电装备制造业；加强与国际知名泵制造企业合作拓展外贸市场，打造有国际竞争力的大型工业泵制造集团"的发展战略。

2009 年公司获批第三批国家级创新型试点企业、国家"火炬"计划高新技术企业，成为首批通过认证的湖北省高新技术企业，并获得省级企业中心认证。公司规模效益以平均每年 40% 以上的速度持续快速增长。

公司的发展壮大使公司从一个名不见经传的小企业成长为襄阳市的利税大户和行业内的骨干企业，成为中国通用机械协会泵业分会理事单位、国家级创新型试点企业、国家"火炬"计划高新技术企业、湖北省高新技术企业、省级企业技术中心、湖北省"重点培育 100 家规模以上的高新技术企业"。

2009 年 5 月，科技部、国资委、全国总工会授予公司"国家创新型试点企业"荣誉。

"十一五"的发展，公司在磷复肥用泵市场占有率达到 70%；同时，成功拓展烟气脱硫市场领域，市场占有率迅速提高到 50%，成为国内磷复肥用泵及烟气脱硫用泵的第一品牌。2015 年，公司"ZD/G 型重型渣浆泵"通过襄阳市科技成果鉴定评审会，被认定其整体技术达到国际先进水平；2016 年，获得襄阳市科技进步二等奖。

在中国兵器北化集团"发展优良产品与优势企业，借助兵器集团上市公司做大做强"的战略指引下，襄阳五二五泵业有限公司作为兵器集团的优势企业，于 2010 年底正式启动并入四川北方硝化棉股份有限公司（简称北化股份，股票代码 002246）的工作。2012 年 3 月 28 日公司召开临时股东会议，审议通过《同意公司股权转让的议案》《股权转让协议》。2012 年 12 月，并购方案获证监会通过。至 2013 年 6 月并购重组上市成功，北化集团于 2013 年 6 月 18 日下文襄阳五二五泵业有限公司的日常管控工作正式由北化股份负责。至此泵业公司为北化股份的主要业务板块，其行政、党务、工会等正式由北化股份管理并进行规范运作。泵业按照《公司法》重新调整设立了法人治理结构，制定了公司章程，调整了领导班子、党委。

2014 年 10 月公司深圳工业园试生产，公司形成高新区日产工业园研发、铸造、加工、总装、测试基地，高新区深圳工业园加工、总装、测试基地，宜城市铸造基地三大生产基地。

2016年7月，国家工商总局商标局授予公司"五二五"牌特种工业泵"国家驰名商标"荣誉。

逐梦白云蓝天　转型升级新章

在国内烟气脱硫工程市场需求放缓的同时，以印度和东盟为代表的新型工业国家电力需求日趋旺盛，新建电厂规模宏大，脱硫市场正在形成。借助"一带一路"东风，紧盯涉外投资项目，深耕印度、东盟等重点市场；继续加大与 GIW 的合作和交流，进一步扩大订单量；充分发挥公司多年来积累的磷复肥用泵技术和品牌优势，继续向摩洛哥等世界磷矿拓展，进一步辐射海外市场。

泵业人始终认为品质合格是尽社会的义务，品质卓越是对社会的贡献。泵业以"大国顶梁柱"的格局要求公司的品牌战略，以满足客户需求为第一要点，真正体现公司"五二五就是十二分服务"的经营理念，为客户提供全方位的服务，在售前、售中、售后的每一个环节中力求达到客户的最大满意需求，是我们的努力方向。

公司法人、总经理王乃华同志把产品开发视为公司生存发展的核心竞争力，在产品开发储备上坚持"生产一代要做精，研制一代要加快，预研一代要找准，探索一代要拓宽"的思路，坚持以市场为导向、提高自主创新能力、加快新产品研发、确保产品品质。公司是国内从事双相不锈钢材料研究和大规模商业应用的先驱，参与制定特种钢材料国家标准，坚持技术引进和自主创新相结合，已成功开发 30 多个系列 600 余种规格的特种工业泵，满足不同行业客户的个性化需求，综合实力不断攀升。纵观泵业的经营业绩，正是在当初以市场为导向明确了企业发展方向，鼓励拓宽产品设计思路，紧抓市场发展动态不放松，加快新产品研发，确保产品品质过硬才有了迅速占领脱硫市场并一举争得三分天下的良好局面，创造了五二五泵业二次发展的良好契机，缔造了五二五泵业蓬勃发展的阶段性"奇迹"。

　　公司多次获得"襄阳市工业企业百强"称号，在襄阳市工业企业纳税百强中排名靠前。公司以"打造有抱负、负责任、受尊重团队，把公司建设成为国内一流、国际知名的特种工业泵产业集团"为愿景，以"为股东创造价值，与客户实现双赢，为员工创造生活，为社会创造效益"为使命，推行"诚信、感恩、务实、共赢"的核心价值观，秉承"勤奋、尽责、创新、奉献"的泵业精神，力行"五二五就是十二分的服务"的服务理念，坚持"以人为本、全员参与、持续改进、追求卓越"经营管理理念，坚持"技术体现智慧，质量体现尊严；产品就是人品，质量就是素质"的质量理念，坚持"安全是企业之基、安全是生命之本、安全是幸福之源"的安全理念。"有订单才有作为""诚信为本，共赢为上""专注用户需求，提升用户效益，用户满意，我们才算成功""细节决定成败，合作成就事业""集一流人才，创一流品牌""构筑你我发展的平台，拓展你我生存的空间""居位凭能力，取酬凭贡献"……正是泵业的企业文化凝聚着泵业人细致工作奉献岗位并赢得了广阔的市场和行业的尊重，正是泵业的企业文化凝聚着泵业人拓展市场所向披靡并赢得了顾客的信赖和"五二五泵业"的品牌荣耀，正是泵业的企业文化凝聚着泵业人把握机遇适时转型扩产并赢得了发展的机遇和充满希望的明天。

　　面对公司转型升级的新挑战，泵业人直面工作中的问题和困难，提出适应新形势、新挑战的新的工作标准，用"严、细、狠"的工作作风推进工作，担当作为。我们坚信：任务艰巨而繁重，前景美好而光明，我们建成国内产品最全、技术水平最高、规模最大的渣浆泵企业的目标一定能够实现！

　　（娄绪红历任襄阳五二五泵业有限公司女工主任、党务科科长兼纪检科长、审计合规部纪检干事等职）

五十年"孕育"泵业品质

易治华

1964年中央提出了"三线建设"的决策，在中西部13个省区的大山里拉开了以备战为中心的军工建设。1965年元月，作为中南地区军工配套的大型重点企业，525工厂筹备处成立，并立即着手在鄂西地区选址建厂。第一次选址在宜昌地区宜都县清江北侧的蔡家冲；后因上边忽然下达了"另行选址建厂"的通知，接着从宜都搬迁到宜城。1965年11月，525厂成立选址小组，历时3个月在鄂西北地区选址近20个，最终厂址定在了襄阳地区宜城县内荆山山脉八万山下的胡耳冲。

五二五泵业有限公司原为525厂的十分厂，成立于1968年初。主要担负525厂生产设备的维修工作，同时协助525厂修建道路、货物押运等工作。主要生产阀门、管件、火车刹车片等铸铁件，生产模式主要为黏土砂造型作业。

20世纪七八十年代初期，为解决化工生产过程中浓硝酸的强腐蚀问题，按照国家第五机械工业部的研发任务指示，老一辈的泵业人联合各相关研究机构聚焦国家标准，从化学成分、金相组织、机械性能、物理性能、耐腐蚀性能、热加工成形等多方面进行技术攻关，研制出超低碳高硅奥氏体不锈钢种C4材质，解决了此问题，并将形成的相关技术标准写入了国家标准。1986年引进法国泵设计和制造技术、特种钢材料的冶炼铸造技术，开始投建树脂砂造型生产线，进一步提高了铸造生产能力。

2004年，东方厂区完成首台大型循环泵LC600/825-001泵体的生产。LC600/825-001泵体铸件单重为2.8吨，初期铸造工艺浇注总量为5.5吨，由于生产条件的限制,采取部分分体制作再整体焊补成型的方式来完成铸件成型。LC600/825-001 泵体主体部位浇注总重量仍要 4 吨钢水,东方厂区在只有 2 台 1.5 吨中频炉及 1 台 0.5 吨中频炉的冶炼能力下,采取多炉同时冶炼、出炉补料、包内保温等手段,顺利完成同时出炉钢水重量 4.2 吨。再加上现场容纳钢水的钢包只有 3 吨、2 吨、1.5 吨、1 吨各 1 个;采取两包同时进行搭桥浇注的方式,顺利完成了铸件浇注成型工艺。在热处理过程中,受热处理窑空间限制,将泵体主体部分局部分割热处理完成后,再焊接完成整体成型。在铸造厂区各级作业人员的共同努力下,第一台大型循环泵顺利在东方厂区完成,为公司进军大型电厂脱硫项目提供了业绩支撑。

2008 年,铸造厂在襄阳高新区扩建厂区。坐落于襄阳市高新技术经济开发区日产工业园新光路 2 号,建立了酚脲烷树脂砂生产线及熔模铸造生产线,完成了大型循环泵及配套叶轮的生产产能转移,同时也建立了特种铸造的基础。

2020 年,宜城厂区与高新厂区合并成铸造厂。2020 年 5 月接到上级北化股份进行厂区合并的通知后,6 月 5 日接到《关于成立铸造厂东方厂区搬迁组织机构的通知》(泵铸字〔2020〕89 号),铸造厂立即完成了《铸造厂东方厂区搬迁分厂组织机构及人员分工》。铸造厂领导多次召集各级管理人员,从人事、工装、物资、设备、安全、生产六大方面进行会议讨论搬迁事项,确定了整体的搬迁工作方向,制定了搬迁工作的具体事项。人事上,通过工段科室摸底调查、单独咨询、意愿填报等形式,其中员工最担心的问题就是住宿问题,其次是就业岗位问题。通过多次与行政部沟通协调,解决了住宿及就业岗位的问题。前后 4 次对每个职工进行意愿征集,最终明确了每个职工的思想意愿。搬迁工作中,在不影响现有的生产任务进度下,将现场的工装、器具及相关物资分批进行转移,同时成立专门的搬迁工作小组,确保现场物资及工装的转运装车、固定的工作顺利进行。

2020 年 8 月 15 日,面对 6000 多套模型的大量转移工作,铸造厂党支部组织党员及骨干人员,开展了以"不忘来时路,开启新航程"为主题的义务劳动活动,将所有长期积压的模型完成清理装袋,加快了搬迁工作的进度，进一步激发全体党员及骨干人员，在铸造厂东方厂区搬迁过程中以及搬迁后，铸造厂全面提升质量、安全、环保、产能、精益水平等各方面发挥先锋模范作用。设备上，通过铸造厂设备科 2 次确认后，邀请生产部相关人员进行现场审查，完成所有生产设备的分类处理方式，将需要转移的设备统一委外进行装卸转移，报废的立即向企管部进行备案申报。在整个搬迁工作过程中，铸造厂领导一再强调安全第一，牢固树立安全红线意识，层层落实管理责任；要求各级管理人员每天进行现场巡查不得少于 2 次。经过一个半月的前期物资工装准备，2020 年 7 月 10 日顺利完成首次的模型工装转运接收，截至 10 月初，东方厂区累计完成 30 吨级卡车 52 车物资转运。经过两个半月的人员思想动员工作，2020 年 8 月 22 日，完成首批厂区人员转移及安置工作；截至 9 月 27 日，3 批累计完成所有人员的转移及安置工作。最后，经过 4 个月的动员安排，计划执行，铸造厂搬迁工作组完成了东方厂区所有物资、工装及人员的转移安置工作，未发生一起单位安全事故。后期设备及报废工作由相关单位共同完成，截至 12 月底，东方厂区所有设备设施转移及处置工作完成，顺利完成厂区合并工作。

（易治华现任襄阳五二五泵业有限公司材料研发部陶瓷工艺研发工程师）

引进技术那些事

何思新

　　襄阳五二五泵业有限公司在 1968 年建厂时为国营东方化工厂（国营 525 厂）的一个维修车间。从事硅铁合金冶炼加工，服务中南地区特种化工企业。到 20 世纪 80 年代初响应国家"保军转民"的战略，与北京钢院合作，成功生产出超低碳高硅奥氏体不锈钢材料泵、阀及非标铸件。是国内第一家具备生产超低碳奥氏体不锈钢材料的单位，是系统内第一家其泵、阀产品直接面向市场销售的单位。

　　"八五"期间为保证粮食生产安全，国家制定了加快生产高浓度氮磷钾复合肥的产业政策来提高粮食产量，并通过引进技术填补该行业生产用关键设备（耐腐蚀耐磨蚀泵）的制造空白。

　　为成功引进泵制造技术，1987 年由兵器部、化工部、东方化工厂及国内泵专家组成的考察团队到欧洲、美国等地进行考察；同年，国家对外经济贸易部批准了引进法国日蒙·施耐德 24 种泵设计制造技术、引进法国奥特·桑泊尔 3 种特种钢材的冶炼铸造技术。

　　1988 年到 1990 年，从硬件设施上按引进技术要求：新建一栋 5000 平方米机加及测试工房，将铸造工房面积扩大 2000 平方米，新增中频冶炼炉、光谱分析仪、树脂砂再生生产线、程序控制热处理炉、泵闭路测试系统、动平衡机、各种机械加工车床和木工车床，为当时世界一流的泵制造设备。

　　从软件技术引进、消化、吸收方面：公司前后组织 2 批次技术员、技师等 10 多人到法国学习泵设计制造技术和特种钢材的冶炼铸造技术，时间共达 2 个月之久。技术人员不仅要过语言关，还要过技术关，图纸转化、工艺编制、现场管理、设备管理……他们都成长为技术核心人才，摸索并指导同志们战胜一个又一个难题。

法方日蒙·施耐德公司、奥特·桑泊尔公司技术人员先后2次到东方现场操作指导泵设计制造技术和特种钢材冶炼铸造技术的生产，于1990年按法方的技术标准成功生产出合格的样机泵，同年法方JS公司、HS的代表在东方签订该项目技术转让许可书。

该技术的成功引进，填补了我国磷复肥用泵产品的空白，成功替代了进口设备，并为贵溪化肥厂提供了5台国产化示范项目配套的磷酸泵。使公司生产双相流泵及铸造材料技术达到当时国际先进水平、国内顶尖水平。

我于1986年7月分配到国营东方化工厂从事泵、阀产品的销售工作，一路与泵业公司走到今天。多年来，积极参与公司磷酸泵的推广、销售工作，见证了泵业的发展与壮大。成功引进、消化、吸收磷酸泵的制造技术，在公司的发展过程中起到了承上启下的作用，为公司做大做强夯实了坚实的基础。公司的生产规模从20世纪80年代初的二三百万到今天销售收入达六个亿、从一个默默无闻的维修车间发展成今天行业（磷复肥行业、烟气脱硫行业）内龙头企业，是几代泵业人胼手胝足，顺应改革、抓住机遇、不断进取的结果。

（何思新现任襄阳五二五泵业有限公司销售分公司市场开发工程师）

忠诚与担当

李进才

　　湖北东方化工有限公司是 1966 年国家定点在鄂西北建设的大型三线企业，现在隶属甘肃银光集团，对外叫湖北东方化工有限公司，是兵器工业驻襄阳市的 4 家企业之一。我退休前是厂里的党委书记，也是东方厂建设发展的亲历者和见证人。

　　我们厂第一任老厂长刘寿延同志是抗战老干部，时任庆阳化工厂副厂长，他从东北带着第一批技术人员和生产骨干千里迢迢来到湖北，一头扎进了这个叫胡耳冲的山沟，凭着一股子不怕苦、不怕累，就怕拿不出产品，无法向党和人民交代的信念，白手起家，硬是在这个一穷二白的荒山沟里建起一座现代化的炸药厂。我是 1967 年进入该厂参加工作，进厂时只有 150 多人，身边的同事也是从祖国的四面八方而来，唱着红歌走向工作岗位的。我们坚信，"一定要把三线建设好"的召唤就是我们义不容辞的责任。

　　胡耳冲山沟里的厂址虽然离焦枝铁路线比较近，离县城也不太远，但是隔着大山，并没有便捷的交通。建厂时为通水、通电、通铁路，厂子里发起了一个又一个的大会战。黄山口铁路大会战，再现了"愚公移山"现代版，就是凭板车、肩挑，人工开辟一座山，修通了进厂铁路专用线；第二电源大会战，路经几十公里的山区，也是靠人抬肩扛，硬是把上千斤的水泥杆、铁塔运上山。施工队伍中男子汉个个争先恐后，女同胞也不甘落后，涌现出了一批女爆破手，上铁塔、爬电杆的"铁姑娘"；上水干线大会战，正赶上三九寒冬，男女老少齐上阵，站在冰冷的水里下管线、打铅口，场面真可谓"热火朝天"。那时候国家困难，老百姓也穷，我们住的是干打垒简易房、吃的是土豆红薯加糙米、啃的是咸菜疙瘩。在第二电源大会战时，老厂长刘寿延同志和几百名职工一起吃住在现场，常常一干就是半个多月才回一次家。领导的榜样就是无声的命令，没有人讲待遇，没有人提条件，大家心里只有一个目标，那就是千方百计让工厂早日建成投产。依靠来自全国各地数千名建设者6年的艰苦奋战，工厂主产品生产线于1972年7月8日顺利投产，一举填补了中南和华东地区82号产品的生产空白。

20世纪80年代，东方人开始了第二次创业。东方人发扬特别能吃苦、特别能战斗的三线精神，仅用了180天就自主建成年产2500吨的结晶硅生产线，实现当年设计、当年施工、当年投产、当年拿出合格产品的壮举。随后，我们结合自身硝化技术优势、攻克了无数难关，运用网络控制图，优化节点、高速优质地建成了当时规模为亚洲最大的万吨级一硝基甲苯生产线，成为行业内民品开发建设的样板。之后，公司又精心培育特种钢泵（阀）产品，五二五泵业现居我国特种工业泵领域主导地位，如今五二五泵业重组并入北化股份，这是东方人对国家和兵器行业做出的重要贡献。

"十一五"以来，公司优化产品结构，陆续完成一批批技改、安改项目，企业面貌焕然一新。公司目前已经成为集生产、科研于一体，拥有硝化、氢化等特种化工核心技术的融合型企业。公司年产6万吨的一硝基甲苯生产线、年产2.9万吨的甲基苯胺生产线，其产能规模、产品质量都达到国内同行业领先水平。

五十多年来，东方的历任厂长以"发展企业、报效国防、富裕职工"为己任，敢担当，能担当，带领一代又一代东方人负重前行，经历了补先天、创后天，破产重组、内引外联，科技创新，产品优化、产能升级，实现了跨越式发展，成为在行业和地区具有相当竞争力和影响力的企业。如今东方的新生代传承老一辈人"忠诚担当"的精神，以全面深化改革为契机，以市场为导向，大力发展绿色循环经济，努力提升企业可持续发展的质量和水平，认真履行社会责任，在改革发展的道路上砥砺前进。

五十多年了，有的老同志到湖北后再也没有回过老家，再也没有见过一起长大的伙伴。西北、东北远离湖北，化工生产三班倒，在职时他们没法回去，到退休了，家乡早已物是人非。几代东方人扎根三线艰苦创业，默默无闻献身国防。全国人大常委会原委员长张德江到湖北襄阳视察路过东方生活区时，非常感慨，他说三线人"献了青春献终身，献了终身献子孙"，他们"特别能吃苦、特别能战斗、特别能付出、特别能坚守"，告诉随行的地方党政负责人，要善待三线建设者。这就是国家领导人对我们最大的肯定和褒奖。

从1931年中国共产党白手起家干军工，到如今"中国军工制造"享誉世界，靠的是兵工人对党和人民的无限忠诚，靠的是"把一切献给党"的坚定信念，靠的是"自力更生、艰苦奋斗、开拓进取、无私奉献"的人民兵工精神代代传承。如今，咱们兵器工业集团是国防现代化建设战略性基础产业，忠诚不可或缺，担当不可替代，奉献难能可贵。忠诚与担当是我们兵器人不变的信念，是打造兵器百年基业的精神支撑。

（李进才曾任东方化工有限公司党委书记）

扎根三线　终生无悔

宋治邦

我已经 80 多岁了。1965 年，我响应国家"三线建设"号召，从太原机械学院（现中北大学）毕业，直接来到国营东方化工厂。当时我们两男一女 3 个同学一起到东方厂报到，我有缘和一同到厂的女同学在东方相恋，在东方成家，在东方立业。那一年分配到厂的大中专毕业生共 39 名，有的来自北工、哈军工等军工院校，也有来自浙江大学、复旦大学、武汉大学这些地方名校的毕业生。我们一起参加工厂基本建设，工厂主要军品生产线从建线、投产试制，直到投入正常运行，都留下了我们的汗水。起初分配到工厂的学生后来有的调到地方任职，有的下海经商，有的回学校任教，人生轨迹有了改变，但多数人都选择在东方厂成家立业，在技术或管理工作岗位上一直干到退休，将毕生的精力奉献给了三线军工事业。

在东方厂连续工作 30 多年，我从普通技术员干起，后来走上技术组长、技术科副科长岗位，1984 年 4 月起担任工厂总工程师兼生产副厂长直到退休。回想自己在东方厂几十年的工作经历，最有价值最值得回忆的事有两件：一是参加重点产品生产线建设、试生产准备和试制后的技术改造，至今很多改造成果仍在生产线上运用；二是牵头开发民品。20 世纪 80 年代初，中央提出"军民结合，平战结合，军品优先，以民养军"的方针，企业纷纷搞民品开发，我组织和参加调研的产品就有二三十种。

由我牵头开发的民品，经过充分的技术经济论证后，工厂先后选定并建设了十来条生产线，包括现在仍在发挥效益的耐磷酸泵、一硝基甲苯、氧化铁红、汽车内饰件（模塑制品）等。其中一硝基甲苯、耐磷酸泵（还有后来开发的其他用途的特种工业泵）业已成为支撑企业发展的骨干民品。我亲自参加了氧化铁红生产线的设计、建线、试制到批量生产。

把产品选择好、发展好才是企业立足之本

东方厂地处鄂西北山区，企业自成体系，非生产性人员比较多，社会负担相当沉重。建厂时设计的军品品种相对单一，盈利能力不强，在计划经济时代靠指令性任务度日，寻找"好产品"的愿望一直比较强烈。改革开放40年来，工厂由最先开发"短、平、快"民用产品，到后来利用企业自身优势发展支柱产品，到现在以市场为导向在产业链上延伸，创新性地发展有核心竞争力的产品，一直没有停止过军民结合的探索，这里面有成功的经验，也有失败的教训。现在看来，像我们这样的实体企业，需要先对自身发展有科学定位，然后才是对产品做出精准选择。产品兴则企业兴，产品败则企业败。要使产品长盛不衰，一靠技术，包括新技术、新材料、新工艺、新装备以及持续的新产品开发；二靠管理，产品安全、优质、低耗、连续、稳定生产，都离不开科学和精细的管理。靠技术就是想办法把知识分子的聪明才智发挥出来，让技术起到引领的作用；靠管理就是千方百计把广大职工的积极性调动起来，让群众自觉自愿地把工作做好。把产品选择好、发展好，技术与管理这两者都不可缺少。

知识分子在军工企业能够实现人生的理想抱负

东方建厂初期，正处在"备战备荒为人民""好人好马上三线"的20世纪60年代，成千上万工人、干部、知识分子和民工，风餐露宿、肩扛人挑，用艰辛、血汗甚至生命，建成了在行业和地区都有一定影响力的大型三线企业，也铸就了"献了青春献终身，献了终身献子孙""特别能吃苦、特别能战斗、特别能坚守、特别能奉献"的"三线人"文化。我们老一代知识分子经过几十年精神洗礼，骨子里早已融入了这种文化。建厂50多年来，企业

不断发展壮大，几代知识分子与企业同成长共进退，始终是企业技术、管理工作的骨干力量，大家苦中有乐，把工作当事业，把企业当追求人生价值、实现理想抱负的平台。我们老同志对企业的山山水水、一草一木更是有着特殊的情感。这里的自然环境，从生产上讲，沟壑纵横，森林覆盖率高，实际地貌非常适合作为化工产品的生产厂区。从生活来看，荆山山脉地处秦岭以南，绵延几百公里，物产丰富，气温宜人，民风淳朴，无论北方人还是南方人，都能很快适应这里的生活，况且企业现在的生产、生活条件与过去比，已经发生了翻天覆地的变化。每当和这些老同志在一起追忆过去的时候，大家无不感慨万千，当初响应召唤走进三线虽然有组织分配的因素，后来留下来扎根三线报效国防完全是自己无悔的选择。

人民兵工精神是兵工人生存发展的精神支柱

我见证了企业50年的发展，前些年公司就初步实现了以民养军的目标，实际年产值超过10亿元，单纯依靠军品生存的局面得到改变，但是由于五二五泵业的重组上市，公司民品板块规模效益结构发生重大变化，对近期发展和改善职工福利的影响是直接的。解决生存发展的矛盾，不能等、靠、要，需要拿出当年建厂时引领我们攻坚克难的"自力更生、艰苦奋斗、开拓进取、无私奉献"人民兵工精神，再来一次创业。

有部小说叫《围城》，说城外的人千方百计想挤进城里，而城内的人又想拼命挤出城去。现在是价值多元、信息高度发达的时代，我想城里、城外也没有了过去这么大的差距。我要告诉年轻人，既然选择了东方，就要沉下心来，脚踏实地，从小事入手，从点滴做起，不断积累和释放自己的能量，在东方创新创业，成家立业，活出精彩，这样才能无悔人生。

（宋治邦曾任湖北东方化工有限公司副厂长）

再到黄山口

吕传慧

每次回到曾经生活和工作的地方——地处鄂西北八万山脉的湖北东方化工有限公司，看到这里的一栋栋房，一面面坡，一道道沟，一座座桥，还有生活区那条清澈的小河，就有一种置身母亲怀抱的感觉，格外亲切和温暖。

那是一个雨过天晴、空气清新的早晨，被雨水洗刷过的天空分外干净，厂区山峦青翠，绿意盎然。我漫步在宽阔明亮、标识一新的柏油路上，正思考着今天到底去哪里看看，"呜……"，长鸣的火车汽笛声吸引了我的目光，只见一列槽车在工厂铁路专用线上徐徐驶过。顺着铁路绵延向东穿山而过的黄山口隧道，是我五十多年前参加"大会战"的地方，我决定沿着铁路故地重游。

从生活区走向厂外，一路向北走过专用线的值守房直行几百米，再拐过一个大弯，就能瞧见专用线火车站待令出行的内燃机车头和停在铁轨上的一节节槽车、棚车。机车车库外墙上"发展企业，报效国防，富裕职工"12个大字格外醒目。过了车站继续向前，是一段通向黄山口隧道的缓坡路。与铁路并行的公路则从山口翻过，僻静的夫子垭旧貌换新颜，曾凹凸不平的沙子路早已硬化成了水泥路，极目望去，满坡葱茏。走在公路上，我深吸着百草芬芳，缓缓行至黄山口隧道顶端。昔日光秃秃的黄山已是青山如黛，芳草遍地，绿树茂密。看看下面穿山而过的铁轨，当年千人会战的场景慢慢浮现在我的眼前。

1969年，工厂按照党中央、毛主席"三线建设要抓紧"的指示，为加快建设进度展开了"上水干线、第二电源、专用铁路"三大会战。上水干线大会战于 3 月拉开序幕，专用铁路线大会战和第二电源大会战同年 10 月先后开工，其中专用铁路会战是三大会战中的重中之重。全长 7.9 公里的铁路专用线，东起国家焦柳铁路干线的上大堰车站，途经几个桥涵，穿越黄山口隧道，西至工厂吴家湾原料库和母猪岭库区。桥涵和黄山口隧道是铁路专用线的重大工程，黄山口隧道又是专用线最难啃的骨头，工厂为此专门成立了铁路会战指挥部，集中人力和物力打攻坚战。会战得到了宜城县政府的大力支持，县政府抽调上千民工参加会战，参与施工人员一度超过 2000 人。原设计是开凿隧道衬砌，因技术和装备水平有限，后改为明槽开挖，即隧道大揭盖，这大大增加了土方作业量，且极可能影响工期。负责黄山口工程的 1000 多名民工迎难而上，采取"打深孔、放大炮"的办法提高作业效率，最大炮装炸药 2 吨多，中小炮不计其数，运送土方的双轮车和人挑肩扛的人员川流不息，现场热火朝天。

为了补充力量，工厂抽调了 40 名青年职工参加了黄山口大会战。这 40 名职工全部来自当年我所在的一车间 106 工组。由于一车间下辖的 101、102 等工组都有大量的设备安装任务，只能不定期抽调人员临时参与黄山口会战。106 工组原料制造生产线因工艺改变，设备安装任务少了许多，固定参加黄山口隧道会战的任务就落在我们肩上。车间主任王殿玉、指导员徐茂才、副指导员高文珍给我们做动员。在班长刘明振的带领下，我们打起背包从挖沟埋管线的战场转往另一个战场，在上大堰附近的村庄和民工一样睡地铺，一同吃大锅饭，一起抢镐挥锹挖土方，装车推车搬石头，钻眼放炮平场地。那个年代用毛泽东思想武装起来的人们，依靠巨大的精神力量，总有使不完的劲。工地上个个都是铁打的汉子，不怕苦不怕累，谁也不甘落后。李忠某个子不高，干起活来犹如猛虎，哪里土质难挖他就到哪里攻坚，哪里石头大他就主动去搬。贾文银、胡德友、贾文道、郑世年、李忠书等男青年甩开膀子与民工比着干。女工们也不甘示弱，和男同志们一样搬石头放炮，装车推车抢着干，每天一身泥巴和着汗，汗渍在衣服上画圈圈。胡德芹这位身材纤细苗条的女工上山放炮没有一丝畏惧，余新英患有严重的胃病和痛经，常常疼得直不起腰，也不肯耽误劳动去看医生，为减轻疼痛，常常用锹把顶住胸口和肚子，时间久了毛衣竟顶出了一个洞。劳动间隙她还写下大量振奋人心的战地新闻。

劳动虽然很苦很累很单调，但我们也有快乐和收获。16岁的女工简光秀在我们当中年龄偏小，她爱说爱笑爱唱歌还会识简谱，闲暇之余我们就跟着她学识谱学唱歌。我们与民工兄弟关系也处得十分融洽，当时我和几位同事住在一户吴姓人家，大哥在雷河镇商店当会计，还有大妈、大嫂和几个孩子，为了给我们腾房，一家老小及一些杂物都挤进了正房，我们几个青年男女分住在他家左右厢房。大妈热情善良，每天给我们备好油灯，烧好热水，没有条件洗澡，用盆子擦擦身子、洗洗脚也很舒服。纯朴的农工友谊令人终生难忘，会战结束很久我们还有来往。

经过大家的不懈努力，黄山口隧道终于用一年多时间打通了。1970年冬铁路专用线铺轨，1971年3月28日全线建成通车，从此东方厂多了一条连接外界的"大动脉"。艰苦淬炼底色，磨砺锤炼意志，那段艰苦的岁月带给我和同事们最大的收获，就是培养了特别能吃苦，特别敢拼搏，特别讲奉献的精神，对于工厂而言更是培养和造就了一批骨干。余新英等青年1971年光荣地加入了共产主义青年团，胡德友成为全厂学习毛主席著作积极分子，几年后有几名青工分别走上了管理岗位，再后来李忠某等走上工厂中层领导岗位，贾文银担任了主要工段的工段长，郑世年、李忠书成为分厂调度，贾文道成了工厂财务管理骨干。

站在穿山而过的铁路专用线上，心中拥有一份功成不必在我，功成必定有我的自豪与光荣。我们用辛劳和汗水展现了青春风采，换来了心灵慰藉。千人会战的场景已经远去，重大工程肩挑人扛的时代早已被现代科技取代，但拼搏奋进、无私奉献的精神仍在这片热土上激荡，这条铁路专用线也陪伴着东方创造了一个又一个辉煌。能够常回东方看看，我们是幸运的，想想那些为东方建设发展奉献终身再也无法相聚的老一代领导和前辈们，崇敬之情油然而生。他们是东方的创造者、奠基人，是东方最大的功臣，我们永远也不能忘记。

（吕传慧退休前曾任东方公司行政管理处支部书记）

我的兵工情

张运丕

　　我是 1970 年毕业于上海华东化工学院（现华东理工大学），分配到东方厂，在工厂干了几十年，一直在为东方各条生产线的全面自动化事业尽心竭力，把一辈子都献给了东方。已过古稀之年的我回顾人生历程，对自己这样的选择感到无怨无悔。

　　我是一个农民的儿子，很幸运地赶上"文革"前最后一届高考并有幸被录取。从来没有出过县境的农村娃，能到上海这样的大都市上大学，从内心深处感谢党和国家，学生时代就立下了报效党和国家的志向。大学期间因为有"文革"影响，5 年的学生生涯真正学习专业知识的时间累计不足 2 年，加上当时国家化工自动化仪表制造业还相当落后，毕业分配到东方厂时自己的大脑还是一片空白。好在进厂后赶上了工厂大搞基本建设这千载难逢的机遇，通过参加大型项目会战、参与自控仪表安装调试，学到了许多书本上学不到的知识和技能。大量的实践锻炼也为以后我从事技术和管理工作打下了坚实的基础。

　　建厂初期，厂里有不少大型项目、分项目，如上水干线管线施工，黄山口铁路涵洞开挖，胡集到东方的第二电源线路架设等，都是东方厂职工自己干。进厂当月我就参加了第二电源大会战，几十套铁塔都是我们抬上山竖起来的。打炮眼、放炮、浇灌塔基、竖铁塔、拉电线、架电缆，我们几乎"无所不能"。没有大型机械完全用人拉肩扛完成如此浩大的工程，靠的是"自力更生、艰苦奋斗、开拓进取、无私奉献"的人民兵工精神作支撑，这种精神成为企业发展壮大和陪伴我们这代人不断成长的宝贵精神财富。

记得刚到仪表室上班时，单位有近 40 名职工，大学毕业生就有十几个，分别毕业于哈工大、上海交大、浙江大学、华中工学院、河北工大等院校，他们都比我早到单位。我不懂就问，虚心向师哥们学、向工人师傅学、向领导学。在仪表管线和仪表安装过程中，我掌握了电工、钳工、管工技能。生产线建成后试生产和接下来的正式生产，技术人员要同工人一起倒班，我在现场跟班倒了六七年，直到 1977 年工厂第一次锅炉改造——由燃油锅炉改为燃煤锅炉时，我才真正开始专门从事技术员工作。在一线倒班的那些年，我不断熟悉生产情况，动手调整调节器参数，向工人师傅学习实践经验，实战能力提升很快，的确是"实践出真知"。后来我工作上取得一些成绩与在一线摸爬滚打这段经历直接相关。

1984 年工厂领导班子调整后，仪表室大中专生几乎都被提拔到中层领导岗位，他们的调出和升迁也给了我机会，当年我就带领仪表室 20 余名工人完成了工业硅生产线输电铜板组装、高压电柜安装工作。艰苦的付出也得到了工厂的肯定，1985 年我被评为厂劳动模范。1987 年 5 月开始建设一硝生产线，我主持了生产线自控仪表设计图纸审核、仪表订货、自控仪表系统安装组织技术指导。1992 年，国家安委会组织专家组对我厂主产品生产线进行了安全评估，硝化机手动放料改为自动放料被列为限期整改项目。短短的 3 个月内，我组织单位职工自行设计、订货、安装、调试、仪表盘开孔改造、电缆重新铺设，几乎包揽了这方面的全部工作。在同志们的共同努力下，任务不仅如期完成，还为工厂节约了数十万元费用，顺利通过了国家验收。该项目用电动 II 型仪表替换原气动 I 型仪表，在行业内开创了使用电动控制仪表的先河。在东方工作的几十年，我多次参加项目自控分项的设计、安装、调试等工作，各条生产线都留下了自己辛勤的汗水，也培养了一批技术和技能骨干，现在说起生产线仪表自控方面的事情都能如数家珍。

2002 年秋，因为年龄关系，我从中干岗位退了下来，本打算出去见见世面，也与长江三峡工程某监理公司达成了协议，碰巧公司主要产品生产线安改可研批复下来了，公司领导要求我留下并给予了优厚的条件，对我实行谈判工资，这在东方历史上是第一次。化工生产线全面自动化是我毕生的追求，我留下竭尽全力工作，最终圆满完成了任务。超前技术应用的主产品生产线自控系统成为行业内的一大亮点。2006年，东方公司在湖北潜江市与地方企业合资建设甲基苯胺生产线，公司领导再次将我留下来发挥余热，直到2014年底才回家休息。从办理正式退休手续到自己要求回家，我又在自己热爱的专业领域为企业工作了10多年。

人的生命是有限的，但兵工事业是无限的。我见证了东方公司50多年的发展历史。我庆幸的是自己能够成为改革开放40年伟业的坚定拥护者、积极参与者和建设者，几十年的光阴没有虚度。

（张运丕退休前曾任东方厂计量仪表处处长）

我的青春岁月

余春秀

从 1968 年建于湖北省谷城县盛康镇的国营红山化工厂到如今的华中药业股份有限公司，50 余年变迁，当初的红山厂早已跳出深山，脱胎换骨，但在离退休老一辈创业者的回忆里，那段奉献了青春和热血的岁月却历久弥新。

20 世纪 60 年代，为应对复杂的国际政治局势以及发生大规模军事冲突的可能性，国家作出战略部署，建设了一批以能源交通为基础、国防科技为重点、原材料工业与加工业相配套、科研与生产相结合的战略后方基地，这就是当年的"三线工厂"。"三线工厂"大多处在西部深山中，条件艰苦、交通不便。在这场史无前例的大会战中，"备战备荒为人民""好人好马上三线"就是那个时代的真实写照和响亮口号。

红山厂建设初期，万余名建设者们从四面八方云集谷城县小笋芽峪，开展了建设红山化工厂的"三通一平"大会战。什么都要从头做起，工地上到处是一片繁忙的景象。当时没有机械设备，几乎全靠肩挑背扛的人海战术和坚强的革命意志，首先建起了由红山至石花大峪桥全长 15.05 公里的铁路专用线，使建设物资源源不断地运进厂区。后来厂里砌围墙，要往山上运砖，人手不够，时间又紧，不但工人，就连子弟学校老师、同学都加入了搬砖队伍，一天的任务是 200 块砖，每次担 12 块左右，开始两三趟还比较轻松，可越往后越吃力，但大家还是咬牙坚持下来了，干了 10 多天。当时的两句口号至今仍然记得："要问搬砖累不累，想想革命老前辈；要问搬砖苦不苦，想想红军二万五。"

工地热火朝天的搬砖场景

当时物资匮乏，大家"先生产后生活"，条件十分艰苦。红山厂地处偏僻山沟，离谷城县城有40多公里，交通十分不便。蔬菜只有靠当地解决，每天早晨，附近的农民担上菜担子沿街叫卖，品种单一，没有挑选的余地，不然一天的蔬菜就没了着落。买肉凭票供应，每人是0.5斤/月，营养跟不上。

尽管环境艰苦，但是大家还是开动脑筋，自力更生，没有条件就创造条件，努力将生活品质提升了上去，不仅把生产搞得红红火火，生活也过得有滋有味。

红山厂建在群山之中，山中物产丰富，木耳、蘑菇到处都有，"薤山"的半山腰上更是漫山的野板栗树，一到星期天，不少职工家属便三五成群结伴爬20多里山路，采摘蘑菇和野生板栗。

由于当地的蔬菜品种单一，比较勤快的人家就到周围山坡上开荒种蔬菜，赶到夏天遇到旱情，各家各户纷纷拿出水桶挑水抗旱，形成别样的风景。

蔬菜的问题解决了，肉食的问题可不能落下。红山化工厂总占地面积8100多亩，按当地叫法，分河滩、沟里，汉江的一大支流南河就在办公和生活区中心地带经过，摸鱼捞虾改善一下生活是那个物资匮乏年代极大的乐趣。湖北雨水足，各类水塘、沟溪有丰富的鱼类资源，莲藕塘里抓鲫鱼，一个水窝里有时挤上两三条，简直就像在"捡"鱼。南河里发大水，水退后到河滩各残留的水坑里捡鱼，运气好的话能捡上10多斤的大鱼。河鱼味美鲜香，不仅改善了饮食条件，也为艰苦的生活平添了许多乐趣。

苦中作乐精神食粮必不可少。虽然物资匮乏，但是艰难的岁月也有欢乐的时光。露天电影是当年文化娱乐生活的全部，在比较宽的空地上，挂上银幕，用 35 毫米或 16 毫米电影机放映。有电影的晚上是职工和孩子最快乐的时光，为占个好位置，人们早早地搬上长凳子、小板凳或用砖头围个圈放好，只等到时间观看，有时下雨也照样场场爆满。尽管看的电影题材比较单一，基本上是战斗片和革命传统教育片，如《地道战》《地雷战》《南征北战》《列宁在十月》《红色娘子军》等，但全厂职工家属依然兴致盎然、场场不落！

1975 年 7 月，一场大水冲毁淹没了河滩的所有建筑设施，造成巨大经济损失，后来也因种种原因，工厂军品线最终未能建成投产，处在缓建和关闭中。几千名职工家属并没有坐以待毙，积极争取支持，为求生存展开自救，坚定地贯彻"军转民"方针，先后筹建了 6 个民品项目：万吨啤酒项目、油漆生产项目、碱性蛋白酶项目、重品石粉及万吨沉淀硫酸钡项目，在艰难中顽强求生。跳出小山沟，奔向民品大市场，公司紧抓三线调迁机会，毅然走出深山，走向城市搬迁之路，开展药品生产的二次创业，老一辈创业者再次付出了艰辛的努力。"献了青春献终身，献了终身献子孙"，无数军工人在"三线"扎根、奋斗、延续，这是一笔宝贵的精神财富，也是一代又一代军工人的精神楷模。

岁月荏苒，当年的国营红山化工厂早已脱胎换骨。但是那时奉献、奋斗的岁月精神还在不断地影响着一代又一代的军工人。如今的华中药业主要从事化学原料药与医药制剂的生产和销售，是湖北省医药行业重点和襄阳市行业龙头，并购湖北制药后，成为湖北省药品批文最多、剂型最全、产业链最完善的医药企业，是国家二类精神药品和计划生育药品定点生产企业。主导产品 VB_1 为行业"隐形冠军"，占全球 40% 以上市场份额，产品能达到中国、美国、欧盟、英国、日本、印度等多国质量标准，内销 20 多个省、市、自治区，外销 50 多个国家和地区。

（余春秀为华中制药厂退休职工）

中国人民解放军 5713 厂发展印记

房 杰 李 宁

　　说到军工企业，"三线建设"的历史背景和波澜壮阔，自然令人记忆犹新，荡气回肠。

　　"三线建设"前后经历 16 年，贯穿三个五年计划。中国人民解放军第5713 厂，就是在这样的大背景下，选址谷城县茨河镇石井冲村。1968 年 10 月，分三批选拔 50 名现役军人干部战士，组建了 2510 工程筹备处。筹建之初，筹备处人员分散住在生产大队的仓库里、老乡家里和油毡棚子里。经过 3 年艰苦卓绝的奋战，于 1971 年在到处荒芜、满山杂草丛生的山区，建起了一座承担国防任务的航修工厂，成为襄阳"三线建设"时期在山沟里的一

工厂搬迁
进城后的大门

颗耀眼明珠。

工厂职工正在装车

自建厂以来，在上级机关、首长和地方党政领导的亲切关怀指导下，勤劳的 5713 人献身国防、情系航修，谱写了无私奉献、艰苦创业的雄伟诗篇；描绘了开拓创新、科学发展的绚丽画卷；彰显了航修报国、爱国强军的巨大力量。

回顾发展历程，历史的记忆是深刻的。

1969—1985 年，5713 厂经历了扎根山区、艰苦创业的难忘岁月。1969 年 6 月 15 日，这是一个具有历史意义的日子。这一天，在谷城县茨河公社石井冲，破土动工，揭开了 5713 厂的历史篇章。从此这一天，也就成为我们的建厂日。筹建初期，生活、工作条件十分艰苦，广大军民发扬"一不怕苦、二不怕死"的革命精神，挽起臂膀，拿起镐头，开山辟地；以脚当路，用肩当车，披星戴月建设发动机修理线。1975 年 1 月，伴随着响彻山谷的第一声发动机轰鸣，第一台某型原型机试修成功，随后转入批量修理。修理能力的形成，具有里程碑意义，影响极其深远，标志着工厂找到了支柱产品和发展方向。1985 年，某型发动机又试修成功，打破了单一机型的修理局面。

这个阶段用时 16 年，是老一辈航修人无私奉献、开创基业的 16 年。他们以献身国防的巨大政治热情和忘我的牺牲精神，在昔日的小山沟里建造了一座美丽的航空修理工厂，谱写了一曲曲拓荒创业之歌。石玉敏、于志魁、张远明、刘君福等创业元老和何传英、罗北海、高秋廷等历任厂领导，也在工厂的发展史册上留下了闪亮的名字！他们作为第一代航修人作出的历史贡献，让后人永远铭记！

1986—1998 年，5713 厂走过了稳步发展、战略转移的光荣历程。在这一时段，工厂抢抓机遇，一手抓新产品开发，一手抓战略转移。1988 年某型发动机试修成功，到 1998 年又相继成功试修多个机型，生产能力不断扩大。1996 年初步形成了"小批量、多品种"的修理格局，修理技术、修理工艺不断成熟，保障能力不断提高，工厂呈现出稳步发展的局面。这个时期，工厂审时度势，于 1988 年在襄樊市西郊首次征地，开始建设民品分厂，从事制药机械产品开发。虽然民品开发步履艰难，未能实现预期目标，但通过民品开发的探索与实践，工厂积累了经验，锻炼了队伍，成功实施了战略转移。

这一阶段用时 13 年，是巩固基础、探索发展的 13 年。以刘承厚等同志为核心的领导班子带领全厂职工开拓进取，勇于探索，成为工厂实施"一厂两地"战略布局的功臣。自此，工厂不仅在大山中拥有了发展基础，在都市襄樊也有了腾飞的发展空间。13 年里，工厂稳步发展，为工厂跨越发展奠定了基础。对于这一代航修人的历史贡献，同样为后人所铭记！

1999—2009 年，5713 厂进入了开拓进取、快速发展的时期。从"九五"末到"十五"期间，空军装备建设进入快速发展期，以庄航等同志为核心的领导班子把握机遇，果断决策，提出了"一主两翼"的发展思路，工厂新机开发驶进快车道。2000 年撤销襄樊分厂民品建制，组建襄樊发动机修理公司，成功试修出第一台小三发，填补了国内修理空白，打破了某型单一系列修理格局。2003 年涉足修理新领域，成功试修新系列发动机，填补了军内修理空白。2004 年，工厂又一新系列发动机上台点火成功，工厂正式跨入该型发动机修理领域。同时，谷城厂区先后形成了 3 个机型修理能力。至此，工厂具备了四大系列的综合修理能力。与此同时，产能不断取得突破，2002 年产值突破 1 亿元，2005 年超过 2 亿元。多系列、多型号修理能力的形成和襄樊厂区的初具规模，为企业的后续发展奠定了坚实的基础。

2010—2020 年，5713 厂开启了稳中求进，创新发展的改革时期。这个时期阶段性地以李建平、张铀、蔡继红为核心的领导班子，带领全厂员工，克服了自建厂以来持续的难以想象的困难，以坚韧的意志力艰难前行。全厂员工肩负"姓军为战""以修为战"的使命，聚焦"强军兴装"目标，攻坚克难，开拓进取，向着高质量发展阔步前行，新一代航修人秉承"守信，立行，开放，创新，完美"的核心价值观，发扬"勇于拼搏，激情超越"的企业精神，工厂建设发展取得全面突破。核心修理能力大幅提升。多型发动机形成批量修理能力，辅助动力装置和部附件修理能力稳步拓展。科技兴厂取得新进展。推行渗铝等十余个项目 Nadcap 认证并通过认证审核，Nadcap 理念深入人心、开花结果。科研攻关成果丰硕，工厂荣获军队科技进步奖共 11 项，省级科技奖 1 项，市级科技奖 11 项，22 项专利获得授权。质量基础不断夯实。"质量至上、质量第一，依法施修、诚信施修"理念深入人心。通过了 AS9110C、AS9100D 质量管理体系认证。基础管理迈上新台阶。通过第二轮保密资格认定，安全生产标准化二级达标认证，环境和职业健康安全管理体系认证，光伏电站并网发电，ERP、MES++、PDM、OA 等系统基本建成，管理效能明显提升。民生民本长足进步。实施了"航泰家园"安居工程，新建大学生公寓 80 套，改善了厂区、生活区环境，让职工安居乐业。

50 年来，5713 厂人自强不息、奋力前行，在艰苦环境里奋斗、在困难局面下奋斗、在质量问题中奋斗；勇于拼搏、激情超越，争取型号任务、争取建线资金、争取生存空间、争取发展机遇，形成了独具三线、军工和鲜明特色的"三奋斗四争取"伟大实践、历史沉淀和文化传承。工厂荣获全国"五一"劳动奖状、全国模范职工之家、全国文明单位、全国职工教育培训示范点、全国质量管理小组活动优秀企业、空军装备部先进党委等称号；获得了"国家复合材料及制品质量监督检验中心（湖北）"授权和资质认定授权；被认定为"空军航空发动机用高温复合材料检测研究中心""湖北省院士（专家）工作站"。孙红梅、徐成方分别荣获全国劳动模范、全国"五一"劳动奖章"荣誉称号，孙红梅还成为军内唯一的大国工匠。

50 年的创业史、建设史和发展史，是一场波澜壮阔的实践，积累了宝贵的经验，并不断启示战斗在这片沃土的每一名不穿军装的战士，他们始

工厂搬迁进城后的大门

终牢牢地坚持以军为本、姓军为战，坚持能力建设、型号牵引，坚持质量至上、持续改进，坚持创新驱动、加快发展，坚持以人为本、激发活力，坚持群众路线，凝聚人心，坚持思想先行、文化引领。

面向未来，5713厂人不忘初心、牢记使命、不断奋斗，要力争把工厂建成某型航空发动机和辅助动力装置规模最大、实力最强的修理基地，建成国家复合材料及制品质量监督检验的战略要地，建成"六支队伍"层层辈出的人才高地，建成文明和谐的洞天福地……用赤诚守护战鹰，把满腔的热血尽洒在祖国的蓝天。

（房杰曾任5713厂党委副书记，李宁曾任5713厂团委书记）

怀揣一生的航修梦

刘承厚 讲述　罗勇刚 整理

我是一名航空发动机专业工程技术人员，从事基层技术工作 17 年。在十一届三中全会后，在改革开放的浪潮到来之际，1984 年初，党组织把我推上了改革前沿，当了一名企业管理干部，任职本厂厂长。

上任不久，就碰上一个十分挠头的问题：任务少、效益差、生产萎缩不景气。同时国家百万大裁军，军费大缩减，一股强大的冲击波辐射到军工部门，也冲击着我们修理企业。

面临着一个任务不饱满、资金不足、原材料备件紧缺、职工生活艰苦，尤其是对我们这些地处山区的工厂，其困难就显得更加突出，信息不灵、交

刘承厚勘探襄阳厂区征地

通不便、医疗困难、子女上学就业出路受限等，可以说是困难重重，难以应对。随之就是职工人心不稳，要求调离工厂的人员愈来愈多，工厂根本就留不住人。随着时间的推移，当时又出现了一个令人担忧的事：过去独家承修的某型发动机修理的格局即将被打破，出现了多家竞争、僧多粥少的状况。

面对这样一种局面，该怎么办？我真是吃不下，睡不着。脑子里想的全是工厂怎么搞，如何生存下去，感到肩上的担子愈来愈重。全厂职工包括家属2000多双眼睛盯着、期待着。此时此刻，稍有不慎就会全盘皆输。可以说，我当时是忧虑重重，思绪万千。

古人云"人无远虑，必有近忧"。我想，虽然上级部门对我们山沟工厂给予了适当照顾，每年给予一定的任务，勉强维持问题也不会太大，但要想扩大再生产、提高效益，仅仅依靠修理几台原型机是远远不够的。此时此刻，我萌生了一个念头，那就是要扩大修理机种。于是，我立马跑部队，去沈阳、贵阳、成都、西安等地搜集情况、调查研究、分析形势。对"多品种、小批量、以优取胜"的经营方针有了充分认识，并想方设法使职工树立这种观念，接下来就是付诸行动。

1984年，经过艰苦努力，工厂新型号发动机试修成功，职工无不为之欢欣鼓舞。正当大家沉浸于兴奋喜悦之际，上级部门把这一机型安排给了兄弟工厂承修。原想着，若每年修理百余台发动机，利润要比我们原来修的机型多出来几百万元。有了这几百万的纯利润，我这个厂长就好当了。可那时，我们哪有几百万元，即使有几十万也就了不得了。

对此我们没有气馁，没有停步，又开始设想另觅新机。随后，我盯上了新型号发动机，此型机虽然数量不多，用户装备也少，但它是一机双发，而且价位比较高，相当于几台原型机的修理费，这很划算。于是工厂就下定了决心，一定要克服种种困难，设法上该型机。

当时，该新型机是某厂的独家产品，这个厂那会儿也不景气，他们紧紧抓住这个机型不放。在这种情况下，我又带着技术人员，不畏艰难，搞资料、搞备件，历经千辛万苦。功夫不负有心人，1986年终于将该型机试修成功，改变了工厂修理单一的格局。职工信心更满了，他们看到了工厂的前景，看到了希望，工作的劲头也鼓足了。

新的局面虽然打开了，品种有一定的扩大，但一系列新问题又来了。发动机进不了厂，零备件奇缺，制造部门也逐渐跟工厂争任务。基于这种情形，我也顾不上疲惫和带病的身体，坚持工作，领着一班人员跑部队，跑生产厂家。为了工厂的发展，用尽了心思，花费了不少精力，不分白天黑夜，连续作战。可喜的是，一个个困难相继被我们克服，还开发新产品，还试修了援外发动机。一个"多品种、小批量、以优取胜"的格局逐步形成。

1992 年前后，我们把目光又投向民航，产生了开发民用航空发动机部附件修理的构想。为实现这一构想，我还特意去新加坡学习了质量管理经验，实施翻修许可，没多久，就完成了既定目标。为后续工厂翻修涡扇发动机奠定了一定的基础。

就是这样，我们经受住了一场场战斗，一个个难关的考验，工厂生产形势渐渐好转，修理能力得到了明显提升，效益也很可观。一个原本十分贫困的三线工厂，逐步改变了颓势，扭转了困局，产值和利润逐年上升。工厂每年还可以上交一部分的利润，为国家作贡献。

1989 年工厂被授予"军队级先进企业"，还步入全国 500 强先进企业行列，被当地政府授予"环保先进企业""花园式工厂"等荣誉称号。这更是大大鼓舞了全厂干部职工，让工厂重现出生机勃勃发展势头，大家都关心工厂的发展，各方面工作都紧紧跟上，职工当家作主的氛围更为浓厚。

视质量为生命，常抓不懈绷紧弦

刚任职初期，我还遇到过另一个苦恼不堪的问题，就是产品质量不过关。1979 年 9 月，工厂修理的发动机在外场使用过程中发生安全事故 3 起，但问题一次也没有得到解决，原因也不太明朗。问题虽然发生在我任职前期，但它的影响、困扰着工厂的正常发展。怎么办，如何提高产品质量？对此，我陷入了深沉的思考。

工厂要发展，必须先上质量，把质量当作企业的生命线，牢固树立"产

221

品质量第一"的理念，要让全体员工充分认识产品质量如同生命一样珍贵，并把提高产品质量落实到自己的实际工作当中去。于是，我上任后当务之急就是解决好工厂存在的质量问题。随后，我带着质量、技术一班人对问题进行了认真、扎实、科学的分析和研究，找出产品质量的真实原因，制定改进工作的实施方案，切实抓好了六个方面的事情。一是针对修理作风和影响产品质量的各项基础工作进行全面整顿；二是建立质量保证体系和与质量有关的各项基础工作制度；三是加强技术攻关和开展故障研究，充分调动工程技术员及技术工人的工作积极性，仔细查看修理技术条件和修理指导；四是加强外场服务工作，融洽工厂与用户关系，客观地面对所出现的问题，做到及时、准确、服务好部队，确保飞行安全；五是想方设法调动全员工作积极性，尽最大努力解决好"农转非"问题，解决职工的后顾之忧；六是实施全员培训上岗，让操作者修理的产品可靠有把握。真正做到了思想上、行动上把产品质量工作摆在比什么都重要的位置，丁是丁，卯是卯，发现问题不回避，不查个水落石出不罢休，脑子里想的是"对质量问题要把无事当有事抓，别人的事当作自己的事来抓，小事当大事来抓"，或称为"大事敲警钟，小事敲棒子，无事敲木鱼，警钟长鸣，常抓不懈，时刻紧绷质量这根弦"。

通过一系列艰苦细致的强化工作，展现了人人把好质量关的局面，涌现了一批先进班组、先进个人和先进集体。同时，使质量指标作为一票否决的考核决定也真正落到实处，把一步一个脚印、踏踏实实的工作作风贯彻到每一件事务的始终。

随着质量工作的不断深入和研究，工厂在这方面也有了转机。1983年工厂取得了修理工厂质量评比第一名的好成绩，随后又获得了质量评分连续3年排名第一的荣誉，并在1995年、1996年、1997年连续3年未发生因工厂修理责任出现的各类质量事故，被评为质量先进企业，一改过去质量不好的形象，也得到了部队用户的一致好评。

走出山沟进城市，开创建设发展新天地

随着改革开放的不断深入，一股改革春风也吹进了我们山沟，发展才是硬道理更加深入人心，军队企业发展战略思想自然而然地摆到了人们面前，航修企业要从单纯军品生产型向军民结合经营型转变，否则就会死路一条。

当时自己认清了这种形势，深感前景堪忧，当即决断要开发民品，走军民结合的道路。就算"上刀山、下火海"也要拼命转型。搞民品、找市场，谈何容易，对于一直从事军品修理的企业来讲，不管是领导还是员工，难度实在是太大了，难题太多了。

不管怎样，也得摸着石头过河，立志要去试一试水深。刚开始我们小打小闹，搞点零备件加工，外协加工洗衣机轴，电镀一些小零件等，但很快我就意识到这种方法不是出路，没有什么前途可言。后经过深刻反思，结合工厂的特点和优势，我觉得绝不能停留在原来的思路上，决意要摆脱过去那种"锅、瓢、碗、盆"的狭隘观念，要充分发挥自身的优势，挖掘工厂技术、管理上的潜力。一定避开中、低档产品对思路上的困扰，束缚其手脚；一定要有高端尖端产品走向市场，坚持在技术密集型、外向型和产品高档次方向上发展，在竞争中扬长避短，争取主动。

一条风险之路、一条充满荆棘坎坷之路摆在面前，但总觉得还有一条希望之路一定会出现。究竟如何去走，从哪儿开始，就成了当时自己思考的主题。

随着调研了解和科研分析的深入，结合自

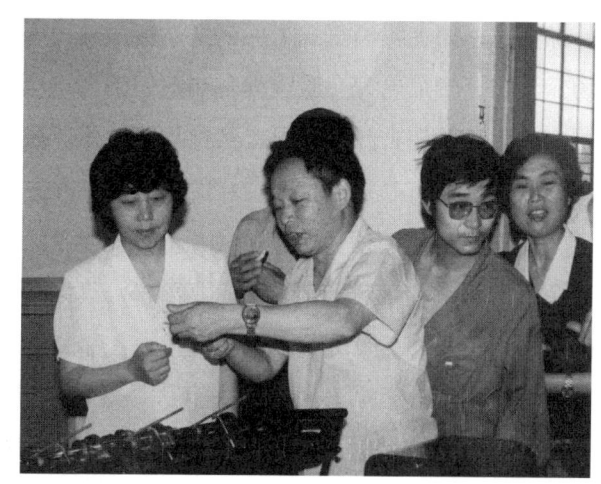

刘承厚医药讲解

身的特点，我们看到搞医药机械还是一个比较好的方案，潜力比较大，于是就下决心搞医药机械产品。

当时存在不少风言风语，说我们是癞蛤蟆想吃天鹅肉。但是我认为我们不是癞蛤蟆，可天鹅肉还是想吃的，只要下定决心，哪怕前进的路风险再大，我们也要坦然面对，勇敢担当，大胆去闯。这也怕那也怕，什么事情都办不成，那还要我们这些共产党人干什么呢？共产党人就是不怕吃苦，敢于承担风险的人。于是，我们放下了思想包袱，直面困难、开拓市场，迅速制定了方案，一步一步往前推动，开始了制药机械设备的仿制、自主设计、生产等工作。

然而，实践之路也遇到了不少困难，但在当地政府部门及国家医药行业的大力支持下，我们首台仿制德国波珠公司的医药拉丝灌装机成功下线，虽然存在一些不足，但也是我们向行业迈出的第一步，靠上去了，得到当地行业的肯定。当时在襄樊招待所召开了鉴定会，还得到了国家医药局的赞赏，认为5713厂还是具有一定的实力，同意了工厂将"华中制药机械厂"作为第二厂名的申请。如此一来，也为我们后续进驻襄樊市奠定了基础。此时的工厂，人情激奋，不断在这一领域拓展思路。后来我们又生产了药用安瓿机、胶囊包装机，陆续投放市场，也获得了一定效益。

困难接踵而至。眼下，在山沟里搞民品生产不仅成本高，而且难以获得外部信息，加上我们三线工厂自身就存在先天不足和诸多困难，难以走向市场。于是，一个更为大胆的构思在我们脑海里诞生——完全融入城市，利用城市的优势条件去开拓市场，实施战略转移。经过慎重而又深入研究，我们决定进入襄樊市办分厂，以发展民品作为主攻方向。

我们制定了短期、中期、长期方案，努力克服了资金不足等诸多困难，凝心聚力，逐步实施，特别是紧密结合工厂军品生产的优势，最终实现了战略转移的目标，就是"一厂两地"。之后，我们全力办好分厂，逐步实现"山沟总厂转入城区，分厂变为总厂、总厂变分厂"的战略规划，这样便形成了一个较为优势合理的布局。经过10余年的努力，这个山沟企业变得更具活力，生机勃勃的军民品结合型企业也日趋成型。目前，工厂发展建设取得了可喜成就，获得了较好的经济效益，也为当地增添了光彩，得到了上级主管部门的肯定。

回顾自己曾经工作过的地方，曾经那些付诸实践的理性思考，感觉自己的时光没有白费，那些日日夜夜的操劳与付出都得到了回报，为工厂发展、为子孙后代做了不少实事，尽了自己的职责，作出了应有的贡献，我深感欣慰。

如今退休已近20年，我期待着工厂今后有更大的发展，特别是在产品质量、生产能力、科技创新方面能更上一层楼，相信工厂的明天定会更美好。

（刘承厚曾任5713厂副厂长、总工程师、厂长兼党委副书记，罗勇刚现任5713厂党支部书记）

用双手去建设

张志良 讲述　舒春雪 整理

　　工厂地处的石井冲穷乡僻壤，生活条件差。在我的记忆中，1980年前后，部分年轻职工、技术人员受回归大潮的影响，向往大城市，调离穷山沟。企业陷入人才匮乏，悲观躁动的情境。厂领导明白只有开拓进取，加速发展，才有希望，便组织力量抓新机试修。

　　1982—1985年，试修成功某型航空涡轮喷气发动机，生产近百台。上下欢庆胜利之际，风云突变，要将该型机修理线转交兄弟工厂。"5713厂自生自灭"的沉闷舆论似浮云笼罩石井冲，这对刚组建的新领导班子是不小的考验。厂党委和厂领导一起讨论研究，确定推出"小批量、多品种"的发展方针，冲破条条框框，自找门路求发展。1986年，兄弟厂不愿意试修的一个型号发动机转交工厂试修。人弃我取，虽然它是高故障率发动机，但工厂如获至宝，精心试修，着力提高产品质量，到1989年，完成部级试修鉴定并交付出厂。这来之不易的收获，振奋全场。一时间惶恐躁动、困惑不安的情态消散，员工凝聚力增强。

　　这段时间，有了3个机种的支撑，工厂经济形势开始好转，声名远播，人才开始回归，职工人数逐渐增加，员工的福利待遇也得以改善。

　　而之后的一段时日里，工厂再无指令性新机试修任务。有小道消息称："某某工厂修不完的，可以给点你们修"。难道工厂就是这个命运？我们可不服这个气，我们要为命运而抗争。我记得在多次调研试修某型因无批文均无功而返时，工厂领导审时度势，果断决策，将视线转向非空军单位、航空部、国外用户等，寻求新的发展机会。实践证明，这条路走对了，它让工厂在 5 年任务不饱满的空当期内饱尝到了试修军贸机的甜羹。

从 1988 年到 1989 年,工厂为某厂试修某型发动机,同时改装煤油起动发动机,从此打响了胜利的第一炮。之后,又接连成功试修国内外送修的多型发动机。

可以说,从 1988—1995 年共试修计划外发动机的多个机种,其意义非凡。军贸机修理价格很贵,经济效益显著,快速积累的资金,为下一步工厂扩大规模、分厂建设、战略转移提供了经济和物质基础。培养了一批技术骨干力量,完成了多项技术改造,工厂大修能力有了质的飞跃,产品质量稳步上升,并有幸在部级大调整中避免了将工厂转交地方的厄运。

1995 年之后,工厂进入高速发展期。工厂向部汇报多年来技术进步成果,积极申请试修新型发动机,得到部领导全力支持,并分期批准试修多个型号发动机。至 2000 年,工厂某型全系列发动机的试修任务基本完成。

抓住机遇,加快发展

2000 年前后，新领导班子按上级总体规划，决定一厂两地均修理航空发动机，完成部定建设准修理基地的战略目标。至此，谷城厂区仅用 3 年时间，试修完成某系列多个型号航空发动机。襄樊厂区组建新的修理线，从零起步，高标准配置，五年时间建成一个修、造、研三结合的新型航空发动机准修理基地。两厂合一的战略转移工作得以逐步实现。

如今两个生产厂区齐头并进，同时试修成功四个大类型的航空发动机，发动机年产量和工业总产值逐年创历史新高。丰厚的利润、部领导的支持、厂领导的明智决策把工厂推向发展高峰，进入辉煌期，各种荣誉纷至沓来。

目前，全厂职工人数早已较一个厂区时翻了一番，厂区的面积也增长了 3 倍。在生产区，高大的新厂房洋洋洒洒，综合办公大楼、文体活动中心、计量检测中心、新试车台蔚为大观，巍然屹立。在生产线上，高精尖的修理、制造、检测、试验装备随处可见。在生活区，几十栋高楼大厦坐落在绿树成荫中，每户职工享受着近百平方米的住房待遇，宽敞的休闲广场上到处莺歌燕舞，工厂环境优雅，空气清新，真是令人心旷神怡。

纵观全局，这一辉煌成果源自何方？其中之一就是 40 多年来凝聚而成的开拓创新精神，那就是：锲而不舍、持续试修。

（张志良曾任 5713 厂总工程师，舒春雪系 5713 厂质量技术员）

追逐航空梦想

刘培辉 讲述　冷　月 整理

　　光阴似箭，日月如梭。40多年的光景，在历史长河中只是一瞬间。但在人生的旅途中，我的青春和精力都耗费在这段难忘的岁月里，回首往事仍历历在目，让人感慨万千。

　　1972年3月，正是春暖花开的季节，怀着美好的希望，我向组织提出申请和要求，想去诸葛亮曾经隐居过的地方——襄樊（现为襄阳）隆中，支援"三线建设"，筹建5713厂。后来，组织上批准了我的要求，于是我和爱人抱着不到3岁的儿子全家坐在闷罐子火车上，人货混装，风尘仆仆，由陕西12厂向湖北进发。

　　襄樊至石井冲约90华里，交通十分不便，路况很差。我站在人货混装的小型车上，大约2个小时，才到达目的地。由于车子颠簸，我的一只帆布箱子磨出一个大窟窿，头撞在车棚上，撞了一个包。

　　到了石井冲后，安排我们住在一间约15平方米的"干打垒"房子里，铺盖还未打开，我就急急忙忙直奔山上去看一车间，了解工作环境。霎时，一颗火热的心，一下子凉了大半截。这叫什么工厂啊？没有烟囱，没有机器，红砖垒成的车间，不如一个库房。

　　当工厂于志魁副厂长向我们作报告时，我这才知道石井冲还是个血吸虫病的流行地域。当地一首民谣这样描述："石井冲啊石井冲，十家就有九家空，还有一家没有空，躺在床上不能动。"可见，美好的愿望与严峻的现实，存在多么大的差距啊！

　　怎么办？既然来了，要支援"三线建设"，就只有克服困难，勇往直前。

工程筹备处首批进入湖北谷城县茨河公社石井冲村

在当年王杰英雄一不怕苦、二不怕死精神鼓舞下，我们还怕什么呢？如此很快稳定了情绪，一心一意投入工作中去。

当时，筹建一车间时，只有我们4个人。一方面要指挥安装设备，另一方面还要自制工作台架，编写发动机修理工艺流程，不分分内分外，什么都干，如碎石头，修水泥路；搬砖头，砌围墙。没有什么报酬和奖励，大家都一样，干得也欢乐。

一车间责任重大，担负着发动机冷部件的修理、总装和试车。1979年，工厂修出的发动机（原型机）在使用时，一个星期内，连续发生3起质量事故症候，影响较大。很快，上级领导来到工厂调研，要求工厂采取措施，保障飞行安全。

我们根据故障情况，分析原因，并没有照搬照抄制造工艺，采取针对性措施，改进同心度测量方法，用工艺轴测篦齿间隙，改善前轴承油路。经过飞行考验，证明措施是可靠的。从此以后，再未发生同类故障了，说明技术攻关对保障产品质量非常重要，是工厂的希望所在。

1984年我调到技术科，有两件事给我的印象很深刻。第一件事是上级首长来工厂调研时说："你们5713厂将某型发动机原型机修好，保证质量，叫某兄弟厂修乙型机。"如果按这种思路布局，对我们厂很不利。我带领一部分技术员到黎阳公司调研原型机与乙型机的技术差异，回厂后立即编制乙型机修理工艺规程，在很短的时间内，将乙型机试修成功，并向工管部作了专题技术总结报告，并得到了部里批准。这样，乙型机的试修成功，我们领先某兄弟厂，为工厂争夺了荣誉，也为工厂创造了效益。

1975 年，工厂首届党代会合影

第二件事，某型甲型机，由黎明公司生产，当时部里安排某兄弟厂修理，因为故障比较多，某兄弟厂不太愿意接受。我们在北京出差时，首长问我们："你们能不能修甲型机？"我说："怎么不能呢？能。"这样，修理甲型机的任务交给了我们，证明我厂有技术优势。通过这两件事，说明一个问题：在产品开发上，不能等，不能靠。看准了的事，一定要积极主动。作为一个领导者要敢于承担责任，要敢于冒些风险。在干的过程中，求得完善。只有这样，工厂才会兴旺发达，永远立于不败之地。

（刘培辉曾任 5713 厂总质量师，冷月现任 5713 厂培训管理员）

事业是干出来的

韩小渝 讲述　魏　琴 整理

　　我是 1972 年 7 月从系统内工厂调到 5713 厂来的。在那个年代，国家根据当时国际、国内战备形势，提出了"山、散、洞"建设三线军工企业的方针，并动员各条战线的职工大力支援"三线建设"，以加强空军装备修理能力建设，保障部队飞行训练作战和战备需要。在上级决定将某型发动机整条修理线从系统内工厂移交到 5713 工厂这个大背景下，我和这条修理线上的许多同事一道也都一起来到了 5713 工厂，由于是整条生产线的移交，所以该型发动机所有的资料、工具、设备、库房里的备件，也全部移交了过来。

　　当时的 5713 厂还处在边进行基建、边组织生产的阶段，一进厂我分在了生产科，负责生产准备工作。记忆中有几个同志给我留下的印象特别深：一个是和我一起从原工厂来负责筹建实验室的金在毅同志，7 月正值酷暑之时，他每天一早从工厂所在地谷城石井冲山沟里跑到襄樊市火车站提货，傍晚才回厂，长时间这样来回跑，直至最后生病累倒。另一个是从北京部里直接调来、具有干部身份的现役军人谷贺同志，他负责押运设备，每天戴着顶草帽早上到襄樊火车站去吊装设备，也是下午五六点才回来，很多时候他不坐驾驶室，而是坐在设备上防止设备掉下车，就这样一天一趟，足足运了2 个月。还有苏黎明、曹俊秀、底东奎等高个子大汉，他们中有的已离世，想着他们站在泥巴地里，抱着很大的石头劳动时的场景，很是敬佩，很是怀念。

　　记得毛主席语录中有一句话："我们都来自五湖四海，为了一个共同目标，走到一起来了。"我们是这样学的，也是这样做的。那时候条件非常艰苦，也没有什么吃的，厂级干部、工程技术员、工人、军人都是一样的劳动，在泥巴地里干活，设备运回来后，还要卸车，每天都忙到很晚，大家没有什么等级之分、官位之分，更没有搞特殊化的，连发馒头都是一人一个就着一把咸菜，这些真实过往绝不是你们现在能

建厂初期石玉敏政委等进行建设开工动员

想象的。由于工厂建在山上，生活区距离厂区最远的车间相隔几里路，没有交通工具，全要靠步行。简陋的办公室条件不好，夏天热、冬天冷，为解决取暖问题，副厂长牛福海就发动我们机关干部自己锯管子做了简单的供暖设备；没有通信设施和交通工具，工厂和车间里的联系就靠人跑上跑下喊话通知，后来工厂向部里打了报告后才购买了自行车，发给每个单位的调度，再后来厂里搞了个小电话站，这才基本解决了通信问题。

那时候搞联营战备，备战、备荒为人民，我觉得人们都有一种信念，想着某型发动机已经到厂，修理线要赶快上马，因为这个机型淘汰了另一个型号，很快就会列装了。大家积极性非常高，每次调试设备时都是厂里人自己动手。当时二车间、附件车间的设备最多，附件车间的流量设备最不好调，记得牛副厂长非常有经验，他亲自跟踪试验发动机测试流量，然后与流量设备在外厂测试时的数据相对比，找出了问题症结所在：原来流量设备因工厂不能自行检测校对，需定期送外厂检验，但崎岖的山路上的运输晃动使刚刚校准的设备发生了故障，导致测量数值一直不稳。弄清原因后，大家开始动脑筋、想办法，搞技术革新，最后在山顶上建房搞了一个油箱，经过一系列试验，终于解决了流量设备不能在工厂自行检测的大难题。

还记得分解第一台发动机时，我们对从原工厂运来的工装和工具进行测

试，检查合不合适，合格以后逐一进行编号，最后进行核对，然后再把缺少和有误的工装、工具清单及实物清理出来，派专人送到原工厂改制、换件或补齐，再按需带回。这是一件非常烦琐、庞大的系统工作，因为那时候没有什么办公设备，只能用最原始的方法：手写、手抄、手绘图，人人累得眼睛发胀、手发酸。而这些困难在技术难题面前又不算什么了，我们那时还不清楚某型发动机的特性，对它也没有全面认识，当初5702厂修理时"文革"已开始，在技术上没什么积累，因此，一切还得靠我们自己摸索着前进。那时候，碰到生产上的难题厂里就发动干部职工一起想办法，工程技术人员也都主动到一线讲解、指导。那时有些老工人凭经验干活，生产本应在统一指挥下严格按照工艺规程做的，技术人员就对照着技术文件一一解答、按部件进行指导，慢慢纠正了，可以说当时的生产就是这样搞起来的。

如今，工厂建设得越来越好，但我认为有三点精神仍不能丢，需要世世代代传承下去：一是工厂建设发展文化精神不能丢；二是要讲究节约，要艰苦奋斗，不要铺张浪费；三是工厂要有凝聚力。现在回顾，在那么艰苦的条件下能够走出来有了今天这样的局面，都与这三点分不开，所以只有大家齐心协力，才能共同把工厂建设得更加美好。

（韩小渝曾任5713厂主管生产副厂长，魏琴现为5713厂保密干事）

青春不悔创业情

吴语彩 讲述　李　宁 整理

　　还清楚地记得那是 1968 年 11 月 14 日，组织把我调入某工程筹备处，第二天我便到招待所报到，从此便成为一名三线建设者。

　　按计划报到后的第三天就要进驻某工程筹备点，由于当时天气非常寒冷，雨雪一直不停地下，襄樊、谷城地区也一直在下雨雪，领导考虑到安全以及人员到后生活方面会有很多困难，便决定等到天晴后再进驻，所以才把进驻筹备点的时间一推再推，等了一个星期，雨雪仍旧下个不停，这才决定冒着雨雪进驻筹备点。

顶风冒雪进驻筹备点

　　1968 年 11 月 20 日，是一个很值得我们首批进点的同志终生铭记的日子，也是筹备处进驻石井冲村开启漫漫建厂岁月值得纪念的日子。我们一行20 人（其中包括 3 名女同志）在石玉敏政委的带领下，带上各自的日常用品、被褥行李以及床架、床板、搭建工棚用的油毛毡等都堆积在筹备处一辆老旧的道奇敞篷汽车上。经过十来个小时的颠簸，冒着大雪、忍着饥饿和寒冷总算安全地到达了富强大队（后改为石井冲村）血防站（工厂自建公路与207 国道交会处，俗称"三岔路口"）。由于持续下了多日的雨雪，从三岔路口再到筹备点临时所在地大约还有 1.5 公里的路程，原本只是羊肠小道的黄土路经多日的雨水浸泡更是泥泞不堪，行人走在路上脚都陷下很深，很难行走，汽车更是无法前行。我们只好下车分几次扛着被褥、油毛毡、床板等物

建厂初期 2 号厂房工地劳动现场动员

品徒步前往驻地，血防站的同志们当时非常热情地接待了我们，看到解放军有困难主动地出手相助，他们也往返多次，直到帮我们把车上的东西卸完、搬完。他们的脚上、腿上糊满了泥巴，衣服被汗水浸透了，也没有人叫一声累。可见，当地的群众对解放军有多么深厚的感情。之后在建厂的过程中，很多方面都得到了当地群众的大力支持，所以，工厂得以顺利建成也有当地可亲可敬的乡亲们一份功劳。

为了过好年，不畏严寒到 10 公里外的庙滩镇挑米担菜

自进点后到 1969 年春节前夕（2 月 16 日是大年三十），谷城地区一直在不间断地下着雨和雪，气温低至零下 10 来度，可以说是寒风刺骨、滴水成冰。道路积雪达 40 厘米以上，大雪封山，交通中断。2 月 15 日筹备处食堂里既没有米也没有菜，30 多人要过新年，为了使大家在过年期间不至于挨饿，于志魁主任亲自带领 20 多名同志冒着风雪，脚踩没过膝盖的积雪，步行 10 来公里到庙滩镇采购粮食、蔬菜。由于积雪太深，路程又较远，这些同志挑着空箩筐走到目的地，就把体力消耗得差不多了。到庙滩镇后，于

主任把同志们按挑粮、担菜分好任务，为了让同志们过个好年，大家在明知挑得越多就越累的情况下，每个人还是尽可能地多挑了一些，我和其他几个同志的任务是担菜，由于生产队仓库没有库存的萝卜和白菜，我们就到生产地里把深埋在雪中的萝卜、白菜用手刨出来，过好秤后再往回挑。记得我当时挑了 70 多斤重的萝卜。回来的路上，又饥又渴，我是边吃萝卜边赶路，回到筹备处时天已经黑了，我的棉袄后面差不多都被汗浸湿了，冷冰冰的。由于体力消耗很大，又很累，大家连晚饭都没有吃，回到筹备处倒头就睡，还好我们这些同志都比较年轻，20 多岁的小伙子，体力恢复也快，第二天照常上班。于主任挑的也是萝卜，他的年岁比我们去的同志都大，挑得也不比大家少，正由于领导的模范带头作用鼓舞着大家、影响着大家，所以下面的同志都觉得有使不完的劲，再苦再累也毫无怨言。

解决冬季取暖问题

我们首批 20 多名同志进点后，分别住在当地群众家里和生产队公用仓库里，由于当时农民群众的生活比较贫困、收入非常低，盖的房子十分简陋，土坯墙、土地坪，屋内阴暗潮湿，仅能起到遮风挡雨的作用，夏季不透风，冬季不保暖。冬天外面下大雪，屋里下小雪，室内外基本没有温差，当时我们带的被褥都很单薄，晚上气温在零下 10 来度的情况下，睡觉都被冻醒，为了度过难熬的冬季，大家出点子、想办法，就地取材，用茅草打草垫（垫在被褥底下可起保暖作用）。后来经生产队领导批准同意后，我们上山砍花柳树兜在自己住的屋里烧火取暖，使室内温度有所升高，这样不仅较好地解决了取暖问题，也附带解决了喝开水和洗脸、洗脚用水的问题，可以说是一举多得，即使在烧火的过程中满屋都是烟熏火燎，可大家仍感到很满足。

在当时恶劣的天气条件下，同志们依然很乐观，没有被困难吓倒，没有动摇我们在山沟里建厂的决心和信心。同时，大家深信优越舒适的条件、美好的生活工作环境，要靠自己的双手来创造，困难是暂时的，也是可以克服的，只要上下团结一心，就没有克服不了的困难。

利用土办法，破解通信难题

筹备处进点的年代，也是国家很困难的年代，像石井冲村这样的山区更困难，不通电、不通电话这都很正常，可筹备处是部队单位，所有成员都是现役军人，军人有军人的职责和义务。由于条件限制，又分别散居在石井冲村上下几公里的十多个点上，有事情很难把大家集中起来。特别是遇到传达上级紧急指示和处置各种急难险情，单位汽车在外执行任务时"趴窝"（出故障），当年的襄谷公路属无等级公路，路况极差，汽车出车在路上经常遭遇险情需要支援以及庙儿岗码头来了大宗货物要卸船、装车等，就在富强大队办公室旁（也是筹备处行政组、后勤组所在地）一棵楸树上挂个冷气瓶，遇有情况，行政组的同志就敲击冷气瓶，以此为号令向筹备处人员传递集合信息，大家听到敲击冷气瓶的声音，就跑步到筹备处机关所在地集中。此举虽然比较"原始"，但也还是能起到相应的作用。后来，随着筹备处的条件慢慢改善，盖起了一些房子，大家居住集中了一些，紧接着又架通了临时电话线路，用上了广播，这才告别了用敲击冷气瓶传递信息的历史。

人工挑水满足生活必需

水对人来说是一刻也离不开的重要物资。集体食堂没有水会是什么样子，是可想而知的。可筹备处人员在进点的初期，就遇到了没有自来水的困难，在筹备处食堂前面100多米远处，有一条长年流淌着水的小河沟，也是当地群众祖祖辈辈的多用途水源。上游往往是群众家里养的水牛在河沟里"困水"（夏天水牛必须长时间躺在水里散热，俗称"困水"），并在里面拉屎拉尿的地方；下游也可能是群众在河沟里洗衣、洗菜、淘米或者将河沟里的水挑回家做饭等用的水源，水质洁净程度差，很不卫生。在当时的条件下，筹备处食堂用水水源也别无选择，只好用河沟里的水来解决暂时用水困难。食堂买了几口大水缸，用人工将河沟里的水挑上来，倒进水缸储存，用来淘米、洗菜、做饭和饮用。

到河沟里挑水，要经过生产队一条40多米长、30多厘米宽的黄土水田埂，到河沟边后，再下一个70°左右的土坡，再继续往前走10来米远的距离才能挑到水，一担水有40多公斤重，挑到水后，再上河沟坡，经过田埂挑到食堂。在狭窄的田埂上，晴天都迈不开大步，遇到雨雪天，脚上沾满了泥巴，既湿又滑，肩上挑着沉重的担子，更要谨慎小心。每天往返在田埂上，要挑40多担水，才能满足用水需求，这是一项繁重的任务。筹备处领导将这一任务交给了修建队，每天派一名公差专门为食堂挑水，并要求不分节假日，不讲特殊原因和困难，必须风雨无阻，坚决完成任务。

我也曾多次为食堂挑过水，深知这是一项很繁重的体力劳动，遇到雨雪天身上又是汗水又是雨雪水，还得十分小心地走在湿滑的田埂上，稍不注意，连人带桶摔倒在水田里和河沟里也是常有的事，即使是这样，轮到挑水的同志没有一个人叫过苦和累。日复一日，月复一月，用人工挑水大约持续了大半年的时间，直到工程组的同志来到筹备处，在珍珠泉架起了临时自来水管道后，人工挑水的任务才告结束。

到码头卸船、装车是筹备处人员工作的一部分

在筹备处土建的整个过程中，经常都有大宗货物，用驳船通过水路从全国各地运到庙儿岗码头，这些货物大都是钢材、水泥、木材以及红砖等。因为条件受限，筹备处当时没有吊装设备，要把到码头的货物从船上卸下，装上车再运到筹备处完全要靠手搬、肩挑、背扛等原始作业方式进行。只要码头上来了货物，把冷气瓶一敲，筹备处全体人员都积极参加卸货、装车，包括于主任、石政委也不例外，领导既是组织者也是劳动者，卸船装车很苦很累，由于领导干部身先士卒、吃苦耐劳的模范带头作用，下面的同志倍受鼓舞，所以参加人员都把卸货、装车看成自己的责任，大家也从来不觉得苦和累。

特别是土建高峰期，来的货物一是数量大（有时几条船同时到达）；二

是货物脏（如水泥、红砖等）；三是单节体积大、质量重（如东北红松），一两节就装满一汽车。干这些活都是高强度、长时段、不分节假日、不分昼夜，没有下班时间概念，往往都是上午卸不完，下午接着干，下午卸不完，晚上接上临时照明灯连续干，几顿饭都是送到码头上吃。参与人员体力消耗都很大，有的同志受了伤也不休息，有的同志甚至带病参加。在建厂的艰难岁月里，虽然没有奖金、没有加班费、没有夜班费，大家仍然积极参加，始终精神饱满，听从指挥，喊着有节奏的号子，争先恐后地抢着干，那种热火朝天的场景十分感人。人们在物资十分匮乏、收入十分有限的年代，毫不计较个人得失的精神，让人十分怀念。

就地取材，烧制红砖，降低工程成本

筹备处在土建阶段，需要大量红砖，由于当地红砖供应紧缺、价格高昂，加上筹备处运力严重不足的矛盾十分突出，筹备处领导为了克服以上困难，促使工程早上马、早建成、早投产，决定到孝感请懂技术的人员进点烧制红砖。

筹备处工程指挥部主管红砖队，魏茂清同志全权管理红砖队，主要负责现场管理、工作协调、生产安排、机械维修、水电申请、安全教育、后勤保障，有时还亲自参加现场生产劳动，为红砖队完成任务起了很好的促进作用；于主任、石政委以及张远明等领导同志也经常到现场检查指导工作、协调各种关系，帮助解决生活中的困难，为红砖队正常生产、保障安全起到了很好的作用。

红砖队不负众望，他们进场后不论是酷热的夏天还是滴水成冰的冬天，一直都住在工棚里，条件十分简陋、艰苦，生活很不方便，但他们素质都比较高，不计任何条件，并且很快就适应了当地的环境、熟悉了工作现场、理顺了关系，接着就有序地展开了平整场地、设备安装、运转调试、生产砖坯、制作煤饼、装窑烧制工作，并且在很短的时间内烧制出了合格的红砖。

就在短短几年时间里，他们生产出的红砖，解决了筹备处住宅楼大部分用砖需求，降低了工程成本，缓解了运输矛盾，加快了工程建设速度，起到了积极的促进作用。

由于在烧制红砖的过程中，需要大量黄土做原料，生活中区（煤气站下面）原来是一座小山与之相连，红砖队在生产红砖的过程中硬是"吃"掉了整座山的黄土，也为生活中区后来盖4栋四层住宅楼平整了一块不错的地皮，客观上，红砖队的同志为平整这块地皮立下了汗马功劳。

回顾工厂的建厂史，使我们这些前期进厂的老同志无限欣慰，也无比感慨。我们亲自参与了空军28厂的建设，为工厂建设尽了微薄之力，能为工厂做一点贡献也感到很自豪。如今我们退休了，工厂还要有更大的发展，还要为国家、为空军作更大贡献。

（吴语彩曾任5713厂劳资科长）

生活清苦心里甜

皮保顺 讲述　舒春雪 整理

自制稀饭锅

1985 年，我是职工食堂管理员。职工食堂煮稀饭的大铁锅年久破损，有时漏下去的水能把灶火熄灭。职工吃不上饭可是件大事，我立刻向领导报告此事，领导指示我立即出去购买。我跑遍了谷城县城、襄樊市区都没有买到同样的大铁锅，领导又让我去武汉购买。我在武汉先后跑了汉口、武昌、汉阳 3 镇都没有发现卖大铁锅的，3 天的武汉行，人很累且无收获，只好返回厂里。

大铁锅没买到，但问题还是要解决的。我在食堂里转悠，心想不能买难道不能自制？自制成个什么形状？这个问题一直困扰着我。这时一声声"咔嘶咔嘶"的吊挂声吸引了我，我发现蒸馒头的蒸锅是用三车间报废的加力筒体改制的。我立刻召集主食班人员开会，把用发动机加力筒改制成煮稀饭大锅的想法告诉大家，大家集思广益，一致认为可行，但锅不能制得太深，太深了不便于清洗。意见统一后，我立刻写出了书面报告，报告很快得到了批复。我去生产科开出了委托加工单，拿着委托加工单直接找到了三车间金德川主任。金主任和三车间的同志很热情，找废件，忙焊接，两天就把煮稀饭的大锅做好了。接着，我们又对灶体进行了改造，把筒锅安装好，成功煮出了稀饭，满足了职工就餐需求。

同志们开玩笑说，我们 5713 人就是靠发动机吃饭，这一下真吃上了"发动机"煮的饭。

建厂初期建设
的锅炉房

一个军用水壶

20 世纪 70 年代，我在器材科驻襄樊办事处搞采购及物资中转工作，当时工厂车辆少，再加上襄谷公路难行，工厂大部分物资要从火车站运到襄樊市丹江码头、梯子口码头及人民码头装船，汉江船运到庙儿岗码头转运进厂。一般是船舱装煤炭和水泥，上边装木材、钢材和发动机箱子。每次装船大约都要两天时间，我大多数时候都是早出晚归，当年码头上没有茶馆，更没有卖饮料的，渴了我就只能喝汉江水，致使长时间以来肚子都很不舒服。后来经科领导特批，买了一个军用水壶，记得当时水壶的价格是 5.5 元一个，现在的年轻同志可能会觉得 5.5 元钱不算什么，但在当年这也是一个不小的数目，我们当时月工资才 30 多元，又养老、又养小，可以养活一大家子人呢。此后，这个水壶一直陪着我奔跑在中转物资的路上。

如今几十年过去了，水壶外面的油漆已经脱落了，背带的颜色也褪色了，装的水也不及现在的保温杯装的水好喝了。几次搬家，老伴都想把它扔掉，但都被我拦住了，我一直把它挂在墙上，它是工厂老一辈航修人"官爱兵"的见证，留住它也是留住了我藏在心里的念想。

那　一　夜

　　1975 年，襄樊到谷城没有班车，我们从襄樊回厂乘坐的是 5 吨的敞篷大卡车，颠颠簸簸的经历两个半小时才能回厂。若错过了上车时间，当天就不能回厂。不巧，这年春节下了一场大雪，让地处山沟的工厂与外界几乎完全隔绝。当年，我在工厂驻襄樊办事处工作，大雪封山，道路不通，交通中断，节后有一批从武汉回厂上班的同志阻隔在襄樊市内。器材科科长刘忠楠同志打电话给我，传达了工厂领导的意见，要求我将部分滞留市内的同志接待好，并把他们平安地送回工厂。我原本打算让他们乘坐火车到汉丹线陈家湖车站，再乘船渡过汉江步行回厂，但陈家湖车站离庙儿岗渡口还有七八里路，那么深的雪，咋走呀？后来，我想到让他们坐班船到庙儿岗码头返厂。于是，我连忙赶到当时市内的丹江路码头客运站去联系，还好第二天班船正常航行，这让我松了一口气，我立刻向工厂报告了情况，领导们很高兴，就同意了我的计划。

　　那天晚上，从武汉返厂的 8 位同志，有男有女，聚集在办事处我的房间里坐等第二天的班船。十几平方米的房子里一下汇集这么多人，走路都要侧着身子。为了打发时间，我找来一副扑克，大家玩起了"拱猪"。牌少人多，相互谦让，轮流上场，玩得其乐融融。

　　凌晨 4 点半，大家拿好随身携带的行李，一起向丹江路码头走去，天寒地冻，只听见"咔嚓咔嚓"脚踩路上冰雪的声音。大家到码头购票后，我把他们送上了班船。"呜—呜—呜"船开了，他们顺利安全地返回工厂。

　　那一夜，让我与同志们结下了特殊的"一夜情"。

"厕所革命"

　　从建厂初期到 1980 年，职工宿舍没有卫生间，晚上方便就用痰盂盆当"夜壶"。每天清晨端痰盂盆上厕所是生活区一道特殊的风景。生活区东区

厕所改造劳动和改造后的厕所

4栋宿舍楼只有一个旱厕所，早晨上厕所，倒"夜壶"基本上需要排队，厕所臭味大，蹲位少，要想上得赶早。到了夏天，厕所还有一个功能，就是冲凉水澡。当时条件艰苦，大家习以为常。但工厂领导看在眼里、记在心上，把厕所改造列为为职工办的十件大事之一。经过总务科和基建科派人现场查看，确定先改造4个公厕，即东区1个，光荣楼1个，夹皮沟2个。方案是在原厕所旁边新建一个水冲厕所，并将原来旱厕改造成夏季冲凉水澡的澡堂。报告批复后，由基建科史荷清同志设计出施工图，我负责组织人员施工，要求一个月完工并投入使用。

施工图没出来之前，我们没有等待，先做基础准备工作，我与谷城盛康建筑队郑队长协商先平整地基。夹皮沟2个地基要挖山，工程量较大，组织两班人马同时开工。图纸出来后，建筑队人员早晨6点半上班，中午吃完饭接着干，晚上7点下班。经过施工队人员的加班加点，新厕所建好后又改造了旱厕所，一个月后，厕所改造工程顺利完工。

新厕所投入使用后，臭味没有了，保洁方便了，每天还有专人打扫，职工交口称赞："我们的厕所升级了，工厂又为职工做了一件大好事！"

（皮保顺曾任5713厂会计）

拳拳赤子心　悠悠航修情

章邦联 讲述　李　宁 整理

时间如白驹过隙。我从 1982 年大学毕业进入工厂投身空军航修事业，至今已经风雨兼程地走过了 33 个年头。回首过去，在那激情燃烧的岁月里，既有历经艰辛的困苦，也有遭遇挫折的奋起，还有收获成功的喜悦……多少往事犹如电影菲林的画面，一一浮现在我的眼前。

青春无悔　矢志航修

1982 年秋，经过 4 年的苦读，我们这些在国家恢复高考后第二届大学生，终于迎来了我们的毕业季。接过大学毕业生统一分配的通知书，工作单位"中国人民解放军第五七一三工厂"几个大字扑入眼帘，我当时的心情真是无以言表的激动。因为军队企业对一名刚刚大学毕业的热血青年来说是那样的神秘与向往，能在军队航空修理工厂工作是那样的荣光与自豪。

拿到调令，怀揣着一颗报效国家、献身航修的炽热之心，我立即背起行囊直奔襄阳、直奔工厂。然而，从襄阳一路走来，举目望去，近处是崎岖坎坷的山路，远处是连绵起伏的山峦。工厂坐落在一个交通不便、偏僻闭塞的小山村，企业只有员工 800 多人，产品型号单一、质量极不稳定、生活条件艰苦，很多员工住的是低矮破旧、没有卫生间的住房，工厂员工及周边村民缺医少药，"就医难""看病难"问题十分突出。

艰苦的环境条件，与我美好的预期有巨大的落差。然而我没有丝毫退缩，而是下定决心献身航修，立志扎下根来融入工厂，与同事们一起开创美好的未来。我毫不犹豫地办理了进厂手续，到职工医院当上了一名医生。

1984 年，我到襄阳市中心医院（原襄阳地区医院）外科进修学习。这期间，襄阳市中心医院向我伸出了橄榄枝，要调我去该院工作。医院领导多次向我个人发出邀请，并亲自来工厂协商甚至找到当时工厂的主管机关武汉空军工程部首长协调。因为我的专业是医疗，在工厂属于非主流专业，而到市中心医院工作则有着更好的专业发展前景，也有着更好的收入待遇，而且可以一步进入城区，这是多少人求之不得的机遇。但是，我想自进入工厂之后，工厂领导对知识和人才的尊重，职工对我的认可，这份信任不能辜负，工厂送我外出学习，医术提高后，我理应效力工厂、服务员工。我毅然谢绝了中心医院领导的好意，坚持留在了工厂。

诚然，我也有过犹豫、彷徨和动摇。医学是一门实践性很强的学科，一个医学毕业生要想成为一名技术精湛的医学专家，需要良好的外部成长条件。而职工医院条件简陋、病员不多、病种单一，大大地制约了医务人员的成长与提高。1987 年，是我毕业 5 年之后，我与在大医院工作的同学业务差距已经十分明显，这深深地刺激了我，使我萌发了学习深造的念头。在众多大学同学的邀约之下，我参加了 1988 年硕士研究生招生考试。这次考试虽然以几分之差与我报考的同济医科大学（现华中科技大学同济医学院）肝胆外科失之交臂，但却有一个可以调剂到湖北医科大学（现武汉大学医学院）学习的机会。虽然不能师从我心仪的导师和我向往的专业，但这也是一个难得的机会，如何抉择又一次摆在了我的面前。我的思想陷入了激烈的斗争：一方面，继续深造可以很好地从事自己的专业，成为一名救死扶伤的医学专才，不枉我大学本科四年的苦读，而且我的家人也强烈地希望我深造学习。另一方面，我们工厂从事的航修事业是一项光荣而神圣的事业，需要大批有知识、有理想的年轻人投身其中。而我是工厂多年来第一位引进的大学生，进厂后工厂对我寄予厚望，创造条件培养我，1985 年我才 20 多岁就跨入了工厂中干的行列。就在我反复思量、难于选择的时候，与当时工厂主要领导的一席长谈让我下定了决心。他们那一辈人忠诚航修的情怀、奉献事业的精神深深地打动了我，我觉得我不能辜负工厂对我的期望，在山沟、干航修也能施展我的才华，献身国防更能实现我的人生价值。我做出了我成为航修人后第二次重要的选择：留下来！献身航修，服务职工。

在难忘的青春岁月里，面临一次进不进厂、两次留不留厂的考验，我都义无反顾地做出了人生的重要抉择。以自己的实际行动，彰显了对航修事业的无限忠诚，虽然有一些同学和同事替我惋惜，但我至今矢志不渝、无怨无悔。

仁心仁术　救死扶伤

刚到职工医院时，医院只有 9 名医生、9 名护士、3 名药剂师、2 名化验员，1 台简易的 X 光机，只能做血、尿、粪三大常规检查，除了做一些简单的清创缝合之外，几乎不能开展其他任何手术。而工厂地处偏僻，1000多名职工家属以及周边农村数千名居民都要依靠工厂职工医院就医治病。因为当时全社会卫生条件较差、健康水平不高，各种多发病、常见病、传染病、意外伤害的发生率都比较高，缺医少药矛盾十分突出。

面对这种情况，我和医院的同事们迎难而上，在工厂的大力支持下，千方百计克服困难，为员工创造更好的就医条件。至 20 世纪 90 年代末，采取引进成熟医务人员、医科大学毕业生以及送培本院医疗骨干等多种手段进行人才队伍建设，鼎盛时期职工医院医护人员达 30 余人。与此同时，我们先后购置了自动血尿常规检测仪、半自动生化分析仪、B 超检查仪、心脏起搏器、自动呼吸机等检查和治疗设备，更新了 X 光机；建立了 2 个标准手术室，开展了阑尾切除、胃穿孔缝合、肠切除吻合、骨关节肿瘤切除、骨折整复、输卵管结扎、脑外伤及胸外伤清创等普外、骨外和妇科手术；建立病床40 张，病床使用率达 60% 左右。1995 年，在襄阳厂区建设了医院，为医院走向市场建立了"桥头堡"（后来由于国家实行"企业主辅分离"的政策，医院规模逐渐萎缩）。

在职工医院工作期间，治疗和抢救的病员不计其数，但有 3 例危重病号的抢救至今让我记忆犹新。

1987年，工厂先进单位职工医院全体人员合影（第二排右四为章邦联）

第一例是原机加车间青工小刘，他在车加工过程中被铁屑缠住左腿，导致左膝关节切割伤，韧带、血管、神经大部离断，只有关节前面有少许皮肤及皮下组织尚存，病员来医时失血性休克，生命危在旦夕。当时，我和同事们立即开展抢救，一边输血，一边手术，经过数小时的战斗，离断的韧带、血管、神经一一接上了，后续治疗之后，病员按期伤愈出院。这次急诊手术不仅挽救了患者生命，而且基本保住了伤腿的功能。

第二例是职工家属蒋某，被爆裂的高压锅盖击伤头部，患者颈、枕部头骨开放性骨折，脑髓膨出、脑脊液外流，神志昏迷。接诊后，我与手术组同事当即进行抢救，冲洗、消毒、修复、引流，几个小时下来，终于挽救了患者生命。术后患者恢复良好，没有任何后遗症。

第三例是子弟学校学生小李，被他人用刀砍伤左胸部，病人当时血流如注，刀伤深达胸腔并伤及左肺，形成开放性血气胸，引发左肺压缩、心脏移位，患者呼吸消失，心跳微弱，生命垂危。患者来院后，我们立即采用呼吸机辅助呼吸，输血、输氧、抗休克，紧急清创缝合，胸腔闭式引流等抢救措施，及时地挽救了患者年轻的生命。

在职工医院工作期间，我牢记希波克拉底誓言，怀着一颗治病救人的仁心，勤学苦练医疗技术，热情为病员服务，赢得了较好的口碑。

发挥余热　鞠躬尽瘁

2014 年 2 月，工厂成立谷城分厂和分厂党总支部，我被任命为总支部书记兼综合科科长。走马上任，严峻的挑战摆在面前：管理基础十分薄弱、基础设施老旧失修、杂草丛生环境杂乱；部分员工抱残守缺、落后保守观念严重，怨天尤人、抱怨抵触情绪弥漫；生产组织不畅，任务交付与员工收入和目标值相差甚远；原驻谷城厂区的车间、班组和人员分属 13 个建制单位，整建为谷城分厂一个单位之后，人员需要磨合、文化需要融合、流程需要整合；襄谷公路及进厂道路施工、冷修厂房及二号试车台改造对交通和生产的影响，等等。

面对这些困难，年过半百的我不辱使命，和分厂领导班子一起统筹谋划分厂的建设和发展思路。在工厂党委的大力支持下，我们建组织、立制度、梳流程，构建适应分厂制的管理体系，实施经济责任制，进行主修厂房改造和工艺布局调整，启动两个型号试修，开展分厂特色文化建设，增添文体设施、绿化美化环境……两年后的今天，谷城分厂重新焕发了勃勃生机，员工找回了久违的归属感，某系列发动机的修理能力和质量保证能力有了较大提高，谷城分厂到处呈现精神昂扬、秩序井然、环境优美的景象。

"老骥骨奇心尚壮，青松岁久色愈新"。33 年过去，弹指一挥间。虽然岁月的风霜刀剑已将我从一位风华正茂的青年变成了庞眉皓发的老者，但我心依旧，初衷不改，愿为绚丽壮美的航修事业奉献力量、奋斗终生。

（章邦联曾任 5713 厂行政副厂长）

消失的存在

陈克茵 讲述　　王若璞 整理

　　文中的两张老照片，拍摄于 20 世纪 70 年代，常让我忆起曾经努力追逐的梦，那梦就是让学生、让孩子在"德、智、体"诸方面得以全面发展。

　　记得那是 1972 年 7 月，我随丈夫带着还不到学龄的孩子和我退休的母亲，从陕西某厂到湖北襄樊投入 5713 厂的建设。火车到了襄樊站，大卡车又载着我们和家具爬坡、过水、上上下下、弯弯绕绕两个多小时才到达谷城县庙滩公社茨河镇石井山冲。母亲未见过大山，到厂后说："这厂真不容易，一块砖、一袋米都要从山外拉进来，那山高得嘞（上海话）人在山里活动就像蚂蚁搬家。"

　　进厂后，丈夫在技术科工作，我到学校任教。9 月，子弟学校开学了，可学校在哪儿呢？在"珍宝岛"，可"岛"上哪有学校？只有四合院式的建筑工人的宿舍，伙房和一个旧木板的岗亭。所谓学校是一无所有，我和另外 3 位老师一起白手起家办学校，从课本到黑板、粉笔等都搭乘大卡车到襄樊市里去购买，虽说只有二十几个孩子，但由于学龄的不同我们 4 个教师开设了小学 3 个年级的课程。校舍是工人搬出后留下的两间平房，地平未打、房顶未吊，课桌坐凳是高低不同的长条工作台，4 个教师合用两张办公桌，一、二年级的学生在同一教室上课，也就是"复式班"，三年级教室的后半部分是教师的办公桌，用芦苇席与学生隔开作为教师的办公室。院内的场地坑坑洼洼，两个石灰池，几个土石堆。但在工厂的关怀下，各单位的支持下，师生们自力更生、艰苦创业，到 1975 年秋季开学，子弟学校已"占领"了整个"珍宝岛"，小学 1—5 年级的所有课程全开齐了，还开设了初中一年

1975 年，工厂先进单位子弟学校全体教师合影（前排右四为陈克茵）

子弟学校荣获"社会主义劳动竞赛优胜红旗"，全体教师合影（前排右二为陈克茵）

级（当时小学是五年制，初、高中均是两年制）。几年来，师生们自己动手未靠外援平整了院内场地，开辟了操场，又在房前屋后植树种花改造环境。1975年的"五一"劳动节召开了子弟学校首届田径运动会，像模像样地举行了开幕式。

到了1983年秋季，学校搬到了职工医院旁边的四层"工字形"大楼，有了正规的物理、化学实验室；藏书千余册的图书室，一个有两个篮、排球场及多种体育器材的水泥地操场，一条200米长的环形三合土跑道，子弟学校呈现出全新的面貌和一派生机。

从照片上看，两张是同一年度，但老师的阵容有好几个不同的面孔，那是因为当年"文革"尚未结束，学校又发展迅速，一年加一个年级，所以教师紧缺，只能从工厂的工人、技术人员中选合适又可以任教的同志，经单位同意、厂领导批准直接调进或暂时借用，或在学校兼课来配置教师开设相关课程，因此有时一学期几个月就改变任课教师，这种情况到1980年以后才结束。但不论是专职，还是暂借或是兼职的教师都艰苦奋斗、努力办学、边学边教、认真执教，尽责尽职、教书育人。

比如，照片上锦旗右边有一位年轻教师，她是从1972年办学起直到1994年退休均在学校工作，由于学校缺教师，她除了教务工作，还一直任课、时常代课。最艰难的是1978年，那时《教学大纲》要求初中开设英语，初一、初二可用同一教材，可是学校没有英语教师，而且需开两个班级，没办法，她去请求在学校兼课教物理的技术员史谦同志（现退休多年，居住在上海）。她登门拜访史技术员，讲大纲的要求，诉学校的难处，叙"老乡"情谊，说同从老厂来支援新厂的"豪情"，用自己也教一个班来激励……史技术员总算同意除了物理再兼一个班英语。真是十分感谢她，要知道那时在学校兼课除了有几天换休外，是一分钱的报酬都没有的。这位教师自己是学俄语的，现在怎么办？为了学生，顶着困难也要上，于是她把史技术员的课排在前一天，她去听课学习，第二天当"留声机"教初一学生，为了搞好教学她准备了"生字本"，有空就记单词；与史技术员一起备课后再写教案；又从"A、B、C……"26个字母的注音中反过来学音标；每天晚上读单词、记音标、念课文，尽量发准音、读顺调。遇到放电影（那时没有俱乐部，都在学校操场放露天电影），她与学生一样早早拿个小板凳占位置，然后拿出生字本背单词……就这样教了整整一个学期。这两个班的学生也争气，1978年秋上初二的学生在子校读完高中，1981年高考有一名学生考上了大专，一名考上大本的学生百分制的英语考了79分！

如今子弟学校撤销了，但与之有关的人、事和物都还存在：许多教师、兼过课的工人干部退休了，但他们学着写教案、"硬着头皮"上课、耐心找学生谈话的事存在过；子弟学校创建过程中所表现出来的"自力更生、艰苦创业"的精神更是闪耀着光芒。

岁月如梭，可追求让学生、让孩子们"德、智、体"全面发展的梦想对我来说仍未改变。从照片的回忆中回到现实，面对当前中小学生攀爬书山、浸泡题海的状况，我仍坚信国家"德、智、体"全面发展的方向不会变，同时我也相信，在实现中国梦的奋战中，"德、智、体"全面发展将始终闪耀着光芒，指引着一代又一代的教育工作者去追梦、去实现，去融入中华民族伟大复兴的强国富民之梦！

（陈克茵曾任5713厂子弟学校老师，王若璞曾任5713厂宣传干事）

我的军工岁月

金玉瑛 讲述   苗   平 整理

岁月给人留下了太多太多的记忆。

从当年的血气方刚，到如今的白发苍苍，我从来没后悔过已经走过的长达半个世纪的军工心路历程。因为在这里，不仅有来自生活上的艰难历练，更重要的是亲眼目睹和见证了空军装备建设前进和壮大的历程。

想当年，我们从苏联老大哥那里"取经"，到"达瓦里西"变脸撕毁合同，到我们支援巴基斯坦、支援越南……发展到现在的新机修理，已经是三代人的变迁了。对个中的人情世故，国家的兴旺发展，伴随着这些日子走过来的我，虽也已年逾古稀，抚今追昔，回眸见证这段沧桑路，心潮仍难以平静。

1961 年，我跟随丈夫并带上已 62 岁的老娘（因我是独生女），从 5000 人的上海电机厂（毛主席、刘少奇、周总理、朱德等国家领导人曾视察过），转调"支内"（支援内地工厂建设）到地处山村的 5702 厂。当时明知西北的生活艰苦，但凭着别人能过，我也一定能过的倔强，当上了一名不穿军装的"军工"人员。

那时的 5702 厂，凡是中层以上的干部以及技术干部、后勤管理干部都是现役军官，少数干部虽不是现役，也曾经是机场的地勤人员。正、副厂长（丁离南、刘沛夫）那严肃的军人作风，让我这初入工厂的人印象特别深刻，比如要进入他们的办公室，必须先喊"报告"，经允许，才能推门而入，否则就要求出去后重来；如露天广场数千人的大会上，对于严重违章违纪者，对于有较大质量问题的人，在众目睽睽之下，厂长会毫不留情地点名，令其

建厂初期女民兵训练

站立，公开批评；对于有重大质量问题或责任事故者，则是以破坏军工生产，军法论处。

艰辛生活，坚强面对

我们这一批来自不同城市，同龄又同梦的年轻家属们和陕西、成都、上海来的技校生们，满载着如火的激情与忠诚、兴奋与新奇，汇集在 5702 厂，从此踏上了军工生涯。

遵照当时"先生产、后生活"的原则，我们同大家一起拉板车运砖，挑沙子、扛水泥、修路、建厂房、盖宿舍，按照当年备战备荒的要求挖防空洞，人人不甘示弱，干得热火朝天。我们这些每月吃 21 斤定粮的"娘子队"，与男子队相比起来，真有"巾帼不让须眉"之势，所以当时的建筑工程队领导决定，给我们每月的定粮加至和男子最高定粮一样——每月 27 斤！这让大家伙兴奋异常，要知道，那时国家正处在三年困难时期，在那缺油

（每人每月 3 两油）、缺肉的时代，6 斤粮食的增加，远比加工资令人振奋得多。最让我们不能适应的是吃不到大米，在这里只有春节才给每人配给两斤。平时的粮食则以粗粮为主：什么苞米面的馒头，大颗粒的玉米糁子，青稞面压成的面条，大家都叫它"钢丝面"，偶尔吃到一次的白馒头，对于大家来说都会是喜事。至于我，虽然家务还有妈妈帮助，但也不得不学着做馒头、烙饼、擀面条，甚至做衣服、打毛衣，练就了一手真功夫，尽量做到自力更生。

喝粥的故事

记得 1962 年底的最后一天，工厂宣传科组织了一次联欢舞会。午夜 12 点前，宣传科干事宣布："12 点钟声一响，就意味着元旦到了，新的一年又将开始。现在，大家稍事休息，每人一碗小米粥！"他的话音未落，大家全都欢呼雀跃起来：有人敲打搪瓷缸发出了噪声，可没人提出"抗议"，喝完粥，只见每个人都抓紧时间做着同一件事情，那就是下意识地把碗舔得干干净净。这一举动，没有人规定，更没有人号召，因为在那个年代，粮食珍贵给人的记忆实在是太深了。

"布拉吉"引发的趣事

记得有一次，我们一帮女青年在工厂附近的小村里迎面遇见了几个清一色穿着黑色衣裤的，扭动着"三寸金莲"（小脚）的老太太。我至今仍清晰记得这些老太太们，用那看见了怪物似的眼神，盯着我们穿着"布拉吉"（连衣裙）的姑娘们直愣神，其中有一个手脚麻利的老太太干脆一把撩起了我们一个姓官的大连姑娘的裙摆，嘴里还直嚷嚷："看看穿的啥唻"？吓得我们转身就跑，这瞬间发生的"意外"，真让我们感到哭笑不得。

这是在 20 世纪 60 年代初期的一个穷乡僻壤里发生的事情，与现在自然不能同日而语了。

苦练描图本领

基建工作告一段落后，后续的工作全都交给了专业的建筑队伍完成，我们这些军工们也都回到了各自分配的岗位上。

我被分配到设备科当描图员。这对我是一个全新的工作，意味着我得一切从头做起。虽然描图员的工作理论上就是照葫芦画瓢，看起来简单，可我告诫自己可以做得更好一些。比如说，能做到识图、改错（描图员无权改图，只能指错）等。但我爱这个工作，不仅仿宋字（也叫工程字）要求自己写得端正，还要刚劲有力，不行，就多用时间进行苦练。

那时的描图就是用专用的"鸭嘴笔"和圆规填上碳黑墨水，加上各种板尺，粗线细线、横线竖线、斜线、曲线等，均用手工进行描绘。但这终究是技术活，必须线条清晰，描绘准确，经过苦练，我成为厂里公认的好手，并被选派参与了"援巴"图纸和部里组织的"警戒机"图纸的描绘。这些虽然没有丰功伟绩，但作为军工的一员，我还是深感自豪。

调入 5713 厂

听说部里要在湖北襄樊新建一个 5713 厂，作为南方人的我要求了调动。新厂建设的宗旨，仍然是先生产、后生活，这就意味着在生活上我们又得从头来，不过这些对于我来讲已经过惯了，也无所谓。而且这里是南方，有山有水有大米，为了改善生活，工厂组织大家进行挖鱼塘、修路，同时在沿坡路上还可以各家种自留地。

工厂的生活区，坡上有"夹皮沟"，坡下有"珍宝岛"，几幢楼一个公厕，每个单元共用一个露天自来水池。新来乍到加上蚊子肆虐，一下子给我们搞了个"下马威"：几乎家家都有人患上了疟疾（俗称"打摆子"），甚至有些人家里全家人人发病。疟疾这病凶险，一旦得病都是定时发作，一会儿高烧不退，一会儿又冷得直打战，上下牙"打架"，盖几条被子也捂不热，然后就会四肢无力，浑身瘫软，而且这病不好断根，今年治好了，明年可能还会光临，让人一次次地在冰与火的两重天中饱受折磨。

由于出行非常不便，我们与亲朋好友，甚至工厂的

工厂子弟学校（珍宝岛）

公务联系全靠书信。一封平信从工厂到上海需要 7 天，电报算是最快的了，也得 3 天才能收到，而且即使你有心坐飞机过去，从工厂到襄樊市的这段路由于漫水桥的关系，有时也会几天也过不去。

如今，方便快捷的通信方式，风风火火的电子时代，手机、电视、网络……只有难于选择的，没有无法满足的；手机随身带，走到哪里说到哪里，用它发短信，可在瞬间穿越浩瀚的时空，把心沟通；摄像机，电脑加上摄像头，即使隔着千山万水，视频问候，视频对话，亲朋好友的一颦一笑都在眼前……

现在工厂的生活区里私家车比比皆是，到谷城厂区上下班的职工，每天来回坐着豪华大巴来去自如，看到这些，我真是感慨万千。

（金玉瑛曾任 5713 厂职工医院党支部书记，苗平现任

5713 厂宣传干事）

甘当航修赤子

庄　航 讲述　房　杰 整理

　　"我是一个普通的人、普通的厂长，没有叱咤风云的气魄，没有出类拔萃的能力，评上全国劳模，实感幸运。"

　　"我当厂长，要对得起职工一辈子，不能只负责企业一阵子。"

　　这是我作为空军 5713 工厂厂长，从北京全国劳模表彰大会归来时对接我的职工掏心窝子的话。

　　我到工厂任厂长 7 年，工厂产品由 1998 年 1 个系列 5 个型号发展到现在 5 大系列 16 个型号；利润总额、销售收入、职工人均收入与 6 年前相比，分别增加了 278.66%、317.99%、173.99%……

一

　　能以航修为业，缘于我们庄家的"航"之情结。

　　我的父亲是一位离休老干部，早年毕业于陈嘉庚创办的集美高中。1949 年前后，在当了几年解放军南下干部培训学校的教师之后，1953 年调至华南航空学院，也就在这一年，我作为次子出生，起名为庄航。时过 52 年，老人家不会想到他不太经意的一个"航"字，竟让我与"航修"一生结缘。

　　从小受父亲的影响，立志要在航空事业里有所作为。但是，在我的大脑里，"航空"在我年少时并没留下太多的记忆。15 岁便下了乡，拉过板车，当过学徒，下过矿井，直到 1978 年也就是在全国高考恢复后的第二年，我才跨进了陕西工商学院的大门。毕业后，来到了航空第三技工学校，1998年又来到 5713 工厂，27 岁才有机会实现自己的航修报国志愿。多年来，我坚持"诚实做人、扎实做事"，将理论与实践结合起来，获得了不少荣誉，从驻地市劳模、省劳模到全国劳模。

我给儿子起名叫庄乐飞，他 18 岁就考入北京航空工业大学，儿子很懂事，在北京那样的高消费城市，在当时每月的生活费就用 300 多元，研究生专业攻读的也是航空制造。

起名"航"与"飞"，职业不离开航与飞，庄家三代人对航空的情愫是不言自明。

二

1998 年，按照空装部首长的要求，我只身来到 5713 工厂任厂长，当时我已经在空军第三航空学校校长的位置上干得有些成绩。45 岁虽不是受命于危难之际，但此时确实是航空修理系统体制变革的多事之秋。

初来工厂之际，在理论研究方面，没人怀疑我的权威，但在一些人看来，懂教育不一定懂经营，更不一定懂政治，"玩得转"学校，不一定"玩得转"工厂。

"做事先做人。"从完善自我做起，我以良好的个人素养，做好了迎接挑战、承担责任的准备。

很长一段时间，我每天轻车简从，晚上一个人默默吃住在不足 20 平方米的小屋里，读书学习。白天，身穿工作服，当"学徒"，从发动机装配、分解、修理、试车挨个学习。每当基层生产线遇到突发事件，我总是最先到场。有人曾开玩笑说，当厂长主要是干好两件事：一是决策，二是用人，像您这样是不是太细了？对此，我往往用朗朗笑声作为回答。我心里明白：人人都知清闲好，但对一个企业当家人，不掌握翔实准确的信息，怎么保证决策正确，怎么做到用人恰当。

这种忙碌，为我积累了大量第一手资料。无论是技术问题还是经营问题，我不开口则已，一开口还是能够高屋建瓴，一针见血，而且我天生一股持久的亲和力。

三

任职以后，我发现了一个几乎所有人都认为是极其平常而我认为不正常的事。作为涡喷某型发动机修理基地，至新世纪到来，近30年的修理历史，发动机的修理量依然徘徊不前，而部队的战训任务繁重，要求工厂必须及时提供发动机，"求大于供"的现象呈现在工厂面前。

什么原因让任务停滞不前？是原设计能力有问题，还是工厂自身的问题？我认为是工厂机制问题。

于是，我从机制创新入手，率先在军品生产车间推行"分段考核、单机计酬、质量转账、结余提成"的分配制度，在生产保障单位实行按系数提奖的分配办法，建立效益分配机制，发挥"经济杠杆"激励作用。同时，经职工代表大会审议，先后出台了30多项改革措施和管理办法，企业经营的弊端抑制了，员工的心理承受能力增强了。发动机修理量，在新世纪的第一年就突破了原设计能力，2002年原有机型近设计能力的1倍，4年时间发动机的修理量占工厂建厂30年来修理总量的40%。工厂发动机的修理潜能，似乎瞬间爆发出来。

职工在腰包鼓了、脸笑了的同时，看到了自己的能力，树立起了信心，对我的"身手"也是更有信心。

四

面对任务量的攀升，我依然心不踏实，这种不踏实并非杞人忧天。工厂修理任务量再饱满，也只是暂时的，原有机型逐渐萎缩是历史必然，如果不尽快确定工厂未来的发展战略，确定新的产品定位，工厂前进的方向就失去了航标，最终还是死路一条。

新世纪的第一年。面对空军装备更新发展的快速变化，面对航空修理领域垄断被打破的现实，面对空装机关已完成的新机试修产品的结构布局，我充分分析了工厂在航空修理系统所处的地位、环境，尤其是自身优势，深思熟虑，收缩民品项目，果断提出了"一主两翼"的经营战略。

"一主"，即以某机发动机修理为主体，含两个系列发动机；"两翼"，即修理运输机发动机和航空发动机辅助动力装置。

"一主两翼"经营战略的提出，起初令许多人不解。当时某单位的一位领导得知我们要选择试修涡桨某型发动机，就摇头说，要上就上新机，干吗选择这种没有前途的老机型。我曾开玩笑戏说："该修的别人都修了，我是慌不择路。"但不到一年，这位领导再一次见到我时，直夸我妙算的精准。因为，此时部队的装备急需这种型号的发动机，而且后期更需要。

"一主两翼"经营战略的提出后，工厂依据这一战略，围绕"老机保质量、保进度，新修机上能力、上水平"两条主线，小批量、多品种开发了多种新机。"小三发"发动机，2000 年 3 月启动，只用了 8 个月时间就试修成功，填补了国内试修空白；某型发动机，2001 年启动，2002 年底便完成首批 5 台发动机试修，填补了军内修理空白；2003 年全面启动该型发动机，也只用了 2 年的时间就完成试修任务。在完成这些任务的过程中，我和党委一班人，集全厂物力、财力、人力于一役，找资料，筹资金，扩地盘，招人马，搞培训，导入了柔性、项目、"5S"等许多先进的管理思想，使工厂的新机修理能力大大提升，工厂综合实力与 6 年前相比，已不可同日而语。

就这一点而言，我自谦地说是庆幸。但现在回过头看那几年国家、空军、航空修理系统形势，可以清晰地发现"一主两翼"经营战略的思路是环环相扣、缺一不可的精准，时机把握也是恰如其分的。

五

提起观念改变这个话题，我深有感触、颇有心得、最为自信。我说自己一直在扮演传教士的角色，直到现在依然在扮演这种角色，如果说自己有一点成绩，那么，那几年职工承受能力增强，思想观念有所改变，算是我最大的收获。

"一个企业不战胜自己，不超越自己，绝不会有发展。"这是我悟出来的道理。于是，我把"自强自胜，卓越一流"作为工厂的企业精神，把"诚、和、信、义、法"作为企业的经营理念，把"精诚团结，敢于竞争"作为工厂的团队精神。印成小册子，做成标语牌，广播、电视反复宣传教育，广大职工在耳濡目染中，时时体悟这一句句文化语言的精髓，无时不用行动解读"诚实""信誉""和谐"等企业必须具备的经营理念。

我用符合企业需要和扎根于企业实践的企业文化来塑造企业的灵魂，让员工经历了一个深刻的企业文化洗礼和阵痛，换来的是职工价值观念、思维模式和行为习惯根本性变化。否则，职工不会有"侍卫之臣不懈于内、忠志之士忘身于外"的团结一心，企业也不可能取得今天的成绩。

本事再大，莫过于能改变人的心智模式，就这点而言，我感到骄傲。

六

2001年底，在5713工厂上至领导干部，下至一般职工，每个人手中都有一本美国作家阿尔伯特·哈伯德的作品——《致加西亚的信》，我在书的扉页上，加上了这样一段话："企业的发展，取决于全体职工的敬业、忠诚、责任感和勤奋"。我希望每一位职工都做一名恪尽职守的"送信人"。

我发现在资金、技术、环境、市场、地理位置都不占优势的情况下，要提高工厂竞争能力，只有把职工打造成高素质团队这唯一的办法。

于是，学历、技能、敬业等与人相关的因素都成为我研究思考的内容。人才建设成为我关注的焦点。

在综合各种情况之后，我明确提出，树立人才强厂观念，建立招才引才机制。仅研究生、本科生住房补贴每年就提高到5000元。每年的中秋节，我总是舍弃与家人的团聚，和我们大学生一起共进晚餐，共赏圆月，让年轻人心底时常涌动着一股暖流。

在我任职的期间，工厂引进大学本科生百余名，大专生 200 多名，过去那种大学生"千呼万唤要不来，来了只是转一圈"的尴尬，终于有所改变。

如果说，引进人才是立足长远，那么加强职工培训既是立足现在又是着眼未来，我挖掘人力资源的重心明显偏于后者。2002 年，工厂在完成了以职工学历提高为主体的培训之后，从 2003 年开始，以提高职工技术技能水平的培训成为工厂"全员培训、提高素质"的主要工作。工厂专门成立了实训中心，添置独立的厂房、设备，职工每年都要接受脱产学习。岗位练兵、技术比武、技能等级考核都成为常规工作。2005 年，全厂工程技术人员本科学历已经达到 93.5%，专科以上学历的人员也占了全厂总人数的 60.5%，技能水平有了根本性提高。

在注重"内培外引"的人才政策的同时，我把眼光扫描到 10 年以后，有些专业可能 5 年、10 年后才能产生人才效益。10 年以后我在哪儿，我自己都说不清，但这些事必然办。

七

我很少流泪。记得最初的一次流泪，是 30 多年前在煤矿工作时，得知自己被推荐上工农兵大学的名额，让一个车间支书的儿子顶了，渴望知识的我流下了眼泪。泪干之后，倔强的我就下定决心，自己今后决不再流泪。但 2004 年的 8 月中旬，一次质量问题，让我的眼泪再一次流了出来。

2004 年 8 月 16 日，部队在启用工厂生产的一台某型发动机时，居然一开箱就发现了一连串的 8 个问题。这无疑对我一直倡导军品以"质量创品牌"战略开了个无情的玩笑。

企业的发展离不开品牌。几年来，品牌定位成为我思考得最多的问题之一。在综合论证之后，我明确提出"追求卓越，保证质量，用户满意"的质量方针和"实施精品工程，打造质量信誉，创建质量品牌"的质量建设目标。为此，工厂购置了高、精、尖设备 500 余台（套），自行研制了 20 余台（套）专用设备，共建立了 19 项计量标准。可硬件的东西增加了，人为的因素却冒了出来。

站在这台发动机跟前，我眼泪控制不住地流了出来，陷入了一种强烈的自责之中，自责自己对质量的关注不够，自责自己对不起工厂，对不起工厂的职工。因为我清楚地认识到这件事对工厂影响太大，对工厂信誉的损害太严重，对工厂的品牌伤害太致命。这种影响不仅仅是一次质量事故，更多是可能会让部队、部机关对工厂失去信心……一股揪心的痛在袭击着我，那段时间，是我一生中最痛苦的日子。

经过揪心地反思，我责令工厂停产整顿。在中层以上领导干部会上检讨自己，在全体质管、检验人员的大会上检讨自己，在生产车间的职工面前检讨自己，把自己几个月的奖金免得干干净净。那台问题发动机拉回厂后，我连着几天在现场给生产一线职工上课，并把 8 月 16 日定为工厂质量警示日。

平心而论，对质量工作，我一刻也未放松过。几年来，我亲自主持落实《空军航空装备大修许可规定》和国军标认证工作；年年开展"三检制""三工序""三不放过"活动；提议用当年产值 7‰设立质量专项奖励基金，带头签订《质量责任状》；每年带队外访的行程，都在几千公里，可有了问题，只有先反省自己。

身为领导，我不揽功推过；身为厂长，我也从来不在职工中掩饰自己的错误和工厂存在的问题，我的重心永远放在及时有效地改正错误、解决问题上。

八

我追求善良和正直。这种善良与正直，主要体现在民主作风、廉洁自律、生活朴素、行事依法等上面。我的生活也相对朴素、勤俭节约。和我一起出过差的同事都知道，我吃东西不讲排场，快餐、大饼什么都行，只要安全，住宿也从不讲究。

我家庭和睦是让众多人羡慕的。我对父母孝顺，再忙也不忘给他们打电话；对爱人也是关爱有加，只要有时间，都会陪爱人散步、聊天。但家事与厂事出现冲突，我是有原则的。爱人是学校的会计，学校编制撤销以后，一直处于待岗状态。岗位有空缺时，我要求人力资源部门优先安排其他人员，尽管爱人心里有委屈、有失落，但她能理解我。

劳模庄航

我在参加北京劳模会离厂的那天，车刚出厂门口，一位职工硬要拦下我的车。这位曾在 5 年前因分房问题不分青红皂白地对我言辞激烈的职工，一定要和我握个手，以此表示对我评上劳模的祝贺，着实让我感动。

获得了全国劳模的荣誉，我很激动，但激动的任何时刻，都莫过于在人民大会堂站立着与所有的全国劳模一起唱国歌的那一刻，我张大了嘴，却唱不出声，哽咽得唱不下去，周身升腾起一股难以言状的热浪，也就在那一时刻，我切身体会到什么才是真正的光荣，什么才是真正的责任。

（庄航曾任 5713 厂第二厂长、厂长、党委副书记）

红梅花儿开

孙红梅 讲述　　王若璞 整理

1999 年，我大学毕业。怀揣强军报国的梦想，选择了解放军 5713 工厂，成为空军装备修理系统一名焊接技术员。回顾 20 多年来的历程，我能够成为全国劳模和大国工匠，有以下的体会和感受。

永葆初心，专注"小事"超越自我

一进厂，我被分到离襄阳市区百里外的谷城分厂。那里四面环山，交通不便，生活枯燥。当时还是比较失落的，都说航空发动机是"工业皇冠上的明珠"，自己每天面对的却都是发动机上拆卸下来的黑乎乎、油腻腻的零件，我的工作就是对这些零件进行修修补补，心里不禁有些失落。

不久后，一件小事让我彻底改变了想法。一天，车间喷涂夹具上的螺栓坏了，我很快完成了重新测绘的任务，两天后螺栓也做回来了，可往夹具上装的时候根本拧不进去。我拿着新螺栓跟原来的比对，发现原来的螺栓是细牙的，新加工的是粗牙的。原因是没有在图纸上做标注，这下几十件螺栓都报废了。

师傅教导我："学历再高不关注细节，眼高手低是成不了大事的。"我当时羞愧难当，认识到"世间没有平凡的岗位，只有甘于平庸的人"。

我迅速调整状态投入工作中。平日里，穿行在生产现场，熟悉各种型号产品性能，潜心钻研产品原理，向老师傅学经验；晚上捡起专业书本给自己充电，学习新技术。勤奋加磨砺，很快使自己成长为技术骨干。

2002 年，某型发动机涡轮叶片叶冠出现大量磨损故障，厂里的老师傅直言这叶片焊不了，一焊就裂；专业研究所解释说，氩弧焊难以避免出现裂纹；叶片制造厂也束手无策。如果焊接失败，不仅会造成每片 3000 多元的经济损失，还影响部队飞行训练。

凭着骨子里的倔强，我暗暗下决心，要"碰碰"这个"硬骨头"。我重新审视叶片，历经上百次查资料、分析、试验，终于找到控制电流参数的突破口。整个夏天，都"闷"在蒸笼似的厂房里，握焊枪的食指因长时间用力都变了形，手上常被烫出一个个水泡，眼睛被电弧光刺得生疼流泪。有时会连续工作十几个小时，回家后累得腰都直不起来。

两个多月里，不断试焊，一次又一次，终于焊出了整齐的焊缝，没有烧塌和裂纹，首件涡轮叶片焊修成功！这是我在工作上的首次自我突破。

攻坚克难，毫厘之间精益求精

2007 年 5 月，工厂修理某型发动机高压导向器内机匣时，遇到焊接变形超差的难题，该机匣叶片安装部位要求精度高，允许的尺寸公差仅为 0.2 毫米，按国外的工艺焊修，存在焊接变形超过技术要求和再次裂纹的问题。

孙红梅工作照

交不了发动机，部队就会失去战斗力，怎么办？我和同事们一头扎在现场，一遍遍查看图纸，一次次试验验证，不断研究分析变形原因，调整完善解决方案。经反复研究，我发现激光焊接技术能量集中可控，可以克服焊接变形和裂纹。然而，当时激光焊接技术在国内应用刚刚起步，没有焊接标准，也没有质量验收标准，稍有偏差就可能导致零件报废。骨子里的不服输驱使我还是想尝试一把。

不久，工厂引进了当时国产最先进的激光焊接设备。焊接工艺参数不会调整，我就和同事一遍遍摸索；理论知识不足，我就一点点学习；没有标准，我就通过实验自己定。那段时间几乎每天加班到凌晨，忙得连吃饭、睡觉的时间都没有，饿了就啃几口面包，困了就趴在桌子上眯一会。两个多月后，终于带领团队找到解决问题的方案，将机匣变形量由原来的1.2毫米降至0.15毫米，满足了装机要求，实现了技术上的跨越。反复实践验证中，我们团队编写了《激光焊接工艺标准与质量检验标准》。在激光焊接推广应用过程中，创造了2000万元的价值。该技术还获得了军队科技进步三等奖。

在不断探索尝试中取得非凡突破，我的焊接技术在毫厘中提升，我对焊接技术领域的探索也更加痴迷。

2013年，一批某型军用发动机燃烧室机匣损坏，国内没有成功修复案例。眼见30架飞机即将"趴窝"，我主动请缨，发现故障多出现在机匣腔内，凭借着多年的技术积累，我发现要修复必须攻克四大挑战：一是从外部准确摸排判断故障位置；二是精准"解剖"并避免外来物污染；三是定位漏点瞬间实现焊接；四是复原"缝合"确保变形不超要求。难题个个刁钻，环环相扣，任何一个小失误都会造成产品报废。

我把新技术试了个遍，经过近半年的研究攻关，逐个击破，摸索出一套"手术"方法——"手术台"前，通过"望、闻、切"快速判断内部结构及故障点，并在机匣上切出半个手掌大小的"窗口"，随后通过建模和密封性检查，找出故障点，创造性运用镜面反光仰焊等方法，采用改装的焊枪，快速精准地进行仰焊，避免熔化的金属滴落，修复漏气部位，最后用脉冲激光焊将"窗口"补片焊牢。整个过程精准把控工艺参数，通过一系列的修复后，把变形误差控制在 0.003 毫米，仅有一根头发丝的 1/25，实现"严丝"又"合缝"，在性能和使用寿命上达到修旧如新。

一次次的推倒重来，一次次的试验分析，也使我对航空维修行业的态度从敬业上升为精业，从精业上升为乐业。在毫厘之间创造技术奇迹，也不断积淀着人生高度，我成为中国空军航空修理系统焊接专业首席专家。个人做出了应有的努力，组织上给予了我很高的荣誉。近年来，获得全国"五一劳动奖章"，先后被评为"中国好人""大国工匠 2019 年度人物""全国劳动模范"。

匠心育人，红梅吐蕊芬芳万里

"一枝独秀不是春，百花齐放春满园。"在不断攀登科研高峰的路上，我充分认识到："个人的力量有限，集体的智慧无穷。"我坚信，一个人能力强不算强，要整个团队强才是真的强。为此，我要用传承技艺守护"工匠精神"，致敬报国初心。

2013 年，以我名字命名的"红梅工作室"挂牌成立，按照"强使命、重科研、带队伍、上能力"的总体思路，通过修理科研和故障攻关带队伍，发挥平台和团队优势，释放出科技创新的巨大能量。

这些年，工作室培养了多名高素质技术技能型工匠人才——工作室成员陈辉晋升工厂一级技术专家，蔡元钢、肖雪萍晋升工厂二级技术专家，马海强荣获"襄阳五一劳动奖章"和襄阳市"十佳创新追梦人"荣誉称号；团队也先后攻克"高韧性金属基热障陶瓷涂层研究及技术应用""航空发动机薄壁及精密类零件修复技术研究""某型发动机中轴承座焊道磁痕显示判定研究""阿依－××发动机自主大修工程"等多项技术难关，为保障军队战斗力生成做出了突出贡献。

除了上好"技术课"，我还经常与工厂年青一代漫谈理想，谈人生价值和意义，用自己的成长经历激励"后浪"奋进拼搏，引导他们爱岗敬业、乐于奉献。近年来，多次受邀为军地进行党课、国防学习教育宣讲 56 场次，

孙红梅全国劳模照

直接受教育人数达 15860 人，赓续军队企业红色基因，传承敬业奉献"工匠精神"。

"工匠精神是一种自我修行的境界。"在我看来，我们每个人都是自己人生的工匠，都是工匠精神的践行者。

"雁过留声，人过留名。"但我认为，人不一定非要留名青史，但人的一生是有传承的。物质传承是有形的，但不一定会长久；精神传承是无形的，却一定能够久远，可以影响社会，一代又一代。

（孙红梅系 5713 厂员工）

世纪江华世纪情

曹国斌 讲述　骆卫阳 整理

　　说到湖北江华机械有限公司，生活工作在襄阳、南漳的人们都知道是一家"三线厂、军工厂"。说起三线就不得不追溯到 20 世纪 60 年代，为了应对日趋紧张的国际形势，毛主席和当时的党中央决定从 1964 年起加紧进行战备工作，"要准备打仗""备战备荒为人民"成为当时的最强音，中国的"三线建设"由此正式轰轰烈烈地展开。一场大规模的经济建设也在中国中西部地区拉开了帷幕。

　　1968 年我 17 岁，作为一名"老三届"初中毕业生，我积极响应毛主席关于知识分子上山下乡"到农村去，接受贫下中农再教育"的号召，投身广阔的农村，开启了知青生活的奋斗之旅。22 个月的下乡经历，成就了我一生的性格色彩和思维方式：那就是不怕苦、不怕累，人生没有过不去的火焰山。1969 年我作为县上抽调知青中的一员，有幸参与修建焦枝铁路，那是当年国家的战备铁路，也是"三线建设"的重大项

20 世纪 70 年代中期厂大门

目，我就此与三线结下了不解之缘。

1970年秋初，我通过招工进入国营长坪工具厂（现湖北江华机械有限公司）工作，从此，我的命运就和这家三线工厂紧紧联系在一起。

火热的"三线建设"（1965—1988）

国营长坪工具厂是一个位于南漳县城关镇水镜路尽头（原南漳县黑山沟）的工厂，三面环山，一面望城。这个厂筹建于1965年，从选址到建成仅用时700多天，在"先生产后生活，先厂房后宿舍"的原则指导下，1968年基本建成。第一厂名是国营9616厂，第二厂名长坪工具厂，工厂对外名称用第二厂名，通信一律写"南漳县212信箱"。工厂主要生产冲锋枪。当我进厂时，工厂改产63式自动步枪，这是我国自行研制的第一款自动步枪，招我们进厂的目的就是为63式自动步枪生产玻璃钢枪托、护木和握把。这是一个新的工艺，甫进厂就把我们这批知青送到石家庄化工三厂进行技术培训。我们仅用了3个月时间就掌握了生产玻璃钢制品的技术，返回工厂后，我和我的同事们不分昼夜，加班加点筹建生产车间。挖基坑、盖工房、买设备、装调生产线，直至量产装配，一气呵成。我被选为班长，带领40多人生产。后来，这项新技术也成为工厂开拓民品市场的先驱，我个人也在这种变化和发展中不断汲取营养快速成长。

1971年底，我被调到厂财务科当材料会计。1974年，工厂选培企业管理人才，我作为工农兵学员被送到当时的郑州航空工业管理学院学习工业会计。学习结束回厂后，我成为财务科的骨干。1979年，工厂转产56式冲锋枪，正好国家开始实行改革开放，工厂的诸多活动开始由计划经济向市场经济转变，计划和供应在工厂显得极为重要。兵马未动粮草先行，为了尽快适应市场变化，工厂筹划成立计划科，我被调到计划科担任副科长、科长。当年这么年轻就担此重任的，在省国防工办系统也是凤毛麟角，这个荣誉我十分珍惜，一干就是5年。

转眼到了1983年，工厂转产56-2式冲锋枪，同时试制85式冲锋枪。

为招徕更多的知识分子，提高工厂的知名度，工厂将第二厂名改为"国营江华机械厂"。同年，国家下达的军品生产任务达到当时产能的 3.5 倍，工厂面临改革开放后的第一次国家大考。我作为既懂计划又懂财务的骨干被调到当时的二车间担任车间主任，这个车间是当时工厂员工最多的单位，除了不生产枪管、枪机外，其他部件都生产，包括冲压件、点焊件工序。而我并不是工科学员，要管理一个车间，必须是内行，恰恰我就是个外行，用现在的话说我那叫"跨界经营"。作为三线人、军工人，军工报国是使命，我必须不辱使命，不会就学，不懂就问。当年和我一样的江华员工怀着忠诚奉献的一腔热情，全体总动员加班加点超额完成任务，经受了这次大考验。1985年，工厂研制的 85 式冲锋枪参与国家竞标，最终胜出。这一年，工厂被下放到襄樊市管辖，也就在这一年，工厂积极响应国家军转民的号召，利用军品生产富余能力，开拓民品市场，与二汽达成协议，生产东风 EQ140 气动刮水器、摇臂及摇臂轴总成，6105Q 和 492 摇臂及摇臂轴总成、拨叉、起动爪等产品。我所在的二车间也参与了这些产品的试制与生产，在这之前工厂还试着生产过电动缝纫机、洗衣机及变速轴、汽油发动机连杆和牙盘、沙发、折叠椅、钢管床、碰碰车等，当然那时对民品市场的渴求没有现在这么强烈，有更好，没有也无所谓。

1987 年初，我被任命为厂长助理；同年，根据襄樊市人民政府决定，将工厂从南漳县迁至襄樊市郊区，兼并襄樊市电视机配件厂，目的就是"以电视机配件厂为基础，民品生产逐步迁入市区，建成民品生产分厂，职工户口根据迁建进度分批迁入市区"。

这一年，江华厂艰辛的三线调迁大幕拉开，这次搬迁资金全部由工厂自行承担。搬迁工程分两期进行。第一期工程，完成征地及民品生产部分的搬迁；第二期工程，军品生产部分及辅助生产部门迁至市区。

在此之前，江华在国家计划经济这棵大树的庇护下，过得自足而惬意。从 1978—1988 年的这 10 年里，江华经历了由计划经济向市场经济的转变，在这一阶段的前期，由于工厂总体计划还是国家下达的军品生产任务，产品是国家订购，民品生产仅仅只是一种尝试，转向的需求显得不那么迫切，日子总体过得还算安稳。但后几年，计划经济开始渐行渐远，工厂由省属企业变为襄樊市属企业，军品定购大幅下滑，史无前例的改革，将习惯了计划经济的纯军工企业推到了市场经济的风口浪尖上，生来携带自力更生和创新基因的江华人在领导团队的带领下，义无反顾地作别国有军工企业的"铁饭碗"，生产经营重点转向民品领域。

苦涩的军民结合（1989—1997）

1989 年，是襄樊市新产品开发年，对江华机械厂而言，新产品开发是保军转民转轨变型的核心，是实现工厂经营战略转变的关键所在。市政府研究决定，以国营江华机械厂襄樊市民品基地为基础，成立"襄樊汽车制造厂"。工厂加强厂与厂、厂与科研院所的横向联合，在襄樊市委、市政府、市机械局领导的关怀下，实现了与二汽东联公司的联合，开发出轻型客车、冷藏车等产品，其各项性能指标通过道路试验取得了较好的效果。冷藏车和轻型客车先后参加了二汽东联公司成果展览，荣获"双庆杯"和"优胜奖"，并被评为标准样车，后又在襄樊市科技新成果展评会上被评为"飞龙"一等奖。工厂汽车产品在《全国汽车、摩托车生产企业产品目录》中高达 35 个之多，1993 年工厂将第二厂名改为"江华汽车公司"，当时的江华在襄樊市的大街小巷可以说是风光无两。

尽管如此，由于没有经验，全靠"摸着石头过河"，加上汽车整车生产是技术、资金、人员高密集型的产业，工厂在前两方面都没有优势。特别是受制于资金和技术，直接导致汽车生产、销售严重受阻。同时，工厂还保持多业并举的局面，除保持军品生产不断线外，还生产汽车配件、厨房用抽油烟机、纸箱等，在经济总量不足以支撑工厂汽车整车大批量上马、主要靠银行贷款经营、人员又急剧膨胀的前提下，遍地开花的民品开发态势，很快就让江华人尝到了市场经济的苦果。这些上马的产品不仅没有获得预想的成功，还加大了工厂在银行的负债，原来略占优势的汽配市场也逐渐萎缩。主导产业军品再没有新产品问世，军品订货大规模缩减，3000 多名职工的江华，年产值仅仅只有三四千万元，资产负债却高达149%。工厂资金链彻底断裂，最困难时公司月收入仅5万元，还不够支付水电费，开工生产所急需的原材料，甚至是生产急需的机床设备因无钱支付只能靠物资串换，赊账才能购回。生产的捉襟见肘，产品研发的举步维艰，工厂开始拖欠工人工资最后干脆发不出工资，工厂能在银行抵押的都抵押出去了，直至再从银行贷不出一分钱。那些人前显摆的汽车，背后凝结的是江华人无语的苦涩，车越多，江华背负的贷款就越多。

1997年秋，近10年的民品生产开发之路仿佛走到了尽头。工厂也到了要关门停业的地步。江华机械厂即将淹没在改革的大潮中……

悲壮的脱困求生（1998—2003）

1994年，我被派往江华老厂区担任厂长，正为完成军品生产任务而夜以继日时，组织上一纸调令又把我调到"汉水空调设备总厂"担任"掌门人"。在我和当时领导班子的努力下，1995年，"汉水"厂无论销售收入、产值，还是工人工资都比上一年实现了翻番，企业发展一片欣欣向荣。我满怀斗志，准备带领职工大展拳脚、继续前进，这时组织上又要把我调回江华厂，希望我带领正处于极度困难中的职工们突出重围。

一边是在自己手上蒸蒸日上的汉水总厂，一边是培养了我却负债累累、在风雨中飘摇、前途未卜的江华厂，到底何去何从，我陷入两难的选择。

沧海横流，方显英雄本色。作为

2008年厂大门

共产党员，我有责任和义务听从组织的召唤，完成组织交给的任务，更何况江华是我的娘家，我不能让她倒下，我要让她重新站起来，我要努力让她重现往日辉煌。

1998年1月3日，经过半个多月的思想斗争，我抱着必胜的决心，怀揣为民服务的初心，临危受命，毅然出任了江华汽车公司总经理。上任之时，正值春节来临，我集中所有资金和力量给全厂职工发放了拖欠3个月的工资，让大家过了一个较为安稳的春节。

之后，我开始全力部署一场事关全厂职工前途的大决战。此时的江华，没市场、没定位、无资金，生产了10年整车的库存量，只卖出了大大小小1000台车，企业一直处于亏损状态。要想脱负，必须扬长避短，下马汽车，回归机加工，改搞重要零部件！但当时做出这个决定比我决定当总经理还需要勇气，如果整车不生产了，新生产的零部件又销售不出去怎么办？这不是自废武功吗？

壮士断腕，需要的不是莽夫一样的勇气，而是审时度势的谋略和妙到毫巅的指挥艺术。经过深入的市场调研分析，我果断抉择：汽车整车生产不是江华的强项，江华关闭整车生产线，彻底停掉汽车生产项目，集中拳头出击，把产品研发的方向转到有机加技术优势、资金需求量相对小得多的汽车零部件上来，一门心思发展汽车零部件——摇臂轴总成，同时重开军品市场。后来，实践证明，经过10年的努力奋斗，在各级领导的关心及国家政策的支持下，江华由此创造了起死回生的奇迹，现在一跃成为全国数一数二的重要零部件生产厂家。

2002年，民品成功开发6项新产品，较好地实现由试制转为批量生产，成为2002年和2003年新的经济增长点。2003年是工厂的"产品结构调整年"，面对新产品开发与科研试制和防"非典"工作，工厂上下一心，一手抓开发与试制，一手抓"非典"预防，确保开发、试制不停步，"非典"预防不放松。民品成功开发上柴6135K轴、C121摇臂轴，改造了康明斯B+C项目生产线、本田项目生产线，进行了玉柴斯太尔摇臂总成等新产品的试制。部分项目实现了当年开发，当年转入生产。工厂生产经营状况也呈现恢复性增长的势头，"产品结构调整年"硕果累累，工厂生产的发动机摇臂轴总成已覆盖轻、中、重型车、轿车、微型车等各类汽车发动机及船用、工程发动机等领域，形成一定优势。

之前由于工厂无力自筹资金进行的二期搬迁工作，在我的运作下，努力寻求国家政策支持，一边争取国家三线调整办公室的支持和各级领导机关的支持，一边竭尽全力进行产品结构调整和管理调整。经过"国三办"的实地调研，工厂纳入国家"九五"三线调整规划，享受"双给政策"。这期间，工厂共享受调迁退税 900 多万元，国家资本金 600 万元也运作到位，同时享受随增值税提取的城建税、教育附加和堤防等三项地方税退税 80 多万元，在很大程度上缓解了工厂资金紧张的局面。到 2003 年上半年，工厂三线调迁二期工程基本完成，南漳厂区仅保留了军品装配车间、靶场、精铸生产线及辅助、保障机构。

工厂生产经营状况呈现恢复性增长的势头，江华汽车公司自此走出低谷，为实现扭亏脱困打下了基础。

2003 年，中共襄樊市委作出加快市直国有企业改革的决定，工厂制定了改革方案并上报襄樊市国企改革办审批。

改制的涅槃重生（2005 年至今）

真正的创业者，从不躺在功劳簿上睡大觉。刚刚完成负重爬坡求生存向快速发展转型的江华，远没有今天的强健骨骼。沉重的历史负担不可能一夜之间烟消云散，3 个多亿的负债、3000 多名的在册员工、稳固的市场尚未形成，以及其他历史遗留问题，还需要接受一次又一次的考验和磨砺，淬火成金。改制半个月的公示期过后，没有任何一家单位和个人愿意出资接手江华，一时间，江华成为国企改革的一块"硬骨头"。

此时，组织上又找到我，希望由我牵头把江华接下来，这一次的选择与以往任何一次都不同，之前有国家托底，这一次要么生、要么死，搞不好就是倾家荡产。我犹豫和挣扎了很久很久，一边是组织的信任和为之努力为之

2012 年厂大门

奋斗了近 40 年的工厂，一边是工厂背负的那三座沉甸甸的大山。

不畏浮云遮望眼，风物长宜放眼量。当时我们公司已经有了很大起色，我终究还是不甘心经我与全体职工亲手拯救的江华就此消失。"人都是要有点精神的"，在那种情况下，别人放弃了我们，我们自己不能放弃自己。凭借多年临危受命终不辱使命的胆识，我带领部分职工共同筹资，以承债方式组建了"湖北江华机械有限公司"。不仅接收了原江华公司全部员工，而且主动把所有员工身份转换的费用提高了 1 倍。

改制后的江华，按照股份公司运作的模式调整经营方向和资产布局，对内部组织进行调整，重新清理制定各项规章制度，积极倡导"诚信和谐、创新卓越"的经营理念，对内部企业管理提出了新的要求，使公司的经营机制更灵活、更有效。"江华"的整个生产经营持续保持了较高的增长速度，年均达到 30% 以上，利润总额逐年上升，员工工资年均按 15% 的增速上涨，不仅在很短的时间内偿还了 3 个亿的欠债，添置了价值 7000 多万元的生产设备，还再造了一个新江华，成功兑现改制时我对员工许下的誓言："江华不是最好的，但江华是最有希望的，奋进的江华'荫'你我。"

10 多年来，面对日益变化的环境和条件，江华始终坚持"两条腿走路，两条腿都硬"的方针，保持军品科研开发生产不断线，本着有所为有所不为的指导思想，不断调整民用产品之间的比例关系，不断淘汰部分老产品，增加新产品，与主机厂一起升级换代，力求使资本始终朝盈利状态转变。

如今的江华，瞄准高端大型客户，强力攻关开拓市场。高端优秀客户群达 20 多个，尤其是康明斯、本田、神龙、上柴、上海日野、三一、华菱等国内外知名厂家。公司承制的产品除满足国内装机外，还出口海外，具备与主机厂同步开发的能力，"江华摇臂"已成为行业内的知名品牌。广州本田公司中方管理人员称，"江华"作为国内唯一一家为本田发动机重要核心部件配套的厂家为国争了光。公司新产品科研开发项目每年都有数十项，军品科研项目均达到国际、国内先进标准，多项科研装备填补国内空白。其中，水下步枪荣获国家科技进步二等奖、国防科技进步一等奖，35 毫米枪挂榴弹发射器获国防科技进步一等奖，研制的其他军品产品荣获多项国家和部级科技进步奖及国家专利。目前，公司还与高科技企业联手，向智能武器系统进军。在国家大力提倡军民融合的新形势下，因军而生的江华从未忘记国家使命，从未脱离过时代的召唤。江华人把自己的技术优势和艰苦奋斗、敢于创新的三线企业精神完美结合，把拳拳报国之心延伸到民品领域和军民结合领域。各项殊荣也接踵而至，公司多次被主机厂评为"优秀供应商"，获得"湖北省分行业十强""中国摇臂轴总成十佳名优品牌""湖北省国防科技工业安全文明单位"等荣誉称号。

我与世纪江华，历经了无数次辉煌和坎坷，逐渐沉淀着时代发展赋予的各种鲜明特征，吸取精华，以"特别能吃苦，特别能战斗"的军工精神开创江华新的历史，以"团结拼搏，改革开拓"的创业精神走过江华最艰难的转型时期。我们还将以"诚信、和谐、创新、卓越"为核心的经营理念，以"精心设计、精心制造、竭诚服务、持续改进、顾客满意"为质量方针的江华企业文化，深深根植于企业经营管理的各个层面，扎根于江华广大干部员工的心中，成为引导公司继续勇闯未来的力量。

我与世纪江华的成长过程，正是从 20 世纪 60 年代的"三线建设"，到 80 年代的改革开放，再到今天的军民融合新时代，从南漳的黑山沟，到襄

2018 年厂大门

阳古城的现代化工厂的全过程，也是我们共同理解三线精神、传承三线精神、弘扬三线精神的最好见证。这是一种坚定的信念，不仅支撑着我们一路走来，历经了近 60 年的跌宕起伏。无论光荣与艰涩，我们将始终用工匠精神践行不忘初心砥砺前行的使命，无论困境与逆境，我们将坚持用创新精神书写"军工许国，产业报国"的华章。

（曹国斌系湖北江华机械有限公司董事长，骆卫阳系湖北江华机械有限公司办公室副主任）

江 华 往 事

秦怀北 骆卫阳

作为一个早期"三线建设"参与者，我讲我的亲身经历，给研究者留资料，是一种责任。尽管80多岁了，我思维还是清楚的，经过前思后想，我就征稿意图在讲故事上做起了文章。

定 厂 点

来厂后就听说厂子在南漳县长坪镇，地处深山老林，距南漳县城大约有三四十公里。当年，毛主席"三线建设"的方针是"靠山、分散、隐蔽"，这6字方针是达到了，就是不方便，绝大多数人都有同感并说那地方不能去。厂领导的态度不言自明，集思广益之后决定走一走、看一看。不看不知道，一看吓一跳，这地方太不方便了，往前没有村，往后没有店，连个人影都看不到，若厂子设在这里队伍不好带，材料怎么运？困难还是比较多的，最终决定上报省委。厂领导基本都去了，接见的部分省领导有省长张体学、书记许达三等，省领导听过报告来意后指示"工厂统一意见，赶紧决定，不要议而不决拖拖拉拉、长期拖延"。毛主席说三线建设不好他睡不着觉，我们要用实际行动回答毛主席。请示省领导回来后，一致同意厂子不去长坪镇，就建在南漳县城边山脚下。

选　厂　名

我厂第一厂名叫湖北长坪工具厂，第二厂名是国营9616厂。我原来的厂子是626厂，大军工，这9616厂，问了一下才知道"9"字头是地方军工企业，也可以说省属军工企业是"9"字打头，作为军工单位保密是原则，在特殊年代9616厂这个名称是不对外的。这里没有通信地址，只有一个保密信箱，全厂干部群众寄信地址都是"南漳县212信箱"。

工厂定点之后，原定的厂名长坪工具厂依然沿用，没做任何调整或改动，但是带来了不少麻烦。记得有一对身居武汉的老两口想念孩子决定到襄阳看看，接站的孩子左等不来，右等不来，回厂后赶紧打电话问情况，费了老鼻子劲才问到。原来老两口在南漳客运站下汽车后问汽车站的工作人员长坪往哪儿走，工作人员说你还得坐车到长坪，老两口又买票坐车去长坪镇，一下坐到山里头的长坪镇去了，到山里一打听没有长坪工具厂。由于到长坪后是下午，没有往返车票，就在长坪打了电话。武汉的子弟很焦急，找到了我寻求帮助。我当时是厂办主任，就安排了北京吉普带着那个武汉子弟到长坪山里去接人。

小　社　会

工厂虽说是建在县城边上，但是站在厂里的每一个地点，抬头一看，除了山还是山。由于当时的工厂保密要求，又不能与大社会频繁接触，加上封闭的地理环境，似乎当时的工厂自然而然就形成了一个独立的小社会。里面什么都有，厂区和生活区连成一片，工厂内部除了厂房和职工宿舍，所有设施一应俱全。从幼儿园到职高、技校，甚至办过721大学。消防队、派出所、车队、邮局、商店、粮店、菜店、煤场、食堂、冰棒房、豆腐房、理发店、澡堂、招待所、露天电影院、职工活动之家、图书馆、汽车站，包括职工集中蒸饭、打水，基本上与民众生活相关的样样都有，既方便了家属，又安定了职工，还稳定了社会。可以这样形容，基本不用出厂区，人的一辈子就可以在里面度过（那时不兴火葬，人去世后可以直接土葬，当时大多都安葬在当地的凤凰山）。

那时，每天清晨 6 点 25 分，分布在厂里各处的高音喇叭就开始广播，伴随着中央人民广播电台的新闻和报纸摘要节目，职工和家属陆续开始过早。然后在《歌唱祖国》《我们走在大路上》等歌声中匆匆忙忙或骑着自行车或步行奔向车间与学校。到了中午伴随着下班的高音喇叭声，职工踏着《团结就是力量》的歌声又匆匆往家赶。半大的孩子则早早帮助家里打好了开水，在蒸饭锅炉前排好了队拿早上送去蒸的饭，只等下班喇叭一响管理员开锅炉拿自家蒸的饭。这样的场景每天随着高音喇叭的响起早、中、晚各重复一遍。

那时，家家户户的娃娃胸口都挂着家里的钥匙，因为家里除了上班的父母就是小孩们自己了，学校不会像现在这样补课或拖堂，下课就自己回家，或者和小伙伴们满厂疯跑。大家都习惯了厂里半军事化的气氛，喇叭一响条件反射地朝家跑，父母从不担心跑丢。厂子里的人，彼此之间要么是亲戚，要么是同事，要么是同学，走在路上，可以不停地向过往的大爷大妈、叔叔阿姨、哥哥姐姐们打招呼，谁家有丁点儿的事，恨不能第二天全厂都能知道，这里就像一个大家庭。

无论冬夏，一到周末的晚上或者节假日，工会的露天电影院就是小娃娃们的最爱。下午放学一个个地要么拿着板凳，要么捡块砖或扫帚，带上粉笔或者就地取材用砖头、石子画个圈，早早地去占他们心目中认为的最佳观影位子。大多放映的是英雄和战争的红色题材电影。当然那时的放映员还是很辛苦的，赶上放映新片，就得骑着自行车跑片，到县电影公司取片、还片，时间还得掐准，否则来不及，中途等的时间太长大人、小孩都有意见。

早 开 学

厂子里的第一批创业者主要是老革命及一大部分从东北和武汉支援过来

的知识分子和技术人员，他们普遍素质较高，因此都很重视下一代的教育。还记得，最早到山里报到的老师是武汉的唐群老师和与我同时到厂的我的爱人王玉梅，两位女老师忙里忙外筹备子弟开学的相关工作，她们两人一时跑县里的教育局，一时跑县里的新华书店，一时又在本厂协商制作桌椅板凳，两位女同志上串下联，左手右手忙得不亦乐乎。

学校里老师讲的绝对是普通话，所以厂里的子弟们普通话都说得比较好，当然东北味偏重些。当时最早的一批援建者来自东北，讲普通话也因为厂子里哪儿的人都有，南腔北调，东北话、武汉话、南漳话、随州话、上海话，不统一，那就从娃娃开始都说普通话吧，随后厂子里的官话基本就成了普通话。

在两位女老师的努力下，子弟学校开学了，学龄的孩子有人管了。未到上学年龄的孩子怎么办？当时的社会条件又满足不了，既不能招也不能聘，职工要上班孩子却没人带，又没有托儿所，也没有幼儿园，现建设也来不及，无奈之下只好将用作住宅的"干打垒"改成托儿所、幼儿园来缓解燃眉之急。

幼师这个职业，当时社会上没有，也没有招聘广告，职工中也没有这个专业，家属也都是年轻人，临时雇佣几个试试看，结果就出现了"吃白菜"的故事。他们教孩子们说："你拍一我拍一，黄雀落在大门西；你拍二我拍二，老太太吃白菜，晚上放屁好凉快。"

时光飞逝，一晃几十年过去了，和来时相比，已经物是人非。为了最初的理想和信念我们背井离乡，他乡也成了故乡。献了青春和子孙，而我们长坪工具厂的二代们从童年到退休从未离开过，基本是献了终身。无论是出山进城，无论是顺境逆境，他们一直坚守，而长坪工具厂也在跌宕起伏中顽强生存发展。这里的青山可以作证，近万名三线军工战士、家属子女在这里抛洒青春热血，再回首大家不禁辛酸而又自豪地说"我是江华的，我是9616的"。

（秦怀北生前曾任江华机械有限公司厂办主任）

100 个新洲来的工人

程仁华 讲述　骆卫阳 整理

我是 1970 年由湖北省国防工办（简称省工办）招工进厂的。省工办当年在湖北新洲的招工名额一共是 100 个，全部要复转军人，分二批招，全部要男性。我是第一批招进来的，到厂时间是 3 月 22 日。据我所知，当时县里是将招工指标分配到各个公社，新洲的公社还是比较多的，有的公社分了 2 个名额，有的分了 3 个名额，我们报名是按公社来选的，去报名的青年都要进行政审，个人和家庭都必须过硬。我是三岗公社的，和我一个公社的是靖松山。这 100 人绝大多数都已成家。

入　厂

我一到厂就分在护厂队，护厂队当时在当年的驻厂军人宿舍（现在早毁掉了），那里有 3 栋房子。我们一去就要自己动手摆床，当时我和陈继清、程刚德、骆子宽大概十几个老乡住一个宿舍，领我们去的是常怀玉部长。那个宿舍有 2 个门，要留过道，床怎么摆大家意见不统一。当时有人光动口不动手，我实在忍不住就怼："怎么摆得动手啊，这是我们自己的事啊。"床摆完后大家闲聊，骆子宽说工厂会分配自己干什么呢，同宿舍的老乡就问他懂啥，他说懂机械，人又问是啥机械啊，他则答解马力柴油机的手扶拖拉机！大家一听就笑喷了，到工厂了，机械可不是手扶拖拉机，复杂着呢。大家在护厂队没待多长时间，根据大家的经历，工厂把大家都分配下去了。有一定基础的青年，比如司机就分到了运输科，其他的人就任意分配，车工、铣

287

工、淬火工等。招工时大多数人心甘情愿来参加国防建设，也有个别老乡没待几天就回去了的。最记得的是从新洲医院招来的一个姓王的老乡，厂里分配他做检验工，枪身上刻有字母是要检查的，他回宿舍后吐槽："每天净是ABC，我连中文都不认得还ABC。"后来没多久他就调回新洲去了。

我们这100人中有从部队回来一年多的，有几个月的，还有一批军转干部。我是1969年12月28日退伍回来，这100人中我回来的时间最短，才2个多月。原本国家规定的退伍安置政策是从哪里来就回哪里去，我参军前初中毕业留校算是参加工作了，我本来应当回到学校去的，结果安置办让回原籍。回原籍时走在路上无意中遇到我们公社书记，他原来是我的学校校长，还有一个是我的同学杨海山他们都去县里开会，说起工作的事，公社书记说要是愿意回来，就到镇办工厂找杨海山，他是镇办工厂的负责人。我退伍回来过完年元月就在九大队的工作队里当队员，主要工作是贯彻"九二七"指示等几个文件，白天跟人家一起搞生产，晚上也住在别人家。元月搞了一个月，二月搞了半个月。当时，还有省102建筑公司在招建筑工人，我去了人家不要我。我们厂当时负责在新洲招工的是张小莲和杨明财。起初大家都不知道我们要到南漳县，只说是蛮保密的单位，通信地址统一是"212信箱"，因为当时招工挂的牌子是省国防工办，所以大家都是自愿报名。在我的印象里军工厂挺好，与部队也有联系，而且国防工办肯定与国防和部队有联系。我在部队到石家庄的军工厂修理坦克时听人说军工厂的老工人钱多得花不出去，正好家里困难，正好省国防工办招工，正好我回了，所以没有任何犹豫，也没有任何思想斗争，我就报名了。1970年2月15日公社通知我到县招待所体检，体检结束就是等结果，我还是继续在工作队搞生产，直到通知我3月21日集中，3月22日我们第一批人就坐火车到了襄樊。

到襄樊天都黑了，火车站旁边有个东风旅社，我们一行人在那里一人吃一碗面条，结果面条吃完后碗下面还有一大撮盐，当时的盐是一大颗一大颗的海盐。新洲那个地方的人口味偏淡一些，还有一些在南方当兵的人，好多人觉得面条咸得发齁，就此大家判断南漳赶不上新洲。

想　家

　　厂里对大家蛮关心的。来了没多久就有成家了的人家里打电话、电报让回去，厂里还做这些人工作，好多人没有回去，记得董福庭说是家里有紧急情况非要回去，厂里就派车间指导员马振东带人到新洲慰问和了解情况，到了一了解家里没什么太大的事，主要是想家想回去。我们到厂里时，厂里的人不是蛮多，真正的管理人员、行政领导、熟练工人就 626 厂的那一批，搞政治工作的是军队干部转业分过来的。记得颜世竹是政治处副主任，还有张武学、常怀玉、付贵昌、吴本宪、谭杰，后来的有王贯亚、习道华。刚来那年过年我没回家，我在武装部当武装干事，春节时还是南漳县武装部领导的李全震（现已 90 岁高龄，其时李全震还没转业）到厂里找到我，说是县里的领导春节要到厂里打枪。枪是我保管，平时警卫巡逻由我发枪，子弹不是我管。当时的领导是崔旭光厂长，颜世竹是政治处主任也是我的部长，我去汇报领子弹一事。崔厂长让领一箱，一箱是两铁盒，一盒大概 720 发。我给李全震回信厂里同意打枪。当时没有汽车，县领导都是走到厂里来的，我先搬了一盒子让他们打，我们有 2 个人在那里负责。当时打了多少没有计数，到最后领导们回去了，子弹还剩不少，我们 2 个人对着石头也打了几梭子。那个时候子弹都是生产验枪用的，领出来没打完的子弹最后和枪一起放在武装部。用自己生产的枪过了一次瘾，还是春节，印象是蛮深刻的。

苞　谷

　　那个时候吃饭凭粮票，按工种来区别你的粮食多少。机关岗位每月吃29 斤，铣工岗位每月 35 斤，锻工、炼钢工体力消耗最大的岗位每月 45 斤，粮食定量。当时有老乡哪个岗位工差粮高就去哪个岗位工作，好像是要节约粮食寄回老家养妻儿老小，那时即便吃红薯也不是白给的。那时候在食堂吃饭，黄瓜 2 分一个，20 多斤粮食不够吃，厂里允许种地，自力更生、艰苦奋斗。我到政工组时政工组分的有荒地，当时有马焰明、孙德三厂长，种了红薯、苞谷、芝麻，这个时候的红薯、苞谷可自己煮着吃了，芝麻可以换油。记得有一天政治处主任李文学（原来是省检察院的处长）、宣传科长向阳（原来是省党校的教员），我们没有锅，摘了苞谷后就在食堂借了大瓷盆子，在政工组办公室那个山坡上挖了个坑埋锅煮苞谷，没有锅盖就用玻璃当锅盖，最后玻璃炸了，就用另外一个脸盆当锅盖。那个锅盖不严实，我和吴合元把抹布用水一洗沿锅沿捂了一圈，那个抹布是用带颜色的衣服做的，结果高温一蒸抹布掉色把苞谷也染了好几个，搓都搓不掉。先来的人就拿好的吃了，向阳是最后来的，正好那天吃完晚饭要开会，好几个平时爱闹腾的人都在那里，大家在那里吃得挺香的。向阳长得胖，走路慢慢腾腾的，边走边说："哦，今天有苞谷吃呀。"他一看，"唉，这个怎么这个颜色啊？"李文学主任当时就说："那个颜色就那个种。"向部长还说是挺好吃的。后来李文学主任给我们讲故事，说他是陕西人，他小时候家里也种的有苞谷，的确有彩色的苞谷，有时候饿得没办法，就把苞谷掰了吃生的，结果被他哥发现了，捞到他就打，说是不该搞到吃。后来国家恢复公检法急需用人，李文学主任调回省检察院了，向阳部长调到卫东厂当政治处主任了。"三线建设"时期我接触的这些老革命、老干部搞政治工作，作风相当过硬。

工　作

我们到厂里时，正式生产还没有大批量展开，人手也不齐，开床子还得现学。我分到车间后我的师傅叫许有元，他比我年岁小，是武汉人，车工，他爱人是从新疆支边调回武汉的，他后来也调回武汉了，他人蛮好，刚开始我不敢开车床。许有元就教我磨刀，让我慢慢磨，告诉我怎么磨，鼓励我说熟练了就好了。第二才教我怎么开机床、怎么定位，要敢搞要敢开，告诉我万一来不及了可以停床子，床子会在哪个位置自己停下来，不会把床子撞坏的。

我在部队入的党，我到车间后车间还成立了党支部，我是清洁委员。那时候"文化大革命"还没结束，厂里办学习班，李文学主任负责，我们一起来的人在宿舍那里办学习班。孙德三厂长是从纸坊调过来的，吴觉鸥厂长是从武重调过来的，我们来的时候他在学习班里头。学习班搞的时间还蛮长的，结束时，有问题的、表现最不好的大概有6个人陆陆续续被送到了南漳板桥不准备接回来，后来落实政策他们才返厂。学习班结束后厂里就开始搞整党建党，我就到机关了，厂里安排我去搞外调，调查那些所谓的历史问题。厂里抽调人到机关搞整党建党工作，我们那100个人中好些人不愿意到机关来，就想在车间。我服从组织分配形成习惯了，不晓得讨价还价，组织叫到哪里就到哪里，我是在学习班里被李文学主任看中的。

后来，我基本没有离开政工岗位，1971年1月工厂正式定职定位。正式生产后，人手不够需要加班加点，这些人从哪里来呢？除了正常上班以外，机关的人都得去车间支援生产，包括学校的老师、医务室的医生和护士，这些人由干部科来召集。我正好是管干部的组织干事，生产科就要求我负责这个事，每天告诉我当天晚上要通知多少人来加班。那段时间我几乎就成了一个大调度员，比如说今天晚上需要30个人加班，我就要通知学校领导你今天要来10个老师，通知医院你要来几个人，被通知的人都挺愉快。没有人公开说不想加班，也没有人说不愿意来支援生产，当时加班没有加班费但给3两粮票，加完班统计名单报到后勤，这还是蛮有吸引力的。当年的我们政治觉悟和积极性都很高。

婚　恋

新洲来的100人里只有极少数是到厂里后在当地恋爱成家的。当时招工政审首先看档案，我们的档案记录的是当兵前的婚姻状况，退伍后的婚姻状况没在档案里记录，到厂后职工登记时才写自己的婚姻状况。

到厂后听常怀玉部长讲，厂里招工政审包括谈的对象都要审查，还有一条就是谈恋爱要报告。我在组织科工作时，谈恋爱、开结婚证要从我手上过，夫妻闹矛盾、要离婚的也需要我从中间帮忙调解，调解不成的介绍到县里去。当时厂里有个武镇的工人谈了个武镇的女朋友，他女朋友的家里大概成分比较高，而且问题还有点严重。不晓得常部长怎么就知道了这事，常部长告诉那个工人说他不能和他女朋友谈恋爱，他女朋友家的历史问题太严重了，谈了以后结婚进不了厂。根据这个原则，新洲来的100个人是没有政治问题的，所以才能来。后来厂里的人谈恋爱，包括违反男女关系（没结婚就睡在一起），只要知道了抓住就不放。记得当时，有个老乡来厂后与厂里的学徒工谈恋爱，厂里不允许学徒工学徒期谈恋爱，结果他们不仅谈上了还睡在一起被厂里发现了。厂里开除了那个学徒工，把她的户口也送回原籍，厂里让她自己拿户口她不拿，最后厂里强制性把她连人带户口一起送回了原籍。在作风问题上，党在任何时候都抓得很严。

我进厂时虽然没有结婚，但当兵时家里亲戚给介绍的有对象。我1971年结婚，爱人是新洲老家的城镇姑娘。由于我退伍回来到进厂中间间隔的时间短，没有来得及结婚。我爱人不知道南漳是大山，如果知道估计当时就不会和我在一起了。

那时的人没有工作根本就来不了厂里，有工作但不是国营单位的也进不了厂，厂里不愿意放我走，也不得让我走。没办法，婚后2年，厂里找南漳县轻工业局才把我爱人调到南漳县集体单位工作，我的第一个小孩是爱人到南漳工作后出生的。背井离乡，孩子没有老人也没有亲戚带，还得吃奶，无奈就在南漳县城找了个当地的老太婆每月给10元钱帮忙带小孩，爱人每天用竹背篓背着小孩一起上下班，风雨无阻地走了两年多。那时除了步行还没有其他的交通工具。后来整个社会有了松动，我爱人调到厂里大集体上班，结束了母子俩的日日奔波。

时光荏苒，一回眸，与我一起从新洲到南漳，从南漳到襄阳的100个人，正在老去。从激情岁月到风雨暮年，半个世纪的跨越，工厂早就从南漳搬到了襄阳，而我们亲手建设的国家，也更加繁荣富强！

（程仁华曾任江华机械有限公司工会副主席）

那些年，一起奋斗过的人

莫家勇 讲述　　骆卫阳 整理

　　1970 年，国营 9616 厂根据枪支木托更改为玻璃钢枪托的要求组建成立了玻璃钢车间。当时车间管理人员 5 名，杨明财任书记，张录斌任主任，沐昌中任技术员，叶宗怡任计划员，莫家勇任调度员。厂里到枣阳招工，我也随厂里招工团队在枣阳给厂里优选人才，当时优选知识青年 60 名，其中32 名女青年、28 名男青年，这样就有了一个青春蓬勃、生龙活虎的玻璃钢车间。

　　因为制造玻璃钢枪托是新工艺，接下来，厂里把招来的全部青年工人送到了石家庄化工三厂进行技术培训。这可是个特别艰苦的行当，因为玻璃钢生产车间除尘设备不好，粉尘落到任何身体裸露地方，皮肤奇痒，用手摸在皮肤上，就感觉到竖着扎进去的玻璃纤维。在吃馒头时，迎着光看馒头上也含有银光闪闪的玻璃纤维。在这么恶劣的环境里，通过大家的共同努力，3个月时间掌握了生产玻璃钢枪托的技术。我和他们学习、生活在一起，刻苦掌握生产技术，掌握技术的速度受到了化工三厂的高度评价和认可。业余时间，我们和他们的乒乓球队、篮球队进行比赛，我们均取得了胜利。当我们离开化工三厂前，该厂和我商量要举行一次欢送会，并告诉我："以前来培训的团队不少，我们没有举行过一次欢送会，你们这个团队素质确实不一般。"我代表大家向化工三厂致答谢词。

　　回厂后当时因为车间还没有建设好，这个年轻的队伍，又成为厂里的青年突击队。基建修建厂房，拉回来的红砖、红瓦需要卸车，不管白天、黑夜随时接到通知，马上就赶到现场劳动，成了招之即来、来之能战、战之能胜的年轻铁军，不管厂里有什么突击任务，都能胜利完成。并利用业余时间开荒种地，生产出瓜果蔬菜，自办食堂改善生活。

正常投产后，工厂的玻璃钢产品除保证厂里产品装配需要外，浸胶玻璃纤维丝这个半成品还提供给 9604 厂，供他们压制迫击炮弹上的引信体用。大家认真负责，团结一心，埋头苦干，按时圆满完成生产任务。这一个团队虽然存在的时间不长，但给厂里培养了一批骨干力量。我们这些人有以下几个特点：

一是爱国爱家爱厂一心为公。我们和共和国一起成长，从小受到党和国家的良好教育，掌握了一定的文化知识，深受张思德、白求恩、老愚公、雷锋精神的教育和影响，有一颗朴实的心。9616 厂选择了我们，我们端了厂里的碗，决不砸厂里的锅。记得在 10 多年前，我回过厂里一次，正是厂里极度困难之时，曹国斌接任厂长不久。我和国斌两人单独谈过一次，推心置腹的几句话，使我永远不能忘记。我问国斌厂里这么困难，你怎么从好的企业又回来了？他回答我："师傅，我是厂里培养的青年一代，在厂里极度困难的时候又选择了我，我没有理由不回来，我不能看着厂垮掉，师傅们流浪街头，我心不忍啊。"我没有继续问下去，他的心声已经告诉我了，这个敢于承担责任的汉子，已经把自己和工厂融为一体了。有情有义的曹国斌，感动得我流下热泪。我们在一起时睡上下铺，互帮互学的一对红，谈理想、谈道德、谈人生、谈奉献、谈担当，我知他、懂他、了解他，了解他的为人处世，他的工作能力。我心里清楚他前进路上的千难万险，是难攀的悬崖，我心疼他当时的处境，感激他对厂的一颗赤诚之心和对全厂职工的深情爱意。后来曹国斌同志团结全厂职工努力拼搏，终于走出了困境，迈向了辉煌。

二是讲孝敬、讲勤俭、讲以德服人。我们有了如意工作，到了好的企业，有了稳定收入，这个企业就是我们的家，我们要爱惜珍惜，要努力工作，尽可能多地创造财富。在家尽孝，在企业尽力，为国家尽忠，这是我们的本分，也是我们的责任。早些时候，我每个月 37.44 元的工资，还有个孩子，夫妻两人每月合起来工资不足 60 元，生活困难。我当时在机动科搞采购，厂里要制作很多设备，经常出差，可以向厂里请款，但我再困难，也不能动用厂里的钱。有很多时候吃了简单的早餐，又多买两个馍馍当午餐，喝水龙头自来水，吃饱了又继续前进。我干了五年多的采购，离开 9616 厂时我没有占用厂里一分钱。

三是讲温良恭俭让、讲礼义仁智信。玻璃钢职工特别能吃苦，特别爱学习，特别敢于承担责任，没有一个违法犯罪给厂里丢脸。他们不但自己顺利成长，出色完成本职工作，而且精心培养下一代，家庭和睦，夫妻恩爱，子女孝顺，都成了国家栋梁之材。

（莫家勇曾在湖北江华机械有限公司工作，后调入湖北省妇幼保健院工作）

汉丹电器厂创建之初的"三个当年"

郭培福 讲述　　宋国昌 整理

国营湖北汉丹电器厂从 1966 年建成到现在，已经过去整整 53 个春秋了。回忆起当年建设工厂时干部职工日夜奋战的动人场景，依旧是历历在目，真让我这个创建者感慨万千啊！

汉丹电器厂是省委决定由副省长赵修、省经委主任徐达三、省建委主任李桂庭负责，以武汉市轻工业机械厂为班底，选调全国有关军工企业的骨干，于 1965 年开始筹建的一个省属军工企业，人员主要来自中国人民解放军、西安、沈阳、长春、阳泉、长治等老军工企业以及武汉、黄石四面八方选调的骨干。同时，还在蕲春、黄陂、襄樊招收了一批工人。

特殊的工厂筹建背景

1964 年，中央从战略角度考虑，要求除了在全国有关山区建设"大三线"军工企业以外，各省也要办"小三线"地方军工企业，由省国防工办领导，生产半自动步枪、7.62 毫米中间威力步枪弹、手榴弹、重机枪、火箭筒等常规武器，也就是步兵营、连级的火力装备，为地方上各自为战奠定基础，形成各省独立作战能力，以应付可能突然爆发的战争。1965 年年初，根据中央的部署，湖北省决定筹建 10 个省属军工企业，汉丹电器厂是其中之一。

当时，我正担任武汉市轻工业机械厂厂长，时年 33 岁，在同级别干部中，属于最年轻的大学生，于是省委决定调我担任汉丹电器厂厂长并参与筹建该厂。由于是军工企业，出于对外保密的考虑，工厂有三个厂名，对外公开的是第三厂名即汉丹电器厂，邮政通信用 209 信箱。为什么取汉丹电器厂这一厂名？主要是因为当时汉丹铁路正处于热火朝天的建设之中，汉丹铁路的名气大，于是就采用了"汉丹"二字，"电器厂"则是随便起的，也是为了保密，于是就有了"国营湖北汉丹电器厂"。1965 年 2 月 17 日，省工业厅正式下文，任命我为汉丹电器厂厂长，为了方便抽调力量组建新厂，还保留我的武汉市轻工业机械厂厂长职务。直到汉丹电器厂于 1965 年 12 月 24 日正式挂牌成立，我走马上任后，这才免去我的原厂职务。

掀起"三线建设"高潮的背景是这样的：1964 年 5 月，在中共中央北京工作会议上，毛主席要求全党把"三线建设"当作一件很重要、很紧迫的战略任务来看待。他指出，国防工业建设要同帝国主义、修正主义争时间、抢速度，对沿海工厂搬迁和"三线建设"要热心些，不能冷冷清清，积极性越高越好，哪怕是粗糙一点，也要赶快搞起来。1965 年 4 月，针对美国侵越战争不断升级的趋势，中共中央发出了《关于加强备战工作的指示》，中央文件下发以后，各级"三线建设"指挥部都把抢时间、争速度放到了突出地位。

总而言之，汉丹电器厂是在特殊的政治背景下迅速建立起来的。

曲折的工厂选址经历

要快速建成军工企业，首先必须选好厂址。因为要建的是军工企业，所以选厂址是一件非常慎重的大事。当时选址原则是六个字"靠山、分散、隐蔽"。所选厂址必须位于大山深处，还要专门深入山区现场勘查反复比较，不太容易选，因此选厂址是一件很艰辛的事，每天要钻进深山老林，不停地翻山攀岩，越壑涉涧。

1965 年 3 月 15 日，由副省长赵修带队，省经委主任徐达三、省建委主任李桂庭、省工业厅厅长王祥以及设计单位有关负责同志共 30 多人的选厂址队伍，加上各工厂筹备处组成的大队人马，从武汉出发向西而行。当天到达安陆，考察后认为安陆离武汉太近而被淘汰。16 日又西进至随县（今随州市）双流沟进行现场勘察，同时又考察了其他几个地方，比较之后又于 5

月 10 日重返现场拍板决定,在双流沟建汉丹电器厂。我当即指定先头部队的总务科长吴紫旺带人在这里安营扎寨,做前期准备工作。

恰在此际,襄阳地委书记焦德秀闻讯后急忙赶到随县,坚决反对把汉丹电器厂建在随县,强烈要求建在襄樊周边。因为赵修曾担任过襄阳地委书记,对襄阳熟悉并且有感情,焦德秀找到赵修力争,于是选址顺理成章地转移到了襄樊。汉丹电器厂厂址最终定在距襄阳古城西南方向大约 6 里地的虎头山脚下一个叫潘家冲的山谷里,在当时,这是个距城市最近的军工企业,也是公认条件最好的军工厂,让远离城市位于深山沟的兄弟单位职工非常羡慕。1965 年 12 月 24 日汉丹电器厂挂牌成立,当时我正在武汉,接到通知后立刻安排好工作,率二三十人的先遣队伍于 26 日到达襄樊,开始展开紧张的工厂筹建工作。武汉市轻工业机械厂 100 名支援汉丹电器厂建设的其他人员则派往西安 844 厂参加专业培训。

在这次曲折的选厂址过程中,让大家特别钦佩和感动的是:老红军出身的王祥厅长年事已高,且在战场上失去了一条腿,但他仍手拄拐杖在众人前面爬山。大家劝他慢点走或者不用登上山顶,都被他婉言拒绝了。王厅长的顽强革命精神,给在场的同志以极大的激励,并传到三线企业职工中,鼓舞着更多的人主动献身于"三线建设"。

高涨的支援三线热情

对于支援"三线建设",当时人们的热情之所以空前高涨,除了长期受党的教育,理想信念坚定,热爱党和国家外,还有一个重要原因,就是当时人们盛传毛主席说:"三线建设搞不好,我睡不着觉。"

其实,毛主席说的话原本是针对西南铁路三线建设的。由于当时西南铁路建设速度比较慢,毛主席不太满意,于是在成昆铁路建设汇报会上说:"修不好成昆铁路,我就睡不着觉。"还说:如果成昆铁路修不好,"我要骑着毛驴去西昌"等。毛主席的这些话,参加成昆铁路建设的部队领导对老兵说,老兵对新兵说,慢慢传到社会上,就演变成"三线建设搞不好,我睡不着觉。"那时，人们普遍怀有对毛主席深厚而强烈的无产阶级感情，"三线建设"动员会上讲毛主席的这句话，极大地牵动和激励着人们的心。为了让敬爱的毛主席能睡好觉，人们就以极大的政治热情、满腔的热血、昂扬的斗志，积极要求投身于"三线建设"之中，再苦再累，再困难再艰险，也要排除万难勇敢向前。

那时人们的思想觉悟都挺高，世界观、人生观、价值观带有那个时代的显著特征，"跟党走，听党话，党叫干啥就干啥"是人们的行为准则。为了党和国家的利益，人们敢于"上刀山、下火海"，乐于无私奉献，不计个人得失，不讲任何价钱。军工企业选人标准高、要求严，能响应毛主席号召参加"三线建设"，是人生极大的荣耀，是被组织上重视的象征。当时决定在武汉市轻工业机械厂选调100名各部门各工种的干部职工参加"三线建设"，在"备战备荒为人民""好人好马上三线"等口号的激励下，厂里申请支援"三线建设"的人很踊跃。由于三线企业属于保密性质的单位，因此对进入三线工作的人要经过严格政审，身体状况、家庭出身、政治表现都要过硬，在申请者中好中选优，能被选上的人感到格外自豪。致使人们公认"好人、好马、好刀枪"才能进三线企业，厂技术科唯一的一名党员朱光荣（后任汉丹电器厂技术科科长）和本科生刘希俊（后任汉丹电器厂技术科副科长）被选中，这100人等于把武汉市轻工业机械厂的骨干几乎全部抽走了。名单公布后，没有被批准的人还背上了沉重的思想包袱，有的甚至痛哭流涕。在既没有物质奖励，也未见任何行政命令的情形下，大家就义无反顾地离开了生活便利的大武汉，来到了襄樊偏僻的深山沟，开始了极端困难条件的艰苦创业。

"毛主席的战士最听党的话，哪里需要哪里艰苦就到哪里安家。""到山区去，到最艰苦的地方去，"这些振奋人心的歌词和口号，激励着每一个三线建设者，主动来到襄樊山沟里筹建军工企业。从武汉大城市走出来的三线建设者，对准备过艰苦生活是有思想准备的。但当先遣部队第一次来到潘家冲以后，眼前的情景还是让大家惊呆了：这个准备安新家的地方，峡谷深处两边夹峙着高耸的山，山上覆盖着茂密的林，山谷中是一大片桃花树林，自峡谷深处自里向外流淌着一条溪流。山谷里蚊虫乱舞，草丛中蛇蝎蜈蚣出没，野兔疾窜，林层上空不时可见野鸡展翅飞翔，有时还会遇见狼。荒僻峡谷之中，偶尔可见农民看山护林的破房子或茅草屋，根本无房可住。一山之隔的南河农具厂（今卫东机械厂）厂长王希聚热情地接待了我们，安排我们吃住在他们厂。我厂开工以后，"干打垒"房未建起之前，不少职工就借住在他们厂。以后很长一段时间里，我厂职工子弟就在他们的厂办学校里读书。那时兄弟厂之间的关系亲密而真挚，一方有困难，另一方就无私、无偿支援，真让人怀念啊！

建厂初期，我们遇到的最大困难是交通不便，建筑队伍少、建筑材料缺乏，住房问题无法解决。大家喝的是山沟里黄泥巴水，走的是黄泥巴路，下雨走路粘脚成泥坨坨，住的是农民看山的空房子或茅草屋，日子过得相当艰苦，每天干活特别累。但"苦不苦，想想长征二万五，再苦也不苦！累不累，想想革命老前辈，再累也不累！"这些当年的流行语，让创业者们精神饱满，乐观向上，心情舒畅。

难忘的"三个当年"攻坚

为了加快军工企业的建设步伐，省委专门成立了405指挥部，统一领导"小三线"（三线军工企业分为部属和省属两类，部属企业即央企，归五机部领导，省属企业即"小三线"，归省国防工办直接领导）的建厂工作，因此我厂也成立了405指挥部，设在一座废弃的两间破房子里，统一领导、组织、协调勘探、设计及施工中出现的诸多问题。

在山沟里创建军工企业，开始的工作千头万绪，涉及面广，因此襄樊市副市长孙喜勤、地区轻工业局局长卢明祥、化工部第四设计院总代表吴敦流都参与其中，指挥部成员也包括我厂的筹备领导小组五位成员（首届厂领导班子）：从部队直接调来并转业的准副师级干部刘文洲（首任党委书记）、武汉市轻工业机械厂党委副书记李恒玉（首任党委副书记）、五机部抽调的西安844厂干部刘顺章（首任技术副厂长）、军转干部郗继忠（首任后勤副厂长）和我（首任厂长）。我厂创建时，干部、工程技术人员和职工主要构成部分由军队、五机部领导的几个老军工厂和武汉市轻工业机械厂三大块。由于是以武汉市轻工业机械厂为班底组建汉丹电器厂,所以从该厂选调了100人,其中除了我和李恒玉是作为厂领导班子成员外,其他的是作为车间科室负责人及各工种的骨干工人来考虑选拔的。至于军工骨干和技术力量,主要由五机部从陕西西安的844厂,辽宁沈阳的724厂,吉林长春的524厂,山西长治的304厂、阳泉的104厂调剂。政工干部队伍主要从军队中选拔,然后转业进厂。

1965年8月1日,我以汉丹电器厂厂长的名义第一次去面见省工业厅厅长王祥(省国防工办成立后首任主任),讨论如何才能最快建成工厂并早日生产出合格产品?王厅长是老红军出身,工作要求非常严格。我考虑到当时厂址尚未选定,建厂工作何时开始还是未知数?于是当场表态:"争取明年建成!"我自认为这个表态很可以,可万万没有料到,王厅长马上打断我的话,果断地说:"不行!不能说'争取',而是讲'一定要建成'。"王厅长的话给我以极大的震撼、激励和鞭策。

汉丹电器厂为了落实"三线建设要抓紧"的指示精神,根据我向王厅长的表态,指挥部制订了"当年设计,当年施工,当年建成"的"三个当年"战略规划。

"三个当年"是一场硬仗,更是一场攻坚战。一年内要在一个一无所有的山沟里建成一个军工厂,从厂区基本建设到正式投产,时间紧、任务重、头绪多,面临的困难和挑战不少,因此必须强化领导,强力组织,科学部署,有效指挥,才能够胜利实现目标。

要想顺利施工,首先遇到的难题就是与厂区附近当地农民因征地、果林归属庄稼补偿、修路等不断发生纠纷,这是工厂自身难以解决的。因此,副省长赵修、襄阳专署副专员秦志维、襄樊市副市长孙喜勤等省、专署、市行政领导亲临现场抓工厂建设,督办解决出现的方方面面难题,省经委主任徐达三、省建委主任李桂庭也经常进厂现场协调日常工作。

潘家冲是虎头山脚下的一个狭长山谷,呈现出里高外低的地势特点。为了隐蔽,我厂的生产区建在峡谷里面,生活区建在山谷出口及稍微靠外的视野较为开阔的山坡上。根据"先生产后生活"的建厂原则，先后报到的干部职工，在潘家冲的山谷里甩开膀子为建设生产区而大干了起来：自里而外挖筑防洪大渠；沿大渠边修筑贯通生产区及生活区的主干道；劈山填坑平整地面准备建设厂房。生活区建设虽然同步展开，但投入的人力、物力相对要少些。

这是一个激情燃烧的火红年代，从祖国四面八方汇集到虎头山下山谷里的军工人，开始在荒山沟里迎难而上、白手起家、战天斗地、艰苦创业。工厂采取"边勘探，边设计，边施工"的"三边"方针，对全厂生产区和生活区经过全面勘探，统筹设计，快马加鞭地展开施工。参加创建工厂的建设者们热情高、干劲大、乐奉献，不讲条件、不计报酬，加班加点，日夜顽强拼搏，很快在生产区深山谷的大渠两侧靠山边依次建成了机加、冲压、电镀、塑料、机修、工具、装配一、装配二 8 个生产车间和技术、检验、理化等主要科室，这些配套完整的车间和科室均为红砖通体结构，这为军工产品快速上马奠定了基础。与此同时，工厂也很重视职工的医疗保健，在与生产区靠近的生活区山谷口的最好地段，修建了第一座红砖通体的医院，在当时有限条件下给职工以最好的福利保障。但职工住房条件相对要差多了，采用的是"干打垒"。当年，我参加了武汉军区在十堰第二汽车制造厂召开的"干打垒"专题会议，会上，副司令员孔庆德强调："二汽"的厂房可以搞"干打垒"，为什么你们不能？要全面推行"干打垒"，一律不准建水冲厕所。因此，我厂在山谷外与附近农村接壤的两面山坡和老幼儿园的坡地上，用土坯砌墙修建了与农村房屋相差无几的职工宿舍，这样的住房没有纱窗和防盗栏，没有水冲厕所和像样的地坪，旱厕建在山坡上，屋内地坪是用山上的泥土砸平做成的。

汉丹电器厂于 1966 年 3 月 18 日破土动工，为了实现"三个当年"的战略目标，工厂首先必须做到通电、通水、通路及厂区平整土地的"三通一平"问题。在这最关键时刻，省、专署、市参与"三线建设"的主要领导，都亲临现场解决征地、劳力、设施、施工中遇到的具体问题，对工厂建设以有力支持。

为了实现"三个当年"战略目标，有关单位也给予了大力支持。我厂的工艺设计是以五机部第五设计院的典型设计为蓝本，工厂结合实际做出工艺施工设计；化工部第四设计院省建一公司为工厂建设进行无偿设计与施工；第四设计院还派出工作组常驻我厂督促帮助工作；省建一公司派出经理及施工队进厂参加指挥和建设。

为了实现"三个当年"战略目标，从部队调来了一批政治骨干充实我厂的政工队伍，以加强思想政治工作，并且直接复员了100名高素质战士招入我厂工作。这批经过解放军大学校锻炼过的人员思想觉悟高，"时刻听从党召唤"，战斗作风过硬，接到命令不讲任何条件立刻奔赴汉丹电器厂报到，从而成为工厂建设中的骨干。

为了实现"三个当年"战略目标，五机部协调的几个老大哥军工企业闻风而动、雷厉风行，迅速抽调建设汉丹电器厂所需要的骨干力量赶到襄樊支援"三线建设"。西安的844厂、沈阳的724厂、长春的524厂、长治的304厂、阳泉的104厂，都从装配、技术、检验等关键部门带着干部职工和产品、工艺、工装图纸，纷纷不远数千里风尘仆仆来到襄樊参加工厂建设。到西安844厂培训的六七十名武汉市轻工业机械厂的骨干及黄石市有关企业也抽调部分干部工人来到了襄樊。

各路人马汇集在虎头山下，按照建厂整体规划统一部署，分工协作。相互配合、各负其责，以"抢时间、赶速度"的战斗姿态日夜奋战，展开了全方位的紧张建设。

8个车间及有关科室的工房建成以后，相关单位迅疾投入紧张的设备安装、调试工作之中，为迅速投产创造条件。

正式投产后，工厂主要集中力量对一个品种的军品生产展开了攻坚。工具、工装、工艺图纸全套资料由西安的844厂提供，我厂组织人马按图纸开始小批量试制产品。

该产品需要加工20多个零件，工序较长，所有零件需要100%检验，100%抽检，零件质量合格后才能进入装配车间组装，组装成功后还要进行检验，然后进入靶场进行打靶试验，质量合格后才能发往军方。因此，整个

职工家属排队上专线车

生产过程呈现的特点是时间紧、任务重、标准高、要求严、关口多，不允许有丝毫懈怠和马虎。在以为国防建设作贡献为荣的那些日子里，一线干部职工为了早出产品，出好产品，日夜奋战，忘我拼搏，充分展现了一代军工人"热爱祖国，敢于担当，自力更生，艰苦创业，埋头苦干，无私奉献"的家国情怀和"特别能吃苦，特别能战斗，特别能攻坚，特别能奉献"的精神风貌和进取姿态。

在省、专署、市各级领导的重视、关怀、支持下，在全国有关兄弟单位无偿、无私的支援下，首批参加工厂建设大军在极端困难的条件下白手起家，经过艰苦奋斗、顽强拼搏、通力协作，于1966年3月18日破土动工的汉丹电器厂，在8月1日正式试车，9月21日产品进靶场进行试验，经验收合格，从而为该产品大批量投产开辟了道路。捷报传来，全厂欢腾，建设者振奋，工厂还特地向襄阳军分区报喜。

"三个当年"战略目标的胜利实现，锻炼了干部职工队伍，锻炼了技术力量，积累了军品生产的宝贵经验，为汉丹电器厂今后的发展奠定了坚实的基础。

乐于奉献的三线精神

20世纪60年代，是个人人甘愿为国争光、乐于奉献的不平凡年代，汉丹电器厂的创建者们是这个年代的缩影。

当时，支援汉丹电器厂建设的干部职工大部分根正苗红，年富力强，正处于人生最好的黄金时期，他们为了支援"三线建设"携家带口从大城市来到襄樊时，一部分人已经成家，上有老、下有小，家庭负担重，生活困难大，但他们毫无怨言地一心扑在工厂建设上。从武汉市轻工业机械厂支援"三线建设"的杨家贞一家三代人及杨祥琪一家三代人，从西安844厂支援"三线建设"的董宝玉一家三代人，50多年来一直在为汉丹电器厂的建设、发展无怨无悔地做着贡献，正如人们所形容的，为了国防建设事业，他们"献了青春献终身，献了终身献子孙，"他们以坚强的革命意志，坚定的爱国信仰和努力进取的乐观精神，在山沟里制造出了一流的军工产品，为打造坚实的后方基地作出了自己的贡献。

在艰苦创业过程中，我们领导干部与职工同吃同住同劳动，待遇相等，住房一样，各方面没有任何区别，唯一的区别就是干部天天晚上要开会。领导干部除了以身作则、率先垂范、吃苦在前、享受在后外，生活上没有任何特殊。为了带头扎根山沟，我于1967年5月31日把全家从武汉搬到了汉丹电器厂。

汉丹电器厂筹建之初，省委规划建一个2000人规模的厂子，建成的当年就拥有1200人，其中科技人员60余人，这种科技力量占比在当地企业中是很少见的。规划产品是生产五个品种，当年成功地生产了一个品种，使得今后多种产品生产、研发的开局良好。在我离休前汉丹电器厂发展的近30年间，鼎盛时期拥有在岗职工2100多人，先后生产过九个品种的产品，开发研制并生产四个新品种，为国防建设事业作出了应有的贡献。

1978年党的十一届三中全会提出了以"经济建设为中心"后，到20世纪80年代初，全国军工企业开始进入了"军转民"的经济转型期，即军工企业依据自身的设备和技术优势，瞄准市场需求，由军品生产转向主要生产民品。到80年代末，全国三线企业大部分在调整中取消了番号。军工企业取消了番号，就等于取消了生产军品的资格。1988年6月的一天，工程兵驻我厂总军代表丁长胜突然对我说："汉丹电器厂的内部番号马上要取消。"我一听非常着急，汉丹电器厂是我一手创建的，我一天天看着它长大，像自己

上班路上风雪无阻

的孩子一样心疼它，当然不愿意它被取消番号。尽管当时我正在病中，但仍旧急忙向上级领导汇报。市委副书记鄂万友当时在京，市机械局局长李华要我马上进京向鄂万友书记汇报，共同做工作不让取消工厂番号。于是我抱病于6月18日带着厂办的彭国斌紧急赴京，与鄂万友书记商量后于20日找到了总参工程兵部装备处处长陈洪祥，在总参秘书处查阅到了由中国人民解放军总参谋部、国防科工委、国家计划委员会、国家经济委员会主要领导已签字但尚未打印的文件，文件上面果然有我厂的名字。时间不等人，我利用自己的建厂老资格及威望四处奔波，跑遍了四大家下属的10多个关键部门，好话说尽，据理力争，终于保留了军工厂的番号，这才使得工厂至今还能生产军品，继续为国防事业出力。而50多年前湖北省所建的10个省属军工企业，其他9个厂早已被取消了番号。

53年弹指一挥间。1992年我离休之后，子女们曾多次劝我到武汉或襄阳市内购房定居，安享晚年，但都被我断然拒绝了。汉丹电器厂是我一手创建的，这里的一草一木、一砖一瓦，这里当年随我一起来的创业者及他们的后代，我都怀有难以割舍的深厚感情，所以我和老伴至今仍住在不足百平方米、已经住了几十年的老房子里，我要始终陪伴着汉丹电器厂走完人生的路。

（郭培福曾任武汉市轻工业机械厂厂长，汉丹电器厂首任厂长、党委书记；宋国昌曾任汉丹电器厂党委副书记）

激情似火的日日夜夜

宋国昌

我是特殊年代里的"老三届"高中毕业生。因为有过"文化大革命"、回农村接受贫下中农再教育、推荐读中师,恢复高考制度后考上大学的不平凡经历,所以 1982 年 8 月大学毕业以后,当我被分配到国营汉丹电器厂党委宣传部工作时,深感施展才干、实现抱负的机会到了,于是就激情满怀地投入工作之中。

当年 9 月我上班时间不久,恰好汉丹电器厂的一项军工产品经过设计论证、小批量试制、靶场试验,军方验收合格后,下达了年底前完成 3 万发的指令。军工企业能否接收到指令性军品生产任务,关系到企业的生存、发展和能否走上兴旺发达之路,关系到每一个职工的切身利益。3 万发产品若能按时保质保量地完成,次年军方将会下达更多的生产任务,企业将会获取更大的效益,完不成则取消该产品的生产资格。取消生产资格就意味着全厂科技人员和干部职工大半年的心血和汗水会付诸东流,因此全厂上下都非常关注此事。

当时,企业的体制是党委领导一切,党委书记是第一把手。11 月上旬的一个下午,工厂召开中层以上干部会议进行动员,我列席会议并组稿。会上,党委书记郭培福同志作了"紧急行动起来,奋战 45 天,确保 9 号完 3 万"的动员报告,9 号是新产品的代号。我全神贯注地聆听了郭书记的报告以后,不由得心潮激荡、热血沸腾,决心为完成此项任务作出自己应有的贡献。

平素喜欢舞文弄墨的我,不但文笔好而且笔头快,写质量较高的文章一般不感到困难，对于写企业的宣传稿件更是易如反掌、信手拈来。开始进入宣传干事角色时我就觉得，企业的宣传效果关键在于不仅宣传内容要实，而且宣传形式还要活，这样对干部职工才具有更强的吸引力和感染力。因此，动员会后我当即决定，厂内广播采取专题新闻、通信、简讯、快讯、一句话新闻等形式来全方位、多角度地报道每天全厂各部门围绕完成生产任务而协同奋战的进展情况。专题新闻就采用郭书记动员报告题目中的"奋战 45 天，确保 9 号完 3 万"作为每天的固定专栏，重点宣传各车间、科室、后勤部门在奋战中涌现出来的先进人物、模范事迹以及值得推广的经验，再配之以短通信、简讯、快讯、一句话新闻，用灵活多样、生动活泼的宣传形式来激励斗志、鼓舞士气，调动全厂职工的积极性。

由于汉丹电器厂自 1965 年筹建之初就一直强调白手起家、艰苦创业，所以导致当时工厂的住房条件还很差，很多职工家属住的是"干打垒"平房，新分配的大学生只能集中住单身宿舍。我到工厂以后，住的男单身宿舍三层小楼底层那间宿舍，位于厂区主干道陡坡下面与大山之间，地势较低并且邻近山坡，使得楼道阴暗潮湿，环境脏乱。宿舍内上下铺共住 7 人（一个空铺放行李），摆了我报到时一位副厂长好心送给我的一张桌子（读大学前我已入党提干，大学期间一直担任学生干部，大学毕业已 34 岁，所以厂领导对我比较尊重），显得有些拥挤而且吵闹。鉴于这种情况，我就把办公室作为自己的工作、学习、生活之地，宿舍仅用作夜晚睡觉。好在办公室在生活区内，距离职工食堂不远，我下班后到食堂打完饭菜很快就可以回到办公室，非常方便。

当时的军工企业就是一个小社会，即人们常说的"麻雀虽小，但五脏齐全"，吃喝拉撒的社会功能包括学校、医院、邮局、粮站、煤站等缺一不可，所以从生产车间、各类科室、政工机关到后勤部门，林林总总有 40 多个单位。那个年代人们的思想纯朴、觉悟高，许多人只讲奉献不计较个人报酬，所以动员会以后，全厂上下顿时出现了热火朝天的大干场面，我也立刻投身到沸腾的生产第一线中去，采访组稿。

一项军品任务的完成，产品的工序长，部、零件多，不但涉及生产车间对零件的加工制造、检验组装，而且涉及工、量具的制造、检验，部、零件的热处理和表面处理，设备的安装、调试、维护，物资的运输、供应，员工的安全防护，后勤保障等方方面面，宣传鼓动工作都必须兼顾到。每天上、下午，宣传部部长刘继田同志陪着我，重点深入关键车间、科室，采访生产中涌现的先进人物和先进经验，赶写出通信稿，用作早、中、晚的专题广播，简讯、快讯、一句话新闻则主要是全方位报道生产进度和各单位动态，稿子必须快速及时准确，让全厂干部职工能随时了解生产进展情况，以鼓劲加油。每到夜晚，生产区内各车间灯火通明、机器轰鸣，到处闪现着工人们紧张忙碌的身影，这对我感染激励很大。在刘部长的陪同下，我每天夜晚劲头十足地走遍 11 个车间，除了简单采访外，主要是统计各种数字，产品入库多少？成品待检多少？半成品多少？各部、零件进入总装车间多少？生产车间产出的部、零件待检多少？关键部件由于工序长，每道工序上零件有多少？也要准确地统计出来，然后回办公室，我边组稿刘部长边审阅，以便第二天早晨广播，所以往往忙到转钟才能休息。

宣传工作不但要突出生产一线和关键科室，还要兼顾一般科室和后勤各部门围绕生产中心、服务一线职工在大干中的动人事迹，我必须抽出时间分轻重缓急地深入采访组稿宣传，这样才能全方位调动积极性，形成全厂上下齐心奋战的强大合力。

一个半月的奋战中，科室和后勤人员夜晚加班都有加班费，刚从大学走上工作岗位的我，想都没想到要加班费，完全是自愿义务加班，连轴转日夜工作，人虽辛苦但心情愉悦。

有一天早晨，厂内广播响起不久，我正在办公室看报纸，郭书记一个电话打到办公室，问昨夜各生产车间的生产场景和进度组稿没有？我回答说已经组稿并连夜送广播室，书记让我立即通知广播室马上播报（广播室当时在生产区内，与刚搬到生活区的宣传部办公室有一段距离），我立刻打电话向播音员转告了郭书记的意见。因为我是刚上岗 2 个多月的一般宣传干事，电话中听声音播音员有些不高兴。上班后我向同事叙说此事时方才知道，工厂10 多年来只是中午、晚上才播报厂内新闻节目，早晨播音员只负责播放音乐，播报新闻等于增加了工作量，我连夜组稿次日晨播报新闻打破了惯例，所以播音员有些不习惯，有时难免会有疏忽，同时心里也不舒服。

经过全厂上下的协同努力、顽强拼搏，到12月下旬，3万9号产品保质保量地提前完成了任务，为以后逐年增加此项产品的任务奠定了良好的基础，使得企业红火了六七年。

12月底，我洋洋洒洒地精心撰写修改了一篇数千言的长篇通讯稿件，全面回顾了自4月以来全厂干部职工和科技人员为胜利完成9号产品任务所作出的巨大贡献，准备作为"元旦献辞"向全厂广播。因为关系重大，稿件修改好后，刘部长带着我专门送郭书记审定。郭书记认真审阅稿件后，对"元旦献辞"中的"辞"字提出疑问，对最后一段一句中"创历史最高水平"的"高"字修改为"好"，其他均未作改动，我这才对自己的工作是否胜任放下了心。

在当年年终宣传部举办的小型茶话会上，郭书记感慨地说："小宋啊！这一个多月来，我对厂内新闻比对中央新闻还要关心。因为听了厂内广播，我对全厂的动态和生产进度了然于胸！"听了郭书记的话，对我触动很大，更加感到宣传工作的重要性，因此工作积极性也更高了。

也正是这激情似火的45天，不但为厂内广播的造势打下了基础，而且也开了早晨不播报新闻的先例。1983年生产任务增加以后，我利用单身的便利条件，依旧日夜深入前方生产车间、机关各科室及后勤各部门采访先进经验、模范事迹和方方面面的典型快速撰稿，通过广播向全厂干部职工进行宣传。由于始终保持这种强劲势头，也曾引起了个别人的非议，有一位中层干部曾公开表示："宋国昌的搞法有些'左'。"我听了尽管心里很不舒服，但觉得自己的激情、干劲和积极宣传先进事迹和模范人物没有错，因此工作没有受到影响。对于我富有激情的造势宣传，厂内绝大多数干部职工持肯定态度，因此，年终评比时，党委宣传部破天荒地被评为先进单位。在以生产为中心的企业里，政工系统中的部门被评为先进单位，是罕见的。

难忘的一夜

宋国昌

1987年，我担任汉丹电器厂党委宣传部部长。这家军工企业位于襄阳城西南方向约3公里的虎头山山脚下一条叫作潘家冲的狭长深山谷里。由于"三线建设"是为了"备战"，所以最基本原则是，军工企业必须"分散、靠山、隐蔽"，所以生产区建在山谷里面，生活区设在山谷出口处及稍微靠外一点，整个厂区呈里高外低的地势。

7月10日这天下午，我像往常一样，带着宣传干事在生产车间进行现场采访，当时天朗气清，一切都显得风平浪静。谁知到了快下班的时候，我正往办公室赶，天空中倏地乌云翻滚，并且蓦然间非常恐怖地暗了下来。刹那间长空雷鸣电闪，暴雨倾盆。来势凶猛的暴雨，很快使生产区紧挨虎头山上的山洪突发，裹挟着沙石从谷底咆哮着倾泻而下，迅即填满了主干道两旁的排水沟，漫过了几个生产车间，整个生产区顿时陷入一片汪洋之中。

突如其来的暴雨顷刻间带来让人始料不及的可怕后果，知道严峻的考验已经来临。由于自小受的教育是任何时候不能让国家财产受损失，所以我冒雨蹚水飞奔回办公室的路上，满脑子翻滚的是如何建议厂领导紧急组织人员，抢救车间里的机器设备和零件产品。

我刚进办公室，还没来得及抹去满脸的雨水，就接到党委书记郭培福同志的电话。他严肃地说："宋部长（平时亲切地称我小宋，关键时刻称我的职务），你马上拟个'紧急通知'，在广播里向全厂干部职工反复广播。"他顿了顿，接着沉稳地指示道："1.配电房、电工班必须确保生活区职工家属的正常生活用电；2.总机房必须确保厂内外的通信畅通；3.人武部必须马上组织民兵应急小分队，携带抢险器械，奔赴生活区的东、西水库及厂区内的危险区域，紧急抗洪抢险；4. 所有党员干部，必须带头就地组织职工家属全力抗洪抢险，进行自救，确保人身安全不受洪水侵害。"郭书记叙述完后，我仍惦记着被淹的生产车间，急忙插话："那被淹的车间怎么办？"郭书记语重心长地说："小宋啊，天灾突降的关键时刻，工厂财物被冲毁是次要的，职工家属的生命安全才是最重要的啊！"我闻听心头一震，顿有所悟，马上草拟了"紧急通知"送广播室广播。当听到播音员用高亢激昂的语调在暴雨中反复广播着"紧急通知"时，我松了口气，这才想起我住的地方可能也有险情。

我是企业的单身中层干部，住在位于生活区半山腰的简易筒子房里。因为房子属于劈山而建，因此地势低洼，筒子房里同住着 10 多户"农转非"的职工和家属。这时候，暴雨越下越大，地势低的生活区主干道早已是水流湍急，并且夹杂着翻滚的砖块，使人行走难以站稳身体。我冒着如注暴雨，跌跌撞撞地奔回住处，果然见洪水已经包围了整个筒子房，筒子房走廊里已有齐脚脖深的水。我急忙组织所有住户的成年人，带头冒雨疏通房屋四周的排水沟，让洪水向山下排放，以保证房屋不垮塌。见四周险情初步排除，我才用煤气灶简单煮了点面条，草草吃了以后，卷起一条毛巾被，打伞涉洪水赶往办公室，准备彻夜坚守办公室值班，随时接受厂领导的指令。

那天的暴雨最初狂下了一个多小时，然后时急时缓地一直下个不停。直到后半夜，虽然暴雨终于止歇，但厂区的险情并未完全排除，因此，我一直守候在办公室里。山沟里的蚊子比较多，暴雨迫使蚊子全都集中在办公室里，毛巾被不管用，我只好忍受着成群蚊虫的叮咬，彻夜未眠地守在办公室。

第二天开始的连续 3 天，我在厂工会摄影师的配合下，亲自深入全厂的各个关键地方现场采访、拍摄，饱蘸激情地分专题撰写出多篇长篇通讯稿件，并指导制作电视新闻节目，连续在厂广播室和工会"厂内电视新闻"节目中向全厂播放，以展示全厂干部职工在重大灾难突然降临之际所表现出不畏艰险、英勇抗洪的大无畏精神风貌，使全厂上下深受鼓舞。

　　那天的抗洪抢险经历让我印象非常深刻，以至于我以后每年一到 7 月 10 日，就情不自禁地想到当时那激动人心的场面。那个不眠之夜，更让我深受教育的是郭书记的那番话。郭书记的一席话使我清醒地认识到：在重大灾害面前，生产与生活，机器设备与职工生命安全，孰轻孰重？我如饮醍醐。自那一刻起，我真正明白了，当灾难降临之际，人的生命永远是第一位的！

情定军工　续梦襄阳

范喜生 讲述　范　明 整理

1965 年"三线建设"轰轰烈烈地开始了，国家要求各省都要建设军工"小三线"企业，确保战时各省都具备独立生产常规兵器的能力，军工大厂必须全力支持援建"小三线"企业，从图纸、技术、人员、设备等成套支援。844 厂作为大军工，需要对口援建的厂很多，湖北国营汉丹电器厂就是其中之一。因为我在大军工企业工作过 17 年，并且拥有丰富的支援汉丹厂所需的专业技术知识和生产实践经验，所以工厂就把我作为支援"三线建设"的首选骨干。

1965 年 8 月的一天，844 厂人事部范沛部长找我谈话，传达了厂里准备调我去筹建湖北国营汉丹电器厂的意向，并征求我的意见。说实话，单从个人利益考虑，我是极不情愿离开西安的，毕竟在这里工作了近 10 个春秋，人熟地熟，建功立业，又深得组织上的信赖和重用，对这块热土充满感情，以至于离开很多年后我们全家还时常回想起在西安工作生活的点点滴滴。然而，我们那个年代"个人服从组织"的组织原则，早已成为根深蒂固思维定式。于是，在自己尚未完全想通的情况下，回家做通了老伴的思想工作。其实，老伴当时也在 844 厂幼儿园担任幼教工作，一旦离开就意味着失去工作，没工作就没有收入，所以她当时的思想斗争是激烈的，为我作出的利益牺牲也是很大的。若不是为了支持我的工作，她完全可以不同意我离开西安，或者自己和孩子们留在西安，不与我同去湖北。

范部长在得到我同意前往湖北国营汉丹电器厂的答复后，便代表组织征求意见：去新单位是想以行政干部身份，还是以技术干部身份？844 厂是大军工，地师级单位，我当时是工段长，相当于科级职位，如果按行政干部身份显然在待遇上对我更有利。可当时没去想个人地位与待遇问题，只觉得自己是火工专业出身，搞技术工作发挥作用更大。何况当时也没有职称、学历的概念，组织上用人主要看的就是实际工作能力。所以就表态以技术干部身份调往汉丹厂从事具体技术工作，没有行政级别。其实，半年后从844派出的一些同志，有的虽然只是股级或库房材料员，但到了汉丹厂就直接担任了科长或党支部书记等中层干部职务。然而，自信的我对此并不在意。

1965年10月18日，我告别工作、生活近10年之久的西安，只身来到湖北投身于湖北国营汉丹电器厂的创建工作。

刚来时，在湖北省工业厅汉丹厂项目筹备组办公和吃住，那时候汉丹厂还只是个番号，厂址定在随县大洪山，但筹建工作尚处在案头阶段。为实现"当年设计、当年施工、当年建成"的建厂目标，省里由副省长赵修、省经委主任徐达山、省建委主任李桂廷负责；厂里成立了以党委书记刘文洲为组长的工作组，工作组的具体工作人员有我和厂里其他几个人，还有武汉设计院吴工程师带队的其他设计人员等。刘文洲是老红军、老革命，南下干部，战争年代曾在河北一带做兵员征集工作多年，工作经历与经验很丰富。

我是军工单位支援方第一个报到者，在汉期间，主要工作是阅读熟悉技术和其他资料，同时配合完成其他工作，包括曾带领部分新职工前往长治304厂联系安排专业培训事宜等。也常参加相关会议，印象最深的是随刘文洲书记一同参加省里组织召开的工厂筹建专题工作会议，省里和地区有关领导出席此会。记得会议确定的建厂方针是：靠山、隐蔽、钻山洞、不准盖高楼和高烟囱，要求飞机在高空看不出是工厂，要像农村等。

1965年12月1日，我和厂技术人员，还有武汉第四设计院的同志们乘汽车到达随县，开始厂址的实地勘察。当时随县属襄阳地区管辖，到达随县后，一行人未敢停歇，第一时间赶往城关镇两水沟厂址，展开勘察、测量与划线工作。12月6日，副省长赵修、襄阳地委书记焦德秀等亲临两水沟实地考察，并听取了工作组的情况汇报。当时省长张体学正在随县疗养调研，6日当晚刘文洲书记参加了张省长召集的工作会议。第二天，我们接到通知说省领导指示：随县离武汉太近，不符合战备要求，厂址要改到襄樊。襄樊有铁路、公路和水路，比随县好。接到指示后，我们二话不说，立即鸣金收兵，收拾设备集合向襄樊进发。当时的襄樊是县级市，属于襄阳地区行政公署管辖。除襄樊外，襄阳地区行政公署还管辖着襄阳县、随县等8个县。

1965年12月7日，刘文洲书记亲自带领我和厂技术人员、设计院吴工及设计院其他同志，分乘一辆吉普车和一辆大卡车，上午9点从两水沟出发，一路颠簸，中午12点到达襄樊，入住襄阳地区招待所。地区招待所在现在的中心医院那一片，我和刘文洲书记住一个房间，他年长我很多，又是领导，所以打开水等临时勤务工作自然是我包啦。刘书记资格老、级别高，他的到来引起了地方上的特别关注，湖北国营汉丹电器厂项目的建设大幕，便在这种特别关注中被徐徐拉开！

厂址改在襄樊，具体位置同样需要经过实地勘察来确认。省、地、市领导赵修、焦德秀、曹野等十分重视，并亲临考察现场。考察范围主要是两个方向，就是去南漳方向的尹集一带和往宜城方向的欧庙一带的国道两侧山沟。具体考察工作主要由刘书记、我和厂技术员、武汉设计院的同志承担。时间紧、任务急，我们抵达襄樊的第二天，考察便开始啦。那个时候可不像现在那么方便，考察是没有车的，七八天的考察全靠两条腿，我们走遍了沿线所有山沟，有些还反复多次摸情况，从中收集掌握了大量一手资料，为省领导的决策提供了翔实的资料依据。

几天后，赵副省长主持会议讨论了厂址确定和相关工作安排问题，我参加了会议。会议明确厂址选定在凤凰大队马头山下的马家凹，要求市委、地委、县委领导组成领导小组，负责工厂外部的通电、通路、通水工作；要求1966年7月项目土建完工，6月开始安装，8月完成，9月开始试制产品，国庆节拿样品，只能提前不能推后。会后，地、市、县各级领导分头开始行动落实会议指示，我们"工作组"也按要求启动勘测、划线等相关工作。

为了落实赵修副省长提出的建厂进度目标，12月18日市委召开支援建厂工作的第一次筹备会，刘文洲书记安排我参加了会议。会上，省建委的李厅长提出了"少花钱多办事、低标准高质量，方法是集中力量打歼灭战"建厂方针和方法；地区的秦志维副专员在会上对市、县两级提出了具体工作要求，会议确定"以襄阳县为主、襄樊市支援"的配合原则；会议决定成立汉丹电器厂工区指挥部，秦副专员为指挥长，李厅长、孙喜勤市长、高序兴副县长、电厂崔主任、汉丹厂翁纪中副厂长等为成员。指挥部同时成立党委，党委归县委领导，指挥部的运作实行军事化。

组织指挥关系理顺后，剩下的就是大干了。那个时候虽然无招商引资一说，但投资建厂能带动一方经济的道理谁都懂，因此，襄阳县领导对选址工作十分重视，得知选址马家凹后，他们雷厉风行迅即安排民工开始修路并亲临现场督战，大家干劲十足。可就在此时，厂址问题却发生了出人意料的变化。地区领导秦副专员传达赵修副省长意见说：马家凹离水源太远，输水管件本省买不到，会严重影响建设进度，只能改址。

经慎重考虑，1965 年 12 月 24 日省领导最后决定把厂址选在更为隐蔽、水源方便的潘家湾山冲，也就是现址。

厂址确定后，我们和设计院的同志随即搬出地区招待所，借住于卫东厂（当时叫南河厂）旁边的林场"牛棚"里，铺盖是自己带的，此后大半年时间里，这个"牛棚"成了宿舍兼办公室。"牛棚"里没有床，也没有办公桌，连基本的工作条件都不具备，但大家没有等待，而是积极想办法创造条件展开工作。没有办公桌就用木板代替，没有床铺就用木板打地铺，办公桌和地铺用的是同一块板子，白天当桌，晚上是床。吃饭就在卫东厂食堂买餐票打饭。刚入住时是冬季，20 世纪 60 年代襄樊的冬天比现在冷多啦，老百姓烧火做饭都缺柴用，更别提生火取暖啦，怕冷的人就提着小瓦罐里面装些可燃干柴或干牛粪取暖。我们的办公室兼宿舍无暖可取，白天寒风刺骨，工作"伸不出手"；夜里北风呼啸，睡觉"伸不出头"。条件实在艰苦，但也没听着有怨言，大家反倒表现得很乐观。厂领导也不摆官架子，与大家同吃同住，记得家在武汉的副厂长翁纪中，每次来检查工作都和我们一样吃食堂、睡地铺。不仅官兵一致，厂领导在用钱上也十分谨慎，记得刘文洲书记因为来时离家匆忙，随身带的钱用完了，他本可以找后勤财务暂借的。可是为了避嫌，刘书记没找财务，而是找我私人借钱应急（后及时如数归还啦），他这种严于律己的作风对大家是一种无声的教育。工作组的同事之间也相处得十分融洽，配合默契，工作热情与效率很高，大家就是在这种恶劣的工作环境和高昂的工作热情反差中铺开了汉丹厂项目的全面建设工作。

那是个激情四射的年代，但从上到下的工作作风却一点都不盲动，管理方法上是很讲究科学、量化的。比如，对汉丹厂生活福利房屋的面积标准问题，省国防工业领导小组就曾下过"40号"文件，明确规定按照平均每人16平方米的职工总数计算，干打垒可以增大。由此管窥，当时思考制定政策的科学、严谨与精细程度并不亚于现在。项目指挥部正是根据这一文件精神，确定了食堂、宿舍、浴室、托儿所、哺乳室、招待所、学校、医院、理发室、厕所等生活用房的建设面积。其中食堂面积950平方米，宿舍面积15200平方米，浴室面积200平方米。

食堂是第一个要盖的，设计院着手设计图纸，我们就实地察看合适的盖建位置。那时山沟底部是桃园，桃园地势相对平坦，适合盖食堂，但领导要求不占桃园，靠山边盖。

桃园不能占，生活区也不能集中盖，要分散，所以规划为厂区（靠近厂生产区大门）、幼儿园（靠近幼儿园）、东坡和西坡等四个生活区。生活区不能盖楼房，要盖跟农村一样的房子，要向二汽学习盖干打垒。后来，通过干打垒试验房发现，本地土质确实不适宜，便及时停建了干打垒。

生活区像农村，生产车间也要靠山隐蔽，重要设备必须进山洞。同时强调要遵循边建设边安装的原则，车间要建好一个安装一个，以加快进度，争取早日具备试制条件。在这一思想指导下，表面处理车间、冲压车间和工具车间靠山建设、面积偏小，机加车间进了洞。山洞里环境潮湿、通风条件差，产品试制和小批量生产时尚可，但大批量生产时产品质量就很难保障啦。不过，当时的指导思想是为备战打仗的，打起仗来山洞肯定比外面相对安全，战损小，所以进山洞、靠山边建也没啥不对。但几年后，"越战"战事激烈，厂里的援越炮弹需求量增大，山洞环境和面积偏小难以适应大批量生产的问题被充分暴露出来，最后只好又在洞外重建机加车间、扩建其他车间，造成了重复建设。

　　装配车间厂房建设比较顺利。在装配和压药生产线的设计安装过程中，我作为该车间的技术人员，充分发挥自己的火工专业特长，集中精力很好地完成了生产线设计布局工作，达到了较高的生产适应性，没有出现重复设计施工等浪费现象，为产品的早日试制赢得了时间，创造了条件。

　　生活区住房还在建的时候，厂领导就开始催促我回去搬家啦，1966年3月1日我们全家迁到襄樊。来后，厂里的房子仍未竣工，全家人只好借住在卫东厂的破房子里，条件很差。不久，又赶上我带工人到西安培训3个月，老伴一个人带着4个孩子，那段时间吃了不少苦头，加上人生地不熟，难处可想而知。来襄樊半年后，老伴她们从卫东厂搬入厂里新建房，搬家时我还没有从西安回来。新房是砖瓦与土坯混合结构的平房，狭小低矮极为简陋，冬天八面透风其冷无比，夏天闷热潮湿蚊蝇肆虐。刚搬入时，门窗还没有装好，幸好是热天，八面透风反倒是好事儿，不过入夜之后的蚊子却"嚣张"得让人可怕！西安基本是没有蚊子的，所以来前就有人笑称湖北的蚊子有"麻雀"那么大。眼前的蚊子虽然不如麻雀大，可"咬"人的确狠毒。除了蚊子，夜间安全也是问题，住家少，屋外漆黑空旷、野草丛生，房门是用木板堵住的，我不在家，她们又怕小偷又怕狼，5个人挤在一张床上，房子又低又热，还必须挂着蚊帐。那时候整个社会的消费水平都很低，家用电风扇十分罕见，为了让孩子们能睡好，老伴夜里还要给孩子们扇扇子，整夜睡不成，白天还要操持家务，十分辛苦！

　　不仅住房艰苦，道路也很差，走在泥土路面上晴天一身灰，雨天一脚泥，有段时间还得到3公里外的麒麟店挑井水回来吃用。最糟糕是做饭无柴无煤，全靠四处捡柴草。总之，生活条件不是艰苦，而是艰难。艰难的程度远远超出家人来前的想象，这对于刚刚离开繁华都市、刚搬出楼房、走惯柏油水泥路的家人们而言，两种生存环境的反差是巨大的。幸亏老伴识大体、能吃苦、腰板硬、性格开朗，不然早就撂挑子啦！

　　生活条件虽苦，但我的工作热情未减、工作态度未松。为使从零起步的工厂早日走向正轨，实现当年建成试制的目标，一批批新人陆续来到厂里。有东北来的、山西来的、武汉来的、随县来的、西安844来的，还有其他省市来的。他们中有的来自工厂、农村、部队、机关、学校和其他行业,还有的是意气风发的大中专毕业生和风华正茂的下乡知青。总之,来自五湖四海社会各界,大家汇集到一起各就各位,工厂很快形成了完整的人员结构布局。看到这种可喜局面,我对当年建设试制的信心更足啦!每天起早贪黑,任劳任怨,一心扑在工作上,在车间生产线设计、工装准备、人员培训、产品试制等方面都全力以赴,付出了心血和辛勤汗水。

"人心齐,泰山移""众人拾柴火焰高",这些耳熟能详的俗语用在汉丹厂项目建设上再合适不过啦! 1966 年 9 月 14 日,产品试制工作终于取得成果,作为装配车间的技术人员,我亲手参与装配的首批 203 发试制产品在装配车间装配完成;两个月后的 12 月 9 日,又完成第二批 883 发的试制产品任务。产品试制的成功,标志着工厂建设取得了决定性胜利。至此,湖北国营汉丹电器厂建设项目在省委、省政府的领导下,在地、市、县各级党委和政府的支持配合下,在设计单位、施工单位和全厂干部职工的共同努力下,终于实现了"当年设计、当年施工、当年建成"的既定目标!

面对眼前的成功,我想,无论是谁,也无论是任何时候,都不得不承认这是工业建设的奇迹!更是那个时代的奇迹!奇迹的背后是无数参与者默默无闻的无私奉献。我庆幸自己是奉献者中的一员,并为之自豪!

建厂的任务完成了,我也在工厂留下啦。在后来 20 多年的工厂发展建设中,无论是在老产品生产,还是新产品试制,自己都能秉承共产党员的信仰,忠实履行工作职责,克难而进,努力工作,度过了无数个忙忙碌碌的日日夜夜,多次受到表彰和奖励。1975 年元月,被授予"1974 年度襄樊市优秀共产党员"光荣称号。

发挥余热,安度晚年

临近退休时,我接受了一项特殊任务。那年襄樊某钢厂高炉发生爆炸,事故调查结果不禁让人倒吸一口凉气,爆炸原因竟然是炉内放进了炮弹。

原来该厂的主要原料来自回收的废旧钢铁,事故发生后,市有关部门在该厂仓库中发现了大量、多种锈迹斑斑的炮弹和手榴弹等爆炸物，这些危爆品引起襄樊市政府及有关部门的高度重视，但如何稳妥处理这些危爆品着实难住了市安监和公安部门。因为当时的条件下，他们对此既无处理经验，也没处理技术，更无专业人员。怎么办？危爆品不除，大家寝食难安！情急之下，市安监部门想起了我们汉丹厂，于是立即找到了厂技安科。技安科科长李正武了解情况后马上想到了我，因为他知道解放初期我在老厂曾连续处理过3个月的炮弹、手榴弹和其他爆炸物废品，那时这些东西可是"万国"牌的。这次钢厂发现的炮弹和手榴弹也都是"二战"时期遗留下来的，情况类似，性能相同。在报请厂领导同意后，李正武第一时间找到我，希望我能出面义务帮助政府解决这一燃眉之急。

说实话，当时我有些犹豫不决。一方面，尽管处理这类废品我确实经验丰富，不过经验归经验，与爆炸品打交道的危险性是始终存在的，接受任务就意味着承担工作风险和承受个人危险，自己快60岁啦，没必要在本职工作以外去冒险；另一方面，现存的爆炸物如果得不到及时专业的处理，其安全隐患极大，社会负面影响极大，有关部门更无法交代。想到此，内心的社会责任感还是战胜了我的思想顾虑，便欣然同意了。

我们在有关部门人员陪同下来到事故工厂的炮弹存放处，现场的情况让人触目惊心，有60、82、120迫击炮和其他炮弹，还有手榴弹，弹体锈迹斑斑，混放在一起，数量较大。炮弹中有的无引信，危险性相对小些；有的带引信，随时有可能爆炸，危险性较大。处理这些弹首先要识别分类，我用了2天时间完成了整理分类，又指导工作人员安全装上卡车，运往偏僻河滩的指定销毁位置。为了确保销毁安全顺利，整个销毁过程严格执行安全规程，其中安装引爆装置和拉发点火等危险性最大的销毁步骤都由我亲自操作。

随着一声巨响，销毁任务顺利圆满完成。现场的领导和工作人员向我表达了敬佩和感谢，我以轻松微笑回礼！心想，就用退休前顺利完成的这次重要任务，向"三线建设"时期，曾经为创建汉丹厂同舟共济的襄阳老领导们以及父老乡亲表达敬意吧！同时也为我几十年的军工生涯画上圆满的句号！

时光荏苒，汉丹厂从无到有，又从国有到改制，转眼已是半个多世纪悄然过去。

我从 32 岁参与汉丹厂创建，到 1992 年 59 岁离休，在汉丹厂工作了 27 个春秋，至今在襄阳生活了 53 年。我把一生最美好的工作年华献给了国家的"三线建设"，也献给了襄阳和汉丹厂。作为在党的阳光雨露下成长起来的军工战士，听党话、跟党走，是我最初的选择，也是我一生的追求。我今年已 87 岁啦，但作为一名共产党员，"不忘初心，牢记使命"仍然也必须是自己的座右铭。党和国家给我们提供了良好的生活待遇，过着幸福安详的晚年生活，我觉得现在最该做、也可以做的事情就是传播正能量。2014 年我被评为市直企业片区"离休干部先进个人"，这既是对我的鼓劲，也是对我的鞭策。2019 年 9 月，获得中共中央、国务院、中央军委颁发的"中华人民共和国成立七十周年纪念章"，这是我一生获得的最高荣誉，我欣喜万分，夜不能寐，发自内心地万分感谢党中央和总书记的关怀！我当壮心不已，牢记使命，继续奋斗！

回顾我 71 年的革命工作历程，从三晋太行到三秦大地，从渭河之畔的古都西安到汉水之滨的美丽襄阳，我感到经历曲折，但问心无愧、人生无悔！

（范喜生，离休前为汉丹厂工程师；范明现任汉丹厂宣传部副部长）

"完不成就跳河"誓言的背后

丁学诗 讲述 "993"纪实编写组 整理

我出生于 1936 年 10 月,中共党员,湖北洪湖人,教授级高级工程师。1959 年毕业于北京工学院(现北京理工大学)引信专业,1983—1994 年任汉丹厂总工程师,1992 年获国务院政府特殊津贴。我长期从事科研和技术工作,取得了多项国家级和省部级发明奖、科技进步奖,国家发明专利 7 项。《湖北专家大辞典》对我的业绩和成果有所介绍。

我在汉丹厂算得上是一名真正的"老臣"。不算多年的中层干部,仅从 1983 年起任总工程师到后来任调研员,又代理总工程师直到担任厂长顾问这 20 年间,我与汉丹厂的 9 任厂长共过事。无论是在位还是不在位,也不管厂长们对我是"热"还是"冷",我都无怨无悔地忙碌在科研第一线,为工厂的产品开发兢兢业业、鞠躬尽瘁。沉浮毁誉对我来说只是身外之物,我唯一的心愿就是能为汉丹多研制产品,造福后人。

1998 年 9 月,工厂决定开辟军品新领域,并聘任我负责产品研发工作。当时我们并没有想搞什么产品,只是想为工厂找点活干,为职工找口饭吃,每年有个几百万产值就满足了。我首先想到的是在兵总任职的李新龙。在与李新龙联系时,他明确告诉我,现在已不可能像过去那样指望国家拨任务,必须参与市场竞争、研制新产品,而且起点还要高,否则,是无法生存下去的。别说"小三线",就是大军工也是一样。对于汉丹厂过去的实力,李新龙是十分了解的,但新班子决心走这条路,他答应给予帮助。

1998 年 10 月,李新龙让葛厂长和我去北京。见面后,他介绍了目前产品竞争的形势,告知我们只有研制高技术含量的产品,且必须与高等院校合作，才有可能被军方接受。李新龙建议我们去找北京理工大学的马宝华教授。

马宝华教授是我国引信资深专家，国防科工委学部委员。马教授于1957年毕业于北京工学院（现北京理工大学），比我高两届。读大三时，马宝华大学毕业留校任教，是我们班辅导员。40多年后，66岁的我恭恭敬敬地称呼68岁的马宝华为马老师。

马老师对于我们湖北9604厂并不陌生，他曾作为专家参加了该厂多个产品的设计鉴定，但那些产品技术含量都不太高。得知我们的来意后，他笑着对我们说，目前他手头虽然有军方某产品，可是9604厂要参与该产品的研制，实力是明显不足的。面对垂垂老矣的昔日学生和上任不久的年轻厂长的真诚，他答应让我们先看看某产品图纸再说。在北京理工大学马老师的办公室，我们二人看到了某产品的设计草图，这也是汉丹人第一次接触后来称为"993"的项目。

长期从事炮弹引信设计与制造的我惊奇于这个产品的精致和新颖，同时也感到产品本身凸显出的难度，以及将要消耗的人力、物力、财力。回到住地，我们二人结合工厂的情况，反复权衡利弊后，一致认为，风险和困难虽然不小，但一定要抓住这个机会，全力以赴地干下去。

在"993"产品的研制、生产过程中，作为汉丹厂的技术总负责人，我就像一个救火队长，无论生产、技术、质量哪一个环节出了问题，只要在厂里，我知道了都要匆匆赶到。为此，我常常不知疲惫地奔波在偌大的厂区。

当时广为流传的"完不成'993'就跳河"的誓言，就出自我的口中。

2000年底，由于各方面的原因，"993"生产准备工作进展缓慢，人们出现畏难情绪。面对这种状况，我心急如焚。一天，我在检查攻关进度时，声色俱厉地对下面的人说："'993'如果搞不上去，汉丹厂的干部都站到汉江二桥上跳河去。葛懿第一个跳，朱勇斌第二个跳。"第三个跳的是谁当时没说。此后不久，市委副书记曲颖等领导来厂检查工作时，我当面明确地说："第三个跳的是我丁学诗。"此言一出，在场的人无不动容。

　　当然，跳河情景是绝对不能让它出现的。"跳河誓言"体现的是汉丹人的一种精神，一种破釜沉舟、不成功便成仁的悲情壮志。在这种精神的感召下，"993"科研与生产取得了成功，并贯穿了汉丹厂扭亏脱困的全过程。

（丁学诗曾任汉丹厂总工程师）

物资供应采购的"老管"

管长生 讲述 "993"纪实编写组 整理

我叫管长生，现年75周岁，中共党员，2007年退休。1964年9月当兵，1966年3月入党，1971年1月从湖北省蕲春县调来汉丹，1972年4月任车间副主任。此后当过车间主任、供应科科长、物资处处长，是汉丹厂资历最老的中层干部。

1989年，我从车间调来当供应科科长时，有人就怀疑，他能干得了吗？钢材、电器、油料、化工材料的规格、型号、元素符号就够我记的，因为毕竟只有初中文化。凭着聪明好学、踏实肯干的劲儿，还有超强的记忆力，这物资总管不仅干下来了，而且干得极为出色。汉丹厂上上下下、里里外外没有不佩服的。从1989—2007年的10余年间，厂里换了6任厂长，但我的工作岗位一直没有动。

一

生产"993"产品之前，汉丹厂已困难了近10年，几个仓库有架无货，有时灯泡坏了都要弄钱现买和赊账。物资储备仿佛是个很遥远、很陌生的概念。

2000年底，当"993"的生产计划一出来，各种材料竟需要1000多万元，更要命的是还有几十种共2000多万元外协零件需要物资处采购回来，两项共计需3000多万元。可工厂的资金极为有限，许多材料只能靠说好话赔笑脸赊购。当时，我真的是有些焦头烂额了。

2001 年 10 月底，"993"进入了白热化的攻坚战。装配分厂日产量逐日提高，使得外协件全面告急，如果不及时采取措施，必将影响全年生产任务的完成。我开始了长途颠簸之旅。从襄樊到辽宁大连，从大连到沈阳、北京、石家庄、上海、浙江宁波，再回襄樊。每到一地，就同厂家协商，确定未来两个月内每天必须供应的产量。谈妥之后，马上就走，有时连饭也顾不上吃。在此过程中，除了从北京到上海是根据厂里的意见乘飞机外，其余全是坐火车。几千公里的路程下来，仅用了 9 天时间。这 9 天里没有在一个旅馆或招待所安稳地睡上一觉。全都是白天与厂家谈零件供应，晚上乘车到下一站，顺便在车上打个盹。

"993"所需的原材料、外购件大部分是赊回来的，赊欠总额已近 3000 万元。但钱是总得要还给人家的。由于产品的完成期有较大的时间差，产品没有完成，货款就自然到不了手。随之而来的就是要债的。作为物资总管，这种被逼债的烦恼远远大于赊回材料的暂时快乐。有时面对上门讨债的债主，除了亲手倒一杯热水让对方消气解乏之外，常常无话可说，场面十分尴尬。有一次，一个老板的催款电话打到同事办公室，同事接电话后顺口说我出差了。谁知对方又拨了我办公室的电话，我接后，对方说："老管你不是出差了吗？"我明白就里后，实话作了解释，得到对方的理解，对方只是让我尽量给点钱。

在外跑材料，我特别留心价格信息及其他厂家的供货渠道。"993"产品上某零件刚开始是由非专业厂生产的，当得知 304 厂该产品是在一家专业厂家生产时，我赶紧到该厂联系订货，并及时通知原供货厂家停止生产。仅这一个零件，就为工厂节约 10 万多元。有人对我开玩笑说："厂里应该给你奖励。"但我并没有这样想，觉得这是搞物资供应的人应该做的。我不认为是成绩，反而认为是工作上的不足。

如果说这种节约是本职工作使然，那么，物资处在 2001 年的 35 万发任务生产过程中，搬运原材料、外购件就是一种奉献了。在 2001 年，除了必须从外面请吊车下的大宗原材料外，能够人工搬的都是由物资处办公室人员装卸的。起初，厂里人以为物资处有搬运费，其实分文没有。并不是我没有去争取，但其实是没有争取到。这事在内部难免让大家不好理解，有人半真半假地对我说："干脆给我们一人发一把锹，煤车回来，卸煤去。"我知道这是有人在抱怨，但我没有作太多的解释。每逢装卸时，我总是喊一声："都卸车去！"然后带头去搬。由于我年龄较大，又是一个部门领导，在我的带动下，年轻人自然跟了上来。一次，某产品回来了400箱，每箱30公斤，一共12吨，就靠物资处5个人给卸了。2001年物资处的人到底搬了多少吨货，没有准确计算过，但为工厂省了一个搬运班是明摆着的。

二

我有一儿一女，老伴已退休。女儿在厂里工作，女婿是外单位的，效益不好，出去打工了。女儿和外孙和我们生活在一起。

儿子年近50岁，他是我心中永远的痛。40多年前的那次出差带给我的创伤，一生不能忘怀。

1978年，儿子4岁，长得白白胖胖的，十分逗人。当时我在四车间当副主任。一次厂里派我到外地出差，走后不久，儿子病了，低烧，当感冒治了一个多星期，烧仍不退。出差回来后，我感觉不对劲，连夜转到市医院。可为时已晚，儿子患的是脑膜炎，虽然紧急抢救保住了性命，但大脑已受到损伤，双目已近失明。

1994年，厂里最困难的时候，一连几个月发不出工资，一家人的生活十分窘迫，我更担忧已19岁的儿子今后怎么生存？后来在旁人的指点下，以儿子的名义在家门口的厂区路边盖了一间简易棚，卖点生活日用品。儿子是残疾人，可以免税。虽然挣不来多少钱，但毕竟使儿子有了一个生存的手段，有了点生活的来源。店面虽是儿子的，但还得靠老两口经营，我也更忙了，常常在中午或晚上的休息时间，匆匆忙忙骑上自行车到城里批发站进货。

2001年8月，正是"993"产品刚开始大干的时候，我实在分身无术，不得不狠心将小店卖给了别人。我心里知道，以后再想建一个离家又近又方便的店面是不可能了。老伴埋怨我快 60 岁的人了，还当这个东跑西颠的"破官"，把好好的一个店面搞没了。我又何尝不想保住小店？那好歹是残疾儿子生活的希望！其实，这些年，我多次想退下来，让年轻人来干，可厂里不同意。

三

由于不论大事小情都以身作则，在汉丹厂我"走"了 3 个地方，手下人都服我。这些年物资处先后调进一些年轻人，照理说，用不着我去干打开水、扫地这些杂事了，但我还是一如既往，不声不响地干了。部下来晚点，只要不迟到，做不做这些杂事我都不怪他们。

我不太喜欢聊天，没事就待在办公室翻看零件报表、采购计划等。默默地策划工作。要说跑采购的人是最坐不住的，但物资处的人不一样，即使在工厂劳动纪律最涣散的时候，我们处下班都是不到点不走。没事，也都陪着我待在办公室。有的年轻人过去也不那么安分，在我身边待几年，就老实了。细想想，其实也没有特别强调过，也许这就是潜移默化的作用吧。

这些年，我没有和谁红过脸，更没有为什么事拍桌打椅发脾气。物资处同其他部门打交道多，难免有些矛盾，但经我三言两语一说就没事了。当然，也有生气的时候。特别是有一年干"993"产品，没钱还要把物资弄回厂，遇上那"不见鬼子不挂弦"的主，也是巧妇难为无米之炊。自然去找厂长要钱，有时也要不到，回到办公室一边生闷气，一边再想办法。

我对名利看得很淡泊。有一年，厂里提名评选我为劳动模范，还有 1000 元奖金，我死活不要，坚决要求让给他人。理由很充分，工厂那时困难，应该给那些"找米下锅"保职工生活的车间领导，意义会更大一些。2001 年，工厂又推荐我当劳动模范，我仍然不要，还以权谋"私"，不准单位报材料。这次工厂没听我的，所以，56 岁时，我终于当了一回劳模。

（管长生曾任汉丹厂物资处处长）

求才若渴　知人善用

舒远鹏

　　人才，对于国有企业来讲是一个难堪的话题，从某种意义上讲国企是人才流动的最大受害者。在人才市场建立初期，国企极不情愿地扮演了人才输出者的角色。提起人才流失，哪一个厂长都有一肚子苦水。现代企业经营的一个逻辑是：企业的竞争是产品的竞争，产品的竞争是质量的竞争，质量的竞争是管理的竞争，管理的竞争是人才的竞争。人才的竞争呢？钱不是万能的，钱少了是留不住人的。

　　在20世纪六七十年代，汉丹厂的人才优势在本地是很明显的。虽然地处偏僻山沟，但有军工厂这顶红帽子，加上国家计划分配的强制性，每年都有不少的大、中专毕业生来厂工作。建厂初期，仅华中工学院（现为华中科技大学）一次就分来十几名各种专业的优秀毕业生。在恢复高考后的80年代初，又有大量的各类专业技术人员分配来厂。那些年，毕业生服从分配，捏着派遣证、问着路前来报到。看看工厂，感觉不如意，但生米煮成熟饭也就算了。1989年，汉丹厂共有技术人员141人，其中中专以上的毕业生121人，40岁以下的67人。

　　然而，从1990年以后，汉丹厂就再也没有分到一名本科毕业生。毕业会连年开，计划表也年年报，时不时还签三五个意向书什么的，但总是只听楼梯响，不见人下楼。到了20世纪90年代中期，更是连中专生也少有问津。

　　外面的分不来，厂里的也留不住。从1993—1998年的5年间，流失了90%的工程技术人员。就连厂里为其募捐了几千元盖房子的中专生，在坚持了一段时间后也走了。我们实在不忍心指责他。当时他的月收入只有 100 多元，还有个妹妹在厂学校读书，靠他供养，他是含着泪水走的。我们甚至也不愿去责怪那些走了尚未回来，可能再也不会回来的技术人员。和这位中专生一样，20 世纪 80 年代以后分配到厂里的大、中专毕业生，绝大部分都是从农村出来的。他们借债读书，当然不可能再借债度日了，找个收入高的工作，成为他们现实的选择。到了 1998 年底，汉丹厂 11 个分厂有 8 个分厂没有技术人员。曾经人才济济、硕果累累的科研所，也是人去楼空，最后连机构都撤销了。在岗的技术人员部分是退休后返聘的，或者是因各种原因借枝栖息的年轻人，羽翼丰满后远走高飞，已经是一种规律。

汉丹厂和其他类似的厂一样，为了留住人才，采取了胡萝卜加大棒的政策。可国有企业的胡萝卜总没有沿海的汉堡诱人；大棒打下去，还不知人在哪里。过去曾被视为命根子的档案也被他们弃之如敝屣："不给，不要了！"

由于工厂穷，在岗的技术人员知识更新、继续教育都无法落实。因此，在"993"项目研制系统中，汉丹厂的技术人员不仅数量少，专业水平也不高，特别是新知识、新技术的运用更是欠缺。研制初期，别的厂每个技术人员都能用电脑设计、绘图，而汉丹厂全厂没有一台用于技术工作的电脑，技术人员连电脑都不会。代理总工程师丁学诗说，当时看到那种情景，难堪得要命，真恨地下没有缝，否则，他要钻进去。2001 年底担任总工程师的杨庆毅深有体会地说："在研制系统内，我厂无论技术水平、经济实力、社会影响力都不占优势。这些年来通过走出去，接触那些站在专业前沿的教授、专家和兄弟单位的优秀科研人员，从他们那里感知到专业发展的新动向、新信息，尤其是新的思维方式、新观念，让人有茅塞顿开之感。"

通过"993"项目的研制和生产，工厂有意识地对技术人员进行培养、锻炼，现在新老技术人员都能熟练进行电脑设计和绘图，整体专业水平提高了一个层次。

1998 年 8 月，新的领导班子成立后，最先讨论的问题就是如何招聘人才、留住人才。汉丹厂当务之急是招聘和留住工程技术人员，但这个问题能否解决大家心里并没有底，厂长葛懿更是深知其难度。

汉丹厂人才外流特别是技术人员外流的高峰期正是葛懿当科研所副所长和技术副厂长兼总工程师的 1993—1998 年，许多人是他在科研所的同事。旗下将士纷纷南下，他自己几乎成了孤家寡人。此时，闻鼙鼓而思良将，安得猛士兮守四方？眼看一张张办公桌没有了昔日的主人，总有一种无可奈何的凄凉。特别是签订《"993" 研制合同》后，项目组缺人的问题搅得他寝食难安。

1999 年的春节，所有厂领导都身负一个重要任务，就是动员自己所熟悉的技术人员回厂。于是厂领导们写信、打电话、找家属谈直至登门造访。有时明知别人不可能回来也要苦口婆心一番。功夫总算没有白费，终于动员回来 2 位工程师，都是 20 世纪 80 年代中期引信和弹药专业毕业的本科生，这二人都是放弃了外面月薪几千元的工资回来的。有一次葛厂长在财务处看到其中一位回厂后的工资仅 171 元，心头涌上一股说不出的苦涩，除了说是奉献，还能说什么呢？

在动员技术人员回厂，同时接收和招聘新的毕业生是另一途径。但给那些愿意来的学生们多少待遇又是个难题。洽谈会上大学生们首先问的就是待遇。当时，工厂人均月工资水平 200 元左右，这种待遇别说是招人才，就是招聘勤杂工也没人来。1999 年 9 月 22 日，厂务会专门作出了汉丹历史上破天荒的一个决定：承诺来厂工作的本科生月薪 500 元，大专生 400 元，按月兑现，但每月要留存 100 元在工厂，待本人成家时工厂一次付给，个中原因不言而喻。就这样前后招来了 10 来名专业不太对口的大专生。工厂的打算是即使一时派不上用场，只要愿意来就行了，先跟随着学几年，培养培养再说。

然而，这些人第一次拿工资时，另一个矛盾又凸显出来。他们的待遇比老技术人员高出许多，形成了老师不如学生的局面，不公平是显而易见的。厂里有意调整，其他专业人员怎么办？当时正值 "993" 试制的关键时刻。一下子打破原有的平衡，一是没有钱，二是调整需要一个过程，工作分配从来都是国有企业改革的难点。于是只有先做思想工作。厂长葛懿当时打了个形象的比喻来解释这个矛盾，至今说起来仍叫人忍俊不禁：我这个厂长就好比是婆婆，你们这些老技术人员好比是大媳妇。现在要为老二讨个媳妇，这个新媳妇的条件是没有"三金"不进门，可大媳妇还没有"三金"。都买吧，婆婆又没钱，你说怎么办？是先给新媳妇买，还是先给大媳妇买？

这个矛盾直到 2000 年初工厂采取了一些特殊政策才有所缓解。当时，工厂的资金几乎全投到生产中，老技术人员这为数不多的工资还不能按时发。负责技术的厂领导在 2000—2001 年还以个人名义借钱，以保证这些老技术人员能按月发工资。

1999 年 5 月 11 日，厂务会决定给"993"项目组人员另发项目津贴，每人每月 300 元。同兄弟单位的项目津贴相比，这点钱太寒酸了。可在当时的汉丹厂，他们的收入是全厂最高的。项目组的人员心里非常感激，他们长年在外做试验、攻关，连春节都不能同家人团聚，有时还冒着生命危险。杨庆毅说："在内蒙古自治区包头国家靶场做试验时，由于射向调偏，弹着点离他们只有 20 多米远，幸亏没有作用，否则整个试验组的生命全完了。"

2001 年春节，由厂领导带队组成一个拜年专班，对在外的项目组成员逐家慰问。有的新分来的大学生家在农村，就一路寻找，一路问，代表工厂去拜年，技术人员和家人十分感动。他们在外面虚心学习，勤奋工作，得到了合作单位的高度评价，为汉丹厂争了光。

关于人才问题，在"993"产品研制生产过程中，汉丹厂有两件事是应该记下的。一件事是老天留人，另一件事是厂长赶人。

老 天 留 人

1999 年 6 月 21 日傍晚，时任副总工程师兼技术处处长的罗家洪，副处长杨冰、杨庆毅，乘坐工厂的富康车到安徽 9324 厂做试验。一个厂的技术处正、副处长，绝对是这个厂的技术精英，何况是人才奇缺的汉丹厂呢？不幸，途中发生了严重的车祸。

由于想在次日早上赶到安徽，车开得比较快，在出襄阳市不远的枣阳市境内，高速行驶的小车撞上了路边的水泥标牌，将拇指粗的钢筋水泥柱齐刷刷截断，然后撞向路边大树。杨冰在两次撞击的瞬间被抛出车外，滚到路边沟底，其余3人被卡在车内，发动机飞出18米远，汽车完全报废。当交警前来勘测现场时，第一句话就问："死了几个？"听了让人毛骨悚然。然而连交警也不相信的奇迹是，4人中，司机和杨庆毅仅有擦伤，沟底的杨冰摔昏后不久醒过来，到医院检查后也没有大问题，罗总锁骨骨折。面对如此惨烈的车祸现场，交警连称："罕见，罕见，你们人比车结实。"

时隔几年，厂领导们提起此事仍感到后怕。再唯物的人也不得不感谢上苍有眼。厂长葛懿说：如果他们有个三长两短，我厂"993"研制肯定受到影响。这不仅是他们的福气，也是我们汉丹的福气，更是"993"的福气。事实的确如此，杨庆毅是当时除丁总外唯一一名引信专业毕业的本科生，是汉丹厂项目负责人，2001年担任汉丹厂总工程师。杨庆毅就是后来攻克某产品等多项工艺难关的主设计师。

厂 长 赶 人

2001年10月初的一天，正是"993"生产最吃紧的时候，所有机关工作人员包括技术人员都要到生产一线参加劳动，随同生产工人加班加点。陈××是2000年招聘进厂的大学生，在分厂干了一段时间技术工作，因工作需要，调到厂部，与厂长葛懿同在一个办公室办公，相当于厂长秘书。用一个比较俗的说法，他算是名副其实的厂长身边的人。后来为了充实一线，陈××回到了技术处。

这天，厂长葛懿在总装分厂了解到陈××对劳动有些抵触情绪，就专门去给他做思想工作，要求他干活要比工人干得好，还要发挥技术人员的作用，扎下去，发现问题、解决问题。当天晚上，葛懿值夜班，他在总装分厂听说陈××没来，就到技术处看看。当时陈××正在电脑上聚精会神地打字，浑然不知厂长的到来，当他发现想关电脑时，已来不及了。屏幕上赫然显示着"求职信"三个大字。当天的值班日志上，葛懿是这样记载的："技术处到总装分厂劳动的陈××不到岗，在技术处打'求职信'，我已要求他明天交接工作，另谋高就。"最后陈××被工厂辞退了。

此事，在汉丹厂产生了强烈的震动。厂长葛懿说，如果他当时只是不想劳动，打打游戏机，我会严肃地批评他几句，也就算了。当看到"求职信"三字时，那种震怒是难以形容的。我们的工人带病坚持工作，有的女工昏倒在工作现场，可这种人在想什么？干什么？人在曹营心在汉，留他何益？其实那天是葛懿41岁生日，谁也不愿意在生日去生气，更没有想干这种"杀无赦，斩立决"的事。葛懿说："实在没有办法，那情景对汉丹厂，对我本人都是一种侮辱。"

求才若渴与辞退大学生，看似对立的，其实是一个事情的两个方面，它给人们启示在于：求才本身不是目的，只是手段，目的是要为工厂做事。否则，留人不做事，仍是一场空。国有企业在这方面的教训太深刻了。

（舒远鹏曾任汉丹厂副总经理）

诚信的力量

舒远鹏

汉丹厂"特困"的 10 年，工厂的信誉也是每况愈下，银行信誉是 B 级，这意味着到哪个银行都是"贷款免谈"。个中苦涩普通职工不觉得，只有厂领导和有关部门才觉得它的沉重和难堪。负责财务的工会主席袁继琼说：这种信誉等级不是哪个人的问题，是工厂"穷"的象征。

在产品信誉上，尽管我们一直在抓质量，自我感觉也确实没有怠慢质量，但外界的评价往往使我们始料不及。1999 年 9 月，军方一位领导曾在关于汉丹厂产品质量问题的一个报告上批了一句话，足以将汉丹厂这样一个"小三线"置于死地，这句话是："该厂一贯不注重产品质量，要大力整顿。"好在这位首长笔下留情，没有将汉丹厂一棍子打死，留了个"大力整顿"的后路，给了汉丹厂一个悔过自新的机会。后来的事实证明，汉丹人对这个批示是刻骨铭心的，整顿也是伤筋动骨的，效果十分明显，得到了总装备部和武汉军代局首长的高度评价。

1998 年底，厂长葛懿上北京初次拜会军方领导。对方一听说是湖北的 9604 厂，就很不客气地说："你们厂不守信用，1994 年就给了你们货款，4 年过去了，既不见产品，又不见退款。"几句话将葛懿说得无地自容。他当然知道这是怎么回事。汉丹厂在 20 世纪 90 年代初，曾研制了一种新型的产品，当时军方订购了多少多少发，并预付了部分货款。后来，这个产品因生产配件上的技术原因，迟迟没有形成批量生产，直至最后停了下来。对此事，葛懿虽然有一定心理准备，但没有想到对方对工厂如此反感，这才意识到问题的严重性。行内人士都知道，军方的印象对军工厂意味着什么。可现在，9604 厂，这样一个小小的地方军工厂，曾因产品质量问题被通报，现在又因只收钱不供货被鄙夷是灭顶之灾，也是声名扫地。

回厂后，葛懿召开厂务会决定尽快还款，那时工厂资金极其困难，但还是千方百计筹措了 30.5 万元于 1999 年 9 月退还给军方。当葛懿亲自上北京还款时，这下轮到对方吃惊了。说实话，对军方来说，30 万元并不算多，再说，像这类事也不止一两家工厂发生过。吃进去的钱，这样爽快地吐出来，真是少见，何况这是一个濒临破产的"小三线"。军方领导感动地对葛懿说："葛厂长，没想到你会这样。只要守信，我们会合作愉快的。"葛懿后来说："当时听到这话，心里比拿到产品订单还舒坦。"后来这位军方领导经常宣传 9604 厂诚实可靠，值得信赖。

1999 年初，某产品在使用过程中出现了一些问题，经过专家认定，不是工厂产品质量造成的。依照惯例，该批产品可以报废处理，但若是将其适当改进和返修，仍可继续使用。问题在于，军品返修是没有专门费用的。当军方同汉丹厂协商时，厂领导没讲任何条件就承担下来，并迅速制定改进与返修方案。在武汉军代局的直接领导和驻襄阳地区代表室紧密协作下，工厂克服时间紧、任务重、资金短缺等重重困难，经过 8 个月的工作，终于完成了全部产品改进和返修任务，还按原数补齐了在改进、返修中报废数量。工厂虽然损失了 100 多万元，但获得了军方的高度评价，又一次为汉丹树立了良好的形象。

最能体现汉丹人诚信品质的是"993"整个研制和生产过程。"993"研制系统是由 3 厂 2 校一所组成的。根据谁研制谁生产的原则，今后的任务必将由这 3 厂分担。而且军方有言在先 3 年后，谁干得好，价格低，就要谁的。因此 3 家企业从研制中的合作者必然走向生产中的竞争者。

汉丹厂是 3 厂中实力最弱的。作为另外两个厂的高层来讲，他们当然支持和帮助汉丹厂。但是，好比一个实力稍差的足球队员加入一个高水平的俱乐部，尽管教练、领队接纳你，但不能保证每一个队员、每一脚球都能平等地对待你。也许有时你处的位置会更好一些，但球就是不传给你，因为怀疑你的能力，那么，对于这个球员来说，抱着什么样的心态去学习、竞争，就极为重要了。否则，到最后真的会被淘汰。

汉丹厂在多项工艺通关上是独具匠心的、极富特色的。有的零件在系统专班尚在试验，汉丹厂就已经攻关了。那么，如何对待自己的成果？厂务会明确提出：合作在真诚上，竞争在创新上。小厂不能小家子气，要有大将风度。如果有了一点成就，就藏着掖着，不仅影响系统的研制进度，也有损汉丹形象。

某产品是关键件，其质量状态的好坏直接关系到产品的整体作用效果，行业内，对它的制造及控制都有很高的技术要求。起初，3 个厂家都买了专用设备，每台 15 万元。汉丹厂没钱，只买了 1 台。但同其他厂家一样，专用设备迟迟生产不出合格的零件。汉丹厂技术处副处长、工程师杨冰另辟蹊径，利用工厂闲置多年的一台多刀车床改装成专门生产该零件的设备，生产出的零件各项技术参数完全达到设计要求，生产效率是专用设备的 2.5 倍，质量是专用设备的 4—6 倍，而价格只是专用设备的 1/2。工厂及时向系统通报了该件攻关情况。兄弟厂来人取经时，要图纸给图纸，要零件给零件，并且现场示范。2001 年 4 月，在向兄弟单位提供了整套专用设备、技术资料后，还派杨冰到该厂做设备改制的技术指导。9 月底，在"993"生产最紧张的时刻，3 个厂均采用这项技术，取得了令人瞩目的成效，受到质量师系统的高度评价。

2001 年 4 月 10 日，系统内生产准备状态检查时，专家给予了汉丹的热处理生产线高度评价。当兄弟厂家来学习时，我们也是毫无保留地将各种资料全盘托出。

2001 年 10 月，河南某厂也承担了部分"993"生产任务，当兵总要求汉丹厂帮助其通关时，汉丹厂正处在大干的关键时刻。厂长接到电话后二话不说，派出了总工程师丁学诗和助手连夜赶赴该厂，指导攻关，解决了该厂在试制中的不少工艺攻关问题，该厂领导和技术人员极为感动。其实汉丹厂领导何尝不知道我们所扶持的就是我们的竞争对手。但他们更清楚，我们也是别人扶持起来的，作为决策者，就不能抱着狭隘的观点待人处事。一个产品的竞争只是暂时的，工厂间的友谊才是长期的。用襄阳话说这是"憨"，但却不是祸，而是福。这件事在兵总产生的正面影响是我厂花多少钱也买不到的。

汉丹厂通过近几年的努力，其外部环境得到很大改善，信誉也随之提高。汉丹人在如此艰难的情况下，兢兢业业、诚实守信的品质深深感动了方方面面的领导和合作者，同时，也给汉丹厂带来了意想不到的收获。

2001年10月，在一次会议上，军方那位曾经对汉丹厂质量问题作过严厉批示的首长碰到了葛懿，这时距他们初次见面已整整3年了。3年来，他对汉丹厂各方面的成绩很是满意。他不仅热情地向在场的各位领导介绍葛懿和汉丹厂，而且要求各有关部门多多扶持像汉丹厂这样的"小三线"，让他们参与同"大三线"的竞争。此前，军方为弥补汉丹厂返修产品等工作作出的牺牲，在核实了工厂的实际成本后，主动在后面的订货中给予了补贴，虽然不多，但充分体现了部队对汉丹的关心和支持。

老大哥惠丰厂（山西304厂）的领导们通过对汉丹厂接触和了解，认为汉丹厂是一个很放心的合作伙伴，指示有关部门，只要是汉丹厂有困难，惠丰有求必应。所以，当汉丹厂一批又一批的技术人员、生产工人到该厂取经、培训时，都得到了他们热情接待和悉心指导。

最富戏剧性的要数与另外一个厂家的关系了。该厂是"993"产品一个关键部件的供应厂家。2001年，汉丹厂购回500万元的部件，却只付了100万元。11月，该厂一名主管副厂长带着有关人员来到汉丹，一则是看看，二则是收款。当他们看到汉丹职工在如此困难的情况下还能这样顽强拼搏，非常感动。回厂后向厂长做了专题汇报，并决定在汉丹厂货款未付清的情况下，继续对汉丹厂供货。他们相信，一个自强不息的工厂，一定会是一个诚实守信的工厂。

最出乎意料的要数某产品的研制。本来，在签订某产品协议时就初步确定，该项目完成后，由惠丰厂研制另一种产品，另一个单位研制某产品。2001年1月，在襄阳召开的"993"产品鉴定会上，某科研所的游博士提出："汉丹厂这几年付出了很多，吃了不少亏，建议让汉丹厂参与某产品的研制。"此动议得到了与会者一致赞成。汉丹厂在场几位领导非常感动，这梦寐以求的项目，真是得来全不费工夫。要知道，该产品的产量不亚于某产品，它必将为汉丹厂可持续发展提供强大动力。而这种事你去争，不一定争得来。只有别人感觉到了你的真诚与付出，即使不去争人们也不会忘记回报你。

厂长葛懿说，最难忘的一件事是 2001 年 4 月在北京召开"993"备产会。当时，正式生产合同还没有签订。当葛懿赶到北京后，被告知有关部门因其他原因将汉丹厂生产任务减掉了 40%。葛懿听说后如五雷轰顶，立即前往有关部门，恳请不能这样减产。但上级已经决定了，只是许诺以后再照顾汉丹厂。多年的经验告诉他，军品首次任务分配带有很大基准性，以后的任务一般以此为参照。这个晚上，葛懿彻夜难眠。望着窗外流光溢彩、车水马龙的都市夜景，想想千里之外工厂所在的那条山沟，此时却是月残星稀、灯昏路暗。因为无钱改造老化的线路，跳闸断电时有发生；由于电压太低，有的家庭连电视都看不成；全厂几千名职工、家属勒紧裤带，苦战两年，已经借债投入 1700 万元，眼巴巴地指望"993"能给他们带来福音，可现在……年产量连盈亏平衡点都不到，这就意味着汉丹厂干一年要亏一年！此时一股悲凉涌上心头。他感到，一个"小三线"的厂长，在掉下一片树叶都能砸伤十个处长的京城是多么渺小。他打定主意，天亮后，不顾一切地去争，哪怕是到总经理办公室门前坐上几天，也要讨个公道。

此事终经总装科订部等领导协调解决，原定的生产任务失而复得。厂领导们说："没有许许多多领导和朋友的支持与帮助，光靠我们能成多大的事呢？"

汉丹厂就是依靠诚信，在风骤雨急的军品市场竞争中，挺立起自己羸弱的身躯，并赢得了"993"生产这场最大的信誉之战。

编者按：此文中多次提到的"993"，是汉丹厂的一个产品代号。

汉丹的这四十年

——我所经历的汉丹厂的艰难与重生

葛　懿

党的十九届六中全会通过的《中共中央关于党的百年奋斗重大成就和历史经验的决议》指出："改革开放是党的一次伟大觉醒。"20 世纪 80 年代，伴随着我党这次伟大的觉醒，中国社会各界、各阶层都涌动着激情和向往。在中华大地上，改革开放的潮流像一个巨型的旋涡，把人们的渴望都吸到了一个新的未知的万花筒中。

就在这个时代的初始之年（1981 年），我从湖北省电子工业学校毕业，来到地处襄阳城西郊 10 里开外虎头山冲的汉丹厂（当时厂名：国营汉丹电器厂）。直到 2021 年，我从汉丹机电（现在公司名：湖北汉丹机电有限公司）退休，此间整整的 40 个年头，一道约 2 公里长的山沟，一个历经磨难后健康发展的企业，承载了我的全部职业生涯。

我职业生涯的 40 年，正好是国家改革开放，党带领全国人民奔小康的40 年。我 40 年的工作经历，见证了汉丹从一个计划经济体制下，单一执行上级生产指令的制造工厂，发展变革成为一个中国特色社会主义市场经济条件下，在市场激流中搏击前行的现代企业的历程。

这 40 年对每一个经历者、对企业、对社会来说，都可以用波澜壮阔来形容。尽管有人说：一个民族的历史越平淡，这个国家的人民越幸福。但是，在中国共产党的领导下，中国人民走过的风云激荡的这 40 年，带给我们全民脱困和小康，带给民族自信和自强，带给国家发展和壮大，是值得讴歌的 40 年，对企业、对个人都是如此。就我个人而言，可以说：我这 40 年的职业生涯，正因为融入了这个时代的浪潮，投身于社会进步、投身于改革开放、投身于党的事业，所以无愧于人生、无愧于社会、无愧于一个共产党员的称号。

今天的汉丹，走进了建厂以来最好的时期，这都得益于党领导的改革开放，得益于中国特色社会主义市场经济的道路，得益于汉丹全厂干部职工的积极探索、勇于创新、拼搏奉献的心血和汗水！

纵观汉丹的发展历程，我大致把它分为四个阶段。

第一个阶段 1965—1990 年从"康庄大道"到"摸石头过河"

汉丹厂始建于 1965 年，是当年国家"三线建设"战略背景下的地方军工厂，对外称"国营汉丹电器厂"。和其他的军工企业一样，由于是国营又是军工厂，在当时的老百姓眼中，工厂各方面的条件自然是亮丽光鲜。由于当时是计划经济体制，工厂工作响应政府号召、满足政府要求，职工工作和生活按部就班。企业的生产经营可谓"波澜不惊"。

在计划经济体制下，工厂建成后就面临生产任务不足的问题，工厂工人的工资经常得靠政府财政供给，尽管这种情况在当时的国企十分普遍，对工厂工人来说也不影响生活，可是厂领导是有压力的。试想一下，领导着一个1000 多人的生产工厂，经常面临生产任务不足、没有活干的局面，有一段时期，总装厂车间几百人靠糊火柴盒、织毛线衣为业，这样的情况领导还真不好当。

当时的厂领导，积极地找市场、搞科研，努力拓展企业的生存空间。在这些方面的努力奠定了汉丹"注重科研、敢于开拓"的思想和体制机制基础，就是所谓的"优良传统"吧。不夸张地说，这一传统在汉丹后来走出困境的奋斗中起了十分重要的作用。

20 世纪 80 年代后期，波澜不惊的企业经营状态随着国家改革开放的战略步伐而逐渐远去，经济体制改革的实施与深入，让人人都感觉到期盼中的躁动与不安。而开放带来的文化冲击让许多人茫然不知所措，特别是当时的工厂领导。当时的汉丹厂是一个小社会，厂领导要管工厂生产，还要管工人的吃喝拉撒、生老病死。打个形象的比喻，那时的工厂就像一个没有货币、军队和外交权的"小国家"。文化冲击是全方位的，因为不是带领工人走康庄大道，而是带领工人摸着石头过河，前途未卜，困惑和困难劈头盖脸而来。

直至20世纪90年代初，工厂学过邯钢、搞过军转民、尝试过承包经营，先后开发了汽油机、助力车、水泵气泵、汽车零部件等，经历过无数的努力和试验，探索的步伐从没有停止过。

第二个阶段　整个20世纪90年代汉丹的"特困年代"

尽管不懈的努力和探索摸到了许多石头，但由于种种原因，"过河"的愿望还是未能实现。工厂逐渐陷入困境，成为市里"特困企业"之一。

实际上，工厂转型的困难首先是从领导那里感知的，20世纪80年代后期，政府对企业的指挥和领导逐渐减弱，成长于计划经济体制的工厂管理者们，要他们"摸着石头过河"从计划经济走向市场经济，难度可想而知。90年代初期六七年间，汉丹厂的厂长就换了五六任，虽然效果不尽如人意，但是每一位厂长带领工厂职工所做的积极探索都是有价值的，为工厂后来的改革脱困积累了宝贵的经验。

在这个过程中，计划经济体制下的国有军工企业的优势逐渐消失，而其弊端在市场经济机制下显露无遗。企业的困境影响到职工的生活，大量人员外出打工，特别是大量专业骨干的流失，使得20世纪80年代中期，恢复高考后第一批大学生和中专、技校、工大夜大的年轻骨干带给工厂的勃勃生机荡然无存。领导的频繁更换，导致工厂队伍涣散、管理混乱，更使得企业雪上加霜、一片萧然。

到20世纪90年代的中后期，工厂已处在朝不保夕的境地，我记得整个90年代，工厂产值最高的年份只有1900万元，人均产值不到1万元。后来全厂职工的工资都只能挂账，每位员工每月只发200元生活费，还不能保证逐月发放。我是 1998 年担任厂长的，我记得当时有一次连续 4 个月没能给员工发这 200 元的生活费。

第三个阶段　新千年的头 15 年脱困、改制

随着中国特色社会主义市场经济体制的逐步建立、完善，汉丹厂干部职工面前的"过河石"也逐渐清晰。我 1998 年当厂长，在总结前 20 年经验的基础上，新的领导班子成员与全体职工一道，积极探索企业生存与发展的新道路。此后的汉丹经历了脱贫、改制和上市三个主要阶段。

我是汉丹从光鲜到特困的完整经历者，知道特困的完整内涵。1998 年上任伊始，为了提高干部队伍的战斗力，我对工厂的领导班子作了适当的调整；为了再次唤醒全体干部职工崇高的社会责任感和奋斗意志，着手梳理、凝练和彰显工厂的企业文化；带领工厂干部职工齐心协力，内抓管理、外拓市场、艰苦奋斗、奋发图强。

在企业文化建设方面，首先从工厂的名字切入，提炼出"汉丹"即"汉水泽民，丹心报国"的主体思想，表达了汉丹人"立足汉丹、立足本职，奉献社会、报效祖国"的宏大志向。在这之前，工厂的人对"汉丹"的解释只是"这个名字是因为工厂建在武汉到丹江铁路线沿线上"。当"汉水泽民，丹心报国"逐渐深入职工意识的时候，汉丹人就不再是在困境中苦苦挣扎的特困企业困难职工，而是抱有"服务国防，国家利益至上；服务社会，发展共赢为本"的高尚信念的军工人，是肩负个人、家庭和国家重任的社会栋梁。通过文化的引领，我们的眼界高远了、心胸宽广了、思路开阔了、精神气上来了，职工们的信心和勇气再一次被唤起，大家憋着一股劲，一定要再创汉丹厂的辉煌。

在这个过程中，具有军工企业优良传统的工厂干部职工确立和发扬"博大、坚韧、敬业、进取"的企业精神，弘扬汉丹"注重科研，敢于开拓"优良传统，使得我们抓住了"993 项目"这个机会，全厂干部职工勒紧裤带、团结一心、奋力拼搏，向着这个目标前进。

在爬坡初期，各种困难接踵而至，不断呈现在我们面前。这时才发现不做事只有"没工资"一个问题，做起事来到处都是问题。

最先遇到的问题是技术人才问题。举个例子，我1998年7月担任厂长后，把厂科研所所长提为厂总工程师，一个尴尬的情况出现了，工厂科研所居然没有工程师了，也就是说在此之前，科研所长是一个光杆司令，这时我才意识到曾经人才济济的科研所，已是一座空楼。我只好将科研所与技术处合并以拼凑一个勉强的技术体系构架。

前面的尴尬只算是开个小头，后来搞的"993项目"，是校企合作，几家企业和院校联合开发。那天项目启动会开完，当技术人员汇集到一起开展联合设计，更尴尬的情况出现了。兄弟单位的技术人员都连接好电脑、分配好工作，开始大展拳脚、发挥各自的聪明才智的时候，我厂的技术人员两手空空站在那里不知如何是好，我们工厂的技术人员既没有手提电脑，也不会用计算机设计。我厂的前总工程师，当时工厂的技术顾问后来说："我当时只感到无地自容。"至今我想起这件事，都还有欲哭无泪的感觉。

再一个让我耿耿于怀的问题就是钱。"993项目"是当时汉丹厂的希望工程，全厂职工勒紧裤带，苦干三年，终于完成了项目研制，迎来用户第一笔订单。根据财务预算，完成该笔订货任务，工厂生产投入资金最低缺口2700万元。于是工厂动员各方面力量筹集生产资金。当时的政府机械局领导，带着我到系统内几家效益好的企业寻求支持。所到之处，接待是热情的，话语是好听的，钱是不借的。说实话，从今天公司治理的观点来看，当时这些工厂不借钱是对的。记得从一家最有希望借给我们50万元的工厂出来的时候，老局长悲壮地说："我这张老脸的面子也不给呀！"

戴着"特困企业"帽子的十年间，没有一家企业和银行愿意借钱给我们。3个月下来，共筹集资金70万元。

尽管困难重重，但在项目合作方、各级人民政府和社会各方的帮助下，项目研制成功并顺利投产，一举让企业站稳了脚跟，逐步摆脱贫困，开始向上爬坡。

2003年，市委、市政府推动市国有企业改制，汉丹厂也被纳入改制企业。当年 10 月，接到政府通知，要求我们经营班子牵头收购汉丹厂（在这之前，市政府的文件中是不容许经营者收购的）。接到任务后，我们经营管理团队开始思考收购的问题，汉丹厂的国有企业改制就此拉开序幕。

在经历了 20 世纪 90 年代的特困后，汉丹人正在努力摆脱贫困。2001 年后，企业销售收入开始增长，从过去历史最高年份的不到 2000 万元，到 2003 年的 4000 多万元。当时的汉丹厂在册职工 1200 多人，在岗 800 多人，年销售收入 4000 多万元，人均产值不到 10 万元。无奈企业多年特困，历史负担沉重、劳动关系混乱、各类资源匮乏等，矛盾重重，脱困之路十分艰难。

国有企业改制，对汉丹这样一个在"脱困"路上艰难前行的老企业来说是一个机会，它让企业成为一个市场经济条件下的真正的企业，自主适应社会发展进步的要求。汉丹人经历过特困，对脱困有着迫切的向往，十年的特困和特困中的探索，让汉丹人对改革充满着期望。

在市委、市政府的领导下，在政府指导组的帮助下，汉丹的改制稳步推进。我们经营班子带领全厂各级干部职工认真学习、深入研讨市政府出台的各项改制政策、操作要求和国家的相关法律法规，结合工厂实际，依靠广大干部职工，制定出汉丹厂一套完整的企业改制和职工安置方案。

我们制定出"合法、合理、合情"的企业改制总方针，成立了"政府、企业、工会"三位一体的改制领导小组，积极、细致、稳妥地推动改制各项工作。

合法，对于国家法律和地方人民政府政策要求的我们不折不扣地做到；

合理，对于具有汉丹特点的因素、问题和诉求我们责无旁贷地处理好；

合情，对于有些特殊情况的员工困难我们给予深切的同情、理解和帮助。

在整个改制过程中，我们本着这个原则，组织专班，深入研究国情、厂情、民情，反复与各类职工和职工代表沟通交流，扎实做好深入细致的群众工作。

按照市政府的要求，各个企业改制的实施细则《改制方案》必须经工厂职工代表投票通过，当时有人担心投票结果太离散，主张采取举手表决形式表决。为了实现职工真实意愿的表达，我坚持采用不记名投票，并且建立独立的投票间，确保职工的投票不受任何干扰。用程序公平保证了"改制方案在职工代表大会上以不记名方式投票通过"的本质公平，有力地保证了后续改制工作的顺利进行。总体来看，汉丹厂的改制没有重大的矛盾冲突，没有翻烧饼，没有给企业后续的发展留下隐患。

2004 年底，改制后的汉丹厂改名为"湖北汉丹机电有限公司"（以下简称汉丹机电）。在政府帮助下完成改制，轻装上阵的汉丹机电，成为社会主义市场经济条件下一个名副其实的企业。

企业完成改制后，我作为总经理，感到身上的担子比改制前重多了。从此不再有人指引，不再有人要求，后面的路要自己拿主意、自己负责任了。好在不是单枪匹马，有一群由事业联系在一起的志同道合的同事和朋友共同努力。

成了企业法律意义上的主人，首先思考的问题是：做一个什么样的企业？用什么样的文化带领这个队伍？经过认真地思考，我提出了企业"服务国防，国家利益至上；服务社会，发展共赢为本"的经营宗旨。与此同时，也为自己定下了"虚怀若谷，守诚如玉"的经营处事理念。坚守着这样的经营宗旨和处事理念，一直陪伴到我退休离开汉丹。

改制后的汉丹机电，全面实施了对一个国营老企业的现代化改造，这种改造不只是形式上的，更是内涵式的。对内着力现代企业制度建设，强化企业管理、队伍建设；对外努力开拓市场，不断创新，构建良好的企业生存环境。

"求真务实"成了改制后的汉丹机电最显著的特征。改制后公司所做的事情不再为形式而形式，形式必须承载内容，为内容服务。我在工作中要求部下：你可以不做，要做就做真、做实。从改制之日起，汉丹内外一致，不再有内外报告（表）的差别；上下一致，不再有对上汇报和对下要求的差别；前后一致，不再有规（计）划和操作层面的不同，善始善终。无论是在工厂经济好转前，还是在好转后，汉丹在工作扎实、交往坦诚、产品质量高等方面一直得到各方的认可和好评。

"学习"是改制后汉丹机电的又一特征。改制后我们坚持了 10 多年的公司领导层的"星期六学习"活动，在公司营造出良好的学习氛围，为公司建立全员学习体系和推动全员学习打下良好基础。学习弥补了公司团队在认知、能力上的不足；保证了团队在思想层面的沟通和一致；促进了团队建设和团队能力的提高。在每一次和新员工的座谈会上，我都会对他们说："在公司期间，让你们发财，我没有那个本事，我能为你们做的就是，让你们在公司的日子是你们人生不虚度的时光。"这里，"求真务实"作风的倡导和学习的坚持，就是我实现对年轻人承诺的抓手，我坚信这两样东西比年轻人当时得到的薪酬和奖金更重要。

第三个特征就是"坚守原则"。作为企业的经营者，我认为在市场经济条件下，首要的就是做任何事情都得遵循"原则"底线。遵纪守法是每个公民基本的底线原则，作为公司员工，还要遵循整个公司的规章制度体系，这也是底线原则。在企业经营中，工作中理和情的交织的问题总是会难免遇到的，我的观点是：遇事在合法、合规的前提下，再考虑情的问题。不能让"情"凌驾于法、规之上。这一信念的长期实践，让很多日常管理难题迎刃而解，不仅变得简单合理，而且结果其实更加合情。

第四个特征是"理论联系实际"。在企业的经营管理中，我经常强调：管理最忌讳"随心所欲"；要求员工的工作行为"依据理论、遵循规范"；"谈工作，不要找理由，要拿依据"。我这样要求，也身体力行，所以公司各级管理人员跟我谈工作中的问题，一般都会拿着相关标准、制度或书本来谈，因为他们知道，不拿依据我不跟他们谈。这样的"守诚如玉"既促进了员工的成长，也促进了管理制度的不断完善和成熟，从而保证企业健康发展。

第四个阶段 2015 年以后公司被高德收购上市

2015 年公司被武汉高德公司全资收购，完成了公司上市之路。虽然形式上看起来我们是被上市公司收购，而实际上其对企业财务健康状况、内部管理运营、未来发展的展望要求很高，对企业的审查标准和程序与企业自己上市无异。在整个重组过程中，我公司的状况得到了律师和会计师事务所的高度肯定。

实际上，早在企业改制后，我们就开始谋划公司上市工作。从 2006 年我们接触第一家上市公司谈资本合作事宜，到被高德收购之前的 10 年时间内，我们接触考察了 10 多家上市公司。其间，我们还聘请清华大学教授、知名的财务专家做公司独立董事，为公司上市和治理作指导、把关。尽管因为种种原因公司没能直接上市，但是在这个过程中，我们的公司治理按照现代企业制度的构架和要求，日趋成熟和完善；公司运营和管理水平不断提高，建立起高素质的员工队伍和良好的企业文化。

在高德收购汉丹后的业绩对赌期内，汉丹的经营业绩逐年增长，提前 2 年完成（5 年的业绩任务 3 年完成）对赌业绩。

2021 年，汉丹机电在新的团队带领下，业绩比收购时翻了一番，创历史新高。

至此，我归属于汉丹厂 40 年，带领员工们共同努力 20 多年，恰逢一次完整的企业重生和发展，把汉丹机电送上了一条可持续发展的道路，同时也完成了我的职业生涯。

这中间，经历过举足轻重的重大决策，也有着日常经营的平凡琐事，无论哪个层面，都是我的幸运。

（葛懿曾任汉丹厂厂长）

我家的"卫东缘"

祝翠华

我的 15 岁生日

1973 年 1 月 25 日那天是我 15 岁生日，我终生难忘，因为那天是我们家及襄樊拖拉机厂 17 户人家到卫东厂支援"三线建设"搬家的日子。

那天，天虽然是晴天，但干冷干冷的，天刚蒙蒙亮，从卫东厂和襄樊拖拉机厂组建的搬家队伍的车队及帮忙搬家人员，分别把车开到各家各户门前，不到两三个小时全部的车辆装车完毕，每家的车上插上一面小红旗，浩浩荡荡从襄樊拖拉机厂出发了。经过一桥、十字街、檀溪路，不一会就来到了卫东机械厂，上午 11 点左右，17 辆解放牌的大卡车稳稳当当地停在我们各自的新家门前，17 辆大卡车载着 17 位铸造工人，载着 17 个家庭，他们是：段水管、邓三连、冯庭贵、龚志华、黄秋生、黄承康、李云绪、刘礼才、孙文忠、陶际伟、王海亮、王圣书、肖金安、张友冬、朱光华、周官宝、祝存枝。我家刚来时住在卫东 7 栋 3 楼 6 号，住了有 2 年的时间，由于房顶太热，后搬到 7 栋 1 楼 2 号，一直住到卫东厂盖了新楼——10—14 栋，我们才搬家，住进了新房。

父亲"祝铁人"

也就是从 1973 年 1 月 25 日那天起，我的父辈们就开始了加入"三线建设"的行列之中，就从那时起卫东机械厂有了铸造车间，同我父亲一同来的工人们中涵盖了铸造工序中的每个工序，我的父亲祝存枝个子不高，性格耿直，心情开朗，斗大的字也识不了一箩筐，但干起工作来就是"拼命三郎"。那时在我的记忆中，我的父亲经常白天干了晚上干，在那个年代他经常对我们子女讲："是毛主席解放了我们，是党让我们过上了好日子，我们一定要报答党的恩情。"他是这样说的，也是这样做的。铸造工是个非常脏又非常辛苦的工作，只要一进铸造车间就看不见鼻子和眼睛，一般干这个工种的人是很容易得矽肺病，终身难以治愈。我父亲于 1952 年开始改行，从一名制鞋工到铸造工，在这个岗位上一干就是 38 年，于 1990 年退休。退休后的父亲也从来都闲不住，借了一把大剪子，经常帮花房和工厂里的绿篱剪枝，直到父亲后期生病了，才把那把大剪刀还到花房。在春节和"十一""五一"这样的节假日里，工厂经常会组织职工搞一些娱乐活动，如猜谜语、投球、钓鱼等活动，父亲都是积极主动去帮忙搞服务，只要父亲能帮上忙的事情，他从来都不会袖手旁观，作为他的子女我们看在眼里，我们有时也会劝他："您别出去管闲事了。"他说："都不去帮忙，该放假的放假，那厂里娱乐的活动怎么能开展起来？"帮工厂搞娱乐服务是无偿的，没有任何报酬的，我的父亲也是快快乐乐地去帮忙。我心里总在想他怎么思想那么好哇。

有一件事我记忆犹新，父亲那时已经是铸造车间的副主任，他严格要求自己，也严格要求工人，在一次查劳动纪律时，有一位工人迟到了，我父亲问他："你怎么会经常迟到？"那位工人说："我家没有钟。"我父亲二话没说，把自己的手表摘下来给了那位工人，从那天起那位工人就再也没有迟到过。为这件事情，我的父母还生了气，我母亲说："我们家也不宽裕，你怎么那么傻，置一个家当你知道有多难呀。"我父亲讲："我们比他们强多了，一家六口人，有三个人在拿工资，人家五口人一个人拿工资。"经过父亲的耐心说服，我母亲也想通了，我的母亲在我们一块来的 17 个家庭中是唯一的一位女党员，思想觉悟非常高，一直以来积极支持我父亲的工作，做好我父亲的坚强后盾。特别值得一提的是，1978 年 7 月 30 日我的父亲被评为全国工业学大庆的标兵（据《卫东人》编辑部的杨主编讲，相当于全国劳动模范），卫东人都称他"祝铁人"。他和时任国家主席的华国锋、副主席叶剑英、邓小平、李先念、汪东兴及其他党和国家领导人及与会的代表在北京人民大会堂合影留念，成为当年卫东机械厂最光荣的一件事，照片长 1.42 米，至今还挂在我们家中。

母亲"李大个"

我的母亲身高 1.69 米，比我父亲高很多，直到晚年我母亲的背也不驼，看上去非常高。我父母两人是过去的摇篮亲，在结婚之前是没有见过面的。从 1951 年他们结婚，到我们家的大哥 1953 年 11 月、姐姐 1955 年 12 月、我老三 1958 年 1 月、弟弟老四 1961 年 1 月相继出生，父母为了我们姊妹四个，又要工作又要顾及家庭。在那个年代我的父母都是积极要求进步的，父亲是在 1952 年入团，1959 年入党，我的母亲也是在 1964 年入党。为了积极工作，在我们很小的时候，就经常被反锁在家里，当时的防盗窗是木头做成的格子，我们姊妹几个把头伸到窗子的格子里面，看见别人家小孩在躲猫猫，你追我来我追你，羡慕极了。为了每天能正常吃上饭，我的哥哥 6 岁就开始学做饭，他当时太小，不知道应该放多少水，每天淘好米后，把米放进杯子里，一杯一杯地摆好蒸饭，从小学做饭，造就了我的哥哥一直以来就喜欢自己去菜场买菜，然后回家做非常可口的饭菜，供一家人享用。如今我哥哥已经 60 岁了，从襄阳烟厂退休在家，每天就是带外孙女和研究怎样做菜，日子过得其乐融融。

1965 年年头，由于当时要支援"三线建设"，我的父亲从武汉动力机械厂积极报名支援"三线建设"来到襄樊，我的母亲一人带着我们姊妹四个在武汉工作，由于当时交通不是那么的方便，从武汉到襄樊坐火车就要七八个小时，很多时候火车还晚点。到了第二年，也就是 1966 年寒假期间，我的母亲也带着我们一起来到了襄樊，在襄阳专区通用厂（后改名襄樊拖拉机厂），我的父母同一块来的同事们在这里，一干就是 8 年，直到 1973 年 1 月 25 日寒假期间离开他们工作和战斗过的拖拉机厂。

现在我们姊妹四个的日子好过了，我们应该能好好报答我们的父母，但我们的父亲、母亲却不在了，我们非常怀念他们。我们一直以来受父母的言传身教和严格的家庭教育，四个子女在各自工作岗位上都干得非常出色，多次被所在的单位评为先进工作者、"三八"红旗手及五好家庭、优秀共产党员和劳动模范等。

弟弟"祝劳模"

献了青春献子孙，这是很多三线家庭的现实，我的家庭也不例外。我的弟弟也曾经是卫东公司的一员。1979年12月母亲退休，我弟弟祝友华顶职进了卫东机械厂，做了一名车工，在工作中他边干边学习文化课，于1980年7月考上了襄樊电大，在校学习三年，最后以优异成绩毕业。毕业分配到卫东机械厂四车间做副主任，在副主任的位置上干了2年，由于工作需要被调到卫东机械厂技术科，一干又是4年。由于在校三年的学习与实际的结合，到1989年他再次调到卫东机械厂四车间时，就已经是四车间的主任了，由于有理论和实际工作经验，我的弟弟在他的工作岗位上干得游刃有余，充分发挥了他的聪明才智。他还利用业余时间报考了武汉大学行政管理研究生的学习，并且拿到武汉大学行政管理的研究生学位。

我的弟弟1米80的个子，身材魁梧，不抽烟、不喝酒，原来是卫东厂篮球队员，喜欢参加工厂的篮球活动，到现在还一直坚持参加冬泳运动，是襄阳市冬泳队员，经常参加全国各地冬泳比赛。热爱工厂，在卫东厂工作了25年，最后一直干到卫东公司副总兼机加部部长的位置，为卫东公司的机械加工作出了不小的贡献。在2004年8月4日的那场洪灾中，他积极带领机加部的工人们参加抗洪，为保护公司的财产，那天他是一直战斗在齐腰深的水里，一直在库区一线指挥抗洪，我当时（2003年5月4日我也到卫东公司来打工了）也去公司成品库帮忙抗洪了，目睹了这一切。他在公司也多次被评为先进生产工作者，还被评为卫东公司的劳动模范，于2005年1月离开卫东公司。

姐姐"假小子"

我的姐姐祝爱华，从小喜欢运动，是个孩子头，性格像个假小子，身高 1.73 米，在上学（襄樊一中）期间，就被襄樊体校招去打篮球。她非常能吃苦，每天早上 6 点起床上体能训练课，一开始是爬烈士塔台阶，到后来就是双腿往上蹦台阶。就是因为从小的训练，造就了她有非常好的体能。到 1974 年快要高中毕业时，她回到了卫东，在十中上了半年高中后，1974 年 7 月毕业，在家待岗差不多快 1 年的时间。在这期间，我姐姐到卫东"五七连"打工钉木箱，就开始为卫东厂打篮球联赛，1975 年 4 月我姐姐下放到南漳九集公社丁集大队务农，只要卫东厂有篮球联赛，我姐姐就回来帮忙打球。1976 年下半年，姐姐被招工进了汉光电工厂（国营 4404 厂）。姐夫张思懿是复退军人，1970 年被安置在卫东，也是一名老卫东人。

我和我的丈夫

1973 年 1 月 25 日的寒假，已是我初中毕业时。由于当时国家要把每年的招生改在暑假，随父母工作调动后，我从襄樊一中转学到卫东机械厂子弟学校，于 1975 年 7 月 20 日毕业于襄樊十中，后随卫东子弟于 1975 年 8 月 4 日下乡到南漳九集公社丁集大队务农，1979 年 4 月 3 日招工到襄阳轴承厂（后更名为襄阳汽车轴承股份有限公司）。2003 年 1 月 20 日母亲生病，病得非常严重，一下子变成了植物人，为了好好照顾母亲，我请了 3 个月事假在医院照顾。到 2003 年 4 月公司可以办理退养，我才回公司赶快办理退养手续，直到 1 年后母亲去世。为了照顾母亲，为了生活（当时我儿子在上大学），当年的 5 月 4 日回到卫东公司机加部在冲压车间打杂工，于 2005 年 3 月 15 日调到卫东公司化工部工作（现更名为湖北卫东化工股份有限公司），2012 年 8 月由于工作需要，我被调到襄阳新天地建设有限公司，在卫东公司一干就是 10 年有余。

　　我的丈夫魏建国，1米72的个子，是典型的南方人，人非常细心，持家做饭样样都行，经常在下午下班时，骑着一辆摩托车来公司接我下班。在我母亲生病期间，他帮忙换尿布，擦洗身体。我母亲生病（植物人）在家，为了母亲不得褥疮，我们没有睡过一个好觉，每2小时要翻一次身，每天早、晚各为母亲擦洗一遍身体，每天洗尿布不计其数，在我们的细心照顾下，8个月以后我母亲竟奇迹般地会认人了，会简单的说话。毕竟我母亲已经73岁了，当时我们为母亲付出了很多，但也没有挽回母亲的生命，母亲于2004年1月10日晚7点与世长辞了。在母亲最需要我的时候，我全力以赴回来照顾母亲，一直陪在母亲身边。母亲走的当晚，洗澡、穿衣、化妆全是我给母亲做的。尽孝不能等，等了你会后悔一辈子，我是这样说的，也是这样做的，做了才会一辈子心里坦荡。

　　在卫东公司打工，我学习到了不少卫东人的那种敬业精神。目睹了卫东公司巨大的变化，特别是我曾经工作过的湖北卫东化工有限公司成品库，目睹过去旧的仓库一个一个被推倒，11个新的符合国家民爆行业标准的仓库拔地而起。拆旧仓库、盖新仓库期间真的是非常难，一会儿抗洪、一会儿山体滑坡。在那几年最困难的时期，我不知道在库区熬过多少个日夜，对于保护好公司的财产和安全，付出了很多。一到夏天大雨一来，我就有点神经质，睡不好觉，怕仓库进水，经常会晚上起来，查看仓库，没事再回家踏实睡觉。在库区建设最难的时候，我从来没有想过退缩，我心想：我既然想出来打工，就要干得让大家认可，干得让公司领导满意。为此，顾总还专门指派《卫东人》编辑部采访了我，柳波老先生写了一篇《品质，在执行中闪光——记仓储主管祝翠华》的长篇报道，发表在《卫东人》上，让我深受鼓舞和欣慰。

　　在卫东，我已经干了11个年头了，看到公司库区工程、901工程，看到公司靶场试验站工程，看到公司305、307工程……看到公司一草一木的变化，卫东公司已经成为天然氧吧，我的朋友到卫东公司来玩，看到我们公司，有山有水，翘起了大拇指："你们公司真美！"

　　（祝翠华曾任卫东厂副总经济师，新天地建设公司副总经理，卫东九皇山茶叶厂厂长）

先进红旗运输队
——关于卫东车队的点滴记忆

方恒清

　　为保卫祖国,我于 1957 年 12 月入伍到中国人民公安部队(后整编为武装警察部队)。第一天站岗就是北京天安门,后来守卫过人民英雄纪念碑,参加过保卫人民大会堂(主会场),开过车,管理过车队。1969 年转业来到卫东机械厂参加"三线建设"。交给我的第一个任务就是到北京总后勤部要水泥斗和火车皮。当时天气非常寒冷,我又去山西大同水泥厂调运水泥,经过十几天艰苦努力终于完成了任务。后来我到车队,当时车队只有几辆车,后来发展到大小车辆近 50 辆。我担任运输科长管理车队至 1990 年,将近 20 年,卫东汽车运输队一直是市、地和湖北省先进红旗单位。

　　1972 年,为了改变工厂面貌,厂领导决定,消灭泥巴路,全厂总动员义务修马路。当时工厂生产任务重,生产物资材料多,运输任务量大,运输车辆少,又加上修路用的水泥、沙石材料,根本就运不回来,很难完成运输任务。车队决定动员全体员工加班加点,保证完成各项运输任务。白天抢运水泥材料,晚上加班加点运输灰沙石。领导带头加班加点,当时我病了,也不能休息,还要指挥调配运输,最后圆满、安全地完成了运输任务。

　　过去,我们工厂生产用的木材,是由国家从东北调拨,用火车皮发运到襄樊二站,再用汽车运回工厂。1975 年,因为铁路运输问题,生产用的木材运不回来,工厂生产又急用木材,只有从神农架调运木材。往返神农架,一是山高路险,路况也不好,二是冰天雪地,三是驾驶员又没有行驶山路的经验,四是运输车辆少、任务重,工厂急等米下锅,运输任务非常艰巨。

怎么办，我们做了战前动员，发动大家出主意、想办法。大家说，我们是工厂的一员，也是工厂的主人，为工厂的生产，也是为了我们自己，再大的困难，我们也要克服，想办法战胜它。有一次因下雪结冰路滑，车辆难于行驶，王曰举同志把大衣脱下，垫到车轮下面，保证了车辆安全行驶。大家发扬了吃大苦耐大劳的革命精

卫东当年的建设者

神，克服了一切艰难险阻，保证安全，圆满地完成了抢运木材任务。

原先从平顶山调运的煤，是用火车皮直发运回来的，车队只是从火车站运回工厂。1976年，又是因为铁路运输问题，只能用车辆从平顶山运煤，困难是很大的。工厂3个锅炉房急着用煤，运输一车煤来回需要2—3天，我们提出，奋战苦战1976年，大战平顶山，抢运煤来保证生产，圆满地、安全地完成了一年抢运煤的运输任务，保证了工厂生产任务按期完成。

1978年，因为工厂生产的手榴弹壳满足不了生产需要，而需要从外地运输手榴弹壳，要从安徽兄弟厂运回来，路程远、任务急，厂领导敲锣打鼓欢送，回来又是敲锣打鼓迎接，我们想生产之所想，急生产之所急，安全及时地完成了运输任务。

1980年，由于产品工艺的改进，原先铸件不用了，新工艺改为用钢板冲压件，当时工厂没有大型设备，在本地也买不到，需要从广州购买冲压设备，路程远、任务急。运输这样的设备很危险，因为冲压设备又大又高，装在车上，重心不稳。在出发不久就下了大雨，前路涨了水过不去，掉头回来的路上也涨了水，路上有人在行船，勉强抢驶过去，到了前边又是涨水，有的车过去了，有的车被水淹了，大家脱了衣服下水抢救，用钢丝绳把车拖过

去。路上行驶特别小心，驾驶员们全神贯注，总算安全完成了任务。

这些年来，我们车队能安全地圆满地完成工厂各项运输任务，我们做了几个坚持。

一是统一认识，坚持以人为本，抓安全教育。

二是坚持关心职工，爱护职工。驾驶员出门在外，职工家属有什么困难和事情，我们及时帮助他们解决，真正做到驾驶员出车在外安心，家属对他们在外也放心。

三是坚持安全、生产并重，始终把安全教育放在首位，做到有思想情绪不出车上路，车辆没有检查好有安全隐患不出车上路，只有坚持树立安全第一的思想，才能顺利完成运输任务。我认为没有安全就没有效益，过去有个别领导说，安全不出效益，实际上，出了安全事故，造成国家财产损失和人民生命伤害，这才没有效益，成了人民的罪人。

几十年来，我们车队能成为省、地、市的安全生产和文明先进单位，我们就是坚持了教育人、关心人，狠抓安全生产教育，才圆满、安全、顺利地完成了工厂的各项运输任务。

（方恒清曾任卫东厂供运科副科长、运输科科长兼党支部书记等职）

情系铸造车间

陈思梅

　　1968 年，唱着"大海航行靠舵手，干革命靠的是毛泽东思想"的雄壮歌曲，满怀激情的我走进了建设三线的队伍——青峰山下的国营南河农具厂。那时的南河农具厂铸造车间还没有建成，木柄手榴弹的弹壳是从襄阳拖拉机厂（襄阳专区通用机械厂）生产运到我厂的。

　　1972 年我来到了铸造车间，也就是工厂排名的一车间。当时车间里设有木模班、配砂班、造型班、大炉班、加工班、油漆班和维修班共七个班，100 多人。刘恩然任主任，王润修任书记，我负责配砂、造型、油漆班的技术工作。那时整个车间生产还处在半人工半机械的状况。特别是配砂班，工人们要把细砂一锹一锹地过筛，清除里面的铁渣和杂质，然后又一锹一锹地往铁砂斗里装，装满后用行车吊到混砂机里进行混碾，加入煤粉膨润土后制成型砂，才能造型。因为细砂里有煤粉膨润土，所以工作起来整个车间粉尘飞扬，一天要生产几十吨的型砂，工作强度非常大，劳动环境也非常差，一个工作日下来，工人的脸和鼻孔都是黑的，只看见两个眼睛在动，吐出来的痰也是黑的，严重地影响工人的身体健康。还有大炉班，工人们要把 1400℃左右的铁水，从冲天炉里放出来，流进大浇注包里，然后再倒进小浇注包里，一个小浇注包装满铁水后足有几十斤重，全靠两只手端着一包一包地往型砂里浇注。工人的脸和手都被滚烫的铁水烤得通红通红的，衣服也被汗水湿透了，有时皮鞋和衣服也会被溅出来的铁水烧成一个一个的小洞。但是为了"备战备荒为人民"的战略方针，全车间的职工再苦再累再脏也毫无怨言，每年都圆满地完成生产任务。

　　为了改变车间的生产状况，1979年在程阿根老厂长的带领下，我们一行人出外参观学习。回厂后，根据车间里现有的条件，历时10个月，我们工程技术人员和七、八车间的工人设计制造安装了循环浇注—细砂再生—型砂配制—型砂输送—自动落砂—磷板输送等自动生产线。接着又安装了电泳涂漆自动生产线。这样就大大减轻了工人的劳动强度，节省了劳动力，同时也改善了生产环境，工人们都拍手叫好，个个兴高采烈，真是越干越有劲。

　　那是1978年，工厂下达了110万弹壳的生产任务。这是往年任务的两倍，这是多么艰巨的任务啊。车间领导立即召开了动员大会，会上全体职工摩拳擦掌，信心百倍地要克服各种困难，排除一切艰险，坚决完成生产任务。因为用电量大，厂生产科安排一车间只能晚上12点以后才能生产，夏天蚊虫叮咬，脸上、手上、腿上全是包和疤；冬天寒气逼人，冰雪路滑，全身冻得直抖，那个艰苦真是没法形容。但是全车间职工发扬一不怕苦、二不怕死的革命精神，咬着牙、鼓足劲，硬是啃下了110万的"硬骨头"，胜利完成了生产任务，刷新了历史纪录，同时也涌现出了"祝铁人"（车间副主任祝存枝，新天地公司祝翠华副总的父亲）这样一批夜以继日地战斗在工作岗位上的先进人物。

　　1979年7月，我厂的77—1手榴弹正式投产。用冲压设备冲成的钢制弹壳取代了铸造弹壳。从此，一车间除了油漆班有生产任务以外，其他班组都没有饭吃。随着市场经济的发展，一车间只能自己找活路，自己养活自己。车间领导不辞辛苦，四处联系，终于找到一些活干。在以后的几年里，先后给襄樊电机厂生产电机端盖、襄樊缝纫机厂生产缝纫机机头和底板、襄樊酒精厂生产锅炉炉条、襄樊水泥厂生产铝制瓦板、襄樊外贸公司生产铝合金栅栏件、襄樊轴承厂生产机床配件，等等。一车间的路是越走越艰难，日子越来越难过。一车间终于被商品大潮淹没了。

　　一车间没有了，我的心不知被什么东西撕扯了一下，是那么地痛。望着我曾经工作了十几年的地方，心里有说不出的滋味，在那里我有过苦，有过累，有过痛，也有过无奈，但在那里我也有过自豪，有过自信，有过喜悦，有过激情。对一车间的情是那样的难以忘怀，难以割舍。令我欣慰的是，一车间曾为国防建设作出了卓越的贡献，在卫东的辉煌史册上，它写下了光辉的一页，在卫东宏伟的蓝图上，它涂上了亮丽的色彩，一车间的人忘不了它，一车间永远在我心中。

（陈思梅曾任卫东厂教育科副科长、教育中心主任等职）

卫东修路二三事

周泽安

卫东厂最初生产和生活区行走的路，天晴尘土飞扬，下雨泥泞难行，也就是大家风趣的形容为扬尘水泥路。为了消灭泥巴路，有利安全生产和方便职工的生活起居，厂领导研究决定，不请专业施工队伍、自力更生、自筹资金，动员全体职工，自己动手，进行修路大会战。在王胜辉同志统一指挥、军代表周兴传同志直接领导下，副厂长王西聚同志亲自参与，于7月酷热的夏天破土动工。各车间、各科室的员工在修路工程施工组统一指挥下，兴高采烈地接受各自的任务。大家你追我赶，相互挑战，抢时间、争速度，加快修路速度，同时施工期间始终严格要求，保证质量第一、安全施工。在短暂而漫长的200多天里，同志们披星戴月战酷暑、抗严寒，发扬连续作战的精神，保质保量，将生产、生活区的水泥路，于第二年春节后胜利而圆满完成。

修路工程热火朝天地开工后，每天都是人工把沙、石子、水泥浇水用铁锹搅拌成混凝土。劳动强度大，员工很累感到吃不消，工程进度也慢。在这个节骨眼上，大家想，要有台搅拌机该多好呀！既能减轻员工的劳动强度，又能加快工程进度。可是如购台搅拌机，就要增加工程造价，并且当时又是计划经济时代，就算是自筹到经费，也要有"计划"才能购进，也就是说要有上级有关机构的"计划单"到相关的供应单位才能买到！如果这样按部就班的等"计划"，那也远水不能救近火呀！怎么办？大家都在急工程所急，想工程所想（我也绞尽脑汁想办法，看来只有出去找救援了）。因当时卫东厂到襄樊市内没有通公共汽车，厂里只有一部"武汉"和一部"北京"小吉普车，我们只有骑着自行车到市内找各建筑单位和有关单位求援。跑了几家均到处碰壁。有一天，当我骑着车灰心丧气地往家返，经过琵琶山时，看到养路工人在公路上平整、养护公路，心中突然想起公路部门，他们定会有多部搅拌机。第二天，我骑着车直奔位于樊城的襄阳地区养路总局求援，当到达该局找办公室负责人时，奇遇原来在省交通厅工作的陶同志，我当即开门

20 世纪 70 年代初，职工参加星期六下午的义务劳动

见山的说明来意，请求解危和帮忙，陶当时很客气和爽快的答应愿找领导沟通解决，不一会即办妥，领导同意支援我们一台新搅拌机，听到这个好消息时，我喜出望外，并表示诚恳的感谢后，急忙地赶回厂报告此喜讯。下午就带车前往养路总局，把搅拌机运回工地现场安装调试，运转正常。当搅拌机进入工地时，现场一片欢呼。接下来几天，真是如虎添翼，大大加快了工程进度，极大地减轻了员工的劳动强度，极快地提高了工程质量，同志们热情高涨，干劲倍增。搅拌机进入工地后，如同"老黄牛"，始终"勤勤恳恳，任劳任怨"，从未"闹情绪"，也不"调皮"，一直服务到工程顺利完成，最后将其擦洗干净，欢送它回"娘家"，我用大红纸写了一封真诚的感谢信，送到养路总局。搅拌机在工地运转了半年多时间，养路总局分文不收。

公路工程如前所述，将沙、石子、水泥浇水搅拌成混凝土铺筑震动成型的一段一段连接而成公路，其中的沙子、石子，在市郊区可以购进，但水泥则是国家控制的计划物资，需有关部门下达计划才能供应。当时省、市国防工办审批，调拨给厂里基建、房产用的计划内供应的水泥数量有限，而即使挪作修路用，那也是杯水车薪，在这万事俱备，只欠水泥的情况下，只有兵分多路，各方求援，向市内的市水泥厂、人防水泥厂、水利水泥厂，市周边的荆门水泥厂、南漳驻军水泥厂反复求援，经多方努力并取得以上各厂的大

力支持，从四面八方陆续把水泥运回工地，就这样还不能让搅拌机满负荷的"吃饱"，厂工会副主席余汉生同志还到省内有名的大水泥厂——华新水泥厂求援，该厂工会国主席是余原来在省总工会工作的同事，通过其关系答应解决的水泥和省国防工办下达的计划水泥共计 70 多吨，在武昌徐家棚火车站无法运回来，当时我到该火车站联系火车皮事宜时，告知火车运力很紧张，短期内不能解决，只有军用物资和经省运输指挥部批准的物资，方可解决运输车皮，经他们这么一说，我暗自高兴，有招了！省运输指挥部和省交通厅是两块牌子，一个机构，分头打理业务罢了，我赶到原工作单位省交通厅办公室，说明来意后，他们把介绍信拿出来，叫我自己填写，我也毫不客气地填写一张介绍信，闲聊了一会后，表示诚意即告别，返回厂汉办，高枕无忧的休息，次日再到徐家棚车站，递上省运输指挥部的介绍信，他们以出乎意料的口气问道："你怎么搞到运输指挥部的介绍信的？"当时，我俏皮地不轻不重地说（说重了怕得罪了他们，反而弄僵了，把事办砸）："我们确实急需，上级重视，国家又要求'三线建设'要抓紧！"到此，他们再也不说什么了，立即给办理车皮调配手续。几天后 70 多吨水泥到达襄城货车站，厂车队组织车辆将水泥运回工地以备急用。

修路用的大小石子，都是从襄城南门近郊的襄北石料厂购进的，该厂是我们的关系户，基建房产用的石灰、大小石子均由该厂供应，这次修路要增加大量的石子用量，经与该厂说明情况并请大力支持时，该厂领导表态，一定组织力量，大量供应，随到随满足。但这里要说明的是，该厂是劳改性质的新生厂，只是白天生产销售，晚上不对外、不营业。问题就在"晚上不对外、不营业"上，当修路工地进入如火如荼的阶段，并连续作战的情况下，晚上直到23 时还要运卸石子，为此再次与该厂联系并说明职工夜以继日的抢工程进度，能否在 23 时前供应石料，有无困难时，他们经厂领导研究决定：给予大力支持，他们调整班次，加强警力，不影响我们的工程进度，同时安排电工沿路增设路灯，采石场特地安装探照灯，以满足来往车辆运输照明用。他们这种急我们厂所急，想我们厂所想的工作态度，为修路工作的完成奠定了坚实的基础。

（周泽安生前系卫东厂技安科干部、离休老干部）

卫东的老路

雷　雷

　　来来回回不知道多少趟，风风雨雨不知道多少次，四十年岁月如梭，数不尽刻下的伤褶。卫东——麒麟，这一条老路像一位革命工作几十年的老同志，是到了退休的时刻。

　　听老一辈的说1964年建厂时进厂的路，只有一条窄窄的山路，路边野草茂盛，林荫遮天，夜晚的路上会时常遇见野狼。在支援"三线建设"、大办民兵师的年代，军民齐心，锹挖手搬，肩挑背扛，修起了进厂的公路。那种改天换地，劈山修路的豪迈壮举铸就了卫东公司初升的辉煌。

　　我刚记事时，路边还有不少人家，我经常在路边的小沟摸鱼抓虾，撒泼似的乱跑，那时，进城的车很少，实在有事只能徒步走上一个钟头，一路上吹着柳哨，边走边玩，比上学自由快活多了。一到节假日便是人潮涌动，若是机会好碰上一辆顺风的解放卡车，就三五成群，连拉带扯，拽上车仓，一车人挤挤攘攘，颠颠簸簸，顶着风，感觉十分的刺激。

　　到了20世纪80年代，厂里有了进城的公交车，上午两趟，下午两趟。平常倒还宽松悠闲，坐在座位上望着窗外，欣赏一路的田园风光。休息日，上车从前挤到后，上车后前胸贴后背，脚尖碰着脚尖，呼吸尚且困难就别说享受了。从街上回厂更是大包小包，琳琅满目。一路上讨论的就是谁的东西便宜。

　　每到丰收的季节，老路又成了良好的晒场，路上铺满了稻草，走在上面软绵绵像层地毯。车子一路碾过连同稻谷一起碾落。晒干后就地打包装袋，丰收的喜悦映在幸福的小脸上，也写在路上。

　　老路真正繁忙起来是在20世纪90年代。国民经济迅速增长，路旁房屋叠起，工厂人员增加，车辆增多，大型货车往返不断。老路开始显得有些狭窄，破旧。

在我眼里那时的老路也是最浪漫的时节。每当夕阳西下，晕红映天。路边池塘，柳树下，有的一家三口，有的携老牵幼一大家子，三五成群悠闲地走在路上，坐在草上，吹风解凉，诉说家常。

当明月升起，星辉漫天，一队队身影手牵着手，肩靠着肩，在路上呢喃私语，借着夜色帷幕放心大胆的释放。爱情收获在月上柳梢头，人约黄昏后的"压马路"上。

时至当下，世界日新月异，网络流行，"压马路"似乎成了荧屏上的奢望。企业改制以后，公司飞速发展，各种基建此起彼伏，不断完善。老路虽然是一身的荣光，可也是一身的沧桑、断裂、凹凸不平、积水、拥挤，似乎再也不能承受时代发展的重任。它无怨无悔，日渐衰老。我们话语间的抱怨充满着内心的惋惜，还是希望老路早日翻新改造。

如今老路已经改造得平直宽阔。从第一天开工挖掘，一直牵动着卫东每一个人的心。老路的身影渐渐消失，新路逐渐地展现在我们面前。其实，老路并没有离开我们，而是涅槃重生才对。我们依旧走在卫东—麒麟的路上，只是更宽更直。

前人为我们铺就的路我们不会忘记，前人没有走过的路，我们需要勇气开拓创新。心有多大，路就有多宽。正如卫东发展之路，从开始的单一军品生产发展到军、民、汽、机加多种生产，从原有的计划经济到市场经济，从国有体制到民营体制，从亏损企业到纳税大户，卫东走过的路并不平直坦荡，一路上风风雨雨。几代人坚持不懈，共同努力，使卫东的发展之路越走越宽广。

日出日落，时光如梭，2010年曙光燃烧在东山之巅。走在宽阔平坦的大路上是一种什么样的感觉？我们的思想理念是否随着老路的翻新扩建而活跃，跟上时代的发展潮流。

老路不长，可前面发展的路没有尽头，脚步永远是不能停息的。

（雷雷系卫东厂职工子弟、现任职湖北卫东爆破工程有限公司）

卫东人自己创办的大学

韩光华

"七二一"大学的诞生

1975 年 6 月初，在原厂工会干事杨克芝的指导下，开始筹办"七二一"大学。我当时在 72 式反坦克地雷办公室工作。至于酝酿"七二一"大学的具体事宜，我则一概不知。大学由工会、政治处领导，政治处主任向阳兼任校长；杨克芝任教务主任。选调政治处干事陈纯成为专职政治教师，徐光洪（北京航空航天大学毕业）为专职数学教师，我为专职技术专业教师。确定招收学员共 40 名，名额的分配侧重于七车间（机修车间）、八车间（工具车间），兼顾火工品车间和相关科室人员。为弥补专业教师的不足，另聘请尹恭贤、李梓春、陈荣喜、梅刚俊、范永孜、赵匡明、姚继军、徐国元为兼职教师。尹恭贤建厂初期任技术科科长，后任第二任总工程师，他的专业知识深厚、全面，讲课透彻、清晰、易懂，还有一手较好的板书，深受学员敬重。李梓春曾是全国群英会代表，在机械加工方面具有丰富的实践经验和独到的理论知识，讲课深入浅出，学员听得懂、记得住，同样受到学员敬重。确定四车间暂不用的工房作教室，工作台当课桌。采购教材、绘图仪器，一车间木模班制作简易绘图板、丁字尺，兼职教师讲授课程的安排基本到位，开课的条件基本具备。7 月 21 日晚 8 时，各级领导、专（兼）职教师、学员齐聚灯光球场，举行简单的挂牌暨开学典礼仪式。卫东"七二一"大学在特定的历史条件下光荣诞生。

独一无二的大学

经领导同意，学校采取半脱产的教学模式，即一个星期教学，一个星期生产。开课了，学员们高兴地走进教室，虽然教室简陋得有些寒碜，但对于历经多年政治风云，却又渴求科技知识的产业工人来说，这里是吮吸知识营养的大课堂。好事多磨，第二个教学周期刚开始，原来预料中生产与教学的矛盾很快就凸显出来了，七、八车间生产告急。由于七、八车间选送学员比例大，多达 27 人，这些学员又是单位生产技术骨干，他们半脱产学习，必然会影响生产。主管生产的老领导程阿根打来电话，要求停课，全学员都回车间生产。我一个普通教师无可奈何，只得请求领导宽限几天，好在老领导大度，同意我的请求，学员们虚惊一场。后来这种情况经常发生。为了生产、教学两不误，于是变更教学模式，改为三天教学、三天生产。但有时生产任务确实紧张，为不影响教学，学员非常通情达理，白天上课学习，晚上主动到车间加班，努力完成生产任务。领导知道这种情况，也非常感动。生产与教学的矛盾不断产生，又不断解决，领导和学员都比较满意，生产、教学两不误。在当时"文化大革命"政治大环境下，各级领导都谨慎、微妙地处理生产与教学的关系，还没有一个领导要求停办大学，这不能不说是领导的大度和开明。

学校按照实用的原则安排课程。要求学员学完课程后，能针对生产中的实际问题，实施技术上的改革，并将改革方案用草图的形式表达出来；能正确理解、自觉执行机加工艺路线，以提高劳动生产率、产品质量。

工厂开办"七二一"大学，在湖北省"小三线"军工厂里，恐怕是独一无二的。

艰难的办学历程

由于学员年龄、文化程度参差不齐，给教学带来很大困难。好在他们和我一样，都有一定的实践知识，对机械方面有感性认识，对图样有粗浅的认识。为了帮助学员尽快建立三维空间想象能力，教师采用图物对照的方式教学。特别值得一提的是当时木模班班长丁月溪老师傅给予的大力支持，他亲自动手给学员制作教学所需模型，甚至将生产用的木模给学员用，学员一边看图，一边观察木模，激发了学员的学习热情，提高了学习兴趣，很快突破读图难关，极大增强了学员学习信心。兼职教师都能高兴地接受教学任务，并能尽心尽力地按照学校要求完成教学任务，对圆满完成"七二一"大学教学任务起到重要作用。有些教材市面上买不到，师生一齐动手刻印教材，那时没有复印机，教材中的图形都是学员自己动手绘制。

1976 年 1 月 8 日，周总理与世长辞，一盏理智的明灯熄灭了，一颗伟大的心脏停止了跳动。人们沉浸在巨大的悲痛中。教室里，师生相视无语，眼里噙着泪水。此情此景，根本无法上课。学员找来白纸、剪刀，默默地制作小白花。

不久，有人借悼念周总理的机会，提出并煽动学生批判单纯军事观点，指出学校有人只顾埋头读书，不问政治的苗头有所抬头。"风乍起，吹皱一池春水"。此言一出，在学校掀起几朵小浪花，矛头所指也是很明确的。我是一个在"文化大革命"时期多次被触及灵魂、触及皮肉的人，所以，对于这样的说辞，我总会心生恐惧。好在大多数学员在沉默中予以抵制，这股暗流未能涌动。

大概 1976 年 4 月，石佩儒任专职校长。

为了开拓学员的眼界，扩展知识面，应学员的要求，并报请工厂领导同意，学校组织学员到武汉大型厂矿参观学习。事前，学校领导派吕佐纯前往武汉联系安排旅社，购买月票。1976 年 5 月初，校长向阳、石佩儒带领师生前往武汉，参观了武昌车辆厂、武汉重型机床厂、武汉第二、三、五机床厂、3542 厂，用时近 20 天。时任厂长的吕光明专程来到我们下榻处，鼓励全体师生，认真参观学习，学好真本领。

练兵的时间到了，要让学员抓住实践的关键环节练兵。生产科、技术科会同协商后，根据工厂实际生产需要，确定学员结业设计项目——手榴弹木柄车床。6月初，我给学员布置了结业设计提纲，让学员全部到木工车间，请教技术人员和生产工人，从他们那里了解生产对木柄车床的基本要求。以便更为合理地确定车床设计参数，要求学员提交关于木柄车床的调查报告。根据调查报告，初步确定木柄车床的几个主要交由木工车间最后确定木工车床的设计参数。于是学员进入实践设计阶段，在教师的指导下，学员经过多次艰苦的反复设计，耗时近半年，终于拿出了教师认为合格的全套图纸，交由技术科审核确定后再由生产科安排组织生产，学员则参加零件的机械加工制造。1977年底，车床开始组装；1978年初（春节以后），车床调试成功，并经过试生产，最后交木工车间，投入生产。

由于工厂各级领导的重视、关怀，全体教师、学员的共同努力，学员的机械知识有了较大的提高，基本达到预期的效果。

1978年4月，"七二一"大学招收第二届学员30名：邓浩、朱树明、张剑、洪水新、周裕敏、华静萍、刘洪……

第一届学员中：学得较好的有吕佐纯、赵之文、肖宜新、金问章、何彩花、熊天祥、梁达达、李世英、杜新民，特别是刘辉松更是这一群中的佼佼者，被关爱英才的卫东集团董事局主席顾勇培养成现今的总工程师。

第一届学员李世英、金问章留校任教，第二届学员邓浩、刘洪留校任教。

1979年8月1日，经湖北省人民政府（当时是湖北省革命委员会）批准成立"国营第八四六厂技工学校"。卫东"七二一"大学画上了一个圆满的句号。

难忘的历史记忆

在第一届办学过程中，我除了完成自身的教学任务外，学校所有鸡毛蒜皮的事务都由我去完成。生产与教学任务的处理，兼职教师的聘请、教学安排是我的任务，兼职教师因工作忙或因出差而不能正常上课，也是由我临时顶上，火工品车间和科室选送的学员的实习，同样由我安排，结业设计各阶段、各环节的工作，也是我一个人负责。当时我们没有办公室，就在原五车间（导火索）弃用的工房里办公。偌大的工房真不是人待的地方，夏日炎炎，太阳那个晒呀晒，蚊虫那个咬呀咬，老韩那个热呀热；冬日冽冽，北风那个吹呀吹，雪花儿那个飘呀飘，老韩那个抖哇抖，真是艰苦呀！一个大雪肆虐的日子，杨克芝给我送来了烤火盆、木炭，令人惊喜的是还有一双厚实而合脚的棉鞋，穿在脚上，暖在心里，让我十分感动，这是名副其实的雪中送炭。当人处于极度艰苦的时候，哪怕是一缕微弱的阳光，一丝的温暖，也能在刹那间点燃心中将要泯灭的希望，温暖着冷僵的躯体。杨克芝给我的印象是社交能力强，"笔杆子"硬，办事干脆利落，待人诚实和蔼。"七二一"大学开课后，他就忙其他事情去了，对学校的事基本不管了，将一切交给我经营。

（韩光华生前曾任卫东厂教育中心主任、技工学校校长等职）

人 在 旅 途

王洪乾

卫 东 情 缘

"三线厂"，在人们的印象中是很神秘的，因为是军工企业，是保密单位。可以毫不夸张地说，当时的百姓谁不对"三线厂"肃然起敬呢？那个年代要进"三线厂"工作是很不容易的。工厂招工要履行严格的政治审查，出身好，三代直系亲属历史清白，本人表现积极，才有资格进"三线厂"工作。在没有恢复高考的"文革"中，别说农村青年，就是城市青年能有机会到"三线厂"工作，都会感到荣幸和自豪。那时的"三线厂"不但有地位、有名气，而且待遇好、福利高，也让其他单位羡慕不已。

我很早就向往"三线厂"。1985 年以"解决夫妻分居"为由申请调入卫东厂。当时也经过了严格的政治审查，工厂派时任六车间书记的徐兴春和工会妇联主任孙秀莲二位领导，亲赴河南镇平调查我中共党员、重点中学骨干老师的身份。原单位的资深校长、县政协委员宋显军亲自写了证明材料，经卫东厂领导研究后又上报湖北省国防工办批准，我才被正式调入卫东厂任子弟学校教师。

在我调入卫东厂子弟学校的 20 世纪 80 年代，"三线厂"正经历着转型期。厂领导为提高子弟学校的教学质量，稳定职工队伍，承受着职工人数多、军品生产不足、工厂效益下滑的压力，鼎力支持学校的发展。我从内心感激厂领导，也深感自己的责任重大。作为子弟学校老师，大而言之为社会培养人才，小而言之，为工厂职工解决后顾之忧。我暗下决心要努力工作，让职工子女尽可能多地升入省（市）重点高中，来回报卫东厂对我的知遇之恩。

事 业 辉 煌

我怀着一颗感恩的心，以极大的工作热情投入卫东子校的教学工作中。辛勤的耕耘带来了丰硕的收获。1989 届是我第一次带的毕业班（一个班），邸薇、陈傅等 7 名学生升入了省重点高中，这是卫东厂子校首创的纪录，和以往每届只有一两名相比，无疑是放了卫星。学校和全厂职工都很高兴，都在为子弟学校加油，我也被工厂授予"优秀共产党员"称号。

我没有辜负卫东厂对我的信任，继续创造着辉煌。1992 届又刷新了纪录再次放了卫星。学校有 2 个毕业班，我所带的初三（一）班朱志军、黄凯等 11 人成绩超过襄阳四中、五中录取分数线，升学率全市第一。记得当时市重点高中录取比例为 25∶1，我们班 40 名学生就有 11 人上线。《襄樊日报》专题报道表扬了卫东子校，我作为班主任也感到莫大的鼓舞。

在以后的教学中，我更加努力地工作，所带学生每一届都取得了较好的成绩，都有 5—7 人升入重点高中。连续几年中考，让卫东子校在襄城区声名鹊起，全厂职工对子弟学校也刮目相看。

随着卫东子弟学校的发展，子校进入了全盛期，我本人也走上了人生和事业的辉煌。在卫东子弟学校流传着一句口头禅："要创辉煌，还靠老王。"这是对我的肯定，也是对我的激励。我无愧于工厂，工厂也给了我很多的荣誉，连续三年授予"优秀共产党员"称号。我是卫东子校唯一获此殊荣的老师。我没有辜负卫东厂领导、职工对我的期望，稳定了学校，为卫东厂摆脱困境，稳定发展助了一臂之力。也因此赢得了全厂上下的一致好评，我也由衷地感到自豪。

命 运 逆 转

2003 年我所带的班，23 名同学有詹卫伟、李婷、吴茜等 6 人升入省（市）重点高中，升学率稳居全市前茅。在子校全体老师的共同努力下，卫东子校出现了前所未有的好局面。大家正踌躇满志，准备再创辉煌的时候，却传来了令人震惊的消息，卫东厂要改制，全员买断，工厂不再负担学校。那么学校将何去何从？大家心存疑虑。阵痛之后，贯彻改制精神，学校剥离，推向社会，由政府接管。老师可以进编，享受社会老师待遇。这不是更好吗？老师们心中又升起一线希望之光。可是，还没等大家高兴起来，紧接着又宣布，改制后，卫东子校原有的 36 名教职工只有 12 名教师留在"襄城区卫东学校"，其余包括本人在内的 20 名教师、4 名教工全部下岗或转行。我一个受过国家正规教育、堂堂正正的人民教师，从事教学几十年，为社会培养了无数优秀人才，现在被强行"出列"了，下岗了！美其名曰：改制剩余人员由新公司"消化"。谁都知道这里的潜台词就是不能再当老师了，要下车间当工人。无缘无故强行剥夺老师教学的权力，我的人生第一次尝到了失业的痛苦，内心非常难受和沮丧。

道是无情却有情。我还清楚地记得顾厂长在子校改制领导会上的讲话："我以个人名义再向政府申请进编老师指标，哪怕只有一个，我也要给我们的王老师。"他私下也曾对我说过这话。我很感动，尽管政府最终也未能增加指标，但顾厂长的话让我受伤的心得到了些许安慰。我感到厂领导还记得我对卫东厂子校的贡献，使我在失去工作后不再继续伤心，鼓起了我重新考虑今后生活的勇气。

轰轰烈烈的企业改制结束了，没进编的老师，一个个伤心地离开了他们留恋的讲台和他们心爱的学生。当我也要离开的时候，厂领导和学校领导都先后找我谈话，希望我把本期的教学工作干到结束，并承诺按代课老师付给工资。一是我的责任心、良心让我不忍心中途丢下无辜的学生；二是领导的面子，况且还答应付代课工资，我就答应了。尽管没进编内心不高兴，还是坚持站完最后一班岗——坚持到学期结束。怎会想到，期末结束，工厂、学校互相推诿，2个月的代课工资和假期工资一分没有。本来没进编答应留学校教学已被人奚落，现在又没人付工资陷入被愚弄的尴尬境地。距退休还有3年，怎么办？我不知道今后的路该怎么走。天无绝人之路，《教育报》夹缝中一则招聘优秀老师的广告又让我绝处逢生。寄材料、面试、笔试、试讲，应聘成功！我又能上讲台挥鞭执教了，我为自己庆幸。

夕 阳 晚 晴

福建龙翔中英文学校是全国百强私立学校之一，由香港一著名教育家出资创办，规模大、学生人数多。学校有高中、初中、小学3栋教学大楼，3栋宿舍大楼，还有正在筹建中的"福建龙翔学院"。学校面积大，建筑气派，不过我所欣赏的，真正吸引我、让我佩服的是龙翔学校先进完备的教学设施，门类齐全不必说，单就多媒体的投资就让人咋舌。单初中部三个年级，各年级都有5个多媒体教学班，多媒体教学手段先进，教学效果好。在内地，就是现在，一个中学也只有一个多媒体教室，并且还是在举行公开课、优质课演示时才用到。而在龙翔中、小学每个年级都有5个班用多媒体上课。

到龙翔第二年，我就被分到多媒体班上课。说实在的，这之前只是见过多媒体上课，自己还没有亲自用多媒体演示过。怎么办？学习！向老师学，向学生学，利用节假日、休息日学。自己买U盘，学下载、学修改，慢慢学制课件。先进的教学设备大大提升了自己的教学水平，在这里我大开了眼界，看到了外面的精彩世界。我用这些先进的教学手段再加上自己坚实的基本功，教学效果大大提高。在龙翔我多次受到奖励，还增加了薪酬，一干就是5年。

后来我又辗转广东珠海、海南三亚，这些地方都让我开阔了眼界，增长了见识，丰富了阅历。在三亚已3个年头了，这里是国际旅游岛，建设已初具规模。特别是三亚市环境优美，空气清新，气温适宜，碧海蓝天，四季都可游泳，被称为"热带天堂公园"，在这里教书既可发挥余热，又可享受优美的自然风光。在这些改革开放的前沿，我忘掉了心中的不快，有机会看到了外面世界的精彩，充实了自己又增加了经济收入。

"塞翁失马，焉知非福？"回顾这段人生经历，我得益于工厂的改制，得益于党的政策，我很自豪，我没有虚度年华，实现了自己的人生价值。

"沉舟侧畔千帆过，病树前头万木春。""三线厂"，完成了自己的历史使命，画上了一个句号。锻炼成长起来的一代又一代"三线人"，正满怀信心地向着新的目标进发。

（王洪乾曾任卫东厂子弟学校中学高级老师）

一枝一叶总关情

——卫东"小社会"面面观

雷 雷

"锦瑟无端五十弦，一弦一柱思华年。此情只待成追忆，只是当时已惘然。"记忆的闸门一旦打开犹如江河之水连绵悠长。我在卫东经历过天真的童年，快乐的少年，激情的青春，一桩桩、一件件，由点及面，绘成了一幅幅值得永久珍藏的画面。

卫东的"政治中心"

工会大礼堂位于卫东生活区的中心地段，北有技校、灯光球场，东有男单身楼、老年活动室、食堂，南有女单身楼、学校，西有医院、生活区住房。是卫东所有 20 世纪五六十年代最宏伟最壮观的建筑，占地面积 1000 平方米，高约 12 米，同时可容纳 2000 多人开会。里面有开会的主席台（也是表演舞台）和聚会大厅，二楼还设有广播室。近 50 年不曾有太大的变化，正北面墙上浮雕着红色五角星，两旁是毛主席语录"领导我们事业的核心力量是中国共产党""指导我们思想的理论基础是马克思列宁主义"和毛主席草书题词"团结紧张，严肃活泼"。这些都是裴厚林、高永纪、张宝生、张黑货（逝）等老师傅共同制作的。还有宽敞厚实的大门，高达屋檐的通风窗，依然向人们显示着这里政治上的威严。可以想象出 1000 多人一人拿着一本"红宝书"，聚集在这里高声朗读毛主席语录、向毛主席宣誓的豪迈场景。

大礼堂右侧，有拾级而上的"7"字形钢制楼梯，通向礼堂的二楼。这个楼梯是由娄凤艳阿姨、裴厚林和王金殿叔叔等一帮老电焊工们精心焊制的，非常牢固，至今还很结实。最值得关注的是，在楼梯的转弯处的钢板上，老字辈的师傅们用焊条焊出了"彻底埋葬帝修反"7个凸起来的大字，后面还有一个大大的"！"。这是当年政治背景下的革命烙印，给我们这些"卫二代"留下了无穷的遐思。在楼梯尽头的钢板上，还清清楚楚地焊上了这个楼梯竣工的日期——"69.7.20"，也就是说：卫东的政治中心——大礼堂是1969年7月20日前后盖成的——这些文字，真正成了"钢铁铸就"的历史见证。

20世纪80年代这里也曾接待过表演队，上小学时我站在高凳上踮着脚看完过一场京剧《十八罗汉斗悟空》。遇到"十一"国庆，厂工会组织工人自娱自乐地开展合唱表演活动。80年代中期礼堂二楼的广播室还设有录像室，是要发票排队才能进去的。90年代在此举行了好几场卡拉OK比赛。这里也是卫东最大的舞场，舞技大都不高，图的就是自得其乐，交流感情。至今还清楚地记得，我们现任董事局顾勇主席和其夫人黎晓芳的婚礼也是在这里举行的。如今大礼堂依然发挥着它的政治中心地位，现今的代表选举、集团公司的表彰大会、员工文艺汇演都在这里举行。平常礼堂只用作卫东人晚间锻炼的场所，里面设立有羽毛球网和几张乒乓球桌。

礼堂外围包括西边是20世纪80年代修的旱冰场，几经磨难地面早已坑洼不平。再就是南边外围90年代翻修的德和园，园中栽有四季常青的枇杷树，草地上装有各种公众健身器材，这是卫东公司当家人顾勇任职后首先为卫东人谋取的第一件福利。

我们父女共同上过的幼儿园

幼儿园位于厂生活区东南面的山坡上，紧靠厂二号门卫，有利于工人上下班后直接接送孩子。四合院似的结构，三面都是旧式的红砖尖顶瓦房，西面一扇大铁门。在我上幼儿园时，进门的北面第一间应该是伙房，第二间是就餐室，第三间和第四间是学习室。东面左头一间音乐室放的有一架钢琴，隔壁一间是杂物室。穿过东南边的小门后边是男女卫生间。南面几间都是午休睡觉室。西边两间房，一间做盥洗室，一间做洗衣间。

院子中间有一座手推转盘，转盘上有飞机、坦克、小货车，都是钢板焊成，非得有大人在身边才能玩。转盘北面竖立着一座水泥大象滑梯，从尾部小楼梯上到头部，然后从长长的大象鼻上顺势滑到底，在那时的幼儿园是相当刺激好玩的。在滑梯边还有几匹摇摇木马，骑上去"咯噔，咯噔"响，再拿上自制的木制大刀，也能当回英雄好汉了。在院子南面角落有一条木质的手推长龙，一次可以坐十个小朋友玩耍。在长龙边有两艘钢板摇船。这些游玩设施用了很久，在我女儿上幼儿园时还都在用。幼儿园几经承包，厂里的孩子少了，幼儿园空闲无用，现在已改成卫东集团护卫队宿营地。那些给我们"70后"和"80后"的卫东人幼儿时期带来欢乐的游玩设施也就拆卸得不知其踪了。

"70后"的我们上幼儿园可不是现在要规定到3岁以后，为了革命工作，有的刚满3个月就送到幼儿园，妈妈们喂着奶把孩子放进摇篮，实在来不及了就只能狠心地放下孩子扭头就走。那时的幼儿园可真是热闹非凡，人口的高峰时期，一家两三个，满园住的都是，一张床睡两个孩子，一个哭声连着一大片哭声，阿姨老师忙得不可开交。只有午休时还算安静，可是老师们又要赶着洗尿湿的裤子和尿片，很难得有片刻的休息。

我幼年记事很晚，也记不清带过我的幼儿老师姓什么，现在她们都已年过花甲、古稀，退休在家颐养天年。也记不清在幼儿园学过什么，除了不能跑出铁门外，也就是跟着唱几句儿歌，而且口音不同，像是春晚的"串串烧"。每到"六一"儿童节，一个个打扮得粉团团的，穿着新衣服在大人们面前唱歌跳舞，发朵大红花，还有几个面包和苹果。

幼儿时代就这样稀里糊涂、无忧无虑地过来。当自己为人父时，接送孩子的时刻我才感受到孩提时的天真无邪，那段时光是人生最美好的时光。

卫东子弟的学校

学校全名叫卫东子弟学校，坐落在卫东生活区旁的山麓下，是"7"字似的形状结构，三层，每层正面 3 间教室，侧面 2 间教室，共 15 间教室。正面左侧是老师办公室和化学实验室，还有上下的楼梯。在正面和侧面拐弯处还有一道楼梯。

教学楼正面种有一排水杉，水杉左侧用水泥砌了一个大花坛，花坛里种有 2 棵广玉兰。水杉右侧竖立着用铁板焊成的张贴栏。教学楼正面就是球场，分成两块，两边各有篮球架。在篮球场左侧靠南山坡的水泥台阶上竖有升旗杆，每天早晨的升旗仪式不曾漏过一天，如果迟到缺席，那是要点名记过的。再往前跨过球场的草坪被进校的石子路分成左右两块，右边有双杠，左边靠学校大门有跳远的沙坑。教学楼后面的场子不大，却有几台用水泥砌成的乒乓球台，每到下课和体育课时都要争分夺秒地抢时间打上几盘。公共厕所在后院的山坡上。在教学楼侧面的后边还有一块草坪，挨着教室种有几排水杉，余下的草坪高低不平，在我上小学五年级的时候的植树节那一天补种了许多香樟树，我记得是和同伴的邹兴波一起种了一棵，已经长得枝叶茂盛。

在我们上学时学校只有靠公路的一面才有围墙，而且断成几节，为了省时间我们常从种着水稻的小路跨过校园外的水沟台阶断墙上学下学。在我读小学的时候，山脚并没有围墙，山和学校相通相连，有时上体育课和美术课我们可以直接爬山，写生，挖泥做泥人。一到下课放学时节，除了在操场玩球、跑步，就是跑到山上爬树打仗。每到槐花盛开季节，女生们就会找一些低矮的槐树，采摘槐花，去掉花瓣，采食花心。

采摘槐花的多是女生，我们往往从女生手中抢来一把往嘴里喂。可女生不干了，就地撒起娇来，干哭一场威胁要告老师。男生慌了神，连忙赔礼道歉，女生不依不饶非要男生爬上高一点的槐树帮她摘。男生只有硬着头皮小心地爬上一株歪斜的槐树，用力压低枝头让女生采摘。女生高兴得蹦蹦跳跳，抓住枝头大把大把地往书包里装。

男孩一头大汗，女生拿出手绢给他擦汗，男孩满脸通红，不敢吭气，女生拿出几朵槐花摘去花瓣，捧出花心让男孩尝尝。男孩小心地一粒一粒地尝，这才觉槐花香甜如蜜。女孩又从书包里像变魔法一样拿出针和线，把槐花一朵一朵地穿成一串花环送给男孩挂在胸前。

学校最鼎盛时期有小学、初中、高中。小学至初中每个年级有 2 个班，一个班上 40 多个学生。还记得我们严厉的老校长王华文，我的班主任詹秀清。在我上初中时已没有了高中，在我女儿上小学时，就没有了初中。如今卫东子校已成了历史，卫东的孩子们要坐车赶到几里外的环宇小学或者到城区的小学上学。每天早上 7 点多的那班车是卫东最挤、最热闹的一趟车了，不大点的孩子背着一个鼓鼓囊囊的大书包，有的还端着碗，有的家长还喂着饭。车没停稳，座位已被占满，大呼小叫地挤上车，叽叽喳喳的一趟路。上学实在辛苦，哪里像我们那时，一个布袋书包，几本课本，来去不过 10 分钟。

拈一朵花缅怀那清澈如水的年华，丝丝香甜涌上心头。学校四周高墙突立，隔开了日渐长高的槐树，也隔断了时间飞逝中的少年时光。荒废的校舍没有了读书声，蒿草丛生淹没了熟悉奔跑的石子小路。我和那墙头的槐花一样只能越过墙头偷望着儿时的梦了。

卫东人才的摇篮

卫东曾经有一所技工学校，是湖北省国防工办主办的，叫国营八四六厂技工学校，专门教授机械加工、车、铣、刨等技术。从 1979 年第一届开始招生到 1999 年最后一届整整 20 届，为卫东培养和输送了一批又一批有用的人才，成为卫东公司的中流砥柱，他们在不同的岗位上为卫东的发展和前进作出不可估量的巨大贡献。其中的佼佼者当属 1979 年第一届毕业的顾勇，现已是卫东集团公司董事局主席，卫东发展改革的"总舵手"。

技校位于生活区北面的山坡上，红砖红瓦斗顶，3 间教室，教室外还有供学生运动的单杠和双杠。技校还包括西面的男女宿舍和东面的实习工厂，实习老师都是卫东技术顶尖的老师傅，我们的李梓红、章自安两个实习老师都仙逝了，很是怀念他们。

那时来卫东上技校是需要考过分数线的。来自军工企业品学兼优的学子，怀揣一颗报效祖国的赤子之心来到卫东技校求学，然后掌握扎实的技术投身于祖国的建设。

让人记忆犹新的是：石佩儒老校长，一脸的严肃相，可开起玩笑来俏皮似童；徐光洪（逝）校长严肃古板；韩光华校长风趣幽默；陈思梅主任和蔼可亲；瞿万荣（逝）会计和善如佛；程春明出纳靓若牡丹；李仕英老师博学多才；卫红老师温文尔雅……正是他（她）们的孜孜不倦，培育出两代有技术、有文化的卫东人才。

现在卫东技校已停办多年，技校教室基本空闲，有时职工培训时会用一段时间，还曾是"经管院"的教室。那些老旧的木桌木椅上还残留着当年"三味书屋"的一个"早"字。刻下学子们花样年华顽皮的记忆，青春的萌动。

男女单身楼的变迁

单身楼又分男单身楼和女单身楼，男单身楼在技校下面的公路边，女单身楼在生活区的南山边。女单身楼没有多大的变化，依然是红砖红瓦，两层，一楼潮，二楼闷，现今成了出租房。男单身楼里面可就变化大了，随着卫东公司知名度的提高，要求来卫东发展的大学生日益增多，原有为大学生们准备的单元楼远远供不应求。公司顾总和董事会立即作出决定，2006 年将男单身楼宿舍二、三楼共 48 个房间用星级标准进行精装修，改成了"大学生公寓"。在装修的同时，安装了 3 台太阳能和 4 台电能热水器，添置了 2 间共有 48 个灶位的厨房，修建了 4 个隔离式洗漱卫生间，安装了 24 个不锈钢晾衣架。公寓经过 2 个多月的装修，变得光洁明亮，宽敞舒适，每个房间都让人心旷神怡。同时 48 部电视机、48 部电话、48 台电扇、48 个床铺和整套铺盖、48 个电脑桌、穿衣柜和电视柜统统搬进大学生公寓。

现在的男单身楼除了正面那条隐约可见"革命"标语："高举毛主席革命路线的旗帜胜利前进！"外，还有灯光球场迎面山墙上的"大办民兵师""要准备打仗"，都是历史的烙印。据老人们讲，前面的标语是一个叫杨尚清（和《卫东人》报的杨克芝主编是潜江一中同学）的复员军人写的；山墙上的 10 个大字，是一个绰号叫"秦刷子"的复员军人秦友才（秦学鹏的叔叔）写的。听说，写的时候连格子都没有打，一气呵成，令人钦佩万分。可惜，这两位"书法家"都英年早逝了，留给我们无限的惋惜。虽然这些"革命标语"现在一点也看不出当年红彤彤的模样，显得模模糊糊，但卫东集团坚持保留着——这就是卫东人的军工情结！

据老人们回忆，在男单身楼门前的开阔处，20 世纪 60 年代末修筑了一块高大的"影壁"，上面画的是"毛主席挥手我前进"的巨幅油画，很是壮观。"文革"过后，大概是 90 年代初，以影响交通安全为由，拆除了。想起来怪可惜的。

我曾住过一年多的男单身楼。那是因为家里房子太挤，而我已经成年，于是分了一间单身宿舍。和我一起住的还有两个厂子弟：一个叫伍卫兵，一个叫张英军，他俩也是因为家里房子挤才住单身楼的。还有一位叫饶荣，是从保康到卫东读技校分到厂里的。当时男单身住的大多是厂子弟和外来单身工人。不过也有几家刚结婚没分住房的小两口。家在厂里的三顿饭在家里吃，晚上到单身宿舍睡觉。外面来的单身有的配置煤气灶，有空可以自己做，没有的只好吃食堂了。年轻人住在一起往往好喝酒、谈天谈理想，宿舍过道的卫生可想而知的脏乱。有时带个女友回来他人只好借宿别家。快乐的单身汉们就这样挤在一起快乐地度过了一段难忘的时光。

单身楼最热闹的是在 30 年前了，简直就是"农转非"的栖息地，住户们来自不同的地方，一个人来厂工作，又没有资格分到单元房。一个宿舍虽然只有四张床位，可是随行家属可不少，老婆孩子一大家，锅碗瓢盆满墙挂。一到做饭时节，油烟呛人，热气腾腾。到了晚上能挤的挤在一张床上睡，有的自己动手把床铺改成上下几层。三楼的过道顶也被改成阁楼，供人睡觉。我有一次找同班的一位同学，遇见同学的母亲炒菜，他母亲大喊一声他的名字，同学急忙从阁楼上伸出脑袋答应一声，一骨碌爬下来差点摔一跤。我才知道阁楼上住人。每到夏天晚上，单身楼的住户们为了凉快，摆凉床、铺席子，单身楼的路口横七竖八的到处是睡觉的人。到了过年过节，单身楼一下子又冷清得出奇，剩下的没几个人。

也许没经历过，现在的年轻人不知道住房的紧张。老一代卫东人在那么艰苦的条件下，挤在 10 平方米的单身宿舍，也过得其乐融融、和睦融洽。

难忘的职工医院

患者："医生，我生病了。"

医生："你得了什么病？"

患者："好像感冒了。"

医生："那你要开点什么药？"

患者："给我开点白加黑吧，再开点阿莫西林。"

医生："白加黑，没有了。"

患者："那给我开点感冒胶囊吧，这个总该有吧？"

医生："我开在处方上，你到药房看看吧。"

这到底谁在给谁看病啦？可是这样荒唐可笑的事就发生在卫东医院。20世纪六七十年代卫东职工还是免费医疗，80年代卫东进入军转民，效益下滑，曾经服务于卫东人的卫东医院也面临着资金短缺、医疗技术落后，药品紧张的情况。医疗机构实行改革，卫东医院跟着改革，职工每人每月发 37 块钱的医用代金券，一场感冒打几天针就不够用。那些贵一点的常备药要么没有，要么没几天就被熟人开完。大病看

卫东职工医院的人员上山采草药

不了，小病自己医。

2003 年卫东改制，医院随之改制。医务人员有的退休，有的辞职，有的分配到车间。医院承包给个人，由于经营不善，医院几经易手，最终关门。卫东人看病成了一个"老大难"。夕阳下那陈旧破烂的医院大楼在荒草深林渐渐埋没了很久。现在又生机勃勃了——卫东集团将它进行了精装修，修建了"透绿"围墙，改为了大学生第二个公寓。

卫东的娱乐中心

灯光球场在技校的坡下，大礼堂的正北面，东面紧靠男单身楼。依着坡势凹地而建，西面和北面修成梯形观众台。一个足球场大小，水泥地面。东西各一架钢制篮球架，篮球架两边各立有两杆灯光架，球场地上用红色水磨石镶嵌分格。平时既可以打篮球又可以踢足球。

卫东职工在灯光球场欢度新春

如今的"网红打卡地"——卫东灯光球场

球场的两端，原来有两块用水泥杆子悬挂的标语：一块是"锻炼身体，保卫祖国"，一块是"友谊第一，比赛第二"。好像有时还换成为"发展体育运动""增强人民体质"。前两年，一辆外来车辆不慎翻车，撞毁了其中的一块，接着就全部拆除了。

在北面梯坡上横空架起一座电影放映室，与之对面的球场南面的钢架卷轴帷幕。在最初是两根水泥柱，靠的是滑轮拉线把帷幕拉好固定。那时人们最大的消遣也就是电影了，那时放电影也能看出一个工厂的经济好坏，七里八乡跑很远来看一场电影，就地坐在水泥台阶上。卫东 20 世纪 80 年代初有时 1 周两三回，放映的大多是战争片、教育片和纪录片，什么《南征北战》《地雷战》《苦菜花》……80 年代后期看的大都是港台片。大人、小孩拿着小板凳和靠椅，老早地占好有利位置，再买点瓜子、糖果边嗑边欣赏。第二天起来一层的瓜子壳和果皮糖纸。到了 90 年代碟片和电脑的普及我们就很少看电影了，记得最后一次在球场放电影是 10 年前一个厂子弟的结婚包场。

不过灯光球场最重要的作用还是健身，每年都不定期地举办一些拔河、篮球比赛，还有新入厂职工和技校生的军训都在球场培训。现在，每天到了傍晚，这里就是一群自得其乐的老奶奶们的天下，广场舞跳得是热情火辣，激情飞扬。她们构筑了卫东亮丽的一道风景线。

卫东的理发店

理发店在男单身楼的南侧，门前有两排冬青树，绿荫遮天，映衬着红砖红瓦的理发屋，显得幽深寂静。水磨石的地板，白粉墙面，大瓦数的电杠。四面玻璃镜，四张铸铁可躺式理发椅，有烧热水的小锅炉提供热水洗头。

计划经济时代理发也是凭票的。职工每月都有理发票。我记得理发票就是一张票状大小的白纸，盖着卫东总务科的红章，凭票理发。我母亲发的票基本是我用了。那时理发店里有一个姓夏的男理发师和一个姓胡的女理发师，后来，还有一位姓李的阿姨。剃头刮胡子的技术很好。有一次我理完发学着大人躺在理发椅上要老夏刮胡子，老夏用手掌拍了拍我的脑门取笑说："臭小子，毛还没长全，再过 20 年才轮得上你。"

后来理发店停办，理发店衰落无人问津，关门大吉，随之私营小理发店兴起。公司改制后，老理发店被装修成了"团员青年活动中心"，有大型投影仪，经常放映一些"大片"，有空调供年轻人们享用。

卫东的食堂

一个企业的繁荣与否，食堂最能反映。伙食好坏不仅体现了企业福利，更体现了这个企业的文明程度。卫东的食堂过去有 3 个，现在有 5 个。

建厂初期，食堂最先在大礼堂的侧面，在礼堂东侧面还遗留有打饭的门洞。打饭在礼堂大厅，开火做饭在侧面的小间（现在的天济大药房是其中的一部分）。在卫东效益较好的 20 世纪 80 年代初，工厂还为就餐职工制作了一二十个活动餐桌。

20 世纪 70 年代末，在德和园的东面修建了第二职工食堂。门前花坛那棵雪松栽下时只有胳膊粗细，现在已是两人多粗，青翠浓郁，高过了四层楼。高大的水泥粉墙，尖顶红瓦，水磨石地面。正面是就餐厅，后面是蒸饭炒菜的厨房。可容纳好几百人就餐。那时单身汉和"半边户"职工居多，每到下班开饭时，打饭的窗口排满了一排排就餐人，手里捏着饭票和菜票，昂头翘望。有的故意敲着饭盒。

食堂早上供应稀饭、馍馍、面条、油条、花卷。中午和晚上供应米饭和炒菜。炒菜花样多，虽是大锅饭，可是油水不少。我最喜欢食堂做的大碗粉蒸肉，色泽诱人，入口即化，满嘴流油。

20世纪90年代食堂随着社会改革，个人承包，对外开放。除了卖早餐盒饭，卫东人可以在食堂定办喜酒宴席。几经易主，卫东食堂即不知不觉地关门，只剩下一座空荡荡的大厅和门前那棵高大的"迎客松"。

卫东三食堂，也叫招待食堂或客餐食堂，位于技校东侧，专门招待贵宾客户，配有大厨，当然伙食级别也不一般。后来也承包给了个人，我结婚的喜宴还是在那里摆的。后来曾经办了一段时间的图书阅览室，一段时间的小舞厅，一段时间的青年活动室。企业改制后为了留住人才，重新装修，安装空调，把这里改成了大学生食堂。

据老人们讲述，20世纪70年代初期，还有几个车间在生产区办过食堂。据说，制作导火索的五车间和制造雷管的四车间的食堂办得时间最长，也办得最好。

现在在生活区还有3个食堂，一个是24栋楼的高管食堂，一个是幼儿园改造的护卫队食堂，一个是新天地建筑队食堂。

要说现在卫东人最熟悉的应该是生产区的民爆食堂了。民爆食堂可是有很久很长的发展故事的。在还没有改制以前，为了解决职工的用餐，各分厂都安装的有铁箱式的蒸饭柜。工人各带生米，炒菜。每到上午10点工休各蒸各的饭，中午12点停工午餐，大家三五成群，类聚一堆。或在露天草坪，或在工房小间，有说有笑解决一餐。公司改制后为了改善职工生活及民爆生产区的安全，撤掉了各分厂的蒸饭柜，这才有了民爆食堂。食堂先设在303工房下边，原来的公司化工仓库。2010年顾主席一声令下，把原七车间的机修工房改成了现在的民爆食堂。宽阔的大厅，光亮的地板，雪白的墙壁，窗明几净，8台液晶电视，在这里就餐是一种享受，也是一种自豪。

点点滴滴在心头

麻雀虽小五脏俱全，在卫东还有过邮局、小卖部、粮油店、缝纫店、菜店、豆腐店、蜂窝煤站、煤气站、澡堂、开水房、派出所、消防队，还有招待所和通勤车等。充分凸显了"企业办社会"的特殊历史风貌。

邮局、小卖部、粮油店、缝纫店，这几个店当时都在仟吉超市原址的一排平房和进厂路边的 21 栋楼房的一楼，邮局、缝纫店就在现在的高管食堂。20 世纪七八十年代，电话还没有普及，写信还是最主要的联系方式，每逢一、三、五是发信邮寄包裹时间，二、四、六是收信时间。发信后估计着时间到时候等回信，家远的有时候要跑好几次才能收到回信。我们卫东的邮政编码是 441021，在我上中学时代数老师告诉我们卫东邮政编码最好记，441是 21 的 2 次方，中间添个 0，我到现在都能随口说出来。90 年代电话、电脑普及后邮局自然就失去了作用。裁缝店在邮局的旁边，几台老式的上海缝纫机，几个女缝纫师傅，记得 8 岁过儿童节时，母亲带我在裁缝店里做过一套的确良的衬衣，可惜上了一天学就和同学打架撕破衣袖，挨了母亲一顿臭骂。

小卖部在一楼第一间房，不大的房子，日杂、食品、烟酒把小卖部塞的严严实实。当时小卖部也叫百货店。粮油店紧挨着小卖部，店里放着大堆的麻袋和几个大铁油桶。当时也只有大米、灰面和面条卖。买大米时要自带米袋和粮票。粮票、油票我记得是一种黄色硬纸片，来回使用油票，油票有的发粘。后来小卖部、粮油店转移到现在的球场西侧，承包给了个人，再后改建成仟吉超市，超市也没开多久。小吴商店就是卫东小卖部的转型。

菜店在现在的 24 栋楼那块地，不大的店面，木板抽插式的窗台也是营业窗口，卖的也就是时令小菜和大坛泡菜，菜店最后关门时我母亲还买了几个酸菜坛子，放在家里泡菜。到现在我家还有两口酸菜坛子还放在杂物棚里。煤店在球场西侧上面的绿地，那时家家都有火灶和煤炉，买柴买煤还要定量。后来厂里在二号厂门上边建起了液化气站，柴煤店也就没用了，盖

32、33、34 号家属楼时也就平整绿化成草坪。到公司改制后，因安全评审不合格，液化气站取消。

汽车队，那时是厂里调度所有车辆的地方。我最先认识的是绿色解放大卡车，后认识的是白色通勤车。交通车开始只有一辆小车，后添一辆长车。可还是不够用，定时定点，遇上星期天休息，车里塞满了人，踮着脚都觉得挤。1999 年时厂里开通了私人中巴，2003 年取消中巴运输，是公交 29 路车跑卫东—襄阳东门口这一趟线路。

澡堂原本在现在的老年活动中心，左边是男澡堂，右边是女澡堂。开水房也就设在澡堂后边空地上，几排水管中午和傍晚供应开水，2 分钱一小壶，5 分钱一大壶。新澡堂盖在水坝下，高墙，玉石板顶。依然左边是男澡堂，右边是女澡堂。男澡堂里修的有两个大热水池，美美的先泡上半个小时，再冲淋浴。开始是 5 角钱一个人，后来涨到 2 块。最后一次在澡堂洗澡记得是 15 年前的事了。澡堂后面是锅炉房，南侧是开水房，用的是粉红色塑料开水票。科学的发展，电器化的普及，洗澡和烧开水成了家庭必不可少，一个按键就解决的事，澡堂和开水房也就没了用途，后将澡堂改建成64# 产品制造工房，现在正在进行改造，将成为隆芯公司的生产基地。

派出所、消防队算是厂里的行政机构，之所以设在生活区是因为方便居

卫东 20 世纪六七十年代新建的商店、理发店、食堂、邮局等设施依然完好

民。派出所就在现在的水坝西侧，武装保卫大院，消防队在22栋楼房第一间房，大都安置的是退伍军人。平常也就管些厂区生活区的保卫和民事纠纷、户口管理，有些类似于现在的居委会。更重要的任务是保卫工厂治安和武装押运。这些曾经都在卫东发挥作用，服务卫东人的老建筑、老部门，在时代前进的车轮中慢慢消退。随之而来的是被卫东美食街和自由市场等所取代。

现在你再看卫东，绿荫环抱，幽静和谐，这更符合现代人心中的世外桃源。那些陈旧的记忆，在卫东人脑海中必将成为一帧又一帧难忘的旧照片。

听爸爸讲过去的事情

吴山英

怀揣梦想的一群人，

带着对"三线建设"的无限憧憬。

从四面八方汇聚在青峰山下，

用青春与梦想在这里描绘着美丽的人生，

用耕耘在这里放飞理想。

峥嵘岁月，

他们留下了无悔的青春。

他们，

就是骄傲的——卫东人！

——题记

"碧翠嵌坊犹珠珍，青山绿水映柳荫。百鸟争鸣奏天籁，花繁枝茂坪似锦。"这就是湖北最早建成的三线企业——国营卫东机械厂，这就是令人神往的青峰山下孙家冲。

岁月的长河总能给人们留下难以抹去的记忆，拾起记忆中零碎的往事，总想为父辈们在建设卫东时留下一抹历史的色彩，思绪多日才感觉史海难寻，也许对卫东有太深厚的感情，也许和卫东经历过太多的辛酸，作为生在卫东长在卫东的我们这一代人，能够深深感受到父辈们用青春和汗水浇灌的一草一木所散发出的深重呼吸。万千思绪如潮，不觉泪眼迷蒙，站在青峰山下，在这里我看见了父亲那一辈人光辉的足迹。

　　我的父亲吴绍国，1945 年出生在随州，苦涩的童年教会了他坚韧的性格；1965 年参军，在部队他凭借自己刻苦钻研的精神和坚韧的毅力，被连队选拔成一名汽车兵。在"好人好马上三线"的时代感召下，他和他的战友接到支援三线企业的召唤，1970 年转业到地方旭东化工机械厂（现与江山化工厂合并），1975 年从旭东化工机械厂调到国营卫东机械厂，承担运输工作。在他们那个年代，没有自身私欲，只有国家利益。接到通知他们没有犹豫，也没有提出什么条件，第二天背上所有的家当一床被子、一个水壶、一身军衣，就这样来到了孙家冲——卫东。

　　对于卫东，父亲有说不完的话，聊不完的故事。自从母亲去世后父亲就一人独居，每次去看他，还没说几句话就催我们走，他总怕耽误我们工作，但只要和他谈起卫东，谈起车队他总有说不完的话。

　　1975 年，我和张修贵、周运昌、李天发（已逝）、许连波（已逝）5 人一起调来卫东，那时卫东已经初具规模，因为是三线厂，属军工企业，卫东主要产品是生产手榴弹。当时员工人数已达 1600 多人，家属也很多。生活区的设施也初步建成，生活区里有商店、邮局、食堂、招待所、理发店，还有幼儿园、学校。5 个人一起分到车队，最初的车间是低矮的红砖瓦房，现在厂里依然保留着过去工房的位置，不同的是现在的工房变得气派、现代。以前三五间一簇，相互保持着一定的距离。条件虽不如现在，但那时工人的觉悟可不比现在的弱，那时只要说加班，工人们就没有一个说"不"的。厂里装车、卸车不像现在有专职搬运工，装车都是各个车间的员工自己装，两个车间相互搭班，如果五车间和十车间装车，那么九车间和七车间出库。有一次，车队拉木料从神农架山里回来，回来厂里职工已经下班，但明天车队要用车（那时运输车辆较少，为不影响第二天运输，必须晚上将木料卸完），广播通知不到 10 分钟，卸货的单位和人员全到齐，没有一个说不去的。有的还在吃饭，丢下碗筷就去车间。卸一车木料就得 1 个小时，把货物卸完有时已到深夜，员工第二天依旧上班。那个年代的人一切以国家利益为重，员工都是无怨无悔地奉献，从不计较个人得失。那个年代最听的是毛主席的话，写在礼堂、员工宿舍楼、车间墙壁上的毛主席语录是他们最有前进力的动力。

车队属于供销科管，无论走到哪里，车队的司机还是很受人尊重的，就连打饭都有专门的"司机窗口"，这种待遇可只有司机才有的。当时车队最好的车也就算东风140型大货车，所有的车加在一起也不过七八辆车，接送员工上下班的是一辆经过改装后的小型货车，车厢加装两个护板，再搭一个车篷，车厢尾部焊一个上下阶梯。这便成了卫东家属的通勤车。厂区离城区有好几公里路，每逢周日工厂的员工家属都会像赶集一样提着菜篮，拥挤着搭乘这样的"公交车"到街上采购鸡、鸭、鱼、蛋等副食品及生活用品。卫东的人到街上购物就像"打劫"，不容半点耽误时间。下车就要直奔目的地抢购，班车的次数只有上午一趟，下午一趟，误了上午的班车只有赶在下午才能回家，如果赶不上下午的车，那只有步行1个多小时的路程。因为离城区较远，给员工生活带来很大的生活困难，厂里就办了个"菜店"，车队就担当起蔬菜运输工作。每次购回的蔬菜品种大多是好储存的，比如萝卜、白菜、土豆、洋葱之类的菜，即便这样，菜店的菜也几乎没有剩余。在当时即使这么舒服的工作，司机也不愿意去拉，因为在他们眼里这样的工作太舒服没有挑战性，认为他们的工作只应该是为工厂奉献进山拉木料，送产品。随着员工家属的增多，厂里为解决员工生活困难，增添了一辆联通公交车，增加每天的趟数，这才有了卫东家属上街的唯一交通工具。

在物资缺乏的年代，看电影，可以说是卫东最好的文化业余生活，那时只要看见车队有车去拉电影胶片，拉放映机，大人小孩个个兴奋得像要过年一样，兴奋与期待不亚于现在看春晚的心情。在我的记忆中，只要听说要放电影我们早早吃过晚饭就和小伙伴一起带着板凳占好看电影的地方，夏天大人们摇着蒲扇，赶着蚊子，冬天看电影就要全副武装，因为在山沟里，冬天的夜晚又阴又冷，观众大多会穿着棉大衣或者裹着毛毯，就这样坚持看完电影。

卫东厂以前主要生产手榴弹，木料是我们的主要生产原材料。有一次到恩施去拉木材，过去车装载量不大，也就12—24立方，去了有七八辆车。经过几天的奔波到达林区，在当时木材紧缺的年代，所有拉木材的车都要经过严格的审批手续，我们到了林区待遇就不一样，因为我们是军工企业，木材运输是经过特批手续的。去了后我们先装车，其他等了好久也没装上车的司机，个个都羡慕地说："还是你们军工企业好呀，我们在这等了好几天了，也没装上车，看你们走到就装车，如果我们再装不上车，一下雪，下山就更难了。"以前哪像现在有现代化的装载工具，就装车就得一天。那一次，等把车装完老天爷真的下起了大雪，过去的山路狭窄还坑洼不平，道路两旁一边是悬崖峭壁，一边是陡峭高山，加上雪越下越大，道路已经被皑皑白雪覆盖，车灯照在雪上反光，根本看不见路。为了尽早赶出山我们必须连夜行驶，如果大雪封山那可十天半个月也别想出去。为了确保行车安全，车队进行了技术布局，让年长的司机走在前，年轻司机走在后面。车就在漆黑的山路上慢慢行驶，遇到坡陡弯急的地方，就靠人一点一点指挥慢慢走。后面的车就紧紧跟着，因为后面的车灯照在前面汽车的挡箱板上，比前面的车要好走一点。"这样的速度何时才能下山？"年轻的司机开始发起了牢骚，年长的司机猜想这群是没吃过亏的年轻人，故意激将他们，你们试试看，年轻人不服气地上了车，"你们可跟好了，别掉队了"。说完一个箭步登上车，发动车就准备出发。年轻有闯劲，也不怕困难，天寒地冻的也不怕冷，根本没有通过挡风玻璃看路，而是扶着方向盘，头伸在驾驶室外，眼睛盯着汽车的左前轮，右前轮顺着山边，一路滑行。后面的车紧紧跟着，就这样他们如期将木料运回来。回来后车队的老司机对我们是刮目相看，我们也用技术证明了我们的实力，以后也成了卫东运送产品的主要力量。

随着产品结构的变化，手榴弹渐渐淡出市场，1984 年初，国营卫东机械厂启动"军转民"调整改造。厂里以生产导火索和雷管为主。拉炸药、送产品，车进山的时候也就多了，山区的道路以窄、险著称，每次进山车队都会派我们年轻一点的去。那时最开始导火索的包装采用的是用竹篓装，然后用纸箱装，再用袋子。以前运输都是敞开式，不像现在的集装箱式，尽管每次出差都用雨布覆盖，走在路上一旦下大暴雨，还是要停车检查，漏雨的要加盖，松动的要重新捆好，因为运输的是导火索和雷管。淋湿了没法跟客户交代，出差司机最怕的也就是遇到雨天，把产品护好了自己总是淋得像个落汤鸡，记得有一回和张修贵一起送货，走到半路眼见暴雨就要来，我们赶紧下车整理雨布，雨布还没检查完，大雨已经开始下，最后张修贵淋得发高烧，可拉的是"爆炸品"，每到一个旅馆人家一看是爆炸物品就说客已满，没有旅馆我们就一边问一边走，等问到了，也到了目的地，只好把货卸完才休息。货卸完张修贵已经病得躺了下来。那一次我们整整多用了两天时间，回来后，还受到领导的批评。

司机由于长年出差在外，对于家人愧疚是最多的。那时通信也不发达，不像现在一个电话就知道什么时候到家，每出一趟差家人总是望眼欲穿地等到半夜。车队的家属也是最不容易的，那时每家孩子最少也有两个，多的就三四个，他们既要照顾小的，还要照顾老的，家属有工作的不多，为了补贴家用，他们也是风里来雨里去，可以这样说，军功章里有司机的一半，就有司机家属的一半。

父辈们为实现强国的梦想，用奉献、辛劳为我们留下了无尽的感慨，他们当年高唱拼搏之歌，用青春与热血，铸就了无怨无悔的青春。本人才艺疏浅，终究写不完父辈们在卫东40年的故事，但卫东的史册将永远会记住他们在青峰山下留下的足迹……

（吴山英曾任卫东化工电雷管分厂副厂长，现任卫东化工安全环保部副部长）

难忘的《沙家浜》

余毅林

1965 年，在"三线建设"浪潮的裹挟下，我也成了一名三线工人，在这片异乡的土地上，度过了近 50 年的光阴。在这里，我不想提及那些辛酸的往事，也不愿回忆背井离乡的苍凉，还是说说让我们值得留恋的高兴记忆吧！

卫东的"沙家浜"

我们来到卫东机械厂，各方面的条件是很艰苦的。物质生活的匮乏，在全国一盘棋的前提下，人们早已习以为常了。而精神生活的匮乏，就让人们显得有些单调、无聊。在还不知道电视为何物的年代，时不时的一场电影，给大家带来极大的惊喜。下雨天，人们都披着雨衣、打着雨伞照看不误。就是在数九寒天，也穿着厚厚的棉大衣，有的还带着小棉被，在凛冽的寒风里，全神贯注，一睹为快。冬日的寒冷，被电影里的故事情节冲淡了。

当时，为了宣传"毛泽东思想"，各地的文艺宣传队，如雨后春笋般地成立起来。我厂也成立了卫东机械厂毛泽东思想文艺宣传队。当时，除了一些歌颂"文化大革命"的影片外，舞台上，八个"样板戏"是唯一的文艺节目，我们宣传队选择了《沙家浜》。

谈起《沙家浜》，在卫东机械厂，是人人皆知、家喻户晓的。我们真是占据了天时、地利、人和。《沙家浜》的几个主要角色，其中有四个起决定性作用的人员——陈可明、李琦、李显普、徐还元，他们都是从专业剧团当兵后复员进入卫东的，比一般人都熟悉舞台，为我们《沙家浜》的演出奠定了坚实的基础。剧中的几个主要角色，个个都是鲜活生动、惟妙惟肖的。

"阿庆嫂"扮演者陈思梅是"华中工学院"本科毕业生，曾担任过卫东机械厂的教育科科长。天生一副好嗓子，她婉转悠扬的唱腔，镇定自若、临场不惧的神情给人们留下了难忘的印象。"开茶馆，盼兴旺，江湖义气第一桩……摆开八仙桌，招待十六方……"陈思梅模仿京剧名家洪雪飞潇洒的表演、优美清脆的唱腔，每每还会在耳边响起。现退休在家的陈思梅，大家都还热情地喊她"阿庆嫂"。

"沙奶奶"由王莲珍扮演。当时，王莲珍还是一个未出嫁的"老姑娘"。高高的个头，厚厚的嘴唇，大大的眼睛，不黑不白有点稍胖的面孔，生就一副"老旦"的模样。她嗓音浑厚、高昂，深受观众的青睐。为了演好沙奶奶，她经常关上门，对着镜子练口型。第一场正式演出，她"说来话长……"的开场白一落音，大礼堂内上千名观众同时响起了热烈的掌声，对她的演技好评如潮。

"郭建光"由我和陈可明两人合演，我演上半场的文戏，他演下半场的武戏。这是我们唯一缺憾的地方，没有一个文武兼备的"郭建光"扮演者。我的嗓音还算马虎，那大段的唱腔，使我终生难忘。"朝霞映在阳澄湖上，芦花放，稻谷香，岸柳成行……"的优美唱段，成了我的"保留节目"，至今还能一字不差地唱出来。特别是和"沙奶奶"王莲珍"那一天同志们把话拉……"的对唱，二人配合得天衣无缝，让人难以忘怀。

饰演武戏的陈可明，是工厂篮球队的主力队员，身高1米8，长相潇洒倜傥，是我们那个年代标准的美男子。还弹得一手好扬琴，长号、小号样样精通，是个"多面手"。他参军前是沔阳县（现仙桃市）汉剧团的演员，演的都是"正面人物"，在卫东文艺宣传队演郭建光非他莫属。舞台上，他那身段、那形象、那高难度的武打动作，在我们眼中，真是神了！

李琦，小小的个头，一张"娃娃脸"，是卫东文艺宣传队的杂技演员，还是卫东篮球队中个头最小，但球艺精湛的主力队员，比赛中满场飞奔。他扮演的"沙四龙"身手矫健、栩栩如生。

再说说"反派"人物。

"胡传魁"的扮演者彭筱汉，写得一手好毛笔字，为人豪放讲义气，说话幽默风趣，笑话连篇。现在是襄阳市"天门同乡会"的会长。他生就一副莽汉的模样，高大的块头，人胖肚子圆，加上夸张的脸谱，让人忍俊不禁，拍手叫绝。现在很多老人都忘了他叫彭筱汉，"胡司令"的绰号在卫东是响当当的。

"刁德一"扮演者张国亮，华中医科学院本科生，从师于我国著名的外科专家裘法祖教授，是我厂职工医院的外科主治大夫。长相英俊，一副知识分子的文绉绉的形象。他饰演的"刁德一"真是入木三分。有一次我们到他家玩，正赶上两口子争嘴，我们赶忙劝阻，哪知嫂子指着张国亮向我们诉苦："你们真会选人啊！他就是一个典型的刁德一，阴险毒辣。"一句话把我们全逗乐了。可想而知，张国亮大夫的表演是多么的深邃、突出。其实生活中的张国亮不是这样的，他为人谦和、彬彬有礼，堂堂一个正人君子。可惜的是他调往武汉后，在一次车祸中不幸丧生，给我留下了深深的眷恋。

厂工会文体干事周西恩饰演李副官；十车间工人郑幼安饰演刁小三；工会放映员邓毛子饰演匪兵甲，都很成功。更让人记忆犹新的是，郑幼安在第一次正式演出中，因彭筱汉失手，还真真地挨了"胡传魁"一记响亮的耳光，为《沙家浜》付出了"沉痛"的代价。

巡 回 演 出

经过一段时间的排练，要公开演出了。不足的是灯光布景不尽如人意，我们准备向市文化局求援。文化局的副局长是个画家，叫刘仲杰。我一听刘仲杰，就问是不是武汉人，得到肯定的答复后，我笑了，他应是我儿时一起长大的伙伴，又是初中同班同学。我们立马赶到那里，刘仲杰见到我，分外高兴。知道我们的来意后，指着一箱他画的布景说"随便挑"。在吴振发、裴厚林二位师傅的精心布置下，舞台效果真是让人惊叹，没有哪一个业余的文艺宣传队能搞得如此完美、景象逼真。

　　还有一位值得尊敬的人——张正清师傅，绰号"张管道"，他是乐队的司鼓、指挥。他润色着整场剧情的节奏，一板一眼的打击乐声，严格按照专业剧团的水准，真是让人肃然起敬。

　　我们在市内的六化建、棉纺厂、汉江机械厂、364医院、市直招待所等单位巡回演出了10多场，场场座无虚席，深受欢迎。

　　"智斗"是整个《沙家浜》剧目的重头戏。三位演员的表演是很成功的，陈思梅把"阿庆嫂"的沉着、机智表演得细致入微——她那察言观色的神情也倾倒了所有的观众，她成了卫东厂永远和蔼可亲的"阿庆嫂"。彭筱汉把"胡司令"的粗犷、鲁莽也表现得淋漓尽致——一副什么都不在乎的样子，活脱脱一个"草包"摆在了人们的眼前。张国亮一句"这个女人不寻常"，十足的京腔博得了台下京剧爱好者的阵阵喝彩声。观众们也随着这婉转的旋律，低声吟唱，过足了一把京剧瘾。

　　接下来的武戏把演出推向了更大的高潮。陈可明、李显普、李琦、徐还元充分发挥了台柱子的作用，他们的武打动作形象逼真，特别是他们上演了跟北京京剧团"样板戏"一模一样的"三险"动作：李显普、徐还元二人飞身鱼跃，李琦一个漂亮的小翻，三人在空中重叠一线，一气呵成，壮观精彩。我们这些"二踢脚"面对着用布拉起的围墙，纷纷鱼跃而过，整个剧场一片欢腾。掌声、锣鼓声、欢呼声，形成了一首特有的交响乐。

　　由于革命现代京剧的普及，人们渐渐地不满足于"样板戏"了。于是我们又排练了一台以杂技、魔术、歌舞、相声、慢板等曲艺混杂的文艺节目。当时，周西恩的魔术《钓鱼》；杂技组的《练兵场上》；熊玲凤的女独《沂蒙颂》；邸世平的男独《塞北的雪》；吕欢慈的小提琴《新疆之春》；吴国民的竹笛《喜洋洋》；许连波的黑管《行军曲》……都轰动一时。其中难以忘怀的要数我和胡云合作自编自演的湖北慢板《计划生育好》。老的卫东人都不会忘记那几句经典的台词："老大要吃水饺，老二要吃油条，老三这些他都不吃，我要吃热窝苕。"诙谐、幽默的表演，引来满堂的哄笑。没等人们回过神来，我们又甩出了一个包袱："老四老五嗷嗷叫，等着喂奶糕。"胡云那夸张的动作，让观众大笑不止，简直乐翻了天。

走 向 辉 煌

我们开始在市内巡回演出，卫东机械厂文艺宣传队的名声渐渐地传开了。周边的地区如光化、南漳、宜城纷纷发出了邀请，于是，我们走出了市区，也逐步走向辉煌。

在南漳，县工会的负责同志、武装部的首长热情地接待我们，欢迎我们的到来。县招待所，为了迎接我们的到来，还把二楼的旅客都调整到三楼，让我们集中住在二楼，真是照顾周到，令人感动。我们在南漳演出了3天，场场爆满，现场掌声雷动。有一个观众上来问我："你们是不是专业剧团?"我摇摇头说："我们都是工厂里的职工，都是业余文艺爱好者。"他竖起大拇指啧啧称道："了不起，了不起!"南漳人民的热情，超出了我们的想象。每次演出结束，观众久久不愿离去，我们一次次拉开大幕，鞠躬致意，谢谢啦，南漳的兄弟姐妹们!

在宜城，火爆的场面，更是让人难以想象。演出的地点设在宜城县（现宜城市）大礼堂。演出的第一天，从四面八方涌来的人群不计其数，黑压压的一片，把偌大一个礼堂围得水泄不通，使我们无法进入舞台。负责同志多次分流人群，都不见成效。无奈之下，礼堂的管理员，带领我们绕道20多分钟，从后门才进入礼堂。我们从大幕缝隙往外一看，场面让我们惊呆了，整个礼堂挤满了人，根本无法通行，这就像人

1968年，卫东职工崔楚珍、张世兰、刘志祥业在表演"红歌"

过去，职工的业余文化生活活动丰富多彩

们形容的无立锥之地。周围的窗户上、外面的树上都爬满了人。大幕一拉开，人头攒动，外面的人想涌进剧场，形势几乎失控。剧场负责同志再三高呼："宣传队不会走，今天看不到，明天再来！"

这才慢慢地安定了大家的情绪，没有酿成事故。现在回想起来，那场面简直是不可思议。

我们在宜城连演了三场后，在剧场领导的再三要求下，我们又加演了一场，这才结束了宜城之行。临别的时候，县招待所、剧场的领导依依不舍。我们在车上频频向他们招手致意。再见，热情的宜城！再见，宜城的父老乡亲！

让人难以忘怀的是，每晚演出结束后，当地的负责同志都会准备大盆大盆的红烧肉、排骨汤等丰盛的菜肴款待我们。在那"计划经济"的年代，人们肚子里油水不多，那肉香、汤香，至今还口有余香。为了感谢菜肴的制作者们，我们还会选几个唱段献给他们，同样会得到他们的阵阵喝彩。

（余毅林生前历任卫东机械厂八车间钳工班班长、设备科工装管理员等职）

放电影印象

高长海

我是 1962 年到江岸机修厂从事车工工作，1965 年从武汉的扬子江边支援三线搬迁，到了汉江中游鄂西北的襄阳孙家冲南河农具厂，后改为卫东机械厂。1965 年兼职放映员，1976 年任专职影视放映组长，后兼管工会俱乐部文体至退休。

影片放映

1965 年与地区电影公司建立取影片关系，工矿单位卫东厂是第一家。需放映随去随取。1966 年"破四旧"，紧接着"文化大革命"开始。当时的口号是"抓革命、促生产"，停止了一切业余娱乐活动。当然，1966 年前的一切电影片也停映了。每月只能放几场"中央新闻"。为了尽快知道"文革"的新形势，有时是专机空运从北京、省发行到各地。直到 1969 年后逐步上映钢琴伴唱"红灯记"，后续八个戏和"老三战"（《地雷战》《地道战》《南征北战》）故事片。

影片开封解冻

1976 年后，才逐渐开封了 1976 年以前国产和国外的影片，发行重映及解冻的电影制片厂新出产的影片。当时的顺口溜是"中国的新闻简报，越南的飞机大炮，朝鲜的哭哭闹闹，南斯拉夫的炸大桥"。当时视频、电视机未普及，加上当时经常让电、停电，只有发电放电影。业余的娱乐活动只有看电影，才是大家的最爱。人人成了电影迷。雨天看不到电影都有好多的人到球场谈论电影和打听放映消息。不管是刮风下雨下雪披着小棉被、裹着棉衣看电影。全厂的影迷放映前四五点钟，就要抢占座位，摆好座椅。放映未开始就座无虚席。

1977—1978 年，是我厂放映高峰。年放映 200 多拷贝。几乎平均一天多放映一场电影。另外，还支援兄弟单位和知青点农村的放映。寒来暑往 40 年跑坏了 2 辆摩托车（其中大修一次）和用坏了长江 16 毫米、甘光 35 毫米放映机 2 套。

为大家有多的电影看

1. 一九七几年不时兴请客送礼，只凭单位相互支援解决工作上的方便，勤串联，所有与电影有关的单位，地区电影公司，市、县电影公司及市、县放映小队，尤其是武汉军区襄阳武汉文化站和"八一"电影制片、洗印厂都有着密切放映联系。形成了取片网，都能做到急我所需。

2. 由于厂工会主席余汉声比较重视职工的娱乐生活，放映设备齐全：

1965 年是长江 16 型放映机（16 毫米）；

1974 年是甘光 35 毫米放映机；

1978 年是解放 103 型 35 毫米放映机；

1980 年增购天津的氙灯座机。

故无论什么规格的电影拷贝都能双管齐放。

3. 不畏严寒酷暑

1979 年寒冬，有一天下了一夜的大雪，白天路面结冻，我驾的两轮摩托车只能顺着汽车车轮冻的雪槽沟走，到了樊城下桥时，路面像溜冰场一样，两轮车也像溜冰一样滑倒了，脚下打滑也爬不起来，多亏有路人的帮忙才扶了起来。一路公交车当我下桥时他就将车停在了桥面上，一是为了我的安全怕他刹不住车，二是猜想我结果会这样。等我下桥后公交车跟了上来，相互示意地笑了。我终于安全按时地把影片送到了市电影公司。

夏天七八月高温酷暑，我们工厂有职工防暑降温的冰棒（1.5 分一支），工会开条，我领了 30 支送到东门外，为武汉军区文化站 5 名成员降温，战士们吃着冷棒高兴地笑着说，你不来我们还想着你。还有时给他们做个台灯的配件、做两个小板凳，做个洗衣板，他们都很感谢。当然是碰到新来的影片只要是我们想放，没有拿不到的。

8 月夏天，有一次到谷城茨河的"八一"电影制片厂，联系取影片《柳堡的故事》，返回时正中午，又渴又饿，沥青路面回来成了泥浆路，一人飞驰在公路中间，还把当时比较时髦的一件花格衬衣背后溅满了沥青黑点点，取了太阳镜，晚上好多老师傅望着我笑说，你喝了酒的满脸黑红像关公，还说熊猫眼是青紫的，你怎么是白色的熊猫眼。我百感欣慰地笑了，为大家有了电影看，今天一天没有白忙。

4. 爬高上墙

有时，放映时喇叭突然坏了，我当场徒手沿着墙窗爬到檐高 7 米的横梁架上取下一只 10 瓦的高音喇叭临时配用，让大家高兴地看完电影。直到现在还回想着当时是怎么上去，又怎么下来的，动作和胆量到现在还深感后怕。

讲真情、讲奉献

20 世纪七八十年代经常高峰让电，要发电放电影，还要多场次串片，几家共放一个影片，当时高峰放映时，放一次电影最少也要 3—5 个放映员，一九七几年青工工资统一是 37.7 元，我们放映员，不讲条件，不计报酬，白天在岗位正常工作，晚上是纯尽义务放映，连 3 毛钱的夜宵费和节假日的加班费也没有报过。我是专职放映组长，带领着一班纯业余献爱心的放映员：常修德、邓毛子、周西恩、杨克芝、李莉、贾荣合、高超（尤其是我儿高超从 1978 年起，一直伴随着我放映）等放映员一直干到 2000 年。

2000 年后逐步进入电子、数码时代，取代了胶片。电影拷贝成了历史。

（高长海曾任卫东厂专职影视放映组长、工会俱乐部文体干事等职）

从天门孙家冲到襄阳孙家冲

王先觉

1969 年 7 月，我随部队从昆明出发，到西北某基地进行东风三号导弹试验。10 月，导弹发射任务圆满完成。在回昆明路过武汉时，部队要我回家探亲。一回到家，家里人便问我，是否犯了错误，部队派人到我原工作的农场、出生地进行了详细调查。我知道二炮不久就要扩编，对我的调查就是提干政审。在家仅待了一天，就接到部队电报：火速归队。回队后才知道，是林彪发出了一号战斗号令。

到了 1969 年底从家乡传来了很多招工消息：三三〇（葛洲坝）、五七油田（江汉油田）还有其他工厂都在招工。

当时部队正要进入深山中的基地去，包括团政治处主任在内，有不少干部闹着转业，他们的情绪也影响了我们。我意识到：当兵很难当一辈子，而一旦到企业当了工人，那就是一辈子。作为一名农村兵来说，这也是一次跳龙（农）门的千载难逢的机会，权衡之后，毅然放弃了提干的机会，申请复员回乡。这时，离提干命令下达还只有一个月。当时适逢云南通海大地震，这一年的退伍兵直到 1970 年 2 月才离队。

回到老家天门后，即刻到县退伍军人安置办打听分工的事，安办同志告诉我："你后天再来听消息吧。"

第三天来到安办，安办的同志指着一个人说："这就是来接你们的人。"接我们的同志自我介绍说："我叫李明才，是襄樊卫东机械厂的，明天就带你们去。"

第二天，天门一行 100 名退伍士兵，在李明才同志的带领下，先坐船到新沟，再在新沟坐火车于次日到达襄樊。当时，襄樊一桥正在建设中，还没有通车。厂里派卡车接我们，经轮渡过江。当汽车经过西街时，给我的印象特别深：当时的西街路面是石板路，街面只有一车宽，人站在车上，可以摸到两边房瓦上的瓦松。

来到厂里后，最先安排我们住在大礼堂，以后又搬到厂里新建的雷管车间。进到车间后才见到厂区的面貌。

1970 年初，工厂建立不久，厂容厂貌都比较差。有不少同志感觉好像上当了，也有不少人不辞而别回了天门（以后经省政府给县里做工作，这些回去的同志又都回来上班了）。

新工人培训结束后，都陆陆续续分配到各单位去。我在部队时是搞导弹推进剂化验的，曾在二炮工程学院进行过理论培训，以后又在济南酒精总厂和北京一〇一试验站实习。顺理成章，我被分配到理化室。

理化室当时人员不多，班长青国治，有两名老工人：叶文安（前两年在江华厂去世），傅碧珍（后调回武汉），还有两名比我早到一个月的从 804 厂调来的技术人员张德寿、严凤棣夫妇。因为我原来服役的炮兵技术学院（对外叫"西安炮校"，现在叫"二炮工程学院"）与 804 厂紧紧挨在一起，两名老师傅对我特别好。

不久，工厂恢复党组织生活，我当时所在的是检验连党支部，支部成员 3 人：党支部书记、指导员涂福财，连长陈启江，我担任支部青年委员兼团支部书记。

秋季，纸雷管将进行试生产，而我们将要配套使用的玻璃仪器只能在夏天校对了。

当时，工厂没有空调，而仪器校对要在 20℃ 左右的环境中进行。最后只好在老理化室的天平室放一个铁柜子，在铁柜中放入买来的大冰块用以降低室温。正是酷暑时节，进入校对室是清凉的世界，一走出天平室就酷热难当。就在那种情况下，完成了仪器校对。（到 1999 年，厂里在进行质量体系认证时，理化室、计量室都装上了几台大功率空调，环境得到了极大的改善。这一年，我任检验处党支部书记兼副处长，分管理化室、计量室工作。）

在雷管车间进口处，建设了新的理化室。因雷管分析需要，生产科的李年魁同志带着我到圆木社定制了工作台，地面需要铺橡皮，理化室全体人员（后来又招收了一批学徒工，化验员人数比最初又增加了1倍多。）每人一把锉刀、一把木榔头、一瓶胶水，铺好了地面橡皮。

之后不久，纸雷管车间正式生产，全厂的生产生活都步入了正轨。

1985年，因军转民，开发民品，我被调到产品开发办公室，进行溶解乙炔的调研立项。1986年溶解乙炔车间正式成立，原军品车间主任王振球任车间主任，主管全面工作，我任车间副主任，负责技术工作，另有一名技术员周世铭。

溶解乙炔车间从厂房建设、设备安装调试、人员培训，1987年正式投产。

之后几年，我又担任车间主任、分厂厂长、书记。1999年工厂进行质量体系认证，我奉命调回检验处任党支部书记兼副处长。

2000年4月，全厂有十名50岁以上的中层干部退到二线，我当时是年龄最大的一名——56岁，随即申请提前退休，得到批准。

也许是巧合，或许是天意，我扎根工作生活了一辈子的地方是：襄阳市襄城区环山路孙家冲，而我的出生地是：天门市石河镇孙家冲，命中注定我为孙家冲人。

（王先觉历任卫东厂乙炔气厂长、支部书记，检验处支部书记兼任副处长等职）

卫东记忆 湖北的"小三线"建设

——以国营第 846 厂为例

杨克芝

前　言

20 世纪 60 年代初期，党中央决定在我国西南和西北地区（包括湘西、鄂西和豫西），"靠山、近水、扎大营"，号召"好人好马上三线"，按照"山、散、洞"的方针，建立一个相对隐蔽、安全、完整的战略后方工业和军工体系。全国在 1964—1980 年大约 17 年的时间里，投资 2052 亿元资金，建成近 2000 个大中型三线企业；修建了成昆、湘黔、襄渝、焦枝等 10 余条共 8000 余公里的铁路干线；建成数十个航空航天和卫星发射基地；建成攀枝花、十堰、德阳等 30 多座新兴工业城市……

截至 1981 年，全国 28 个省、市、自治区建设了"小三线"军工企业、事业单位 268 个，仓库 3 个、研究所 1 个。拥有职工 28 万人，主要设备 37000 台。累计投资 31.5 亿元。

1964 年 10 月，湖北的"小三线"建设就在这种特殊的条件下开始。

根据中共中央、中共中央中南局指示，决定在湖北兴建 9 个"小三线"地方军工企业。1965 年，建成 2 个；在建 2 个；筹建 5 个。

据统计，在湖北襄阳、荆门、宜昌、宜都、荆州、十堰等地相继建成了 52 个大、小三线企业，其中建成的"小三线"地方军工企业 11 个（比原计划增建 2 个）。还有上十个科研院所、储备仓库、战备印刷厂、战地医院等。

过去的老墙体标语依然清晰可辨："沿着毛主席的革命路线胜利前进"

在"三西"（鄂西、豫西、湘西）地区，襄阳地区（现襄阳市）是建军工企业最多的一个地区（大、小三线厂和院、所、库29个，其中"小三线"地方军工企业6个）。

地处鄂西，距襄阳市市中心7公里的国营第846厂（国营卫东机械厂），是湖北省、鄂西北第一个建成投产并试制生产出第一个军用产品——63式木柄手榴弹的"小三线"地方军工企业（全国共建成手榴弹制造厂25个）。这是卫东人的骄傲！

湖北相继建成的11个"小三线"地方军工企业是：

1. 国营卫东机械厂（国营第846厂）：生产手榴弹，在襄阳市（现为湖北卫东控股集团有限公司）。

2. 国营江北铸造厂（国营9603厂）：生产制动器，在钟祥市（现为湖北雷神公司）。

3. 国营汉丹电器厂（国营9604厂）：生产火炮引信，在襄阳市（现为湖北汉丹机电有限公司）。

4. 国营红旗机制厂（国营 9611 厂）：生产步枪子弹，原在南漳县，后迁至襄阳市（已破产）。

5. 国营金属制品厂（国营 9614 厂）：生产手榴弹雷管，在南漳县（1968 年 12 月和 846 厂合并，整体搬迁至襄阳）。

6. 国营襄沙化工厂（国营 9615 厂）：生产 TNT 炸药，在荆门市（现为湖北凯龙控股集团有限公司）。

7. 国营长坪工具厂，后更名为国营江华机械厂（国营 9616 厂）：生产折叠冲锋枪，原在南漳县，后民品搬迁至襄阳市（现为湖北江华机械有限公司）。

8. 国营荆江农机厂（国营第 949 厂）：生产自动步枪子弹，在松滋县（现已破产）。

9. 国营清江矿山机械厂（国营第 982 厂）：生产专用模具，在枝江县（现已破产）。

10. 国营东风工具厂（国营 9669 厂）：生产三速轴，量具，在荆州江陵（现已破产）。

11. 国营漳河机械厂（国营 9626 厂）：4 管高射机枪，原在南漳县，现搬迁至襄阳（现为襄阳重型机床厂）。

注 1：湖北的"小三线"系统，对外称"07 系统"。

注 2：湖北的"小三线"系统，另有 2 个"动员线"厂：武汉重型机床厂；武汉缝纫机厂，各有 1 个车间备战。

本文以国营第 846 厂（第二厂名国营卫东机械厂）为例，粗略讲述湖北省"小三线"建设的史实，供"三线建设"研究者参考。

土法上马　和帝修反抢时间

1964 年 10 月，以湖北省副省长刘晋、襄阳地区专署副专员秦志维、手榴弹地雷装配厂筹建领导小组组长（建厂后第一任党委书记）刘宝书以及襄阳地区公安处领导为首的"选址"小组，经过近一个月跋山涉水的考察、论证，第一次选址在襄阳虎头山麓（现湖北汉丹机电有限公司所在地），报批时，省委、省政府主要领导认为占地面积过小，经过第二次考察研究后，决定将鄂西北第一个兵工厂——国营第846厂（当时称湖北032厂）建在襄阳古城西南、三面环山、一个不足100米宽的唯一出口、北临长江第一大支流汉江、距城区7公里、占地面积55万平方米的孙家冲。选址完全符合中央军委"靠山、近水、隐蔽"的要求标准。

1964年11月1日，湖北省经委鄂经联军字〔1964〕第104号、省计委鄂计军工藏字〔1964〕第09号、省工交鄂工交政字〔1964〕011号联合发文——决定建立国营手榴弹地雷装配厂，军工厂名湖北第032厂。属湖北省工业厅直接领导，办公室暂设在襄阳地区专署联合招待所内。1964年11月8日，中共襄阳地委组织部下发襄组字〔1964〕第179号文，任命刘宝书同志为湖北第032厂党委书记，工厂领导班子正式组建。

1965年1月12日，湖北省计划委员会下发〔65〕鄂计军宋字第003号文:《对湖北〇三二厂设计任务书的审批意见》，批准建厂地址为孙家冲；年产720产品（手榴弹）100万枚；730（地雷）、820（反坦克地雷）产量待定；建厂房3620平方米、其他建筑3587平方米；定员330人；总投资控制在150万元以内。

1965年6月25日，湖北省计划委员会以鄂计军革字〔1965〕第08号文下发《关于八四六厂的设备安装工程由电力厅施工的通知》。工厂（时称南河工区）由湖北省第一建筑公司（简称省一建）承担。实际上，1965年3月15日已提前开始土建。建筑公司同时从两个方面入手：一是改造原襄阳炸药厂（下马的202厂）和国营财贸农场遗留下来的破旧房屋；二是因陋就简地修建新的厂房。厂房全部是红砖红瓦"山"字形平房。为了和帝修反争速度、抢时间，建房和设备安装同步进行。至1966年4月完成第一期工程。第一期工程共投资199.3万元（原计划为150万元），比预算超出近50万元。省计委先后分4次进行投资费用追加：追加资金分别为11.8万元、7.5万元、3.5万元和26.5万元。

湖北省一建建筑工人和南河农具厂（国营第846厂）全体军工战士按照

"先生产，后生活"的原则，住简陋的工棚，走泥泞的道路，吃浑浊的井水，人扛肩抬，经过 4 个多月艰苦卓绝、日以继夜的奋战，终于在 1965 年 11 月 23 日，试制、生产出第一批完全符合技术标准的 720（手榴弹）产品——向党中央、毛主席报喜！以惊人的速度，取得了当年基建、当年试制、当年试生产的伟大胜利。1965 年 12 月 1 日，中共湖北省委国防工业领导小组办公室，用〔65〕鄂防办字第 43 号文件向南河农具厂发去贺电，对该厂的这一壮举给予了高度的评价。工人高举横幅，敲锣打鼓，环厂游行。工厂杀猪宰羊打牙祭，举杯相庆。1966 年 4 月 19 日通过鉴定并开始批量生产。

1964 年 11 月 28 日，湖北省工业厅《手榴弹和地雷设计任务书》指定：弹壳由武汉鼓风机厂协作供应；木柄、木箱由武汉综合制品厂协作供应；保险盖、拉环由武汉无线电厂协作供应；TNT、雷管、拉火冒、导火索、黑索金由中南大区指定有关工厂供应……1965 年 4 月，省、市又统一安排为：弹壳由襄阳专区通用机械厂（简称专通用）协作；"4 小件"（螺纹套、螺纹盖、拉火环、垫圈）由襄阳力车厂承担；木制品由襄城木器社制作；发火件所需的炸药、拉火帽、延时导火索、雷管等由南漳 9614 厂、湖南 516 厂和其他老手榴弹厂提供。当时，南河农具厂实际上只是一个手榴弹装配厂而已。最初的 63 式手榴弹图纸也由制作手榴弹的老厂 342 厂（山西淮海机械厂）提供。

自 1965 年 4 月正式投产，截至 1987 年军转民，国营卫东机械厂为国防事业作出了巨大贡献——为部队装备 3 种型号（63 式、67 式、77-1 式）的手榴弹 1292.6 万发。同时，还相继研制、生产了反坦克枪榴弹、集束火箭榴弹、手掷榴弹和 5 公斤炸药包、雷管、导火索、导火索点火装置、匕首麻醉枪等军工产品。

三线厂，有人叫它"军工厂"，有人叫它"兵工厂"，但很多老百姓叫它"保密厂"。为了保密，为了防止阶级敌人的破坏，国家在这方面下了很大的工夫：军工企业不仅有对外的厂名，还有军工代号、产品代号、通信信箱等。

卫东的厂名沿革如下：

1964 年 11 月 1 日，湖北省经委、计委、工交政治部联合发文，决定建立国营手榴弹地雷装配厂，军工厂名：湖北第 032 厂。民用厂名：襄阳铁工厂。

1965 年 7 月 9 日，国家第五机械工业部（后更名为兵器工业部）颁发〔1965〕1666 号文，厂名军工代号国营第 846 厂，第二厂名国营湖北南河农具厂。

1968 年 12 月 9 日，湖北省军区国防工业办公室以〔1968〕鄂军防办字第 59 号文，撤销地处南漳的"国营湖北金属制品厂"（1964 年 5 月建制，总投资 398 万元，占地面积 14510 平方米，设计能力年产 3400 万发工业用雷管。军工代号国营第 9614 厂）。1969 年 1 月正式搬迁并入国营南河农具厂，合并后的工厂正式命名为国营卫东机械厂（卫东——保卫毛泽东、保卫东方），军工代号沿用国营第 846 厂。

1964 年 11 月 1 日——隶属于湖北省工业厅。

1968 年 8 月 20 日——隶属于湖北省军区国防工业办公室。

1974 年 4 月 8 日——隶属于湖北省革命委员会国防工业办公室。

1975 年 11 月 1 日——隶属于湖北省革命委员会第五机械工业局。

1978 年 3 月 21 日——隶属于湖北省革命委员会国防工业办公室。

1981 年 2 月 19 日——隶属于湖北省人民政府国防科学技术工业办公室。

1983 年底，党中央决定，国务院颁发《关于实施三线调整问题的通知》，作出了对"三线建设"进行"调整改造、发挥作用"的重大决策，明确了"关、停、并、转、迁"的三线调整方针。1984 年初，国营卫东机械厂启动停军转民调整改造，"双轨"并行，生产隶属于湖北省，组织关系隶属于现襄阳市。

1987 年 8 月，湖北省国防工办下发鄂国秘便字〔1987〕044 号文，通知国营卫东机械厂正式脱离省属，隶属权下放至现襄阳市（正县级企业），划归市机械工业局领导。保留国营第 846 厂军工生产厂代号，军用产品管理权仍隶属于省国防科工办。

2003 年 5 月 25 日起筹备国营卫东机械厂国企改革，当年 9 月 26 日，襄樊市直国有企业改革领导小组颁发襄企改〔2003〕83号文，批准《国营卫东机械厂企业改革方案》，10月27日工厂产权转让协议正式签订。至此，走过40年征程的"国营卫东机械厂"成了历史范畴的概念。

2003年10月18日，在襄阳名人城市大酒店召开"湖北卫东机械化工有限公司创立暨国营卫东机械厂建厂40周年"大会。

2004年1月11日，襄樊市工商管理局颁发营业执照——一个以民营为主体的崭新卫东——湖北卫东机械化工有限公司正式合法确立。

2009年2月2日，卫东公司下发卫发字〔2009〕05号文《关于筹备组建集团公司的工作安排》，决定湖北卫东机械化工有限公司更名为现今的湖北卫东控股集团有限公司。2009年6月1日正式确认。

在国营时期，军品（厂徽）代号：602（卫东生产的1292.6万发手榴弹，每一发的弹柄上都喷有"602"字样）；手榴弹产品代号：720；通信信箱：湖北襄阳第204信箱。

丹心向阳 好人好马上三线

湖北省工业厅1964年11月28日，编制下发了《手榴弹地雷装配厂设计任务书》（以下简称《设计任务书》）。《设计任务书》在"总论"中指出："决定利用原襄樊炸药厂（下马厂）的厂址，并以武汉市江岸机修厂为班底，迁至该地进行建设成为一个手榴弹、地雷装配厂。"江岸机修厂闻风而动，1965年7月9日，72名干群，连同27台设备用船整体搬迁至襄阳孙家冲。同时，在武汉市委的大力协调下，在武汉市属的江岸汽修厂、武汉制药厂、马应龙制药厂、抗菌素制药厂、九安制药厂、汉阳造纸厂、洪山灯泡厂、京口农场农科所、武汉电车公司、武汉锅炉厂、汉阳陶瓷厂、武汉衡器厂、武汉印刷厂等数十个单位选派了百余名热血青年，陆续赶往襄阳报到。个别非"红五类"青年，是写了血书后才被批准参加"国防建设"的！我的老伴、时年17岁的熊玲凤也随武汉大军入厂。

在"全国一盘棋"的形势下，一切必须以大局为重，当时的大局就是

"备战、备荒、为人民"。为了早日建成鄂西北的手榴弹兵工厂，经湖北省委向党中央和中南局多次请示、协商，决定向全国各地的手榴弹、雷管制造老厂请求支援。各老厂立即选派了大量的技术骨干、生产骨干，在第一时间拖儿带女举家奔赴襄阳。如湖南衡阳的大利化工厂（516 厂——34 人）；山西长治的淮海机械厂（342 厂——26 人）；山西长治的惠丰机电厂（304厂——18 人）；陕西西安的庆华机械厂（804 厂——43 人）；还有湖南新化县的湘红机械厂（9634 厂）、河南邓县的星光机电厂（5124 厂）、山西晋城的江淮机械厂（374 厂）……至此，武汉、全国各地、连同原襄樊炸药厂（202 厂）的 12 名员工在内，在卫东的历史上称为"88 个单位，404 人"（并非十分确凿的数字），组成了"南河农具厂"（国营卫东机械厂前用名）的建设大军。

前面提到，建厂初期的国营卫东机械厂，实际上是一个装配厂、几个协作厂的"大杂烩"。根据方便管理和方便生产的原则，先后进行了 3 次有机的整合：1967 年 1 月 4 日，中共襄樊市委下发樊市字 002 号文，区属集体企业"襄城木器社"（木制品协作厂）改变体制划归卫东厂管理，98 名职工（另有 30 名职工调入国营汉丹电器厂）和设备整体搬迁，组建国营卫东机械厂木工车间（原六车间）。1968 年 12 月 9 日，湖北省军区国防工办下发鄂军防办字〔1968〕59 号文，撤销 1964 年 5 月建制、地处襄阳西 55 公里南漳县的"国营湖北金属制品厂"（国营 9614 厂；员工 172 名），整体和当时的南河农具厂合并为国营卫东机械厂。组建雷管车间（原四车间）。至此，工厂职工达到 624 人（含临时工 10 人）。1973 年 1 月 15 日，襄阳拖拉机厂（原襄阳专区通用机械厂——弹壳协作厂）17 名工人举家搬进孙家冲，组建铸造车间（原一车间）。

随着工厂的不断发展，产品的不断增加，壮大职工队伍成了当务之急。1970 年 3 月，地处湖北荆州地区的天门县（现天门市）、潜江县（现潜江市）、沔阳县（现仙桃市）以及洪湖县（现洪湖市）的 348 名复员退伍军人应招入厂。作者本人和相当一部分"老转"，大都已经填写了总部设在潜江的"江汉油田"（时称"五七油田"）的招工表。但负责招工的卫东厂劳资负

20 世纪 70 年代宣传
贯彻中央文件精神

责人李明才的一席话，让这些"老转"们打消了进油田的主意："毛主席说，
'好人好马上三线'，不要傻了吧唧的，只有我们选剩下的，才留给油田！"
试想，谁不愿意是"好人好马"呢！？（进厂后有被骗来的感觉）同年 4 月，
在附近的襄阳县（现襄阳市襄州区）招收 87 名学徒工；在汉西东西湖农场
（现武汉市东西湖开发区）招收 46 位工人。与此同时，28 个半转业军官安
置；专职搬运工招进；人民大会堂换转人员、地搭工、轮换工、随军家属
工陆续进厂。至 1973 年 12 月底，卫东机械厂的职工由建厂计划的 330 人编
制，达到了 1666 人（含 24 名临时工），是计划编制的 5 倍。

军工精神　扎根深山为国防

现今的基本建设，首先讲究的是"三通一平"：水通、电通、路通和场
地平。可是，在卫东建厂初期的时候，既不通，也不平。

"水是生命的源泉！"建厂初期，孙家冲只有两口井，一口在现今的生活
区新大学生公寓旁边，一口在现今的生产区电雷管分厂旁边。一个小小的孙
家冲，由原来的几户人家，剧增到了 150 来户，两口井，够吗？肯定不够。

多数人只能吃人们叫作"孙冲湖"的"山水"。为了解决职工吃水难的问题，工厂后来在汉江边建立了一个水厂，自己抽水自己吃。可是，不久，随着其他"小三线"企业的建成，襄阳地区领导强行"收回"了水厂（现襄阳市一水厂），在那个时代，卫东人也只有忍气吞声了。

"吃"，"民以食为天，吃饭第一。"随着企业的不断扩大和发展，吃饭问题，绝对是工厂领导首要的议事日程。建厂初期，卫东有了简易的"大食堂"；建厂中、前期，卫东不仅有了"新食堂"，而且还有了4个"车间食堂"（在生产区）；后来，有了专门招待上级领导和客人的"二食堂（客餐食堂）"；再后来，便有了美食街；再再后来，有了高管食堂、大学生食堂、警卫人员食堂、建筑分队等工作餐食堂……建厂中、前期，职工全部在大食堂就餐（包括13级以上的"高干"）；后来，有了固定的家属宿舍，"双职工"们虽然另起炉灶，但早餐还是靠大食堂供应。食堂炊事员变着花样，尽量满足就餐者的需求。工厂"职工食堂"多次被评为省、市"先进食堂""红旗食堂"。工厂有明文规定：大食堂的粉蒸肉、排骨汤、红烧鱼等菜肴是不允许双职工购买的。当我1971年成为"双职工"后，买这些菜肴都是"开后门"办成的。再后来，随着员工的增加，双职工只允许早上在职工食堂买馒头，连买稀饭和豆浆、豆腐脑、胡辣汤都不允许了。

在那个"勤俭办一切"的年代，供人"方便"的厕所也被管得很紧！关于厕所，在1965年湖北省工业厅、省国防工办的"机密"文件中，有严格的规定。摘录了几条：建厂初期，湖北省下发正式文件，批准修建4—5个简易公厕；对于办公场所，室内不准建厕所、浴室，只有二楼排水条件好的，才可以建1—2个小便池。并明文规定每间不能超过4平方米；不准修建水冲厕所，一律用公共旱厕。

对新建的宿舍面积和资金投入，都有严格的规定，工厂不能越雷池半步。插图，是省政府机关"红头文件"的硬性规定：一户一室：16平方米以内；一户二室：20—24平方米；一户三室：30—36平方米。哪像现在七八十、百把个平方米还嫌不宽敞。建厂初期的5年内，多数人住"干打垒"、睡的是工棚，这是不足为奇的。1970年"老转"们进厂时，还是住的

"新工房"。我从结婚到一儿一女4口人，住平房一直住到1989年，和老鼠、蛇、蜈蚣打了近20年的交道，最后才住进了不足40平方米的楼房。直到2006年，才花钱购买了现今的三室两厅。

地处深山老林，交通是一个难以解决的问题。那个年代，襄城市区只有一条公交线。工厂通往城区的只有唯一一条小便道和一条水渠的土堤埂。进城和返厂，十几里的路程全靠步行。后来，有了自行车代步（但很少）。建厂初期，工厂只有一辆卡车，第二年有了一辆罗马吉普车。能够坐上这两辆车的人是凤毛麟角（个别工人还因坐车还闹过尴尬的笑话）。

20世纪70年代中后期，车辆多了一点。职工到城区参加大型活动，都是坐在用缆绳捆牢的卡车车厢里（还出了2次"泼人"事故）。过农历年，工厂用同样的方法送职工回家过年。直到1998年10月1日，时隔三十几年之后，工厂才有了自己的通勤车。后来。又与襄阳市公交公司协商，工厂给适当补贴，终于有了第29路公交车，正常时间30分钟一趟，中午停开2个小时，下午6时40分结束。虽然还是怨声载道，但不管怎样，总算可以将就了，也应该知足了。

工厂办教育，这是工厂办社会的重中之重——

学前教育：有自己的幼儿园（看管为主，学习为辅）。

义务教育：建厂初期和邻近的生产队合办"育红小学"；后来，有了自己独立开办的子弟学校；再后来，有了自己的教学楼，学前班、小学、初中、高中一应俱全。兴旺时期，教职员工36名，年度在校生达到600余人，卫东子弟学校是襄樊市多年的红旗学校。可是，2003年无偿划归襄城教育局后，终于停办（有一个《卫东学生上学难》的专题视频，可供参考）。

专业教育：工厂有自己的教育科、教育中心，除送培外，全部自办教育机构。1975年7月21日，创办了"7·21大学"，办了2期，培养70人，输送高管3人，中干25人；1979年8月1日，创办"846厂技工学校"，共举办7期，培养技工321人（我们的董事局主席顾勇也是其中一员）。

高等教育：2002年9月1日，成立了湖北省经管院卫东教学站，截至目前已办了4期，培养本科、专科毕业生224人（另有5人结业）。

卫东的道路，从工厂入口的麒麟店，围着生活区、生产区的环形主路，全长 7.4 千米，连同通往各山岔内隐蔽的生产工房的次干道，在 12 千米以上。1964—1972 年的 8 年间，依旧是"扬灰路"，晴天扬灰，雨天泥泞，职工苦不堪言。1972 年 6 月 25 日，时任卫东"革委会"副主任的王胜辉（后任湖北省消防总队政委，2002 年逝世，卫东人非常怀念他。把主干道命名为"胜辉路"），带领全体职工，自力更生修筑卫东的"洋灰路"。其感人的场面，让人终生难忘：没有水泥（要报批计划），王主任亲临武汉，求爷爷告奶奶、低声下气地"赖"到批条；总指挥周兴传（军代表）和工人始终奋斗在第一线；每个车间都成立了筑路小分队，24 个小时三班倒，扛水泥、下石料、手工搅拌混凝土、筛沙、推车拼命干。没有加班费，没有奖金，有的只是一碗 2 毛 5 分钱的夜餐（费）饭。苦战近 200 个日日夜夜。"马路精神"，至今还在激励着全体卫东人。

以"占领业余文化阵地"为宗旨的文化娱乐活动，是卫东厂的"强项"，在鄂西北，乃至在"三西"（湘西、鄂西、豫西），都创造了很多的"第一"。

"毛泽东思想文艺宣传队"：在"文革"中，先后编排了 3 台大型节目，一次可以演出 6 个小时。一台全本《沙家浜》；一台"杂技魔术"；一台歌舞、曲艺综合节目，应邀在各兄弟厂和县、市地方政府进行了数十场演出，非常轰动！ 1976 年，时任党委书记的张步信和厂长吕光明，一次签批 8.5 万元（在当时是天文数字），为宣传队添置钢琴、大提琴、小提琴、扬琴、月琴、大贝斯、大阮、萨克斯、长笛、长号……（当时，在襄樊，除了市文工团、铁路文工团之外，卫东的大贝斯是第 3 个）就可见一斑。

总有新电影的放映队：最多的时候，放映队配备放映员 7 人（专职 2 人，我本人也考有放映员证书），16 毫米、32 毫米移动放映机和"松花江"座机共 4 套。最可喜的是工厂和省、市电影发行公司关系忒好，特别是和"八一"电影制片厂发行部（地处襄城，"八一"电影制片分厂地处襄阳"承恩寺"）的关系更好。当时新发行的电影，卫东都会在第一时间放映。每周 1—2 场，雷打不动，让其他厂矿羡慕不已。

男女竞技队：男女篮球队、乒乓球队、排球队、足球队、羽毛球队、桥牌队、象棋队……一应俱全。

图书阅览室：配备两名专职图书管理员，藏书最多的时候，达到上万册。

工资，是像我这样一代人非常"纠结"的事情。从 1966 年 6 月 1 日湖北省工业厅劳动工资处复函答复得知工资待遇为：参加工作第一年 18 元；第二年 22 元；第三年 26 元（熟练工 28 元）。参加工作后知道：1 级工 32 元；2 级工 37.7 元；3 级工 44.4 元。规定：工作 3—5 年，可定 1 级工；5 年以上可定 2 级工。特例：1966 年 4 月 20 日，卫东厂专门为 1958 年参加工作（工作满 8 年）、时为 2 级工的黄声顺等 3 位同志请求加级，但得到的答复是："这是正常的，应该满意了。"对于复退军人，还是比较"仁慈"的：本人 1968 年入伍，1970 年入厂，就被定为 1 级工，工资 32 元；2 年后转为 2 级工，不知过了几年，转为了 44.4 元的 3 级工，一直拿了十好几年。2002 年正式退休时，退休工资是 495.12 元。工资长期不动，是当时中央的规定。这只能怪罪"文化大革命"了，再就是"认命"了——生不逢时！

几乎与世隔绝的"小三线"兵工厂的领导们，不仅要"上管天下大事"，还要"下管鸡毛蒜皮"。从职工的生老病死到吃喝拉撒睡，少管一样都不行。这就是大、小三线的"通病"：必须"企业办小社会"。除了以上所说的以外，卫东厂还办了这样一些"社会"：澡堂：除了男女澡堂，还负责职工的开水供应，职工和家属可凭票打水。理发店：安排专职工人为职工理发（最多时 3 人），男职工每月发一张理发票，女职工每月补贴 2 角钱。商店：这是一个庞大的机构：有百货日杂店、粮油店、菜店、煤店、柴店……还有邮局、缝纫店、豆腐店、冰棒房等。医疗：有自己的职工医院，做到"小病不出厂"。招待所：不仅招待外来客人，还负责家属探亲（后来新建了探亲宿舍）。水泵房：负责抽水加压……

卫东的老员工，特别是卫东的新一代领军人物群体，难忘军工之情，心凝军工情结。在我征集的《卫东记忆》资料中，工厂的厂徽、出门证、工作证、荣誉证、印有"工业学大庆"的脸盆奖品，甚至是信笺纸都保存得完好无损；卫东的墙壁上，"大办民兵师，要准备打仗""高举毛泽东思想伟大红旗奋勇前进"等革命标语比比皆是；大礼堂门匾上的毛主席语录历历在目；
"团结紧张、严肃活泼"八个大字依然闪耀着昔日的光芒；礼堂内的巨幅毛
泽东画像依然悬挂在会场中央……

就地改造　跌入低谷苦挣扎

随着国际局势的逐渐缓和，军工产出必然大幅度削减。例如手榴弹的
制造，在1980年以后，全国35个"造弹厂"，停产30个，半停产3个，
只有湖北的846和北京的506两个厂正常生产，但任务也不饱和。因此，
根据邓小平"20年不会打仗，军工必须生产民品"的指示，中央作出了
"军民结合，平战结合，以军为主，以民养军"的战略方针。当时，全国
1100多个大、小三线兵工厂，都面临着同样的选择。据1980年《四川国
防工业简报》第十七期报道："军工搞民品，是必由之路。""要搞民品，这
条路一定要走。"这是"军转民"和国有企业改革的前奏曲。从此，国营卫
东机械厂和全国的三线军工企业一样，走上了"第二次创业"的艰辛坎坷
之路。

1983年前后，党中央正式对"三线建设"实施"调整改造，发挥作用"
重大决策，明确制定了"关、停、并、转、迁"的"五字方针"。1984年，
根据湖北省国防科工办的指示，国营卫东机械厂启动"军转民"调整改造。
此时，还处在"保军转民"的过渡阶段，"双规"并行：生产隶属于湖北省，
组织、人事关系隶属于襄樊市（现襄阳市）。自此至2003年，卫东人走过
了20年"二次创业"的艰辛之路。1987年1月3日，湖北省人民政府办公
厅下发鄂政办字〔1987〕1号文件，自1987年1月1日起，国营第846厂、
国营9604厂（汉丹电器厂）和国营9616厂（江华机械厂）均下放至襄阳市
归属于市机械工业局（后机械局撤销，更名机械行业协会）管辖。享受正县
级待遇。毫无疑问，三线企业在历史上发挥了无法估量的作用，故从中央到
地方，对于三线调迁，都在不同程度上给予了政策性的优惠和一定的资金扶
持。当时，省、市地方政府的扶持措施主要有：

1. 减免税收；

2. 政策性补贴，襄阳市连续 3 年给予卫东年度 100 万元的财政补贴；

3. 贴息贷款（卫东 50% 贴息）；

4. 划结呆账、死账；

5. 处理积压物资款项自留……

在此特别值得一提的是：卫东机械厂在"八五""九五"期间，没有得到国家调迁优惠。在国务院调迁办王春才老主任（当时已退休不在位）和湖北省调迁办老主任李庆的努力下，得到了"先征后返"的利税优惠（卫东先后获得 1539.74 万元的优惠退税资金）。据王春才同志介绍，全国只有 400 来家三线企业获得此项待遇。卫东真乃万幸！谢谢王春才、李庆二老雪中送炭，谢谢二老为卫东立下的汗马功劳！同时也衷心地感谢为卫东争取国家调迁优惠政策的各级组织和各位领导同志们！淳朴的卫东人永远不会忘记你们！

军工厂搞民品，正处在"市场经济"的初期，一下子都无法从"计划经济"的桎梏中解放出来，甚至还抱有回归军工的梦想。"军转民"，只能是瞎子探路，摸着石头过河。卫东机械厂的优势是"弹"（手榴弹）和管（雷管），因此，在"军转民"的道路上，首先在"弹"和"管"上进行探索。"弹"，主要进行了"两弹"的研发。一是炼钢平炉出钢口穿孔弹，年生产能力 3 万发。在武钢、重钢、鞍钢、攀钢等钢铁公司应用，效果好、效益好，但数量也少。二是枪榴弹，属外贸产品，虽然很能赚钱，但生产厂没有"经营权"，让"××工业公司"发了财。"管"，主要是恢复了"工业雷管生产线"，并申报被批准了上马电雷管。这两个雷管项目，不仅能让当时的卫东人勉强糊口，而且成了后备的支柱项目。

虽然有中央的政策，虽然有地方政府的扶持，虽然有一点点探索研制的民用产品，但对于一个拥有将近 1700 名职工、700 余名退休工人的工厂来说，只能是杯水车薪、无力回天。为了生存，工厂领导和职工在苦苦挣扎：只要是工厂力所能及的，饥不择食，"有病乱投医"，什么产品都上。先后开发过礼花弹；研制过制造皮革的鸟嘌呤；研发过洗衣机甩干电机；制造过毛衣编织机；盖过石棉活动房；生产过"虎王"牌电焊条；上马过溶解乙炔气；汽车制动毂、飞行座椅调节器、汽车专用刀具、汽车油箱、消声器……但一则需要研发经费，二则需要研发周期，三则需要更新设备，四则需要培训技术人员，五则需要寻找销售渠道……真乃举步维艰！就这样，一步一步地走到2003年。2003年3月27日，中共襄樊市委办公室襄发办发〔2003〕6号文，国营卫东机械厂列为全省75户特困企业之一。卫东剩下的只是一个亏损1.4亿元、负债率125%、职工10个半月拿不到薪酬、资不抵债濒临倒闭的"空壳"！

无言苦涩　难治愈的后遗症

"卫东工人一生穷！"（可能也是大部分"三线人"的通病吧！）1964—1980年，大部分职工正是身强体壮的时候，碰到了"文化大革命"，将近20年都要履行"低工资、多就业"的神圣使命，月工资在几十元的圈子里"打转转"。买块手表或自行车，都要"来汇"（例如：12个人，每人每月凑10元钱，根据抽签或商议，按顺序每月有一个人拿到120元钱用来购置手表、自行车或缝纫机等"大件"），要艰苦奋斗一年或更长的时间，从牙缝里挤出来。1980年以后，工厂逐步走下坡路，跌入低谷。虽然中央、省市有加工资的指标，但亏损企业控制得非常严，连"空调"浮动级都不允许。在到2000年前后退休时，退休费少得可怜。上面我说过，2002年本人退休时，只有495块1毛2的退休金（这之前10年内退265元/月，扛过3年煤气坛）。慢慢熬到今天，也仅仅只有1675元零2分。像我这样的老人占绝大多数，每月的养老金超过2000元的没有几个（1949年前参加工作的离休干部和教师除外）革命几十年，还拿不到襄阳市的平均工资（2012年市平工资2410元/月)！苦！在此期间，上要赡养父母，下要养儿育女，要买房接儿媳，嫁姑娘，请客送礼应酬人情……人老了，又这病那病，一个月只有94元零2毛的医药费，连治好一次伤风感冒都十分够呛。难！生了大病，有的老人宁愿在家里等死，也不肯住进医院，花不起呀！

1984年6月11日，国务院、中央军委联合颁发国发〔1984〕76号文，作出了对三线厂职工夫妻长期两地分居的问题进行解决和安置的决定。湖北省1985年下文部署、调查、审批，卫东机械厂1986年3月开始分3批解决了176户、629人"农转非"（绝大部分是复退转业军人）。为了解决这批人员，工厂进行了艰巨细致的安置工作。住房、工作、孩子上学等，事无巨细，都要考虑。扩大"五七"工厂，扩大商店规模，筹建农业队、清洁队、后勤服务队，扩大子弟学校教师队伍……忙得不亦乐乎。这虽然是一件好事，但同时也带来很多难以治愈的后遗症——

一、退休工资：1986年"农转非"的家属，40来岁的，多数得到了安置，成了集体工（开始为小集体，后转为大集体），到退休时，工龄大都在15年左右。本身集体工的工资基数就低，退休工资就更低了。但不管有多低，这部分老人还算是这个"家属群体"中最幸运的。

二、生活费：超过招工年龄的，只能到农业队开荒种地或到加工厂、清洁队当临时工。这批老人没有退休费，最后每人给了3000元"辛苦费"了结。现在每月只能拿到263元的最低生活保障金！

三、享受社保：还有一批连"临时工"都无法当上的，没有一分钱收入，全靠自己偷偷摸摸地开点荒，种菜种粮艰难度日。直到2011年7月，才允许以五七工的名义，自己花34500元买了15年工龄，开始享受社保（现在800来元/月）。

四、遗属补助：对没有收入的家属，丧偶后，原来每月能够享受430元的遗属生活津贴。但买了工龄后，津贴立即取消。

五、还有一少部分无钱买工龄的老人，配偶在2012年7月1日（含7月1日）以后去世的，买工龄停办了，遗属费停发了（保障金更难办），至今衣食无着，成了"啃少族"……

还有很多难以治愈的后遗症——

交通难：虽然有了29路公交车从襄城四季青通往卫东厂，但车辆均是即将报废的"老爷车"。本来班次的间隔就长（30分钟一趟，中午停开2个小时），加上车辆几乎每天都有故障发生，候车1个小时是家常便饭。特别是住在城区上下班的工人、上学放学的子弟更是哭笑不得、苦不堪言。

就医难：工厂的医院撤销了，办社区服务又无人承担，工厂只有一两个私人诊所，1个外来的药店。病危的时候，叫120救护车难，开往市区医院的路途又远，重病号在中途有咽气的，成了在所难免。

上学难：苦苦经营的子弟学校，被城区教育局强行收编，没过两年停办，工厂的"第三代"，统统要赶车到市区就读。有的还要拿出800—1200元/年的"借读费"。

还有一个"老大难"，卫东人即将第二次搬进更远、更深的山沟——经过卫东人几十年的奋斗，10来年投入4.75亿元的一个行业一流的企业，马上又面临着"搬迁"，第三次创业马上来临。原因是，卫东地处襄阳张公祠国家森林公园，昔日的荒山野岭，今天要为"旅游开发"让路了！决定搬迁至距市中心35千米的南漳九集的山沟里。卫东人好像和深山老林有着苦不堪言的不解之缘！

重铸卫东　行业一流创辉煌

今日的湖北卫东控股集团有限公司，创建于2004年1月11日，是襄阳市第一批改制企业。改制后，集团公司董事局带领全体卫东人喋血奋斗，不遗余力地重铸新的卫东。投入巨额资金，科技振企，先后修建、改造10余条高科技、全自动化的生产线——铲平一个山包，挖掘22万立方米土方，建成一座亚洲第一、全长220米、年产导爆管4亿米和导爆管雷管8000万发、年产值4亿元的导爆管雷管生产线。国内一流的电引火元件生产线、3条全自动雷管编码生产线、三重安全防护的延期体生产线、导爆索生产线、基础雷管流水生产线、先进的冲压中心等拔地而起。生产、销售、技术服务、技术转让"一条龙"，走上了拥有7个子公司（其中一个襄阳市后备上市公司）、8个孙公司、可持续发展的光辉大道。卫东人秉承三线精神，奋力拼搏，经济效益与日俱增。

如今的卫东，草坪覆盖（含护坡）323284平方米（400亩），除公路、工房外，全部铺设。绿化覆盖率 79%：广玉兰、香樟树、水杉树、茶树、梧桐等近百个树种；百年树龄的随处可见；绿地、草坪、花园、苗圃、公园……樱花园、桂花园、红枫园、蟠桃园、柿园、枣园一园连着一园，风景如画。走进卫东，如临仙境。

为新的卫东欢呼！

（杨克芝历任卫东厂工会宣传文体干事、《三线风云》丛书副主编等职）

理化室：产品质量的眼睛

青国志

我 1965 年 7 月毕业于郑州大学化学系，差点与卫东失之交臂。本来是松滋机械厂到学校要的人，到湖北报到的时候，正赶上"三线建设"的高潮。本着"好人好马上三线"的精神，我被省科工办截流，分配到国营南河农具厂（今天的卫东厂）。

筹建理化室

当时的工厂只有十几个人，房屋只有几间小平房，工厂正处于建设初期。我负责工卡量具的分类、储存与保管，是一名保管员。1966 年 4 月，67 式木柄手榴弹试生产时，理化室正式成立。

当时国家正处于困难时期，一切从简，要求花小钱办大事。当时的理化室由省工业厅设计院设计，建成了 120 平方米的一头沉的平房。有物理实验和化学分析两部分。

根据工厂产品生产的需要，购置了 60 吨拉力试验机，进行地雷安全性试验和 500 千克纸张拉力试验。设备回厂后，安装成了大问题，我只有理论知识，实际安装一无所知。特别是 500 千克拉力试验机的一切材料都是瑞士进口的，说明书都是英文的。工厂没有翻译人员，厂长刘福田对我说："你大胆去干，一切由我负责。"我放下包袱埋头 3 天时间，把所有资料翻译出来，又和工厂老师傅喻八级（喻宝山）等人一起研究安装问题。60 吨拉力试验机安装的关键是油箱里面上下四层钢球。哪个在上，哪个在下都要弄清楚，否则油压就上不去，拉力也不行。经过两天的摸索和试验，终于于1966年5月安装成功。物理试验部分准备工作完成。

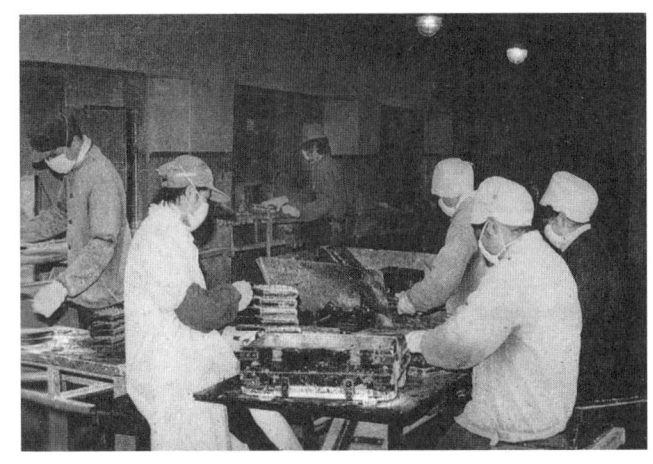
职工在车间紧张工作

化学分析部分准备工作比较简单。天平安装，玻璃仪器的校准我在学校就能熟练操作，很快就准备完成了。这时工厂派出学习的两位师傅夏秀玉、付毕珍也从湖南回厂。理化分析工作正式拉开序幕。

随着工厂的发展，理化分析任务越来越重，人员要求也越来越多，原有的理化分析室已不能满足要求。1968年由黑色金属设计室和工厂协商设计建成了现在还在服役的理化室，房屋面积400平方米，人员达到了16人，分为物理室、黑火药分析室、烘干室、标准化室、起爆药分析室、标准溶液储存室。人员分为物理试验组、原材料组、标准化组、起爆药组。

这时的理化室成了全厂闻名的宫殿式建筑（在雷管生产动员大会上，王胜辉点名的两大官殿——理化室、计量室）。当时的理化室没有空调，在高温条件下，要想完成产品定型任务是很困难的，首先是新增设备的标准，条件要求20—25℃的恒温，怎么办？负责标准设备的王先觉提出了用冰块降温。供应科每天供应100千克冰块，在这种艰苦条件下，王先觉和他的徒弟刘蒂一干就是七八天，终于在产品生产前完成了标准任务，为原材料的进厂分析打下了基础。理化室人员个个都是好样的，室内的工作台，椅子、药品柜，通风橱等用品都是叶文安师傅设计，圆木社加工制作，有些至今还在使用。

当好产品质量的眼睛

1966 年 4 月，手榴弹正式生产，一切材料都要理化室开出合格证才能投入使用。当时只有 3 个人，任务十分繁重，为了生产，日夜加班。首先是仪器的校准，我负责校准仪器，夏秀玉负责标准溶液配制与标定，付毕珍负责取样与分析。

在产品生产中的第一个难题是手榴弹弹柄与雷管固定剂灌制中出现缩孔，雷管固定不牢。工厂将这个难题交给理化室解决，这是一个既无资料又没有干过的事，只有边摸索边干。但是时间又紧，怎么办？我又找科领导朱海水、陈启江及夏秀玉、付毕珍商量后决定加班试验，经过一天两夜的奋斗，终于解决了固体剂缩孔问题，使工厂生产顺利进行，当年定型。

在 77—1 式铁柄手榴弹生产中，理化室负责 20 年储存试验 77—1 式铁柄手榴弹能否通过 20 年储存试验关键是电泳漆质量的好坏。所以理化室决定做铁柄腐蚀试验。根据当时理化室条件只能做盐雾试验。方法出来了，怎么做？怎样做都要解决，我查找了大量资料，决定用干燥器试验，经过 24 小时试验后，得出结论，20 年保存合格，使产品顺利定型生产。

77—1 式塑料柄手榴弹 20 年保存试验是塑料柄老化问题，理化室经过高低温试验及广州老化试验所试验，证明塑料柄在 20 年内不会老化、龟裂，当年产品定型生产。

在雷管生产过程中，红色的废水处理是个难题。当时设计是用槽车拉到郊区处理，废水处理给工厂生产造成了很大困难，工厂决定由理化室拿出解决方案。由邹运津厂长负责，我和理化室的张德寿、严风棣一起研究。查找褪色的材料，先后用荧光粉、漂白粉、活性炭试验。前后经过一个月的试验，认为荧光粉、漂白粉方法可行，但成本太高，不如活性炭价格低廉。方法决定后向工厂汇报。邹厂长决定由我、张玉亭、肖新发到安徽、湖南、广西调查外厂处理方法。回厂后决定由活性炭吸附处理，在现 218 工房西北角建了几个大池子处理，解决了废水的处理问题。

在珍宝岛事件中，五机部给工厂下达了生产反坦克枪榴弹的任务，那可是时间紧、任务重。当时苏联坦克 T64 欺负中国没有反坦克兵器，在珍宝岛上横冲直撞。炸药包、地雷都奈何不了它。国家受辱，大家都憋足了一口气，早日生产出来，打它个人仰马翻才过瘾。当时理化室负责传爆药柱及灌注炸药分析。随时准备着，什么时候到什么时候分析，不分昼夜地干。当第一批产品生产出来送到前线，战士们爱如珍宝，一发都舍不得浪费（当时只生产出来了 5 发，1 发在靶场做了试验，剩下 4 发送到前线）直到坦克跑到战士面前时，战士才一跃而起，弹顶到坦克上才打（这辆坦克后被中国缴获运回，仿制为 69 式主战坦克）。珍宝岛事迹报告团来厂作报告时，工人们听得个个流下了眼泪，为扬我国威，耀我军威中有我们自己的心血而欢欣鼓舞。

为工厂培养理化人才

在当时，理化室是一个人人向往的地方，一批批的干部子弟都送入了理化室，我对这样的一批人员只有教，一教他们爱国、爱厂，二教他们操作技术，理化室先后送入高校 3 人，有 2 人回厂，出外培训的年年都有，理化室自己也利用空闲时间办培训班，我负责数学教学，严风棣负责化学教学。

经过培训，理化室先后为工厂输送 2 名厂级领导，6 名中层干部，党委副书记鲁延龄、副厂长黎斗南就是其中的佼佼者。理化室多次被省国防科工办评为省二级计量单位，为卫东的发展做出了贡献。

卫东职工开展知识抢答学习活动

（青国志历任卫东厂检验科长、全质办主任等职）

岁 月 峥 嵘

梁炳武

我是 1978 年 12 月从北京理工大学机械工程系安全工程专业分配到国营卫东机械厂四车间（火雷管车间）任实习技术员，从事技术工作的。1979年 10 月省国防科工办筹建国营 846 厂技工学校，我被调到技校任教。

1980 年工厂处于军转民困难时期，军品任务年年减少，企业面临困境，寻求民品发展，工厂决定张吉正和我筹建和恢复火雷管生产线。当时工厂只有 DDNP 和斯蒂酚酸铅起爆药生产线。由于工厂 DDNP 生产线废水量大，环境污染严重，工厂经反复研究讨论决定利用现有斯蒂酚酸铅生产线，引进 804 厂 D.S 共沉淀起爆药生产技术。由黎斗南副厂长带领包括我在内的随行人员 7 人，到 804 厂引进和学习 D.S 共沉淀起爆药生产技术。负责工业 8号纸火雷的设计、工艺编制、工装设计、生产线调整等工作。利用原有斯蒂酚酸铅生产线来生产 D.S 共沉淀起爆药（102 工房）。在很短时间内恢复了 D.S 共沉淀起爆药生产线，当年试生产成功并通过了省工办组织的转产鉴定。1981 年卫东厂的"小个子"雷管赢得了市场，达到了供不应求的局面。在湖北省内受到用户很高的评价，赢得了市场信誉。在卫东厂极其困难时期解决了卫东人的"米袋子"问题，即饭碗工程。

1985 年 12 月由于组织信任，决定我担任车间主任兼党支部书记。在工厂领导和员工的支持下，1985—1986 年工业 8 号火雷管"青峰"牌商标注册成功。在此期间担任工业 8 号纸火雷管创省优产品领导小组组长，制订创优计划和内控指标，关键工序控制点，1986 年荣获湖北省优质产品称号。在开展全面质量管理过程中，开展 QC 小组质量活动，担任组长。1985 年

《提高氮化钠得率 QC 小组》荣获省国防科工办二等奖。同年，负责企业整顿验收工作，按照企业整顿验收标准完善了工艺、工装、计量标准等相关标准。在省工办组织企业整顿验收中获得国家二级企业证书。1986 年，《提高 D.S 共沉淀起爆药得率 QC 小组》荣获省国防科工办三等奖。

1987 年，担任工业 8 号纸火雷管生产许可证自查领导小组组长。按照工业 8 号纸火雷管生产许可证现场验收条件组织自查和实施，在省工办组织现场验收中全部合格并通过国家民爆检测中心检测合格，颁发了生产许可证。1987 年，在省优质产品抽查中继续保持省优质产品称号。

特别值得一提的一件事是：1987 年由于市场需求不断增加达到 3000 万以上时，D.S 共沉淀起爆药生产线生产能力严重不足，满足不了火雷管装配生产线的需求，必须再重新建一条起爆药生产线。在那种困难时期一是没有资金，二是建一条生产线周期长，市场又急需产品，时间上也来不及。我查了有关规范、根据现有起爆药生产线的实际情况，现有 102 工房化合工序有两个化合锅，一个是原斯蒂酚酸铅化合锅（用来生产 D.S 共沉淀起爆药）、一个是针刺药化合锅。决定将现有的针刺药化合锅拆下加工一个与斯蒂酚酸铅相同的化合锅来生产 D.S 共沉淀起爆药。进行交叉生产既不违反有关安全规范，又不超安全定量，也可增加产量。在安装化合时遇到了难题要在钢筋混凝土墙上打 4 个孔以固定搅拌装置、又不能影响生产的情况下，克服了许多困难，顶着压力，组织了 8 个青壮年利用 3 个晚上时间通宵达旦用钢钎轮番打通了 4 个孔。在打钢钎过程中大家手磨出血泡了，毫无怨言，这种不计报酬、不怕吃苦的精神，团结一致的凝聚力，在这种困难时期员工们的集体主义精神，爱岗敬业精神还那样亢奋，令我深深地感动和敬佩。我为有这样的好员工们感到十分的荣幸和感激。卫东厂要永远铭记这些默默奉献的员工们（这些人现有大多数已经退休了，有的已过世了）。这样的事例还有很多，这里就不再列举了。增加一个化合锅后满足了火雷管装配 3400 万以上的生产能力需要。既满足了市场的需求，又保证了生产安全，一个生产线当两条用，为工厂节约了上百万元的投入。

从 1981—1992 年间，工厂的工业 8 号纸火雷管产值产量年年翻番，年产量达到 4000 万—5000 万发，创历史最高纪录。1987—1990 年间，由于市场需求量的增长，当时车间的人员 104 人，在不增加人员的基础上由原来的班产量 10 万发提高到 13 万—16 万发，有时单班生产 16 万发，晚上加班 2 小时生产 6 万发，日产量达到 22 万发。创建厂以来历史纪录（至今为止再也没有打破）。这种热火朝天的工作场景令我这个车间主任十分震撼。在这种困难时期，一个月才几十元奖金，在这种高危行业的工作环境下忘我地工作着。这种不怕苦不怕累的工作精神，是无法用语言来表达的。就我而言，当时的工资只有 97 元，加上爱人的工资 54 元，一共 151 元，我的父母双亲在农村，年迈体弱，丧失劳动能力。家无兄弟济助，无经济收入。加上小孩一共 5 人，只能维持基本生计。我的员工有的家庭比我家的情况更糟，生活更是清苦。我每年就从车间拿出有限的钱来慰问一部分困难家庭，这些困难家庭都非常感激，我心里也很安慰。就这样我和我的员工们度过了那些艰难的岁月。

尤其是冬季 D.S 共沉淀起爆药易压爆，这在同行业都是不易解决的难题。有时一天压爆次数高达 7 次，对操作工造成很大的心理压力和安全隐患，在这种情况下，我亲自上压合工序操作，采取适当的措施，降低压爆次数，减少工装损失，保证生产安全，稳定了员工的情绪。员工们看到车间主任亲自上压合工序干，消除了恐惧心理。在我的带领下大家同舟共济，始终保持旺盛斗志。保质保量地完成了工厂下达的生产任务。质量一直处于同行业领先水平，解决了工厂的饭碗工程。

在这里还有一件值得一提的事就是，在 1983—1992 年间，在每年的 7—9 月夏季天气炎热，恢复空调制冷系统（氨水制冷系统）需要十几万元，这在当时是极其困难的。经同厂领导商议决定上早班，每天早 7 点至 12 点，在那炎热的季节每班要完成 8 万—10 万的生产任务，中途没有休息时间，上厕所互相换一下，从不因为个人而影响生产。汗水湿透衣裳，就像在水里捞出来似的。但是大家毫无怨言默默地奉献着，令我十分感动。我每天组织办公室人员做好后勤服务，每天烧开水装在不锈钢桶里加上白糖送到班组给员工们解渴。员工们喝上几口并说声谢谢又干起来，看到这场景，令我感慨万千！多好的员工队伍，多好的团队精神！我这个车间主任没有白当啊！车间再穷也要给大家分点西瓜解解渴，我们每年要分 3 次西瓜。员工非常理解领导的心意，给了我工作上的大力支持和帮助。

在这个时期由于工作忙加上爱人不在厂里，她经常上夜班（在襄阳轴承厂上班）。那时家里连一辆自行车也没有，每天步行个把小时上班，我老岳父看到这种情景买了一辆"凤凰"牌自行车送给我们（这在当时是计划指标搞来的），给了我们很大的帮助。我们十分珍惜这辆自行车，到现在 30 多年了，仍然留着纪念。我每天既当爹又当妈的，早上因送小孩上幼儿园，常常来不及吃饭，得了严重的十二指肠溃疡病，每天上午 10 点钟左右，下午 3 点钟左右疼痛难忍，就用手顶着胃部休息一会儿。同事们看到我这个样子劝我回家休息，我说一会儿就好了。吃药也不管用，我这样的块头瘦得体重只有 105 斤左右。由于工作忙有时忘了接小孩，下班时小孩站在幼儿园门口等我接，好心的阿姨问你爸爸呢？小孩回答说："爸爸工作忙又忘了接我。"阿姨们帮助我把小孩子接回家，我深表感激。尤其是冬天小孩子站在门口等我，手脚都冻僵了，小孩子很懂事，从不哭闹，一直等着我来接，看到这情景心里很不是滋味，觉得我这个当爸爸的很不称职。在那种困难时期全厂仅靠我们车间生产的产品维持基本生计，我作为车间主任深知身上的担子和责任，一直坚持着上班从来没有休息过，也从未向领导提出任何要求。一直坚持了 8 年，从未离开过岗位，也没休息过一天，就这样挺过来了，员工称我是一个铮铮铁汉。

在九车间（现基础雷管分厂）工作的 12 年间，让我最担忧的是安全问题。员工们那么支持我的工作，我不能让我们的员工受到任何伤害，这是我的责任。制定了有效的安全措施和严格的安全检查制度及设备维修保养制度。我形成了一个习惯，就是每天开工前半小时检查车间所有工序的设备、工装、环境情况，掌握第一手资料，发现安全问题和隐患及时排除。员工们收工后我又用半个小时的时间再检查一遍车间所有工序的情况，观察是否存在着安全隐患。由于我对重点部位及重大危险源的地方制定了切实可行的安全措施和应该注意的有关事项，同时注重员工的安全意识教育，提高员工遵守安全操作规程和自我防范意识，我在抓安全方面是很铁的，处理个别违反安全操作规程的行为人，也得到他们的理解。这是对他本人、家庭负责，对所有员工负责任，也是对国家负责任。在这 12 年间没出现伤亡事故，这在同行业民爆产品生产企业中是很少见的。我是很庆幸地交了一份合格的答卷。

但是工业 8 号火雷管的产值产量已经达到设计能力，每年生产 4000 万—5000 万发产品，超负荷生产，但仍然解决不了工厂家大口阔的局面。企业还是面临着严重的亏损、员工的工资仍然不能及时兑现，在这期间本人曾经向工厂主要领导建议上民爆系列产品，即电雷管、导爆管雷管等系列产品。但是，可惜的是当时的工厂主要领导不顾工厂现实情况，工厂应该向什么方向发展才能发挥自身优势，在错误思想的导向下，一味追求向二汽靠拢，把国家三年的扶植资金白白地浪费在上电机、刀具、编织机、乙炔气等产品上，使企业出现严重亏损、面临倒闭的局面。企业员工也为此付出了沉重的代价。工资发不出来，员工生活没有着落，决策者的失误使企业成为特困企业。

在那艰难困苦的岁月里，我们只能再提高工业火雷管的产值产量、扩大销售市场而超负荷生产，年产量达到 5000 万发以上。带领广大员工克服各种困难保质量保安全地完成。尽管这样超产能生产，企业仍然处于极其困难的境地。在这种困难时期我们没有消极，没有被困难所吓倒，而是迎着困难上，坚守岗位，敢于担当，每年保持 4000 万—5000 万发，连续 5—8 年的时间保持这样的产能、支撑着企业勉强地生存。

1992 年厂领导决定调我到技术科搞民爆市场调研，开发新的民爆产品。先后去过云南的安宁化工厂、燃料一厂，湖南的向红机械厂，广西的大华厂，西安的 804 厂，南京理工大学等单位一年多的考察和学习，给工厂领导写出专题调查报告。报告中翔实地阐明了兄弟厂家的产品和技术优势、品种产量、生产规模等情况。又根据湖北省的市场需求情况，先上什么产品、后上什么产品，以及今后工厂发展的规模。并根据工厂的实际情况和自身优势以及湖北省的市场需求，结合工厂火雷管产品的结构情况，利用工厂的现有条件，上煤矿许用瞬发电雷管较快。工厂领导经研究决定上煤矿许用瞬发电雷管。由我负责煤矿许用瞬发电雷管的开发、立项申请、产品图设计、工艺工装设计、生产线调整等技术准备工作。在接到任务后，开始立项申请工作，工厂的立项申请工作得到了省国防科工办民爆处张运禄处长的大力支持。取得省工办的立项申请报告后，又到省煤炭厅做工作，得到了省煤炭厅的支持也办理了立项申请报告。拿着这两个申请报告上北京煤炭部供应局火工处申请立项。经过几次上北京找同学、找熟人，经多方做煤炭部供应局火工处的工作。煤炭部供应局火工处根据湖北省国防工办及省煤炭厅的立项申请报告，考虑到湖北省内没有生产煤矿许用型雷管的厂家，最终煤炭部供应局火工处同意我厂的立项申请并下达了立项批复文件。并要求我厂转让辽宁阜新十二厂煤矿许用瞬发电雷管的生产技术。拿到立项批复文件后及时与辽宁阜新十二厂签订了技术转让协议。煤矿许用瞬发电雷管产品的立项申请成功来之不易，省国防工办民爆处张运禄处长得知我厂立项成功非常高兴，予以高度评价并全力支持，要求工厂尽快上马。

1994 年 3 月，拿到煤炭部供应局的批复文件后，着手产品图设计、工艺文件的制定、工装的设计、生产线调整等工作，仅仅用了半年的时间，完成了所有的工艺技术文件的设计及生产线调整改造等工作。于 1994 年 9 月试生产出 3 个批煤矿许用瞬发电雷管和三个批的工业瞬发电雷管。并将样品送往煤炭部淮北民爆产品检测中心检测，各项性能指标均达到国家标准，检测中心出具了合格的检验报告。拿到检测报告后，及时地向省国防科工办申请了《煤矿许用瞬发电雷管（含普通瞬发电雷管）转产鉴定报告》。省工办接到工厂的转产申请报告后，很快地批复工厂的申请报告。1994 年 12 月 25 日由省国防工办组织专家组对我厂"煤矿许用瞬发电雷管（含普通瞬发电雷管）生产线"召开了现场转产鉴定会。与会专家一致认为国营卫东机械厂煤矿许用瞬发电雷管（含普通瞬发电雷管）生产线具备了转产鉴定的条件，一致同意转产监（鉴）定、投入批量生产。煤矿许用瞬发电雷管和普通瞬发电雷管产品填补了湖北省内的空白。

1995 年煤矿许用瞬发电雷管产品（含普通瞬发电雷管）达到了 400 万—500 万发，很快打入了湖北省的市场，取得了很好的经济效益。以后产能连年翻番，形成了工厂的支柱产品，解决了工厂的"菜篮子"工程；为工厂后期发展奠定了基础。

但是，遗憾的是当时的工厂主要领导没有抓住民爆产品发展的大好时机，大力发展民爆系列产品，坐失良机，停留在现有的水平上。仅仅靠工业火雷管和煤矿许用瞬发电雷管（含普通瞬发电雷管）还是没能扭转亏损的局面。企业仍然连年亏损，面临倒闭的边缘。员工工资发不出来，1995—2002年期间企业艰难度日。

2003 年迎来了企业的改制，在顾主席领导下制定了正确的企业发展战略决策，就是："以民爆产品求发展，夯实汽零加工基础，寻求军品科研开发的新突破。"抓住了发展民爆产品的机遇。在短短的几年时间内，企业的发展发生了翻天覆地的变化。民爆产品的跨越式发展，电雷管系列产品、导爆管雷管等系列产品飞速发展。汽零加工的扩大，军品系列产品从无到有并形成规模生产列入总装备部目录，成为湖北省民爆行业龙头老大；进入全国民爆行业前十强；年主营业务收入超过 4 亿元；利税由负利率、零利率递增到 2011年的 4000 余万元利税；一个新卫东展现在世人面前，这是卫东厂建厂以来不可想象的跨越。我在卫东厂干了 30 多年，见证了卫东厂近 10 年来发展的奇迹。卫东厂近十年的发展比过去卫东 40 年发展总和还要快。这充分说明什么？企业要有一个精明强干的领导者，能做出站得高看得远的正确的战略决策。敢于担当，是一种责任、追求，勇于创新，永远把事做得最好，企业才能立于不败之地，才有今天辉煌成就。我充分地相信，企业的远景会更美好。

在这 10 年的发展进程中，我担任检验部的领导工作，负责计量、理化、检验试验及靶场最终产品的交验试验工作。在这期间，企业投入资金用于计量、理化的更新改造。改造后的计量、理化基本满足企业民爆产品和军品的检验试验及科研的需要。2006—2008 年间，计量、理化工作得到了省国防科工办的肯定和好评，连续三年荣获省国防科工办"计量先进单位"称号。

2009 年负责筹建靶场 501 试验站、502 销毁塔、503 转手库等工程。根据工厂的民爆产品及军品的品种、产量，预计今后发展的生产规模，制定了工艺文件设计书、检验试验工艺流程图、检验试验工艺平面布置图，试验起爆间一次起爆数量的抗爆能力要求、销毁量（TNT 当量）抗爆能力的要求，工厂内外部安全距离位置图等技术准备工作。并请襄阳市建筑设计院进行了岩土工程勘察，出具了岩土工程勘察报告，提供给北京五洲设计院作为设计依据，2010年1月与五洲设计院签订了设计合同。

2010年5月接到北京五洲设计院的工程设计图纸后，2010年7月与襄阳市金夏建筑安装有限公司签订了《建筑工程施工合同》；2010年7月销毁塔焊接工程与襄阳市攀达化工设备有限公司签订了《焊接工程合同》；2010年12月防雷工程与襄阳克雷神雷电防护工程有限公司签订了《防雷工程施工合同》。工程监理由湖北开平监理有限公司承担。在工程建设中我们制定了工程施工进度时间节点计划明细表。要求各施工单位按工程施工进度表分别完成工程进度。监理公司按时间进度进行工程质量进行监理。我们与施工单位、监理单位一起顶烈日战严寒，克服各种困难，解决了施工中遇到的难题。协调工程施工中矛盾，严把工程质量关。其中销毁塔施工过程中发现设计图纸上的问题及时与北京五洲设计院进行了沟通，五洲设计院及时更改了设计图纸，使工程进展顺利进行。工程建设历时一年多的时间，于2011年8月竣工完成，并经襄城区公安局消防大队进行了消防验收；防雷设施经襄阳防雷中心检测合格；工厂进行了防静电设施检测合格；2011年9月8日由北京五洲设计院组织验收合格，同意投入使用。

经过近三年运行效果良好。靶场试验站、销毁塔的建成，其安全性、技术性及操作控制连锁系统、视频监控系统处于全国同行业的领先水平。有些技术可申报国家专利。尤其是销毁塔的建成，解决了本质安全。过去在销毁场销毁，最大的安全隐患是人工挖坑费时、费力，掩埋回填比较危险，销毁过程中对周围环境及上、下山的来往人员造成很大的威胁，有时还会出现哑炮，排炮处理非常危险。在一个季节性雨季及冬季雨雪季节，不能销毁，废品存量过大存在较大安全隐患，销毁塔的建成彻底解决了这个问题。解决了我多年担忧的销毁安全问题（每次销毁我都要亲临现场）。销毁塔不论什么季节或什么时间都能销毁，这在全国民爆行业中解决销毁废爆物品本质安全度是最好的典范。

靶场501、502、503工程历时一年多建成，投入使用近三年来不论是产品最终检验试验、科研产品检测试验（包括军品检验试验等）及销毁塔废爆物品的销毁都达到了设计要求，使用效果良好。在全国民爆行业产品最终检测检验试验处于领先水平。靶场501、502、503工程的建成无论从建设质量还是速度在我厂所有工程建设中都是一流的，其检测技术、工艺流程、设备设施的配备、视频监控系统、销毁连锁装置、本质安全程度在同行业中处于领先水平。我们为此付出的辛劳应该给予充分的肯定，是抹杀不了的。我们为此也得到了锤炼和提高，我们为我们的努力感到欣慰。

回顾在卫东30多年走过的历程，不管是艰难的岁月、艰苦的环境、危险的岗位，还是卫东快速发展的今天，为寻求企业的发展而辛勤地劳动着，始终如一地坚守在自己的岗位上。敢于担当，从来没有退却过，从来没有向领导提出过任何要求。领导交给的任何工作都能独立负责地完成。我为卫东的发展做了几件事是我应该做的，我为我能为卫东的发展做几件事交了一个合格的答卷而感到欣慰。

回顾卫东艰难的岁月及企业发展到今天，得到这样的感受：企业的发展一是靠精明强干、博大胸怀的领导者，汇聚众人智慧，以员工的福祉为己任。二是靠一些专业精英独立的创新精神。三是靠伙伴的合作（企业员工）。还要靠凝聚力、向心力，充分发挥每一个员工的才能和智慧，企业才能立于不败。国内外成功的企业都是这样做的。如果不是这样，违背客观规律，不顾及实际，再好的企业也不会支撑多久的，国内外有很多这样的案例。回顾为卫东发展尽心尽职、任劳任怨地工作。从不计较个人得失、保质保量保安全地完成了领导交给的各项任务。汇集起来做了这样几件事：一是引进D.S共沉淀起爆药恢复火雷管生产线。二是火雷管创省优及"青峰"牌商标注册成功。三是煤矿瞬发电雷管的开发、立项、设计、生产线转产鉴定及转于批量生产。四是计量、理化扩建改建工作。五是靶场501、502、503工程建成投入使用。交了一份合格的答卷。我已进入花甲之年了，已完成自己的使命，这里不多说了。希冀卫东员工过上幸福美好的生活。

（梁炳武历任卫东厂技校老师、基础雷管分厂厂长兼党支部书记，检验部部长兼党支部书记等职）

快马加鞭建三线　攻坚克难建厂之路

——中国人民解放军第 3607 工厂建厂纪实

吴光银

在巍巍武当山下，滔滔汉江河畔的崇山峻岭之中，有一座三线工厂——中国人民解放军第 3607 工厂，即国营湖北金狮工业缝纫机厂，它始建于 20 世纪 60 年代末 70 年代初。昔日的军工人，怀着报效祖国的情怀，身背简陋的行包，告别了繁华的都市，在中央军委关于"一线建设要抓紧"的指示精神鼓舞下，以满腔的热情，来到这个四面环山、一片荒凉的穷山沟，在方圆不足两公里的串塘沟内迈开了建设工厂的第一步。经过艰苦奋斗，建成拥有 1300 多名职工，890 余台先进设备，以中高速工业平缝机、"八一"金属扣、三军符号为主导产品，以各类汽车配件、耐磨材料为辅助产品的军需企业。

披荆斩棘两选厂址

现在的 3607 工厂，过去的 2387 工程筹建处，是 1968 年经总后勤部生产管理部批准，决定由武汉总后 3604 工厂包建。在当年，建厂的出发点和指导思想与全国各地的三线军需厂创建一样，在"深挖洞、广积粮""备战、备荒、为人民"的精神指引下，按"靠山、分散、隐蔽"原则，开始了艰难的厂址选点工作。

1968 年 3 月 5 日，隆冬的寒气依然萦绕着鄂西北莽莽丛山，一列火车缓缓行驶在唯一通往鄂西北的汉丹铁路线上。下午 3 点，火车终于驶完全程，到达它的终点站——丹江口站，从列车上走下十几个中青年人，他们便是总后中南工厂管理局均县片中线建设的第一批先行者,这批来自江城3604 工厂的行政、技术干部,是根据中央军委的指示,挺进鄂西北山区进行"三线建设"选点的,也是后来 3607 工厂的第一代领导集体主要成员。

这些踌躇满志的中青年人,在组长安海道的带领下,无暇欣赏丹江大坝的雄姿,更顾不上长途旅行的困倦,毅然迈开了进山的步伐。当时的丹江口位于上级规定的建厂选址区域尚有 70 余公里,并横隔一条汉江。这里一无桥梁,二无班车,他们找到轮渡码头,坐轮渡过江后,手提半导体,高唱革命歌曲,开始了长途跋涉。经过一天一夜的行军,来到了老白公路边缘一个叫土关垭的地方,与先期到达等候在这里的先遣队会合。次日两辆老式苏、美吉普,将他们一行 11 人送到武当山下的一个小山村——均县丁家营公社灯塔大队花园村,住进过去地主家的土楼上。

1968 年 3 月 7 日,开始进行实地选点工作,在之后的半年时间里,他们每天背上一壶水,拿上两个馒头,访问老农,实地考察,了解地形、地貌、地理资源,走遍了丁家营所属的十几个大队,跑遍了这里的沟沟岔岔。最后,根据交通运输条件,水资源情况,初步将厂址定在丁家营公社灯塔大队何家沟,并报上级审批。然而,总后生产管理部在 9 月作出批示,将2387 筹建处选定的厂址让予 3541 工厂,这样,2387 筹建处选点组一行十几人于 1968 年 9 月 21 日从丁家营后移 10 余公里,迁到了浪河公社五一大队代湾村,又开始了第二次选点。这里与丁家营相比,是一个山更大,隐蔽性更强的地方。代湾村紧邻浪河,是老白公路的必经之地,左侧是海拔 170 多米的青皮山,山下东南角是一条长不足 2 千米、宽不足 20 米的狭窄长沟叫串塘沟,这就是现在 3607 工厂的厂址。

攻坚克难争朝夕,大干快上建工厂

1969 年 6 月,经总后勤部企业部批准,成立了以安海道为主任,王启汉为政委,孔跃文、蔡树森、孙圣德等 5 位同志为成员的 2387 筹建处临时党委。在筹建处的领导下,设立了组织宣传组、基建组、器材组、人事组、机电组、技术组、财务组、后勤组、医疗卫生组等组织机构。

1969 年 6 月初，3604 工厂四车间干部工人共 42 人，分乘火车和汽车到达建设工地，这是第一批到达工地的建设者。他们分住在当地农民的两个牛棚里，这里既是宿舍也是办公室。在依山傍水的牛棚前小水沟旁，搭起的一个芦席棚，就成为当时建设者们的"厨房"。他们向当地"土专家"请教"干打垒"，建起了单身宿舍、卫生室、仓库等 10 余间土房。他们在沟内沟外进行勘察，因地制宜，依山就势，几经反复，拿出了工厂平面布置图，并在丹江、武汉等地，抓紧开工前的材料筹备等各项基础工作。

1969 年 6 月 5 日，在青皮山下，筹建处召集开工典礼誓师大会，宣布 2387 筹建处工程正式破土动工。筹建处的全体职工，来自武汉、孝感、黄陂的施工队员和 4 个连的民工 1000 多人早早就来到了会场，席地而坐，井然有序。誓师大会由筹建处副主任孙滕德主持，主任安海道、政委王启汉分别作了动员报告。此时，天不凑巧，下起了大雨，在场的全体干部、职工、队员虽然个个淋得像落汤鸡，但他们坐在地上一动不动，表现出军工战士高度的组织纪律性。"小雨当晴天，大雨顶着干，誓师建三线"的阵阵口号响彻整个会场。这些口号，始终贯彻在 2378 工程的建设过程中。

土建全面开工后，全体职工精神更加焕发，他们工作不讲条件，劳动不计报酬，无论干部还是工人，既做好本职工作，又做好民工的活，白天黑夜和施工队、民工滚在一起。串塘沟里，红旗飘扬，标语矗立，炮声阵阵，手推车穿梭往来，劳动号子此起彼伏。

1969 年 8 月 12 日，从武汉技校分来 102 名毕业生，接着又从西安技校分来 50 名毕业生，这些不到 20 岁的青年学生，还沉浸在对繁华都市的留恋之中，也立即投入工程建设之中。他们不仅为 2387 工程增添新的"血液"，也为后来的 3607 工厂的行政、技术干部和技术工人队伍打下了坚实的基础。他们在老科长卜祝轩的带领下，在浪河滩上，日夜三班打制水泥砖、预制板、自制三角大梁，保证全部工程建房所需的水泥砖和预制板的供应。

建设工地的自然环境是相当恶劣的，生活条件是极端艰苦的。然而，这些困难并没有吓倒坚强的军工战士们，1000 多名热血青年，在这不到 2 平方公里的土地上，挥洒自己青春的汗水，谱写了一桩桩可歌可泣的事迹。

工程建设初期，迫在眉睫的是解决通电照明问题。组织科长滕春华带领司机张俊洪等人，开着解放牌汽车，装载着从武汉购买的柴油机和其他物资。当汽车行驶到应山县境内时，因山洪暴发，水漫桥断，汽车已无法行驶。等到桥修好，不知何时才能把柴油机运到工地。所有人员万分焦急。这时，有人想出了一个"歪点子"，让汽车走铁路。张师傅把汽车开上火车路，当缓慢地行驶了十几米远时，就听到后面的火车叫声。同志们想，这下算完了，面对车毁人亡的可能，谁也没有跳车。火车越来越近，站在车上的同志都脱下了自己的衬衣，一边向火车打信号，一边大喊："停车，快停车。"火车慢慢地减了速，徐徐跟在汽车后面，就这样走了近百米，找到一处与铁路相平的山坡，才将汽车开下了火车道。事后虽然受到了管理站同志的批评，但能按时把柴油机运到工地，大家心里仍然是乐滋滋的。

一天傍晚，职工们劳累了一天，正准备吃晚饭，突然，采石场的同志回来报告："空压机翻到山沟里了。"大家飞跑到采石场一看，空压机四脚朝天睡在丈余深的山沟里，负责采石的周绍武和老工人许维才在那里急得抱头痛哭。知道家底的人，无不为之痛心，因为，整个工地上，就只有这一台"特保儿"空压机。当时，像这样一个几吨重的庞然大物翻在丈余深的山沟里，在无任何起吊设备的情况下，要把它弄起来确实很难。在场的所有人员，二话没说，推的推、拉的拉、撬的撬，人多力量大，经过几小时的奋战，终于把空压机搬了上来，忙完已是星月高挂，大家才回去吃晚饭。

1970年春节，建筑队要回家过年，然而，工地上的工房只建了一半。是等，还是抢时间自己干？筹建处领导选择了后者，并决定在开春前完成所有工房的主体工程。全体职工毅然放弃了回家与家人团聚的机会，全力投入到工地。筹建处领导李志安带领干部、职工，挑砂石、背水泥，一天浇筑4根大梁，保证了101工房按期完工。301、302工房地基一头高一头低，相差2—3米，全处职工白天干自己的本职工作，晚上加班挖高填低，一个星期就把两栋工房的地基填平了。502仓库的墙只砌了一半，留在筹建处过年的职工，在黄陂施工队一名泥工和一名木工的指导下，自己做泥工、木工，奋战了十几天建起了一栋 845.17 平方米的仓库。

1970 年夏天，工地上连降暴雨，浪河洪水猛涨。上游的浪河小水库被洪水冲毁，洪水巨浪冲向下游，很快包围了正冒雨在浪河滩上装运砂石的司机田树贵等 9 人，要想把汽车开出来，已是不可能了。洪水越涨越高，眼看人车都要被洪水卷走。说时迟，那时快，附近的职工、民工急中生智，他们一边派人回工地报信，一边将施工用的炮绳、汽车上备用的钢丝绳把汽车拴住，用手紧紧拉住。后续赶来的职工很快加入拉纤队列之中，一场人与自然抗争的战斗在默默地相持着。洪水在慢慢地消退，人定胜天，国家的财产、同志的生命保住了。

水厂选建在串塘沟右侧一座 70 余米高的山坡上，所有机动车辆无法上去，这给基建材料的运输、管道设备的安装带来很大的困难。在筹建处领导的动员下，全厂职工家属、男女老少立即行动起来。大人们用自己的竹筐、水桶从山下运砂石、水泥上山，搬运管道、设备，小孩用脸盆、水瓶端水上山。工具还不够，甚至用书包装砂石，老太太拿来了新头巾包砂石。工地上男女老少穿梭往来，你追我赶，一派战天斗地的新景象。一个 683 平方米的水厂胜利建成。此间，曾有一位军需生产部的首长，不远千里来到工地视察，看到全厂职工家属、男女老少黑夜背砂提水、挖渠埋管的情景时，不禁感叹地说："2387 的职工队伍，真正是一支过硬的队伍！"

历尽艰辛结硕果，优良产品固国防

1970 年 4 月 7 日，三线指挥部陈跃陆主任在 2387 筹建处召开专题会，研究各工程筹建处投产的问题。均县片（现在的丹江）的各筹建处主要负责人参加了会议。会上，2387 筹建处主任安海道指定我代表全处职工表决心。我在会上说："2387 拼命干，4 月 15 日全面投产，6 月底完成 212-2 缝纫机 300 台，向党的生日把礼献！"

1970 年 4 月 15 日，主任安海道一声令下，筹建处的职工纷纷行动起来。在自力更生的方针指引下，我们自己动手设计，建起第一座炼铁炉，胜利地炼出了铁水，保证了缝纫机毛坯铸件的供应。开工以后，无论干部还是工人，都被分配到各生产车间各就各位，榔头声、锉刀声、各种机械轰鸣声响成一片。大小车间灯火辉煌，干部身先士卒，职工比学赶帮，你争我抢，光荣榜上喜报频传。尽管当时职工的技术素质较低，大家就边学边干，懂技术的老工人手把手地教新进厂的学徒工，懂管理的老干部带年轻的干部，每道工序精工细作，设备条件差，大家就手工制作，车、钳、磨、铣道道工序做一件检验一件，做一台调试一台。6月28日，顺利完成"金狮"牌212-2中速工业平缝机300台生产任务，及时发往全国各地军工服装厂，有力支援了国防建设。

（吴光银生前曾任3607厂工会主席）

火红年代 难忘的歌

孙　军 讲述　邓　龙 整理

　　20世纪六七十年代，为响应党中央"三线建设"的伟大号召，有一批热血青年从全国各大城市来到位于武当山麓、汉水河畔的均县（今丹江口市）浪河镇的一个小山沟里，自力更生，白手起家，艰苦创业，兴建起一座座以保障军队和国防建设需要的军需工厂。其中，就有以被装机械为主的综合机械厂——解放军第3607工厂。

　　1966年，我从武汉解放军后勤学校毕业后分配到武汉3604军工厂计划科任计划员，翌年得知3604工厂要选拔一部分人员去鄂西北包建三线工厂，我主动请缨。

　　1968年2月5日，我打起背包，离开了生活了多年的大武汉，踏上了远去均县"三线建设"的漫漫征程。我从武汉西站乘火车一路西行到达丹江（均县政府所在地），又从丹江坐轮渡到均县草店镇的石板滩码头，下船后，孤身一人背着行囊，边走边打听，走了7里山路来到草店汽车站。一路车马劳顿，又渴又饿，在车站旁边的饭铺里要了一碗面条，正狼吞虎咽地吃着，车站内慢腾腾开出一辆班车，一打听这车正是要经过此行目的地——丁家营的最后一趟班车。我连忙丢下没吃完的半碗面条，抓起背包三步并作两步跑到班车前边，向司机出示了单位证明并说明情况，司机很热情地停下车，让我去车站补一张票。我坐上班车，沿着弯弯曲曲的老白公路缓缓前行，大约过了2个钟头，班车在一座带有茅草棚子的小桥前停下来，下车一打听，停车地方正好是丁家营公社大门口。我走进去问路，公社的通信员王贵明同志热情地给我指路，他告诉我说，从公社办公室后山的小路走一里路就到

2387 工程筹建处了。

当时交通、通信都非常落后，筹建处的领导和同志们都不知道我已经到均县了，因此，无法来人来车接。但当我突然出现在筹建处的那一刻，领导和同志们都感到非常惊喜，一种久别重逢的喜悦洋溢在大家的脸上。当时，筹建处刚成立不久，条件简陋，连办公带住宿都是租借在丁家营公社灯塔大队部里。这个大队部土改前曾是当地的地主叶合群的花园小土楼，小土楼一共两层，楼上铺着木地板，做住宿用。没有床，同志们找来稻草铺上就当床了，连筹建处的正副指挥长安道海和孙圣德两位老同志都跟大家一样打地铺。

土楼一楼是筹建处的办公室，旁边一间小偏厦作为食堂，偏厦面积不大，里边垒了一座大土灶，显得格外狭窄。开饭的时候，领导和大家一起盛好饭菜就蹲在屋外边吃边聊，颇有北方农村的那种粗犷豁达的味道。

筹建处的第一项工作就是征购土地，征用范围就是灯塔大队的从后营子（5 队）到贺家沟（6—8 队）的农田、坡地，后营子地势较平为生活区，贺家沟沟口狭窄，沟里宽敞，符合靠山隐蔽的方针，规划为生产区。每天从早到晚丈量土地，走田埂，进山沟，爬山坡，核实占地面积，跟老乡们商谈青苗补偿的问题。每天翻山越岭走几十里山路，一到晚上上床了才感觉到腰酸腿胀的，一觉睡到天亮，爬起来又去干活，感觉虽然累点，但精神饱满，人很充实。我坚持干了两个多月，将筹建处所有用地面积全部落实到位，并与各小队核对统一后签订了书面协议。接着到大队、公社、区里和县上相关单位逐级审核盖章，最后上报湖北省批复后下达批文。

筹建处进入开工前的准备阶段，首先是"三通一平"工作。随着对外联络的事项越来越多，为加快办事进度，急需解决交通工具。不久，上级调来两辆小吉普（解放战争年代缴获的战利品），一辆是苏式吉普，一辆是美式吉普，同时又向均县五交化公司申请购置了 2 辆自行车，作为代步工具。这些今天看起来土老帽的车辆，在当时的丁家营可是独一无二的先进玩意儿。因为我和处里的总会计师刘荣贵同志会骑自行车，处领导就安排我俩到丹江去接自行车。我们骑着新车从丹江过轮渡，走丹土公路、老白公路到处里，全程有 60 公里。一路上山路崎岖难行，一会上坡下坡，一会拐弯抹角，我俩一路上相互照应着，小心翼翼，生怕把公家的新车给摔坏了。经过3个小时的行程，终于顺利到达了丁家营。

这年6月，上级又划拨一辆中吉普给处里，这一次领导派我和司机张庆海同志到武汉接车。到武汉3604厂接到车后返回山里，随车来筹建处的还有3604厂的孙跃文科长和新分来的朱元义、李锋3位同志。车行到光华县（现老河口市），因连日大雨引发上游山洪暴发，大桥被淹没，车过不了汉江，只得绕道丹江码头过渡船。过渡以后，车沿着丹土毛坯路慢慢开到新庙河水库的山坳里，没油了。天色渐晚，雨又不停，在这前不着村后不着店的山路上，既没有车，又没有电话，怎么办呐？经过短暂的商量，决定由我和孔科长两人步行到龙河公社求助。我和孔科长冒雨顺着丹土路一路小跑，向龙河公社所在地急行军。到公社要经过一座漫水桥，平时水少咋不觉得，现在却是水流湍急，我俩跳进齐腰深的洪水，浑浊的激流从身边冲过去，脚下稍有不慎，就会被汹涌的洪水卷走，我和孔科长相互帮扶着这才走出咆哮的激流，摸黑来到龙河公社求助。公社里值班员给2341筹建处打电话请求援助，2341筹建处选址在土关垭的207微波站的山下，马上答应派人送一扁桶汽油来。但因当时他们处里的车出差去了，只得让人抬着扁桶步行送油。土关垭到龙河还有一段距离，这时候天已经黑了，为了节省时间，我和孔科长不顾疲劳向土关垭方向赶过去，迎接一下兄弟单位派来送油的同志。

天黑得伸手不见五指，当我和孔科长抬着一扁桶油深一脚浅一脚地回到停车处，新分来的两位小同志手里拿着匕首待在车里不敢下来，见到我们回来了这才急忙下车说："你们去了那么久可把我俩给吓坏了。"

1968年5月，接到上级通知，要求我们2387筹建处重新选址建厂。原来选址在土关垭的2341筹建处，因是被装生产单位，物资周转运输量大，要迁到丁家营靠近襄渝铁路线的地方来。由于十分靠近我们筹建处，按照当时三线规定的"山、散、洞"原则，两个筹建处必须迁走一个留下一个。

2387筹建处紧急动员全处人员参与选点工作。我和孔科长分到一组，我俩踏遍了浪河区的山山沟沟，白家沟、猫子沟、韩家沟、大沟、串塘沟和青石铺等许多沟沟岔岔，都留有我们的足迹。最终大家一致选中了浪河公社五一大队戴湾这个地方。这里依山傍水，完全符合"靠山、分散、隐蔽"三原则。交通便捷，紧靠老白公路；取水方便，濒临丹江口库区支流二道河；生活服务方便，距浪河镇只有一山之隔。

不久，2387筹建处的选址方案得到了上级部门的批准，筹建处立即着手准备开工建设事宜，征地与"三通一平"工作将同时推进。

筹建处领导把新厂址的征地任务交给我办理。那时候的农村还是属于集体经济，人们的思想觉悟普遍较高，有了灯塔大队的经验，再加上这里田少坡多，落实和签订土地补偿协议很快达成了。

2387的筹建工作得到了武汉军区领导的高度重视，孔庆德副司令员亲自来到我们筹建处慰问、视察，现场解决困难，确定了三线军用变电站就建在我们筹建处附近，取名"戴湾变电站"，专门为浪河、丁家营范围内的5厂1库1院提供电力保障。同时，也为这几家军工单位在襄渝线上申报了客货运站点。

1968年10月，"三通一平"工作开始了。第一项任务是路通。处领导分给我的任务是带领民工连打山洞，这是我们筹建处的第一大工程，关系着基础设施建设和今后新厂与外界进出交通的大事。打山洞需要专业技术员和专用工具。上级派来一辆军用车，车上载着一名叫厉德富的铁道兵施工排长和各种专用设备，为开通山洞提供了必要的技术和设备的支持和保障。

筹建处成立了打山洞专业小组，开工第一次打了50个炮眼，由我们5人负责接雷管、填埋炸药和点炮，每人点10炮。哨声一响，5人同时点炮，快速点燃后迅速撤到安全区，炮放完后，要记好炮响的次数，核对排查有无哑炮。这是一项胆大心细的工作，第一次放炮心情有点紧张，但不知道害怕。放完炮，进山洞，出石渣，打风枪，再填埋炸药，点炮……反复重复着这项高危险、重体力的活，一个班下来，整个人糊得像个面人，分不清鼻子和眼睛了。

就是在那些打山洞的艰苦日子里，从天津大学分来的刘仁义同志，在最简陋的工棚里举行了简单的婚礼，新娘子是来自天津体院的大学生。处领导代表全处同志们做了简单的发言，新郎新娘对着毛主席像三鞠躬，散发了一些水果糖、纸烟。中午，伙房特意做了几个像样的菜，领导也特批了两瓶酒，算是对小刘他们的婚礼祝福。

有一天，厉排长接到电报说远在山东老家的妻子要来处里探亲，平时没听他说过结婚的事情，怎么突然冒出个妻子来？过两天厉排长被叫到领导办公室，处里准备安排车到丹江火车站去接他妻子。当时工期正紧张，工地上离不开厉排长，但人家大老远从山东老家赶来人生地不熟的，不去接咋行？厉排长挠挠头，从贴身衣兜里取出一张黑白照片交给领导，满脸通红地说这就是自己的妻子，拿着照片去车站准能找到她。说完就去工地上忙自己的事情了。处领导"按图索骥"把厉排长的妻子接到筹建处，经过一路上的了解才得知，厉排长是在新婚第六天就接到来湖北的命令，婚假还没过完就直奔这儿来了。

1969年4月，通往外界的山洞终于打通了。

1969年6月，工厂厂房建设进入总攻阶段。由武汉中南设计院设计图纸到位，从广东、江苏过来的建筑施工队进场。按照"先生产后生活"的原则，先行建设厂房，当时提出的口号是"好人好马上三线，争分夺秒建三线""小雨当晴天，大雨顶着干"，加班加点、大干特干，奋战9个月，全面完成所有厂房的基本建设任务。

1970年4月15日，解放军第3607工厂正式开工投产。针对山沟里相对闭塞落后的情况，为丰富职工的物质文化生活，工厂经过几年的艰苦努力，逐步建起了包括菜场、粮店、邮局、商店、澡堂、电影院、图书室、储蓄所、幼儿园、学校和卫生院等基础服务设施。每天厂区的马路上奔跑着拉菜的"双排座"、送职工进城的大客车和拉产品的140大货车。

进入20世纪90年代，为贯彻军委"军民结合，平战结合，保军转民"方针，工厂由单纯生产型向生产经营型转型，工厂先后在邻近的老河口市和襄阳市建立了分厂，1997年总厂搬至襄阳市。2005年，3607走完了历史赋予她光灿灿的36年历程，最终因资不抵债而破产倒闭，令我们这些全程参加过建设的老"零七"人感到痛心和惋惜。

（孙军曾任3607厂总统计师、清欠办主任，邓龙为3607厂员工）

3607厂党建工作印记

陈仁寿

3607工厂原隶属于总后生产管理部，建厂之初，工厂上级主管部门是总后工厂管理部第二生产管理局，1969年11月1日起工厂直属总后勤部中南物资工厂管理局领导。1972年6月16日，工厂正式启用总后中南物资工厂管理局授予的"中国人民解放军第3607工厂"印章。1972年6月24日起，党政工作直属湖北郧阳地委领导。

我于1974年4月开始进入工厂思想政治工作领导岗位，经历并积极参与了企业基层组织建设的发展过程。

一

建厂初始阶段，以安海道和王启汉为核心的党委领导班子，既要抓紧工厂筹建和投产的头等大事，又要稳定职工思想。党委在抓好自身建设的同时，研究制定了一套加强基层组织建设和思想政治工作的制度，如党委中心组学习制度、党委民主生活会制度、干部联系群众制度、党群联席会制度、干部参加劳动制度以及职工思想分析制度等。

每年必开两次的职工思想分析会制度，在工厂整体管理工作中发挥了攻关克难的推动作用。我记得1980年下半年，政治部主任陈国志主持召开了一次职工思想分析会，与会人员针对当年新招收的个别新工人所反映出的"先豪迈，后抵触"思想情绪进行了仔细研讨，最终一致认为：在当年招工政策紧缩的环境下，他们能够占有工厂有限的招工指标，获得全民所有制职工的身份，实属难得，因此，沾沾自喜心情可以理解。之所以逐渐产生不服从管理、顶撞领导、损坏公物发泄不满、打架斗殴等不良、不文明事端，是因为工厂里严格的规章制度和严明的纪律、工作中规范的程序和高标准与他们进厂前比较散漫的生活习惯、相对懒散的作风产生了强烈的碰撞。如果任其发展，会损害工厂整体形象。职工思想分析会向党委作了专题汇报，党委会十分重视，及时召开了会议进行研究后认为，现象在职工，原因在工厂：一是相关管理制度贯彻尚不落实，导致他们对于军队工厂规章制度的严肃性不甚了解；二是宣传教育工作力度尚显欠缺，以致这些人对军队企业的光荣传统和严谨作风感知不够，学无方向；三是新工人的生活条件及环境尚不完善，可能产生"憋屈"的感觉。针对这"三不"问题，党委明确要求：集中一段时间，责成劳动工资部门牵头，对这一批新进厂的人员进行工厂规章制度的再学习；由厂工会对他们专门开展军队企业传统、文化和使命的再教育；由政治部组织专班，对全厂不文明行为、表现进行认真梳理和整顿；由政治部组织机关干部集中对单身宿舍的公共地段彻底清扫、洗刷干净；责成总务部门对单身宿舍逐一修整、粉刷并统一配备桌椅板凳、台灯；同时还要求相关车间、部门领导，尤其是党团支部书记，有针对性地关怀新进厂人员的思想、工作及生活状况，及时发现问题及时研究解决，由此形成了全方位、立体教育体系。通过这些举措的全面落实，在较短时间内成效凸显：这批人员的行为举止变得规范了、语言谈吐变得文雅了、生产技术和能力提高了、精神面貌焕然一新了。

经过一段时间的考察和培养，这批人员中的佼佼者还分别加入了共青团和中国共产党组织，大部分人成为生产技术骨干，有的还走上了中层领导岗位，为工厂的生产经营、改革开放保驾护航发挥了积极作用。

二

军队三线企业一切工作的重点，要始终坚持有利于工厂的发展，有利于职工生活的改善。军队三线企业的中心任务就是认真完成军需生产任务，服务好军队和军队企业，不断地为国家创造并积累财富，在此过程中培养并打造一支能吃苦、有技能、有精神的军队职工队伍。

为了确保按时、按量、保质完成各项指令性军需生产任务，工厂经常积极组织职工以大会战的方式去实施。工厂全面投产后接受的第一批任务是"Z"系列产品，由安海道主持，潘惠生具体指挥，各职能部门积极协助，各车间分担不同的工序和任务，干部职工纷纷请战参战，甚至昼夜加班加点，形成了组织完备、管理有序、声势浩大的会战体系。顺利地完成了"Z"系列产品任务。

第二任厂长张家谦、总工程师张培德、副厂长李志安、工程师周明礼等，认真组织"212"系列产品的生产，同时积极研发、组织了为二汽配套的汽车零部件系列产品大会战并取得了显著成效。"金狮"系列产品中的GC212-8 高速工业平缝机 1989 年荣获部优产品称号，1990 年获全军优质产品称号。1991 年 4 月在北京第二届国际博览会上荣获"金质奖"。工厂 1989年荣获湖北省文明单位荣誉称号，并晋升为军队先进企业。

在发展生产的同时，工厂党委和厂领导更加关心职工生活，努力改善并提高职工生活现状，为此工厂也组织了几次大会战。一是环厂区道路大会战。在基建部门专职人员的指挥下，全厂干部职工积极参与，平路、垫石、打夯、搅拌水泥、浇筑等各项工序样样都是自己动手，从此告别了"扬灰路"的历史。二是修建职工宿舍大会战。工厂安排职工在浪河河滩边自制水泥砖、自己挖地脚兴建宿舍。三是修建水厂大会战。渗水井选址在木模工房山背后的上游段，此处水质相对清澈，并远离表面处理车间的排污口。水井内径约 4 米，深约 6 米，高于河面约 2 米，水井全部用钢筋水泥浇灌。四是电视差转机房的大会战。职工利用业余时间，把水、砂石、砖、水泥等建筑材料一一搬运到青平山顶。青平山坡度约 50°，从山底到山顶蜿蜒大约 2公里，其艰难程度可想而知。五是组建服务公司大会战。工厂自办的百货商店、菜市场、粉条加工厂、豆腐房、家具加工厂、捕鱼队、煤球加工厂、石油液化气站、理发室、精品早餐店、标准化幼儿园等相继开张营业。

三

企业的干部，党员和职工是企业的力量所在，他们的高素质和积极性的发挥，是促进企业不断进步和可持续发展的动力。因此，工厂始终着眼于干部文化水平、业务素质和思想素养的考察、提高。武汉、西安两个技术学校毕业的职工在素质和素养方面都比较好，因此工厂把他们安排在生产及管理工作重要和关键岗位上摔打，进一步促成了他们的成长，最终形成工厂的中坚力量。他们当中的一部分人逐步形成技术骨干，有的还担任了重要的领导职务。

为了进一步密切干群关系，工厂建立了干部参加劳动制度。机关处室干部不分职位高低，每周六的下午都要下到劳动强度比较大、劳动环境相对艰苦的生产岗位与工人同劳动。安海道、王启汉带头到铸造车间大炉班组劳动，其他干部也需到大炉班顶岗劳动一个月。处室干部还定期到职工食堂帮厨，参与办公楼地脚基础施工，参与子弟学校基建材料的运送。遇上产品大会战，处室干部绝不会袖手旁观，技术部门的干部总是在机床旁现场解决相关工艺问题；计划部门的干部在车间来回巡视，及时处理生产调度难题；物资供应部门的干部深入班组，倾听、收集工人师傅们对于外购件的具体意见和要求；财务、劳资、厂办等"帮不上忙"部门的干部，推着小车，给加班加点参与大会战的人们挨个送上冷饮、面条、包子。工厂建立的干部参加劳动制度，多次受到上级主管部门的肯定与表扬。

干部在参加劳动的过程中，能够及时了解发现相关问题，及时加以改进。例如某些劳动定额的修订、周边职工班车的开通、哺乳期女职工路途远近的区别等涉及职工切身利益的诸多"小"问题的解决，都是干部在参加劳动过程中"听"来的。当然，对于一些大问题的解决，则需要工厂党委的审慎研究了。例如，职工因家庭特殊困难而要求调离工厂。建厂之初，"只进不出"是人员管理的基本原则，但职工家庭的特殊困难也不得不照顾，为此，工厂指派熊开国赴陕西有针对性地调查。他接受任务后背着干粮和水，顶着西北的风沙，日行山间小路、夜宿农民家中，连续走访了十几户职工家庭，掌握了基本情况后，回厂汇报。党委经过审慎研究，逐步有序地解决了相关问题。

党员的模范带头作用对企业起着重要的影响，工厂党委要求所有党员开展"一个党员一个标杆"的活动，要求党员工作带头、作风扎实、生活朴实。器材科科长、筹建处党委委员蔡树森年近半百，经常开着车况很差的美制吉普车，领着办事员，自带馒头、咸菜，晴天满身灰，雨天一身泥，上十堰、下丹江、跑襄阳、赴武汉，艰难地组织回各种材料，保证了生产供应。1970年6月，工厂"Z"字头产品大会战需赶在"七一"献礼，当时有一种关键配件只有哈尔滨一家工厂生产，蔡树森指派一名党员采购员限时完成任务。该同志临时从丹江乘车，几乎是站了两天三夜赶到哈尔滨。却不料产品已经分配完了，如果等下一周期的产品，需得20天以后。为此，采购员充分发挥主观能动性，四处打听，找到已经分配到产品的单位，陈述工厂的实际困难，请求调剂。拿到产品以后，他立即跑机场办理空运，满足了工厂需求，自己却依旧乘火车返回。参加过抗美援朝的汽车兵，共产党员熊大响，当初负责从丹江往工厂转运物资，为了节省汽渡排队时间，他总是凌晨出车。一大清早，职工们刚刚起床，熊大响已经从丹江拉回了一车物资。汽车队的共产党员较多，他们都能够自觉地起早贪黑工作，为"三线建设"大干快上，为工厂的生产和职工的生活做出了积极贡献。

职工队伍是创造工厂财富的力量。以3604工厂一批老工人为骨干，以两个技校同学为基础的职工队伍，为3607工厂的发展发挥了重要作用。他们的当家意识、参与意识和开拓意识较强。工厂党委积极引导，十分注重发挥他们的积极性，经过实际锻炼与考验，培养了一支技术熟练的工人和成熟的管理干部队伍。此外，工厂还积极开办业余技术学习班以及专题讲座，开办工人大学，组织师资培训班。

当年的3607工厂，各项工作都是在摸索中前进，在探索中积累，在积累中提高和完善的。思想政治工作也是一样，由于党委的直接领导，全员的参与和支持，为工厂的生存、发展起到了积极的推动作用。

（陈仁寿曾任3607厂党委书记）

在均县的岁月里

张家谦

一

　　1970年2月，春节刚过完，我揣着青岛6037部队农场的介绍信，背着行李辗转来到湖北均县（今丹江口市）一个叫戴家湾的地方报到，当时那里正在筹建一座军工厂。

　　我于1968年从西安交大毕业，分到青岛6037部队农场参加劳动锻炼一年半，1969年底，我们这批大学生被总后接收后分到三线。春节过后我从社旗老家转了三道车才到丹江，又从丹江搭上开往十堰的敞篷车前往目的地——戴家湾2387筹建处。汽车上轮渡缓慢地过了汉江，沿着山间公路一路逶迤前行，走了将近两小时，汽车在一个山崖口处停下来，司机喊道，戴家湾到了，有到2387的快下车。我拿着行李连忙跳下车，懵懵懂懂地四下张望，除了空旷的公路，四处都是连绵起伏的山林，连个人影都没有。我背上行李沿着山下的小河边往前走，见前方河湾有一座干打垒的房屋，一打听正好是2387筹建处的临时食堂，食堂的大师傅热情地帮我打电话联系上政工处，说他们马上过来接我。等了一刻钟，一位穿着工作服的大高个走了过来说，我叫罗铭生，临时在政工处帮忙。说着帮我拿行李。我们边走边谈，从他那里得知，筹建处目前仍处于基建阶段，生产条件尚不具备，生活条件也较差，从全国各地接收来280人。最后他说，他也是从武汉3604工厂调来不久，有什么困难说出来，大家一起想办法。

那晚上住进了大山深处的干打垒房屋，那是我进山的第一个夜晚，尽管一路车马劳顿，我还是有点兴奋睡不着。翌日清晨，我在睡梦中忽然听见一阵熟悉的军号声响起，多么亲切的声音，一年半的军队农场生活，就是在一声声的军号声中走过来的。我立刻从睡梦中一下子回到了现实，这里将是我今后生活战斗的地方。我好奇地爬上山四处转了一圈，只见周围青山环绕，满眼的苍松翠柏，一条大河沿着山脚蜿蜒而去，如果不是身在其中，很难发现在这群山环抱之中竟然隐藏着一个军工厂，这让 2387 显得更加神秘、庄重。

我站在高高的山岗上，望着一轮初升的太阳，心里很不平静，我暗自下定决心：祖国需要我到这里，我就要为 2387 的建设贡献自己的青春和力量。

二

初到筹建处报到，组织上安排我到人事科临时帮忙招收学员（新工人），并进行培训。

当时，"三线建设"有个原则就是"先生产，后生活"，筹建处的主要任务就是搞生产基本建设，大部分厂房都是边设计边施工，职工多数住在刚建起的工房或仓库内，也有少数带家属的职工住进刚盖起的"干打垒"里。由于上级要求开工生产的时间很紧，筹建处一边抓紧基建，一边招收学员，以便为开工投产做好人才准备。就这样我被抽调外出招工，从 1970 年 3 月到 1971 年，我们翻山越岭、走村串户，不辞辛劳地调查走访，先后在均县浪河区、丁家营公社、老营公社（今武当山特区）、六里坪区等地方招收了 4 批次近 200 名新学员；在房县招收了 50 名武汉下放的知青；在郧县①招收了 30 名民工。在招工过程中，既要保证招收新学员的年龄身体条件、文化程度、政审等方面符合军队企业的要求，又要尽可能地满足地方政府的意愿，保证优秀青年入选。

---

① 现为湖北省十堰市郧阳区。

新学员进厂后，筹建处按照部队建制，将学员们编成连队，统一进行入厂教育和参加劳动。领导安排我给学员连队讲授安全生产和一些基础理论课，每天还要陪学员们一起出早操，打扫卫生，配合基建施工，搬砖头、上砂石、抬水泥、运材料。筹建处需要在山上修建一个蓄水池，用以解决生产生活用水，我跟着100多名新学员，参加了修建储水池的辅助工作。同筹建处的干部职工一道，用铁桶抬水、用脸盆端沙，山上山下人来人往，那场面热火朝天，令人难忘。用了整整干了一天，保证了施工用水用料的需要。蓄水池也在短短几天之内建成了。过了一段时间，筹建处将学员连按照不同工种，分批送到武汉3604工厂和汽车配件厂进行两个月的对口培训。由于精心挑选，提前培训，这批学员很快熟悉了本工种的机器设备操作要领，待工厂正式开工投产，他们已经成为各工种的主力军，为提高工厂的技术水平奠定了坚实的人才基础。

三

1970年4月，筹建处的基本建设告一段落，所需生产设备基本购置齐备，人员技术基本到位（由于从3604调入各工种技术工人100多人，又培训200多名学徒工，工厂的铸压、焊接、机加工及产品组装等十多个工种），具备迅速形成生产的能力。4月15日，筹建处主任安海道一声令下，全处职工迅速行动，自己设计制造出第一座炼铁炉，炼出第一炉铁水，保证了缝纫机生产的第一道工序的毛坯供应。从这一天起，2387筹建处正式开工投产了。

1970年8月6日，总后军需生产部正式下达命名，撤销2387工程筹建处，改称中国人民解放军第3607工厂，总后2387筹建处完成了她的光荣历史使命。

1971年初，我向工厂提出申请，请求从政工处调到车间搞技术、当工人，组织上同意了我的请求，分配我到三车间当技术员，下车间劳动实习。我过去一直在学校读书，今天走进车间，周围环境为之一新，要和各种机器打交道，我暗暗下定决心，不怕苦、不怕脏、不怕累，和工人师傅们打成一片，走理论和实践相结合的道路，为今后的工作铺垫坚实的基础。

在车间实习一年多的时间里，我先后掌握了车、铣、磨等工种，从一无所知到自己能熟练操作机床，生产出质量合格的产品。工厂又让我当技术员，感觉肩上担子重了，每天白天按时上班，晚上加班学习，把过去的理论知识与现在的生产实践结合起来，努力提高技能，时刻准备为工厂做出贡献。

有一次，根据生产情况要革新一台机油泵壳，车间给我配了两名青工当助手。当时在启动液压半自动机床时，机床一直不动作，配合我调试的青工聂玉堂同志一直陪着我，从下午开始一直检查到凌晨5点，我俩一遍遍地检查、调试，各处也没发现什么问题，可是床子就不工作。眼见天快亮了，人也累得不行，我俩就靠着墙边坐着休息。那时候年轻，闲不住，顺手捡起粉笔在地上划拉着，划着划着突然灵机一动，液压系统只有在封闭的环境里才能正常工作，是不是系统不封闭造成的？我一个激灵站起来，兴奋地对那个助手说，找到原因了。他又惊讶又高兴地站起来帮我检查，我打开排油系统，果然发现排油管没有插入油面，问题解决了，调试成功，天也亮了。

1971年3月起，工厂正式投产，开始批量生产工业缝纫机和立钻、台钻产品，大山沟里焕发出，实现了建好三线，让毛主席他老人家睡好觉的愿望。

<h2 style="text-align:center">四</h2>

1979年，党的十一届三中全会召开，历史进入改革开放时代。中央领导多次提出"科学技术就是第一生产力"，3607工厂历届领导班子都比较重视职工教育培训。首任厂长安海道同志早在1976年就开办了"七二一"工人大学，办了3期，培养了七八十名工人大学生，提高了一线工人的技术素质，奠定了3607厂雄厚的技术水平。1979年，工厂生产的"金狮"牌工业缝纫机被总后授予"全军优质产品"和"部优产品"，多次受到上级主管部

门的表彰。

1984 年，老厂长安海道同志调走，我被上级任命为 3607 工厂厂长。当时，工厂已经从单纯的计划经济体制向市场经济过渡，随着我国军队的百万大裁军，军品任务逐年下降，工厂需要到市场上去找米下锅。为了适应经济体制的转变，厂领导班子认真研究了面临的现状和未来的发展方向，确定了产品结构从单一的工业缝纫机调整为缝纫机、汽车配件、耐磨材料三大类；对严重制约产品质量的热处理、精密加工、大件开发及铸造工种进行必要的技术改造。1988 年首先通过调研，引进了日本产尤尼克气体渗碳炉，大大提高了零件的热处理硬度、耐磨性和批量生产的稳定性，从而有效地提高了缝纫机和汽车配件的使用寿命。1990 年，又购置了 3 台缝纫机小孔珩磨机，使缝纫机小孔加工精度稳定地控制到一级精度，极大地提高了使用寿命，同时降低了机器运转的噪音；同年，工厂又从捷克斯洛伐克购入了一台三坐标加工中心，该机能够一次性完成机体上平行、垂直的孔系加工，既快又好，大大加速了各类缝纫机机体的开发，为迅速抢占市场创造了有利条件。1992 年，经过多次考察，我们决定购置重庆江津一套闲置数年的美国二手铸造生产线。我们发动工厂领导、技术人员、汽车司机，自己拆卸、自己装车、长途转运 1000 多公里，又自己进行工房改造，自己设计、自己安装调试，在不到一年的时间内，把一条长期沉睡的铸造生产线投入了生产。解决了汽车排气管的批量生产难题，满足了出口外贸的销售合同。

五

1990 年初，根据军队压编编制和军品锐减的实际情况，总后首长提出实行军队企业战略转移的要求。地处深山老林的三线工厂要向中小城市转移，改善经营环境。经过深入考察研究，厂领导班子提出以产品为龙头，一厂变三厂的战略设想。主导产品缝纫机从老厂转移到襄阳市分厂；以老河口分厂为基础，建立汽车配件专业生产厂；原山区老厂保留铸造、锻造、冲压分厂。这样的结构布局，一可转移安置大部分从大中城市来的老职工；二是有效利用老河口原生产生活设施，有力降低转移成本；三是给山区老厂留守人员留下一部分生产能力，为当地经济发展作点贡献。

经过全厂职工几年的不懈努力，1995 年完成了战略转移，实现了一厂变三厂的愿望。

1997 年，我离开战斗生活了 27 个春秋的 3607 工厂，调往武汉的 7011 工厂；两年后，又调到山西长治的 7445 厂；2001 年，又到天津 6443 工厂任职，直到 2005 年退休。从 1997 年到我退休的那一年，我先后到过 5 省 6 个军工厂任职，但我一直没能忘记曾经在大山深处的 3607 工厂。

（张家谦曾任 3607 工厂厂长）

我的三线故事

李　丹　讲述　任益丹　整理

　　我出生于 1929 年 9 月，1953 年 6 月入党。从天津市师范学校毕业后，于 1949 年 7 月与丈夫陈朔同志一起，加入中国人民解放军南下工作团，正式参加革命工作。在参军期间任职文化教员，1951 年调岗至汉阳兵工厂子弟学校任教务主任；1952 年组织考虑到其家庭情况，将其调岗到 3303 工厂子弟学校任教务主任；1953 年任 3303 工厂保密员；1954 年任党委宣传部干事；1969 年参与 2358 工程指挥部（钢厂）的建设；直到 1972 年由总后勤部中南物资工厂管理局（武汉二局）将其调来总后第 3611 工厂。

3611 厂 20 世纪 80 年代办公大楼

入　党

"入党前，努力工作，力争入党；入党后，积极发挥带头作用，服从组织安排！"在那个淳朴的年代，老党员们爱党爱国爱民，始终为人民着想，充分发挥着模范带头作用，人们都看在眼里，记在心里。大家认为能加入共产党非常光荣，都积极参加共产党，入党程序和政治审查都十分严格。

1953年初，我参加了党训班，成为共产党员的培养对象，学习《共产党宣言》《中国共产党章程》《为人民服务》《愚公移山》《纪念白求恩》等内容，每课后都要写心得体会，并在学习结束前上交《入党申请书》。1953年6月党支部召开党员大会，会上首先是党支部书记讲话，然后我自己念《入党申请书》，之后就是全体党员对我的入党发表意见并举手表决是否可以入党，大家一致通过了我的入党申请。

党支部书记让我表态，我便表态说："党委批准我入党，我将以张思德、愚公、白求恩为榜样，努力工作，服从组织分配，听党的召唤；如不能批准，我将继续努力，严格以共产党员的标准要求自己，争取早日成为一名共产党员！"

经过政审、党委审批等程序，1953年6月党委批准了我入党，候补期为一年。

分配到"三线"

"组织让我做什么，就做什么；服从大局、不怕艰苦，到最苦最难的地方去！"1972年，我服从总后勤部中南物资工厂管理局（武汉二局）的分配，调来3611工厂。作为党员，大家一贯以服从命令为天职，分配调岗时，大家都说三线均县（今丹江口市）几个厂的条件都不好。汉办来电话通知：组织决定分配我去均县工作。可我当时因为家庭等方面的原因，并没有这个想法，就回武汉二局说明情况。当我一走进二局的大门，遇到参加待分配的原钢厂干部，他们见到我就说："老李同志，向你学习！"我有些莫名其妙，就找二局干部科长询问情况，他说："你是说过服从组织分配吗？这次是我对李局长说，把你分配到均县去没有问题，所以李局长就在昨天的待分配干部大会上说了此事，并要求大家向你

3611 工厂早期的生产发货场景

学习，说你带了个好头。"听了这段话之后我不再多说，下定决心不再打退堂鼓：党组织让我到哪，我就要到哪，均县需要干部，要服从大局、不怕艰苦，到最苦最难的地方去！

　　1972 年 4 月我来到总后 3611 工厂，主管政治处工作，当时并没有明确职务，直到当年底，二局下命令，任命我为 3611 工厂政治处副主任。于是便将余生都奉献给了"三线建设"，在 3611 工厂历任政治处副主任、主任、党委副书记兼厂工会主席等，直到临近离休还参加了湖北省第四届党代会。我的 5 个子女，除了 1 个儿子早年成为下乡知青，1 个女儿被分配到了贵阳某兵工厂，另外 3 个子女都留在了 3611 工厂工作，两代人都为 3611 工厂的发展和"三线建设"奉献了一生。

我在总后 3611 工厂的生产、生活片段

　　参加工厂的基础建设。3611 厂创建于 1968 年，是全军唯一生产各类输油加油器材的三线企业。我 1972 年来到厂里时，已经有 1000 多名员工，当

建厂初期

时不论是政委、厂长还是一线工人都是一家人住着土坯房通间，每天吃食堂。当时厂里的基础建设都是党员、干部们参与建设的。每月月底工厂都要组织义务劳动，大家都积极参加，铆足干劲，一干就干到夜里十一二点，大伙都毫无怨言，只求付出，从未考虑个人利益。全厂职工依靠自身力量，建造了"干打垒"厂房和职工宿舍，架通厂区内外高压线路，自制"百家衣"冲天炉，"一口铁锅熔铝水，塑料棚中开磨床"，一边筹建、一边投入试生产。厂里原先只有泥泞的山间老路，于是大家把厂里的路修了出来；原来厂里喝水有困难，于是厂里自己修了水井，党员、干部们架起水管，终于把水引进了工厂和各家各区。

参加义务劳动。有一年，组织要求收稻子，大家都去汉川农场帮忙，当时我有一个嗷嗷待哺的孩子，她才 10 个月大，需要喂奶。但是我身为党员干部，必须以身作则，在接到义务劳动的通知后，义无反顾地把孩子留在了家里，积极响应号召前往农场帮忙。劳动结束后，我还被评为了标兵，成为大家学习的榜样!

参加湖北省第四届党代会。1983年12月，我和郧阳地区代表团一起参加了湖北省第四届党代会。当时在均县有十几家中央企业，要在这些央企中选一个代表，并提出如下要求：第一，是厂级干部；第二，必须是女同志，经过各方筛选，我作为3611工厂的代表成功入围。

我下车间劳动。中国人民解放军第3611工厂，在当时是总后唯一一家油料器材厂，油料器材是所有部队的必需品，每个月厂里的生产任务都非常重，每月月底工厂的产品都必须按时出厂。每年7—9月是生产最忙、天气最炎热的时候，干部都要到车间参加一个季度的劳动，以确保生产任务的圆满完成。有一年夏天，我下车间，在有色铸造车间除砂。当时有个八级工人找到我说："每年厂里需要的三百号铝锭都需要从厂里拉到上海加工，然后再拉回厂里，会消耗掉很多资金，我们可以自己炼！"三个月车间劳动结束后，临走时，我对他说："你炼一块小铝锭，成功了我们就拿去化验！"当时很多人都对我们厂能自己炼铝锭的事情表示怀疑，甚至有人说肯定不可能。没想到他真的成功炼制了铝锭，经过化验后完全合格，之后厂里就开始自己加工铝锭，为工厂节约了资金，也进一步提高了工厂产值。

后来工厂逐渐将经营重点转移到汽车零部件，开始接触一些民品，从二汽接一些活，以带动工厂发展。于20世纪90年代开始，响应政府号召，逐步走出深山，将主厂区迁移到了襄阳。

我退掉的工资。1972年我服从分配来3611厂，第一次发工资时，工厂和原单位都给我发了工资。我在收到工资了解清楚情况后，毫无迟疑便抽出一份工资交给了工厂财务科。现在有些人可能会与我的做法背道而驰，但是我觉得，我不能白白拿钱，我做了一份工，理应只拿一份工资，多的一份就用于工厂建设或者改善工厂职工们的生活吧！

在入党后，我总共让过3次评工资的机会。我是党员，要时时刻刻为人民服务，为他人着想，发挥带头作用，宁可自己不要待遇，也要把机会让给有需要的人！

我最敬重的人。彭树寿厂长是我在厂里最敬重的人，彭厂长在厂里十几年的时间，历任厂长兼党委书记和专职厂长，他一直过着"单身"生活，每天吃食堂。彭厂长任职期间，他的家人、孩子都远在广东，直到他离休后，才回到广东与家人团聚。他给3611工厂做出了很大的贡献，为3611工厂的发展打下了坚实的基础！

我的离休生活。离休后一个月，总后工厂部电话通知我参加总后中南组的企业整顿调研组，负责整顿湖北、河南、上海、广东等省（市）共十几家单位。我被分配在调研各厂领导班子的小组里工作，考核中南组各厂领导班子的德才等情况。需要从各厂名册中挑选中层、一般干部及部分工人谈话，请他们对自己的厂领导进行评价。这项工作严肃认真，在了解情况后还要综合整理情况，对每个厂的领导进行讲评。就这样我在中南企业整顿小组工作了近两年的时间。

企业整顿调研结束，我回厂后不久又接到部里通知，要开展整党行动，

3611工厂（丹江老厂区）家属区一角

于是原中南组工作人员又调到一起，负责中南片区各单位的整党工作。针对厂领导班子，了解他们执行党的方针政策及作风等情况，和调研一样，在了解情况后，工作组要在该厂全体干部大会上进行一次批评，这样又工作了一年多时间。

整党行动结束后，又逢部里通知各厂写厂史，于是工厂决定由我和离休的许副厂长组织这项工作，我们负责口述，由少明举同志执笔，耗时一年，终于完成了厂史的撰写。就这样，在离休后，李奶奶又继续工作了五年多的时间。

虽然现在我已经92岁了，离休很多年了，但我仍每天关注国家新闻、年度政府工作报告，关注着工厂的发展。我对工厂现在的党员干部和党支部提出以下要求：每个月党支部都要按照规定开展组织生活、听党课，让大家学党史、学厂史、学时事，要给每一位党员提要求。同时，不能强制要求病、弱、老等情况特殊的党员到会参加，但要在组织生活结束后，与其沟通交流组织生活的情况。

（李丹曾任3611厂党委副书记、工会主席，任益丹现任襄阳新兴精密制造有限公司党群工作部党务干事、工会干事）

难忘的建厂记忆

袁　军

当年，中国人民解放军第 3542 工厂（改制后为际华三五四二纺织有限公司）建厂时，所有参加工程建设的同志，无不踌躇满志，倾注了心血和汗水。

从 1987 年 5 月进点，一连串的征地、规划、设计、土地平整、建筑施工均进展神速，不到半年时间，就在 800 亩土地上，由数千人的施工队开始了夜以继日的紧张劳作。仅仅一年多的时间，6 万多平方米的主要工房拔地而起，2 万多平方米的辅助设施按期落成，21 栋家属楼、4 栋单身楼及时交付使用，食堂、澡堂、幼儿园也相继完善，5 万纱锭、200 台布机、200 台缝纫机、100 多台针织机的安装调试亦如期完成。由此纺纱、织布、针织、服装一同正式投入运行，3000 余名员工分别奋斗在各条战线上，工厂到处呈现一派拼搏向上的感人景象。

在建设 3542 工厂的过程中，可以清楚地看到创业者们的那份执着，看到他们身上那种"理解、团结、求实、拼搏、一流、高速"的进取精神。

在征地过程中，乔营一个村庄住有 70 户人家，它正处于工厂的中心地段，如何尽快拆迁？厂领导经与市、区、乡政府部门协商，终于得到大力支持，确定必须在 3 个月内完成。当时的村党支部书记施慧英同志说："尽管在这么短的时间内完成 70 户拆迁困难很大，但为了保证工程上马，再大的困难我们自己解决。"她在村委会上作了明确分工，定人、定时、定户，包干到底。施书记通过深入走访每个拆迁户，细心听取各户的要求和意见，一一说服拆迁户，从而在规定的时间内顺利完成了这 70 户的拆迁任务。

工厂的规划设计是企业扎根的头等大事，在部首长的关心支持下，河南郑州纺织设计院承担了设计任务。当时工地仅有十几间平房，条件很差，指挥部立即在20天内突击解决十几个设计人员的工作室以及吃、住问题，半个月就建成招待所及办公室平房。时值酷暑高温季节，为保证设计人员的正常工作，及时安装了空调，招待所配置了洗衣机，并派专人做饭。这样设计人员在两个月内就出色地完成了两套设计方案，供部领导审定。纺院设计人员完成任务离别时说："工地条件艰苦，却对我们关怀备至，不仅给我们提供了良好的工作环境，而且在生活上也给予极大照顾，这真使我们感动！"

以纺纱和织布两大块为重点的主体工房，建筑面积近3万平方米，按常规其工期一般得要一年多时间才能完成。经厂方与施工方多次协商，要求尽量加快施工进程，提出230天完成施工任务。承担施工任务的省一建和市三建，分别紧密配合工厂，日夜兼程。工厂在资金和主要材料方面及时提供，傅玉文等领导同志更是坚持深入施工现场，发现问题，就地解决。当工程进入关键阶段，各处室的同志都深入现场，一同加强检查监督，确保工程质量与进度。经双方共同努力，终于在210天内胜利完成主体工程建设，全优工程达90%以上。施工方同志深有感触地说："这回可是我们承接工程以来，在进度和效率上前所未有的，也是合作最为愉快的一次。"

当主体工程开工之后，招工和培训就成了重要任务。从1988年开始，工厂按照既定的招培计划，抓紧对新招的2000名员工组织了培训。因考虑到工地的承受能力和工程进度，故采取分步实施的办法，招进一部分就培训一部分，首先是外培一部分，随后大部分是自己培训。傅玉文、陈奉昌等领导决定，建一个临时工房，作为培训车间，自己培训，锻炼队伍。临时工房条件差，同志们都本着艰苦奋斗、勤俭节约的精神，以此作为演兵的教场。就这样，抢在大工房完工之前，便纺出了四二的纱，并让几千名员工受到了很好的培训和锻炼，为1989年正式开工投产奠定了良好的基础。

按工程原定方案，是先建17层办公大楼，而职工住房和单身宿舍均放在后期解决。后根据工地实际情况，厂领导果断做了调整。由于当时进厂的员工，大多是从几个老厂抽调过来的骨干，他们是工厂的中坚力量，关心他们的疾苦，解决他们的后顾之忧，实为稳定职工队伍的一件大事。于是傅玉文同志亲自向部首长作了汇报，经领导同意，停建办公大楼，速建职工宿舍21栋，单身楼4栋。这一决策极大地鼓舞了职工士气，为稳定队伍、安定人心起到了非常重要的作用。在筹建时期，工程指挥部领导多次强调，切实做好后勤保障工作，包括职工的各种福利，坚持生产、生活一起抓，是所有担负领导工作同志的基本职责。作为工程指挥部主要领导的傅玉文同志更率先做在前头，如在宿舍安装暖气一事，就是他决定的。

时光飞度，岁月如歌。不凡的34年，弹指一挥间，企业产值、利税翻了几番，名列全纺20强，并连获中国棉纺织行业最优成长奖、和谐建设先进单位、全国设备管理先进单位、全国守合同重信用单位等一系列荣誉称号，实在令人欢欣鼓舞，感慨不已。

（袁军曾任 3542 厂副厂长）

企业"强身健体"背后的技术力量

陈　培

年终，按照惯例我对公司一年来的荣誉照片进行整理，无意中打开以前所获荣誉的文件夹，看到许多产品获奖的照片，让我思绪万千。

际华三五四二纺织有限公司（原中国人民解放军第 3542 工厂）创建于 1987 年，作为军工企业，主要任务是为中国人民解放军总后勤部提供服装保障。1995 年以前，由于产品结构单一，产品档次低，企业每天处于"等单"状态。加上当时职工队伍过于庞大，管理方式和生产设备日渐落后，导致企业连年亏损。

1995 年，胡福生担任厂长，进行了大刀阔斧的改革，减员增效，积极开展技术改造，对老旧设备进行优化和潜能开发，最大限度发挥其作用。仅 1997 年投入的技改项目就有 20 个，这些技改项目使厂内的现有设备全部都能生产 C80 支以上产品，改变了只能纺 C32 支以下低支纱的状况。

虽然经过一系列老旧设备改造，产品质量和新产品开发得到了很大提高，但是仍然无法满足生产高精尖产品的需求。2000 年，企业抓住国家国债项目机会，投资购置了宽幅喷气织机，产品的幅宽一下增加到 3 米，产能大大提高。此时，国内的家纺市场刚刚起步，房地产业兴起使家纺面料需求旺盛，公司通过引进新设备，从生产服装面料过渡到生产家纺面料，一下子走在了市场前列。当时，宽幅坯布供不应求，客商买布的货车就等在车间门口，坯布刚从车间里拉出来，就直接被装上了货车运走。1 米布的利润率在 20%—30%，效益非常可观。随着市场的转变和产品档次的提升，企业跨入了鼎盛时期。

2000—2007 年，公司累计投入技改资金 4 亿多元，先后购进了当时最先进的英国 Crosrol 清梳联、细纱机、日本村田自动络筒机、日本津田驹浆纱机、日本津田驹宽幅喷气织机等设备，提高科技含量，淘汰落后产能，实现了生产过程的"三无一精"（无棉卷、无接头纱、无梭布、精梳纱）。2006 年和 2007 年，公司"福龙"牌高支高密纯棉坯布和精梳纱线分别荣获"中国名牌"。

鼎盛时期的道路也并非一帆风顺，企业不断顶住市场压力，自我革新。

2007 年，受世界金融危机影响，企业经营困难。公司高层经过研究，决定避开市场竞争激烈的领域，开发新产品。当时，人们消费观念已经开始转变，从追求吃饱穿暖到注重舒适体验。公司的天竹、天丝、莫代尔等功能性面料产品，就是那时候诞生的。

目标一经确定，四二人就"咬定青山不放松"。有一次，香港一家公司的客商慕名而来，要求企业生产 JC100S 平纹防雨布。为满足其质量要求，全厂从棉纱开始，连续在一条龙流水线上认真做了 5 次试验，分别将棉纱强力、百根万米断头、上浆率、综筘片分理以及开台效率等考核指标，一一分解到各工序。技术部门跟踪测试，直到生产出合格的打样产品。锲而不舍的精神和"钉钉子"的作风换来了客户对产品的认可。

公司的产品始终定位在高、精、尖，做别人不敢做的和不愿做的。有一次，公司接了一个出口的坯布订单，订单要求是每平方英寸 600 根纱的产品。接这个订单是有风险的，因为当时国内市场上常见的生产订单是每平方英寸不到 200 根，而公司的生产工艺也暂时未达到 600 根的标准，这个"超前"的订单成了企业的一次机遇。为了完成订单，公司在车间里开始了一轮又一轮的技术攻关，花了几个月的时间，经过无数次的实验和失败，终于通过改变工艺流程的方式实现了目标。一窍通，百窍通，自此，企业的产品品质越来越"拔尖"。随后，公司自主研发的高支高密纯棉坯布达 1800 根 / 平方英寸，代表了国际先进水平。公司开发的棉 Coolmax80 支高支纱、棉 160 支缎条坯布等一大批棉纱、坯布荣获"优秀创新奖"，汉麻纤维嵌入式混纺本色纱荣获"国家重点新产品"称号。公司原创技术"柔洁纺"项目，达到国际领先水平，得到中国工程院姚穆院士的称赞。公司还先后荣获"国家认定企业技术中心""国家高新技术企业""中国纺织工业联合会产品开发贡献奖""中国驰名商标"等荣誉称号。

近两年来，公司提前研判市场行情，秉承"人无我有，人有我优，人优我特"的理念，加大功能性产品开发，先后开发一系列新型纤维产品，如亚麻、苎麻、汉麻、澳毛、超细旦化纤、Outlast 纤维、银离子纤维、"海藻"纤维和"石墨烯"纤维等，其中莫代尔 80S、天丝 80S 产品进入襄阳市"万亿强市"财政补贴目录。2017 年，公司获得"2017 年度中国纺织工业联合会产品开发贡献奖"和"纺织技术创新示范企业"荣誉称号。2018 年，"尔竹"产品荣获"2019/2020 秋冬中国流行面料"优秀奖。公司开发的高铁座椅面料，获得中国中车集团长春轨道客车股份有限公司和青岛四方机车车辆股份有限公司的"采购供应商"资格证书。

梦在远方，路在脚下。在改革开放的伟大进程中，不断变化的是生产设备、工艺技术，不变的是四二人"团结、诚信、拼搏、创新、一流、高效"的企业精神，四二人正用不断创新、勇攀高峰的决心和毅力奏响中国名牌的最强音。

（陈培现任际华三五四二纺织有限公司党群干部部宣传干事）

一箱土鸡蛋

邹 伟

这是 3542 建厂初期发生的一个小故事。

1990 年 4 月 10 号下午，忙碌了一天的员工在食堂吃饭时，惊奇地发现每个人碗里都多放了一个黄澄澄的煎鸡蛋饼，而且还是免费的。在那个物资紧缺、大家成天都感觉饥饿的年代，煎鸡蛋饼可是奢侈品，通常只有在节假日才有此待遇。那么今天这个免费的油煎鸡蛋饼是怎么来的呢？这里有一段感人的故事。

1987 年，3542 工厂筹建之初全称叫中国人民解放军第三五四二工程指挥部，是全军"八五"期间重点投资兴建的大型纺织企业。工厂是边建设，边生产，每天从早到晚大家都满负荷工作。因为条件简陋，很多职工的家没搬过来，大家都住在单身宿舍里，六七个人一个大通间，吃饭全都在食堂解决。厂区外面连个饮食摊位都没有，四周全是一片庄稼地。厂领导和工人同吃同住同劳动，争分夺秒地抢建设进度，四二工厂的建设创造了当时轰动全国的"超深圳速度"。随着基础建设一天天地向前推进，路铺通了，高压电进来了，自来水也接入了，设备一台台购回来了，干部职工既是安装工也是装卸工。不到一年时间，一条龙培训车间开机运转，织布设备也安装了 80台，机器日夜轰鸣，纺出了第一筒纱、织出了第一匹布。超强度的体力活使得大家都特别能吃，成天好像就没有吃饱过，每天不到饭点肚子都饿了。在这个节骨眼上，就发生了一箱鸡蛋的故事。

那么这个免费的鸡蛋饼到底是怎么来的呢？厂办秘书小张说出了实情。当时的襄北农场宁政委是 3542 工程总指挥长傅玉文的老乡，也是一起应征入伍的战友。前几天他在广播上听说傅玉文在襄阳建厂，就专程驱车到工地上看望老战友傅玉文，并送来了一箱子土鸡蛋，大概有 30 多斤。在那个物资紧缺的年代，傅玉文从不搞任何特殊化，他心系全体奋战一线的干部群众，深知大家的辛苦，专门嘱咐厂办将这一箱子土鸡蛋转交到食堂给职工加餐，于是就有了文章开头的那一幕。

一箱土鸡蛋拉近了干群之间的鱼水深情，一箱土鸡蛋显现出一代军工人的高风亮节。如今物质条件越来越丰富，一箱鸡蛋对任何人来说都不值得一提，但是我们不得不提的是，正是有了像傅玉文这样的第一任领导人，公司才能一代接着一代传承际华军工的红色基因，长期艰苦奋斗，立志创新拼搏，始终不忘初心，永远牢记使命。如今，公司面临第三次创业，退城入园的集结号已经吹响。新一代的四二人要像老一辈的军工人那样，肩负着保障国防、服务社会的神圣使命，在新的一方沃土上，不辱使命，弘扬老军工的"四特"精神，以"一万年太久，只争朝夕"紧迫感、责任感，全力以赴开启四二第三次创业，真正无愧于历史的选择，无愧于新时代！

（邹伟系际华三五四二纺织有限公司纺纱车间保全工）

织布机上织出精彩人生

刘　沙　讲述　陈　培　整理

初生牛犊不怕虎

2009 年 8 月，我从襄阳东津镇来到 3542，从一名在家务农的农家女，到城里成为国有企业一名纺织女工。办好进厂手续那一刻，我兴奋不已，下定决心，干就干出个样，一定给农村人丢脸。

刚开始，由于没有掌握技术要领，打结慢且质量差，我急得直哭。当时怀疑是不是因为自己是农村人，接受能力差，就比别人笨一些。可又一想，我不比别人少胳膊、少腿，凭什么比城里人差。于是，只要有时间，我就练打结。下班了，累了一天的姐妹们早早都休息了。为了不影响姐妹的休息，我关上了宿舍灯，来到走廊继续练习。大冬天，过道里的寒风把手都冻僵了。我就放一盆热水在身边，手冻得不听使唤了，就把手放到热水里泡一泡，然后继续练打结。

不到半年，我已经可以看 16 台车，比其他工友足足多看了 4 台。而且练就一个"快手"的绝活，每分钟可以处理结头 36 个，比同年进厂的姐妹多了近 10 个。处理断经速度由 26″7，提高到了 23″，与同年进厂的女工相比，我每分钟处理结头数量高出 38%，处理断经速度快 25%。在公司开展的春季操作运动会上，一举打破了公司断经停台处理记录，获得"状元"称号。

此时，我听说公司后纺车间教练工唐玲玲已经成为全国劳动模范，集团、公司和车间班组，报纸、广播到处都在宣传唐玲玲的先进事迹，我好生羡慕！"每个人心里都有一朵花，一朵一朵的，可漂亮了！"这是《士兵突击》里从"笨拙"到"兵王"许三多的一句自我激励台词，也是我最喜欢的话。于是那时那刻，在我的心里，也萌生了一朵花：我暗下决心，要向唐玲玲学习，要通过自己不断地努力，成为岗位上的行家里手，公司的劳模先进，勇争一流，做一个像唐劳模那样的人。

勇担重任争一流

2012 年 4 月，由于操作基本功扎实，车间安排我到操作技术最薄弱的丙班当轮班教练。第一天拿到组员的测试成绩，我傻了眼，操作优一级人员寥寥无几，二、三级人员占到一半以上。面对现状，我没有气馁，根据她们掌握技术的程度和特点，分别制定学习计划，建立"学员档案"，分门别类指导帮教。学员柴秀琳因操作水平不达标，一个月下来，产量、质量都不行，工资也低，她打起退堂鼓，想辞职走人。我知道情况后，鼓励她说："不要气馁，要对自己有信心。放心，你的操作包在我身上了。"随后的一个月，我每天走巡回时都会留意她，并利用空闲时间手把手地教。下班了，我为她开"小灶"。半年后，柴秀琳的操作水平达到优一级，并很快当上了小组质量员。几年下来，我先后带出 50 多名徒弟，其中像杨小云、庄娇娇等39 人当上了质量标兵、操作能手。

2013 年初，我又接受了新的挑战和考验。当时布机车间丁班没有轮班长，前任轮班长因为人员流失多，连正常的生产运行都无法保证，最后辞职不干了。车间安排其他有经验的轮班长去接手丁班，可是大家心里都没有底，不敢接手。最后，车间想到了我。领导找我谈话后，我心里也打鼓，不知道自己是否能胜任，但最终我是顶着压力接下了丁班。

自从当上轮班长后，第一件事就是召集丁班的小组长，分析轮班关键症结所在，并对症下药，一件事情一件事情地解决。人员紧张，我自己买了辆电动车，每逢休息日，就带着小组长走村串户宣传招工。风里来雨里去，细嫩的皮肤晒得又黑又粗糙，儿子见了我，都快认不出我了。效率提不上去，我就将我自己探索总结的"一停二看三查"巡回法，手把手地教给组员，而且特别注重在班中巡回时对组员做好跟踪。一个月下来，提高生产效率10%，并在全车间推广。生产任务紧，我率先组建的一支20余人的"青年突击队"，综合开台效率提高了5%。

2014年初，我在"重灾区"P1区成立了"劳模示范基地"，并亲自帮教，以此带动4个轮班的P1区共同进步。经过3个月的努力，P1区产质产量逐月上升，消耗逐月下降，人员基本稳定，5月份丁班P1区摘掉了2年来戴在头上"倒数第一"的帽子。

在工作中我以心换心，很快就把丁班100多号人的心都拢到一起。每逢轮班休息时，我带着小组长走访单身楼，了解大家的想法，掌握姐妹的思想动态，帮助她们解决生活上的不便，如联系、督促物业公司修理坏灯泡和水管等等。由于班组很多员工都是骑电动车上下班，难免有时出现电瓶没电的情况。我就在自己住处准备好电源，如果员工骑车上班没电了，就到我家充电。住单身楼的员工因宿舍里没有洗衣机，洗衣服不方便，我就让她们把被子或厚衣服拿到我家洗。去年4月，推轴工章瑞超的手不慎骨折了，由于他家住得较远回家不方便，就暂住单身楼，那段时间我就担负起照顾他的责任。每天到宿舍把他换下的衣服拿回家洗，只要有时间，就炖汤给他送去，保证营养让他恢复得快一点。都说伤筋动骨100天，在我的细心照顾下，章瑞超的手不到两个月就康复了。返岗第一天章瑞超便找到我说："班长，你比我亲姐还亲，我只有把工作做好，才能回报你对我的恩情。"

人心都是肉长的，从2013年底开始，班组人员的精神面貌有了很大的改观，人心更齐，工作安排更容易顺畅，班组也甩掉最后一名的帽子。

业余时间，我还组织姐妹们开展爬山、卡拉OK比赛、厨艺比拼等小活动，倡导健康的生活方式，加深感情和凝聚力，营造了班组关心人、理解人、帮助人的氛围，使班组成为一个和谐温馨的大家庭，员工出勤率达到95%以上，月流失率控制在2%以内。

任重道远从头来

2015 年 4 月让我终生难忘，幸运之神再次青睐于我，我终于成为像唐玲玲一样的全国劳动模范，进京到人民大会堂领奖。

当上全国劳模，压力更大了，好多双眼睛都盯着我看。在今后的日子里，没有最好，只有更好。2015 年是企业转型发展的关键一年，在公司开展"双提升"活动中，我想办法提高生产效率，提出了"班前 5 分钟抢开台"的口号。每天接班后，我要求大家提前 5 分钟开始抢开台、抢效率。事实证明，每天提前 5 分钟抢开台，一个班的效率就有了保障，剩下来的就是抓好班中效率。班中，除了嘴勤、手勤、腿勤外，我还合理安排员工，做到新老搭档、优劣搭档。这样不仅能够平衡各小组的实力，不会出现短板，还能实现以老带新，以优带差的局面，最大限度地发挥了团队作用。

今年是中国共产党成立 100 周年，我为身在这个伟大的新时代感到骄傲。作为一名新时代的青年党员、劳动模范，新时代的纺织女工，我会带领更多的姐妹们苦练技能、发挥好传帮带，用我们勤劳的双手，用我们的一纱一线织出最美的画卷，为我们的党旗增添更加绚丽的色彩。

（刘沙现任际华三五四二纺织有限公司纺织技术部技术员）

《襄樊军纺报》纪略

朱传昶

我们工厂最早的名称是 3542 工程指挥部,从奠基扎营之日起,指挥部就高度重视企业文化。根据"三线转移"的大政方针,如何让当时的军工企业在大转移中充分焕发出新的生机与活力,取得新的成果,是新时代提出的新考验,更是新机遇。

以傅玉文为首的党委一班人,除系统制定了《企业精神》《四二作风》和一系列奋斗目标外,还毅然决定要办好一份让所有员工喜闻乐见的企业报,让企业的方针目标以及上级领导的希望与要求,真正做到家喻户晓,深入人心。同时让企业的生产经营情况及时得到通报,并广纳群众建议,大力表彰和宣扬生产、生活中的好人好事,让大家学有方向赶有目标。

傅玉文、苏维强、孙凤旭等指挥部领导对企业报的筹办非常关心,指挥部具体责成党委宣传部下属的新闻中心抓紧筹办。在多方共同努力下,第一张打印、组拼加复印的企业报——《襄樊军纺报》,终于在 1990 年喜迎新春的热烈气氛中与干群见面了。

当领导和职工亲眼看到这份满载重要信息,充分体现企业文化色彩的报纸,读来格外让人精神振奋时,便很快作出由试办转为正式按规定程序续办的决定。指挥部新闻中心立即根据有关规定向襄樊市新闻出版局送上了办刊申报,同时特请著名书法家王树人题写了报刊名称,对办报人员也相应作了明确分工。尤其令人欣喜的是,襄樊市新闻出版局有关领导审读了《襄樊军纺报》的样报后评价说:"《襄樊军纺报》虽然开办晚,但是起点高,相信你们一定能越办越好!"

　　《襄樊军纺报》办报的同志俨然成为企业进取大军中的一个号兵，每个人都有较强的使命感与责任心。办报人深深懂得，认真办好这份报纸如同吹响鼓舞士气的号角，其意义是非常深远的。因此，他们不仅高度重视企业的政治与业务学习，而且还随时注重深入调查研究，不断加强车间宣传骨干队伍建设，广泛借鉴其他兄弟报刊的宝贵经验，自觉强化不可或缺的好稿意识和审美观念。

　　1992 年 9 月，《襄樊军纺报》被市记协评为好版面二等奖的要闻版，并被收进了由中华全国新闻工作者协会和丹东日报社合编的《报纸好版面评释》一书。1995 年 5 月，我们厂报的报头同《一治工人报》《武汉六棉报》《洲坝报》《十六化建报》《江山报》等兄弟企业报刊的报头，一起被收进新华出版社出版的《中国报头大观》。

　　后来报刊名称有所改变，但企业历任领导一如既往高度重视，在专业人员努力下，这张深受员工喜爱的企业名片，更加亮丽出彩。

　　　　（朱传昶曾任际华三五四二纺织有限公司党群工作部部长）

全国劳模成长印记

唐玲玲 讲述　陈　培 整理

　　我是 1990 年春天进厂，当时能进军工厂上班，心里感觉特别光荣。我怀着对军工企业的美好憧憬，第一次离开父母来到 3542 后纺车间。当时虽然年纪小，心里还是挺有志气的。我暗下决心，不管在哪儿干什么工作，只要咱去干了，就一定要把它干好，干出个样儿来。

　　上班第一天，我感到既陌生又兴奋，一个班下来，躺着睡觉都感觉床板在晃，耳边机器在轰鸣。面对这些不适应，我也曾经迟疑过、矛盾过。在家里我是老大，下面有弟弟妹妹，作为军工企业的子弟，我是家里姊妹中第一个参加工作的，除了带着一份对军工企业的热爱，还希望能为父母挑起一份家庭责任。可是轰鸣的机器声一下子让我懵了，艰苦的环境让我有点措手不及。但一想着爸爸妈妈送我时那期待的眼神，想着师傅"干啥都不容易，啥事一咬牙，挺一挺就过去了"鼓励的话语，想着我一直怀揣的"军工梦"，我就坚定信心留下来了。

　　刚开始，光一个掐线头，我就练了一整天，包卷动作练了 3 天，等到第 5 天上车面对飞速旋转的纱锭时，我心怦怦直跳，手心里都是汗。但还是咬紧牙关，按师傅讲的动作要领，一把抓住纱管，手掌立刻感觉火辣辣的疼。一起练兵的姐妹你看着我，我看着你，都愣了。我没有后退，继续站在车边一遍一遍操练。不一会儿，手掌磨出了水泡，手指一次又一次被纱线勒出了条条血口，我缠上胶布接着练，心里还在默默熟记技术要领。饭桌旁、床头边都成了练习掐头的场所。轮班休息时，其他姐妹相约上街买衣服，可我像着了魔一样，一有时间就来到机台边，不停地练接头，一站就是半天。就这样，在当年那批新工中，我第一个完成插拔纱管，第一个接上线头。

付出总有回报，1996年在湖北省职工技术比赛上，我以单项101.83分，全项100.96分的成绩刷新了全省纺织大赛的纪录。1998年我光荣地加入中国共产党，此后多次获得省市级"青年岗位能手"，2004年荣获"全国五一劳动奖章"，参加了省第九届党代会和铸管集团首届党代会。

面对荣誉，我清楚地明白身上的责任更大了、担子更重了。我又有了新的梦想——我要加倍努力，站上更高的舞台。在公司开发的新产品氨纶包芯纱及反捻纱时，我主动请缨，担任重点品种的攻关工作，此时，父亲却被确诊为肝癌晚期住院。当时，车间正处在开发新产品的关键时刻，我是操作骨干，正是发挥作用的时候，如果我此时此刻离开，影响到新产品的批量生产怎么办？面对忠孝两难，我坚决选择了责任。我拜托爱人替我尽孝道守在医院看护老父亲，自己依然参加车间重点品种突击队，下班再去医院陪护爸爸。直到父亲去世，我都没有在病床前守护过一整天。

父亲病逝后的一年，家里唯一的男孩——我的弟弟，因为车祸意外失去了年轻的生命。当时车间正在开反捻纱，轮班里会反捻纱的人不多，听到弟弟不幸的消息，我如同五雷轰顶，腿都站不稳。可我还是坚持把班上完才赶回家，第二天一早又回到岗位，把悲痛的母亲交给妹妹照看。这么多年来，每逢清明节，在给父亲和弟弟上坟时，总感觉亏欠他们。

随着企业的发展，公司给了我更大的发展空间，我也在四二这个大舞台上，实现了我又一个梦想，我光荣获得了"全国劳动模范"称号。面对至高无上的荣誉，我只有不断努力工作，才能回报公司给予我的一切。

2011年3月，厂里改造了5台嵌入式赛络纺，生产难度非常大。我想如果能设计一款特殊的工具，那该多好啊。我找到设备人员，将我的想法告诉他们，并与他们一起不断改进。终于，一款嵌入纺导丝专用工具设计出来了，上车一试验，效果非常好，生产效率一下子就提高了60%。另外，我上车试验，又摸索出了一套简单可行的操作方法，开台效率在原有的基础上又提高了30%。

2007年，车间领导结合我本人工作特点，让我担任轮班教练工。刚开始，由于学员的理解能力不同，新学员的进步不明显，我费了很大的力，效果却不好。半夜家人都睡了，我悄悄地爬起来，打开台灯，把学员掌握技术的程度和特点一一写下来，给他们分别建立了"学习档案"。然后给学员排队，制定下一步的教学方案。我反复揣摩，向车间提出了采取以老带新，"一帮一"、结对子的教学方法，效果立刻就显现出来了，新工的学习期缩短了 50%。

我先后带出了 160 多名徒弟，像姚宗清、吴娟等，有的已成了公司劳模，有的成了管理人员，有的成了质量标兵，有的成为车间的操作能手。尤其在公司组织的历届操作竞赛中，我所带的徒弟都会榜上有名。仅去年春运会期间，我们组织的练兵就有 600 人次，轮班优一级率达到 90%。

2013 年，我光荣当选全国人大代表，并且享受国务院政府津贴，又获得"纺织之光"奖项。是企业帮我实现了一个又一个梦想，扶携我攀上一个又一个人生高峰。如今，在实现四二梦、际华梦的道路上，我责无旁贷。我要带领身边的姐妹向更高目标迈进，发挥好模范带头作用，为实现"企业梦""际华梦"和中国梦而努力奋斗！

（唐玲玲曾任际华三五四二纺织有限公司后纺车间教练员）

后记·永不褪色的记忆

——原襄阳市经信委副主任兼三线办主任张庆国访谈录

讲　　述：张庆国
访　　谈：张　丽
整　　理：张　旗　刘晓青
访谈时间：2021 年 9 月 17 日
访谈地点：襄阳市经济和信息化局老干部活动中心会议室

开　篇　语

　　襄阳是我国"三线建设"时期军工产业比较集中的城市，也是国务院确定的 3 个军转民试点城市之一。襄阳市的军工企业，主要集中在襄阳市郊、南漳、谷城和宜城等县（市），建有汉光电工厂、建昌机械厂、漳河机械厂、长坪工具厂（江华）、红旗机制厂、红山化工厂（华中制药）、红星化工机械厂（航天 42 所）、5713 工厂、江山机械厂、华光器材厂、东方化工厂、鄂西化工厂、卫东机械厂、汉江机械厂、宏伟机械厂、汉丹电器厂、609 所、610 研究所、3542 工厂、内燃机厂等 40 多家三线企业。20 世纪 90 年代，陆续从十堰地区整体迁来的原总后的几家军工厂——3611、3607、3545 工厂，包括一家医院——2397 军工医院。

　　这些企业虽然历经沧桑，但其在特定历史时期取得的辉煌成绩，以及为国防军队建设和地方经济发展所做出的巨大贡献，不可遗忘，并将永载襄阳史册。

　　如今，绵延游走的汉江，穿城而过。沿江依偎的山脉，包裹着一幢幢红砖厂房，就像一件件用心摆置的工艺品。这些至今还保留完好并散发着活力的"三线建设"遗址，镌刻了一代代三线人的青春印记。

历 史 回 放

20世纪60年代，党中央作出了一项重大战略决策。那就是在我国中西部的13个省、自治区进行了一场以战备为指导思想的大规模国防、科技、工业和交通基本设施建设，史称"三线建设"。

这是中国经济、社会发展史上具有深远影响的一项战略举措。

相关资料显示，"三线建设"历经3个"五年计划"，投入资金2052亿元，占同期全国基建总投资的39%。投入人力高峰时达400多万，安排了1100个建设项目，堪称中华人民共和国建设史上最重要的一次战略部署，数百万建设者告别东部城市，举家西行，在偏僻的崇山峻岭中开山平地，安营扎寨，构筑起一座座新时代的屯堡。

襄 阳 三 线

地处鄂西北重要交通枢纽的襄阳，既有适合"三线建设"选址布点的地理位置优势，又有较为便利的交通条件。因此，当年的决策者根据"三线建设"的方针，在反复比较中把一些军工企业布点在襄阳。

企业的选址非常慎重，省、部级高层领导多次实地考察确定，不少企业还几易其址。当年地方领导陪同部里领导以南漳、保康、谷城为重点实地考察，在山沟里一跑就是十天半个月，了解地形、地貌、地质条件，回来后提出几套方案，供上级参考。

1964年12月，为了积极配合中央、省属三线军工企业的内迁、建设等工作，襄阳地委成立了支援"三线建设"办公室，在征地、人力、物力等方面给予驻襄三线企业大力的支持。到1969年，国家先后在现在的襄阳市区及郊区、宜城、南漳、谷城、老河口等地兴建了一批军工企业。

据公开的史料记载，汉丹电器厂最初选址在原随县城关镇的两水沟，后来改为其附近的滚山，之后又改为两水沟。1965年12月，副省长赵修、中共襄阳地委书记焦德秀等到两水沟考察，听取了汇报。12月6日，他们去随县大洪山向在该地蹲点的省长张体学汇报后，决定到襄阳地区重新选址，理由是：随县离武汉太近，原定厂址山丘矮小，土质不宜建厂且不通水路。最后，赵修带领省、地、市和建设单位的同志，沿襄（阳）宜（城）、襄（阳）南（漳）公路线的各条山沟选点，对马头山、摸鸡山、羊祜山冲、潘家湾山冲进行比较，最后决定建在更为隐蔽、水源丰富的潘家湾山冲。

进入20世纪80年代，中央根据国际形势的变化和国内实际情况，提出了"军民结合，平战结合，军品优先，以民养军"的战略转移方针，拉开了军转民、军工企业调迁和战转的序幕。"七五"和"八五"期间，襄阳市把军工企业列为地方经济四大支柱之一，制定优惠政策，吸引军工企业迁入襄阳市区。除税费支持外，当时还有一些优惠政策，比如允许在符合城市规划的前提下自由选址；进城职工家属户口一次性转到市区、分期进市等。受此政策吸引，先后有华中制药厂、建昌机器厂、航天42所、华光器材厂、江华机械厂等14家企业从山沟迁入市区。

当年，数以万计的工人、干部、工程技术人员，在"备战备荒为人民""好人好马上三线""献了青春献终身，献了终身献子孙"的精神感召下，怀着一腔热血，满腹豪情，打起背包，跋山涉水，来到鄂西北，为襄阳的"三线建设"贡献着自己的力量。

亲 历 者 说

我是安徽蚌埠市人，1957年来到襄阳，在武汉读的书，1962年17岁时进入荆州8201师服役，后随部队调到武汉。退役后在地方上转业当了干部。回武汉到机械厅报到时，听领导说襄阳有个厂正在建（就是现在的襄阳轴承厂），需要人，加上我的爱人在襄阳工作，我就到襄阳来了。当时工厂位置在泥嘴下面的一个沟里。骑自行车进去得几个小时。后来通过当时在灯具厂8201部队的两个军代表从泥嘴调到万山厂区。1984年，我被调到湖北省汽车工业公司任办公室主任。但因我爱人当时没法调动，当时襄阳经委也需要人，我又调到了经委。1990年经委成立了市委公交工委，由我和孙读声两个人任专职副书记。孙读声写过一本书，叫《从零起步的襄樊》，反映了襄樊最初的工业基础。以后我又改任副主任，在三线办当了15年主任，直到2005年退休。主任岗位明确是正县级级别，因为三线办是正县级。记得当时的市委书记与我讨论定级别问题，开始要求定副县级，我说市里给我的级别已经是正县级干部了，怎么定，对我个人没什么影响。但如果国家国防工办三线办是个副部级，省里工办是个副厅级，市里定副县级，那没任何问题。但如果上面通通都是正部、正厅级，襄阳如果定的是副县级，那肯定不合适。因为襄阳在全国三线都有地位，后来就给工办定了正县级。我真正管三线，是从1991年开始，我当时的职务是经信委（也叫经委）副主任，兼任三线办主任，当时就叫三线办，也没挂牌子，后来的国防科工办，现在的融办，就是这么一直演变过来的。

最近无论是社会上也好，更高层面也好，对"三线建设"是这样说的："三线精神放光芒，三线精神代代传。"北京有一个"三线建设"研究会，是专门研究"三线建设"的，会长叫王春材，是电影《彭德怀在三线》的编剧，这部影片就是讲述彭德怀当时抓"三线建设"的事迹。怎么让三线精神代代传呢？现在好多地方好多人都做这个工作，就我们襄阳市来说，编纂三线亲历史料这个事，就很有意义。我以前主持编纂过一本军工产业发展的书，叫《襄阳军工四十年》，当时也是为了留下那段产业建设的历史史料。当时的市委、市政府领导很重视，专门对我提出要求，说工业、农业、建材等各行各业都有了，就缺你们三线军工这本书。2004年我改任调研员，有时间了，就策划完成了这本书。

说到"三线建设"，其实我们国家有"大三线"和"小三线"。"大三线"主要在云、贵、川一带，我们襄阳属于是"小三线"。虽说是"小三线"，但由于襄阳得天独厚的地理位置，当时的三线产业布局比较多，领域也比较全，企业数量也多，你看除了船舶工业没有之外，航空、航天、兵器、核工业、总后、地方军工六大类 20 多家企业，这里面涉及有轻重武器弹药、航空、航天、电子、光学材料等，门类基本都有。比如青山电工厂，它是航空的，现在叫 3015 厂，它是生产什么电机的呢？飞机发动机上的电动机。青山电器厂现在改民用了。后来因为市场形势的发展，厂布局的有些项目后来没投产，有的虽然投产了但还没搞批量生产，后来企业就垮了。比方说红旗机制厂，生产子弹的，这个厂就垮了。还有襄重，是搞四管高射机枪的，产品也没怎么形成量，就下马了。还有建昌，生产军工加工设备的，也垮了。现在存活下来的大概只有十多家了，而且通过调整重组又合并了一些。航空以航宇为主，搞航空救生领域，像弹射座椅、头盔等，还有 520 降落伞，都是救生系统，现在发展得很好。之前还有 609，现在搬到南京了，609 之前叫航空附件研究所，它的任何一个附件拿出来，按当时的规模都可以办一个工厂。609 是搞飞机环境控制的，还有刹车系统、飞机控制、空中加油等。江山是搞兵器的，做火箭炮，发货的时候还是很壮观的，小火车开进去拉。东方化工也是属于兵器的，主要是火炸药。还有像汉丹、卫东、江华这些地方军工，保留生产线的，都有各自特色装备。华光主要是材料，以生产激光瞄准镜、导引头上面的耐摩擦力等材料为主。襄阳当初 20 多家军工企业，唯一的一家国家一级企业就是华光，级别是很高的，当时的书记、厂长都是国家级的专家。

我们襄阳的三线军工企业布局，主要在南漳、谷城、老河口、宜城。南漳当时有一句话："土红旗洋汉光，不土不洋是建昌。"这个是从建设质量来说，"土红旗"意思就是"干打垒"的，"洋汉光"意思就是砖的。汉光实际上是从上海那边过来的，现在已经迁到孝感去了。宜城也编了三句话，叫："鄂西一大片，华光一条线，东方看不见。"说的就是从那个山沟一直上去，两边都是小厂房，沟太长路太远了，东方都看不见了。东方化工厂搞炸药，不能连片厂房在一块搞，那一炸就都炸了，一个山包就是一个生产厂，有的山包是自然的，有的是在建筑厂房时挖出来的。

为什么这些厂后来都要搬迁出来呢？是因为不打仗了，为了继续发挥"三线建设"的作用，国家就出台了相关的政策，开始搞"三线调迁"。过去建设时，战略选址上一般讲"靠山近水扎大营"，便于战时防护。毛主席当时其实说的是"靠山"，并不是钻山洞里，但当时我们搞"三线建设"却搞得跟羊拉屎一样，一个山头一个山洞的，藏到洞里去了。

20世纪60年代初期，襄阳就开始搞"三线建设"了，第一个工厂就是"航校"，后来的510。再后来陆续有525、520、9616、609、610、5137、4504、3015、5108、3611、5103、5104等厂批建和投产，这些厂的代号都是代表着不同门类和产品领域，都有讲究的。

历 史 回 放

一拨拨人马，从上海、西安、绵阳、宝鸡、长治、沈阳等地赶来襄阳，他们唤醒了沉睡的鄂西北大山。从20世纪60年代开始，一场场开天辟地的会战在山林中打响。

据相关资料记载，当时的建设情况"很猛"，十几家军工企业都开始建设，都要抢时间、赶进度，每家企业都需要成千上万的劳动力，需要大量砖瓦。作为协调部门的支援"三线建设"办公室，与地方政府一起想办法。缺砖，就下计划再建砖厂；缺人，就从农村生产队现场调人。各地参加"三线建设"的"三线战士"（农民工），按照民兵团、营、连、排编制，自带口粮上山。据统计，仅1971年，襄阳地区常年参加三线施工的"三线战士"就有4万多人，农闲时有10万多人。每一项工程完工，都要评模范、发奖状，锣鼓喧天。

亲 历 者 说

"三线建设"，按行业划分的话分两类，一类是搞军品的，另一类是配套建设保障民生的企业，也叫三线企业。这些配套建设的企业，是一旦打起仗来，可以保障当地人民的生活的。比如大襄棉、湖北化纤、襄阳轴承、灯具厂、蓄电池厂等都属于三线企业。那个时候批准建厂下发的文件一般都是武汉军区××指挥部，包括修大桥的项目，都是武汉军区批。当时军区副司令员孔庆德很多时候坐镇指挥，全民皆兵，项目建设军事化管理。东风公司就是典型的三线企业，它并不是生产现在这些车子，它建设时生产25Y，什么叫25Y呢？就是一种拖炮的车子。在越南战场上，我们的拖炮车不是翻到稻田里了吗？发动一下，就又起来了。它有前驱动、后驱动、四驱动的，很大的轮子，就叫25Y。当时根本没有市管的军工企业，军工企业都是中央和省直管的。整个襄阳的军工，除汉丹、卫东、江华、襄重、303库这几个属于省管外，其他都是部委管。省管的后来都下放了。比如襄棉是属于纺织工业部门管，建昌是电子部门管，像汉丹厂原来是省管，因为是小军工，湖北省拿钱建的厂，后来管不了，就下到市级。再后来，到"三线调迁"，这些军工企业都享受到了相关政策，当时受惠最大的就是红旗厂，拿到了"双给项目"——就是既给政策又给资金。再一个就是建昌。其他企业基本上都是单给政策。那时候说给资金，其实也不多，整个项目大都是千把万。比方说这个项目总投资大概是1500万元，国家给你拨500万元款，但这个钱是国家的。还有一种做法，就是不给你500万元，让企业自筹1000万元，把这个厂搬了，然后给企业政策。如果这个企业陆续生产产品，就搞税务政策，把税务基数降低，把赚的钱留下来，但不能乱花，只能用于工厂建设。这个"单给双给"政策，当时只有"三线调迁"的军工企业才有。所以，地方企业意见很大。但这是政策，而且是国家政策。过去在山沟里面，这些企业付出了很大的代价。"三线精神"，其中很重要的一条就是奉献精神。不是流传着一句口号叫"献了青春献终身，献完终身献子孙"吗？这就是"三线精神"之一的真实写照。

襄阳的工业发展，原来有一种说法叫"一靠军工二靠东风"，说的是襄阳工业的发展基础，最初并不是特别雄厚，这些军工布局，带来了人才、技术、装备，奠定了襄阳的工业基础。襄阳的军工企业，比东风公司起步要早一点，在20世纪60年代就有建成的，但是军工企业刚开始建成时，它也不生产民品，也不为地方服务，主要为国家服务。但是后来，一看不打仗了，国家就搞军转民。邓小平提出"平战结合，军民结合，军品优先，以民养军"的思路，就对地方开始有了民品贡献。现在放开了，民营企业也可以做军品。东风公司到襄阳搞二汽开发基地，虽晚一点，但整体带动性比军工企业要大。现在给汽车产业配套的地方企业，整体规模很大。杨斌庆那一届市委领导在招商引资方面确实是下了大功夫的。当时建二汽基地，也是战略布局需要，万一打起仗来，汽车也得要有。为什么造拖货的车子呢？转民之后，民用的重型车、轻型车、面包车不都出来了嘛。军工企业需要军转民，因为你光搞军品，不打仗就用不上，得去搞民品，民品一旦做大了，就与军品脱钩，另外成立公司。航宇公司是专门搞弹射座椅的，走民品市场，公司都剥离上市了。实事求是地说，当时襄阳那么多三线军工企业，后来发展好叫得响的也就那么几家。不过这些企业从技术、人才牵引，从整个产业链带动上，都发挥了积极作用。

在20世纪60年代，三线军工企业属于国家布局，"三线调整"之后，各地就都在抢军工企业。中央给军工企业调迁有个自主权，但前提是原来所在地方地质条件不适合久待，比如水质问题、存在传染病源等，当时一共有5个条件，有其中一个不利条件，国家就会批准调迁。但这个"调"就不是计划性的了，地方可以自主找，但要搞什么产品，新选的这个地方得需要才行，所以就出现了争抢企业。当时汉光厂（现在的"三江集团"）不是叫"洋汉光"嘛，它厂房建得最漂亮，孝感就抢。孝感一个地委副书记，为了抢这个企业，来回往返很多趟，有一次车撞到树上，肋骨都撞断了3根。地委副书记张凡健说，这要是再不给人家，我们就说不过去了。最后这家企业落到了孝感。609是属于留下来的，609当时看了两个地方，最初看上的是檀溪路，市里不给。后来又选前面的林场，做了很多工作，往前又走了几公里。这件事当时市里领导杨斌庆起了非常重要的作用。

贾天增任市长时，出台了四十七条优惠政策。杨斌庆当时是市委书记。有一天下午去市里听汇报，我先在会上汇报，汇报完后马上就又给贾天增打电话；2点到3点半之间在杨斌庆同志办公室汇报，4点到6点又到贾天增办公室汇报。最后杨斌庆同志说："庆国同志啊，今后我开常委会，只要是说军工企业有什么事，你可以直接进来找我。"

襄阳成为"三线建设"重要地区，是当时备战需求决定的，是地形地貌确定的。襄阳也是全国军转民搞得成功的 3 个示范城市之一。针对"三线调迁"，国家专门成立三线办，叫国务院三线办，全称就是"中华人民共和国国务院三线调整改造规划办公室"。这个办公室不在北京，在成都。办公室主任是鲁大东，是四川省省长转任的。针对军队企业也专门成立一个办公室，在总后勤部，叫作全军三线调整办公室，孙劲军少将任办公室主任。

1964 年襄阳地区成立了支援三线办公室，军分区司令员兼任主任。1969 年改为国防工业办公室，受地区革委会和襄阳军分区双重领导。后来有一些中央省属企业交给地方管，比如襄轴、内燃汽车厂、401 厂等。人家是中央企业，你不能让工办管，1995 年就成立了一个叫襄樊市中央省属企业办公室，还是我们管，以后又成立了民爆办，包括在里面。廖有泉同志任主任之后，明确要求，三线办不能只有七八个人了，专门成立了国防工，单位名称后来又改称市委军民融合办，和民防办合署办公。

我当上工办主任之后，组织对工办工作提出了十几字的要求，叫"党务政工、三线搬迁、三线调迁、技术改造、生产经营、协调服务"。当时大量的工作做的是协调服务。因为只有协调服务了，企业才认可。刚开始我接冷主任的班，冷主任现在 90 岁了，在化工学院。当时他是从化工局局长改任经委副主任，后来当了专职三线办主任。我是经委副主任兼三线办主任，两个职务。冷主任带我去东方厂，厂领导在楼上开会，我们在会议室等，厂办主任很热情接待，但厂领导根本就不理睬我们。估计他们在想，你们来能办什么事儿？所以不见。后来差不多等到 11 点的时候，一个副厂长来了，叫我们一起吃午饭。其实我当时都不想在那吃饭了，但中午回不去了。吃饭时聊一聊，我们了解一些情况，说给他们提供协调服务，得到了沟通。后来他们一有困难就找我们协调，就常来找，搞得我招待费老超计划。

后来我们又参与协助华光厂选址工作，解决这些单位相关人员的户口问题。当时落户襄樊市是要收户籍费的，一个人收 5000 块钱。为什么会这么做？军工方面的事，书记亲自召开协调会，不能影响军工企业的建设步伐。

历 史 回 放

"三线建设"改变了那些从外地来的建设者们的人生轨迹;"三线建设"也改变了襄阳,打开了山里人了解外界的窗户。1968年11月,红山化工厂在谷城开建时,建设大军从厂区修建了一条与襄渝线接轨的15公里专用铁路。这在当地都是影响深远的大事。红山化工厂老干部万强在一篇回忆文章中写道:铁路通车那天,几位一辈子没出过山的老大娘指着内燃机车头说:"这黑乎乎的东西在地上爬都这样快,要是站起来走不就更快了?"

"先生产,后生活。"对于"三线建设"初期从条件相对优越的城市来到山沟里的那些建设者们来说,适应生活条件的落差,是他们要过的第一道关。华光器材厂原党委书记田辟疆是1970年从张家口调过来的,当时30多岁。他说,"华光器材厂当时选址在宜城县象鼻子冲(现雷河镇泉水村),大家住的是芦席棚,没有电,指挥部设在生产队的牛棚里,挖个水凼,就在里面舀水吃"。

华光器材厂1976年和1979年分别被要求缓建和压缩生产规划,仅靠国家每年100多万元的基建维持费维持职工生活。面对这种严峻局面,职工忧心如焚,纷纷要求创造条件生产自救。1981年,工厂开发出压花玻璃,但因运输成本高、工艺落后,第一年亏损10多万元。在分析失败原因后,他们把目光投向了变色玻璃眼镜片。虽然后来市场有变化,但他们及时开发新品种,牢牢占据国内市场,并开始大量出口。企业被誉为"山沟里飞出的金凤凰"。

1980年,三线企业开始全面调整,军品任务锐减,襄阳军工企业大多处于军品不足、民品空白的生产状态,部分军工企业急于"找米下锅"。刘顺章说,20世纪80年代初汉丹电器厂曾生产过"隆中"牌座钟,但面对汹涌而来的电子产品,座钟很快败下阵来。

1979年红山化工厂也被列入了缓建名单,企业陷入生产经营困境。仅宣布缓建消息的当年,就有200多名技术骨干调走。到1981年,这家地师级的三线企业只剩下 1600 余名职工，安装了 1/10 的军品生产线瘫痪在车间无人问津。后经努力，红山化工厂挤进国家三线厂"七五"调整规划的末班车。

1987 年 12 月 6 日，对红山化工厂的很多职工来说是个难忘的日子。那天，一块刻有"华中制药厂"五个大字的奠基石稳稳地竖在位于樊城区王寨办事处的工地上，红山化工厂从此获得新生。

华中制药厂实行的是滚动式搬迁，原则上是新厂上一个项目才调出一批人。在最困难的 1990 年，职工工资经常出现缺口。厂里为部分特困户建立了"买粮暂借基金"。当维生素 B_1 生产线因建设资金未到位而险些停工时，职工们主动拿出了多年的积蓄 50 万元。为了节省投资，保证工期，厂里组织本厂职工安装生产线，仅用 8 个月就完成了任务。

未 来 展 望

斗转星移，岁月更迭，战争没有打起来，但很多人已将此生都献给了军工。张庆国主任的经历，是我国千千万万三线建设者的一个缩影。

襄阳三线军工建设和发展的记忆，在张庆国的生命中发酵成一坛醉人的醇酒。如今退休安享晚年，有点空闲的夜晚，他会在家中看书、写字，但作为"三线建设"的亲历者，在这曾挥洒青春芳华的地方，历史的号角始终在耳畔，在那山谷的皱褶里荡漾。

如今，一些军工企业倒在市场经济大潮中，一些仍然在经济建设中占据重要地位。2003 年，新华光公司成功上市。2003 年 12 月，同属于航空救生领域的原中国航空救生研究所、汉江机械厂、宏伟机械厂等顺利重组，航宇救生装备有限公司成功挂牌。2008 年，外迁襄阳市的原中国人民解放军第 3611 工厂，由工厂制整体改为公司制——新兴重工湖北 3611 机械有限公司，隶属于世界 500 强——新兴际华集团有限公司。经过 50 年的持续发展，如今的新 3611 产品覆盖"应急救援特种装备、军用油料器材装备、轻合金汽车零部件"等领域，现有襄阳、武汉两个生产基地。当年借钱发工资的三线企业，如今浴火重生，一举成为军队装备企业骨干，这是三线军工企业在军企转型升级的阵痛中继续弘扬"三线建设"精神，不畏艰难、锐意进取，最终凤凰涅槃，转型成功的一个典范。

驻襄阳军工企业大多拥有高精尖技术，产品市场广阔，而且正值中央提出"军民融合"发展战略规划，襄阳军工产业要抓住这一发展机遇，大有可为。

在浩瀚的历史长河中，四十年只是短暂的一瞬，但对于三线建设者来说，却可能是他们的一生。他们参加了轰轰烈烈的三线，却是不在青史留名的芸芸众生，感谢电影《你好，李焕英》，使这些千千万万的小人物拥有了一个永远让世人铭记的璀璨名字"李焕英"，"李焕英"是千千万万个三线建设者共同的名字，他们是一个个生命鲜活的"李焕英"。

一切如在眼前。1961—2021 年的襄阳 60 年，当是襄阳工业、襄阳军工发展的美好时光。曾经的记忆，铸就的辉煌，永不褪色。

（张庆国曾任襄阳市经信委副主任兼三线办主任，张丽系襄阳市国防科技工业协会秘书长，张旗系原汉丹厂工程师，刘晓青系《襄阳日报》记者）

编 后 记

20世纪60年代，襄阳市作为国家"三线建设"布局的重点城市之一，开始了轰轰烈烈的"三线建设"。一大批中央国防军工企业落户襄阳，为国防工业建设和地方经济发展作出了重要贡献。随着改革开放和国家战略布局调整，20世纪80年代，当初"靠山、分散、隐蔽"的三线工厂陆续外迁或转产，"三线建设"逐步退出历史舞台。为了全面记录襄阳三线军工企事业建设历程和"三线建设精神"军工文化，发挥政协文史资料"存史、资政、团结、育人"的作用，市政协文化文史和学习委员会、市委军民融合发展委员会办公室于2021年4月联合召开征集工作会，印发征稿启事，部署开展襄阳三线建设"三亲"史料征集活动。

各军工企事业单位高度重视三线建设"三亲"史料征集工作，组织宣传、文化骨干力量，成立工作专班，采取任务分解、责任到人、上门采访、多方联系等形式，广泛征集、采写稿件。征稿工作得到军工行业主管部门负责人，行业专家，军工企业负责人、高管、员工、家属及社会各界人士的大力支持。他们或亲自撰写，或积极接受采访，或提供资料和相关线索。至6月底，共征集稿件130余篇。经市委军民融合办、市国防科工协会组织对征稿初编、修改，并与市政协文史委两次召开审稿会对本书文稿体例、内容反复审阅修改，确定入编稿件。为确保本书内容、数据不泄密、不涉密，所有稿件、图片均由组稿单位进行了新闻宣传保密审查，并在编辑过程中进行了适当处理。

本书分为航天篇、航空篇、兵器篇、军企篇、地方军工篇、军事后勤篇六个版块。各部分大致根据内容、时代、作者等进行了编排。共收集18家企事业单位各个阶段参与者、亲历者、见证者的真实记录、回忆、讲述资料105篇，计40万余字，从不同角度重现襄阳三线建设波澜壮阔的历史，通过这些精彩片断，使我们能从中感悟几代人的艰辛奋斗、拼搏和来之不易的辉煌成果，对于我们弘扬三线精神、传承军工文化，铸牢军工的"根"和"魂"，巩固强军爱国的思想阵线，促进我市国防军工事业高质量发展具有重要意义。

市政协领导高度重视本书史料征集、出版工作，多次听取工作情况汇报，提出指导意见，并对书稿进行了审定。市国防科工协会、各军工企事业单位做了大量的征集、撰稿、组稿工作，编委会同志对本书的修改、体例等提出了许多有价值的意见建议。在此，一并表示衷心的感谢！

由于水平有限，疏漏之处在所难免，恳请读者指正。

编 委 会

2022 年 3 月